Otto Kapfinger | Architektur im Sprachraum

Otto Kapfinger | Architektur im Sprachraum

Essays, Reden, Kritiken zum Planen und Bauen in Österreich

Herausgegeben von
Eva Guttmann, Gabriele Kaiser, Claudia Mazanek für diachron

PARK BOOKS diachron

»Kürzen, ja, kürzen!«

Bei einem Vortrag im Rahmen der Reihe »Sprechen über Architektur«* der Zentralvereinigung der ArchitektInnen Österreichs im Jänner 2014 sprach OK zweieinhalb Stunden lang über seinen Werdegang und seine Arbeit. Ein beeindruckendes, kluges und unterhaltsames Kaleidoskop, das die Zuhörerschaft in ihren Bann zog und vierzig Jahre Architektur in Österreich (und darüber hinaus) Revue passieren ließ. Mehr und mehr verdichteten sich die umrissenen Buch- und Ausstellungsprojekte, kritischen Initiativen und Aktionen zu einem polyvalenten Kommentar zur Baukultur ›unserer Zeit‹. Auch das Publikum zeigte sich auffallend gemischt: Interessierte aus der Architekturszene, aus den grafischen und bildenden Künsten, publizistische und familiäre WegbegleiterInnen aus gut zwei Generationen. Als man danach noch beisammenstand und das Gehörte besprach, nachwirken ließ, meinte OK, wie froh es ihn mache, dass die zeitlich und inhaltlich weit verzweigten Bezugspersonen seines Werdens und Wirkens nun besser wüssten, was er denn so mache und wer er eigentlich sei.

Aber wer ist OK wirklich? In einem Vorgespräch zur Einleitung dieses Buches meinte er, »dass diese weniger auf seine Biografie gerichtet sein, sondern mit frischer Distanz eher von einer allgemeinen Ebene ausgehen sollte«. Darin klingt die gleichermaßen kritische wie emphatische Haltung eines Autors an, für den Distanz und ein freier Blick wesentliche Voraussetzungen sind. Viele auch der hier versammelten Texte von OK bezeugen, dass gerade in dieser unvoreingenommenen Annäherung an einen Gegenstand das scheinbar gesicherte Wissen sich auflösen kann zugunsten eines offenen Verständnisses, das neue Perspektiven erschließt und so etwas wie Erkenntnis, die aber nie als ›ultima ratio‹ in Erscheinung tritt, möglich macht. Um die Kontinuität und Konsequenz dieser Haltung OKs aufzuzeigen, erscheint es uns in dieser zwangsläufig fragmentarischen Skizze jedenfalls notwendig, Biografisches zumindest anzureißen.

Nach der Kindheit in Niederösterreich in einer Handwerkerfamilie und der Mittelschule in Wien inskribierte OK 1967 an der Technischen Hochschule Wien Architektur. Die ersten vier Semester waren in seinen Worten »absolut desillusionierend«. In positiver Erinnerung blieben ihm

* Vortrag von OK am 30.1.2014 im Bene Vortragssaal, Neutorgasse 4–8, Wien 1

das Fach Gestaltungslehre beim am Bauhaus orientierten Gastprofessor Robert Guttmann, eine Werkschau über Günther Feuersteins »Experimentelles Entwerfen« und die als anregend empfundenen Betrachtungen von Rudolf Eisenmenger über klassische und moderne Malerei.

Spätestens hier wurde wohl auch der Grundstein gelegt für OKs generalistische Herangehensweise: Architektur, Malerei, Bildhauerei, Fotografie, Literatur, Musik – das Eine kann nicht ohne das Andere sein, die Grenzen lösen sich auf, und immer geht es um Verflechtungen und ›Strömungen‹, um ein gesamtheitliches Verständnis der Welt, das sich in den Künsten niederschlägt. Dazu kommt die Politik, und auch wenn OK eher als ›beredter Zeuge‹ denn als ›Agitator‹ auftritt, so reflektiert er immer auch die sozialen Verhältnisse und Rahmenbedingungen der Zeit. Als Architekturforscher ist OK Autodidakt, aber das Studium brachte ihn in Kontakt mit Menschen, die im erweiterten Verständnis von Architektur zu ersten Wegbegleitern wurden: Edelbert Köb, Adolf Krischanitz, Angela Hareiter und Hermann Simböck etwa, die sich lebhaft an den gesellschaftspolitischen Diskussionen jener Zeit beteiligten. Gruppen wie Coop Himmelb(l)au, Haus-Rucker-Co, Zünd up, Salz der Erde waren die Träger eines völlig neuen Architekturbegriffs, der u. a. 1969 in der *Trigon* Graz mit dem Titel *Architektur und Freiheit* seinen Niederschlag fand.

1970 war ein Österreich-Schwerpunktheft der französischen Zeitschrift *l'architecture d'aujourd'hui* erschienen, mit einer Zeichnung OKs vom Innenraum der Wiener Karlskirche auf dem Cover, im Innenteil war Hareiter mit ihrem Beitrag zur *Trigon '69* vertreten. Vor diesem Hintergrund starteten OK, Krischanitz und Hareiter gemeinsame Studienprojekte und entwickelten ab 1970 unter dem Label *Missing Link Produktion* experimentelle Arbeiten wie etwa die parafunktionalen Objekte für eine Ausstellung im Wiener Museum des 20. Jahrhunderts. Neben der transdisziplinären Arbeit an Konzepten, Bauten, Filmen, Performances und Objekten lieferte Missing Link mit Vorträgen und Ausstellungen im In- und Ausland in den frühen 70er Jahren kritische Beiträge zum Architekturdiskurs. Letztere sollten OK durch seine gesamte berufliche Laufbahn begleiten. Als Vortragender versteht er es, mit höchster Präsenz und Lebhaftigkeit architektonischen Themenstellungen ebenso wie den einzelnen Protagonistinnen und Protagonisten gerecht zu werden, assoziativ, beinah spielerisch vom Grundsätzlichen zum Detail und wieder zurück zu wechseln, mehrere inhaltliche Linien zu verfolgen und dabei einen – oft spartenübergreifenden – Inhaltsbogen zu spannen, der das Publikum auf überraschende, jedoch nachvollziehbare Weise für das ›Wesentliche‹ sensibilisiert.

Ähnlich verhält es sich mit den Ausstellungen, die OK initiiert und verwirklicht hat. Und besonders in diesem Bereich treten seine große Offenheit, seine Neugierde und sein Engagement sowohl für ›Vergessenes‹ als auch für ›Kommendes‹ zutage. Aus der Vielzahl an Ausstellungen seien hier exemplarisch drei herausgegriffen: Zum einen *Visionäre und Vertriebene – Österreichische Spuren in der amerikanischen Architektur der Moderne*, gemeinsam mit Matthias Boeckl und Adolph Stiller, die erstmals 1995 im Rahmen der Wiener Festwochen in der Kunsthalle Wien gezeigt wurde und dann über mehrere Stationen als CD-Rom-Präsentation in die USA wanderte. Wenn diese Architektur heute nicht vergessen ist, wenn es ein Bewusstsein für die historischen Hintergründe und Zusammenhänge gibt, die die Arbeit von Architekten wie Rudolph M. Schindler, Richard Neutra, Friedrich Kiesler, Bernard Rudofsky, Victor Gruen, Felix Augenfeld, Liane Zimbler und Ernst Lichtblau prägten, dann ist das in einem hohen Maß dieser Ausstellung und dem dazu erschienenen Buch zu verdanken, das längst zu einem Standardwerk geworden ist.

Dann die Ausstellungs- und Buchreihe *Emerging Architecture / Kommende Architektur*, von der zwischen 2000 und 2003 lediglich eine Dreierserie verwirklicht werden konnte. Bei diesem Projekt wurden jeweils zehn junge österreichische Architekturbüros vorgestellt, deren Arbeit OK als zukunftsweisend und über den regionalen Kontext hinausreichend an verschiedenen Orten präsentierte. Dabei ging es ihm darum, architektonische Entwicklungen aufzuzeigen und jungen Architektinnen und Architekten eine internationale Plattform zu bieten. Auf Anfrage von außen entstand dagegen *Konstruktive Provokation – Neues Bauen in Vorarlberg*, kuratiert mit Marie-Hélène Contal vom Institut français d'architecture, Reinhard Gassner und Adolph Stiller – eine Wanderausstellung, die ab 2003 in Frankreich und in den folgenden Jahren im In- und Ausland zu sehen war. Hier handelte es sich um die Analyse und Darstellung der Entwicklung der modernen Vorarlberger Architektur, entstanden vor dem Hintergrund und mit dem Wissen um deren Anfänge durch einzelne Nonkonformisten, ihr Anwachsen im kollektiven Experimentierfeld der »Baukünstler« und schließlich die breite Entfaltung zum europaweit beachteten Modell. Sowohl in der Ausstellung als auch in dem dazu erschienenen Katalog lag der Schwerpunkt auf den historischen Hintergründen und aktuellen Fragestellungen. OK behandelte darin nicht nur die ›Highlights‹, sondern legte sein Augenmerk auf Alltagsarchitektur, auf die Angemessenheit in Form und Materialität, auf Nachhaltigkeit und die Bedeutung des Zusammenwirkens aller Beteiligten – vom Architekten bis zu den Handwerksbetrieben.

Das Interesse am Gemacht-Sein der Dinge, der Blick über den Tellerrand der Disziplin und die Offenheit für das noch Ungesicherte in der Architektur haben OK ein Wirkungsfeld eröffnet, das in seiner Möglichkeitsform bereits in der Frühzeit bei Missing Link angelegt war. Ab 1972 gab es über Hareiter und Krischanitz Kontakte zur Architectural Association in London, u. a. zu Cedric Price, Alvin Boyarsky und Peter Cook. Es folgten Fotoserien, die Aktionen mit Alltagsrequisiten im Burgenland, Performances wie *Stilleben Weltattrappe* auf dem Grazer Hauptplatz, ein Fernsehfilm mit dem Titel *16. November – Utopie in neun wirklichen Bildern* und im Sommer 1973 ein Beitrag zur internationalen Wanderausstellung *Die Straße*. Die dafür entstandene Arbeit *Via trivialis – Studie Gürtel / Gumpendorferstraße* bestand aus einer Serie axonometrischer und analytischer Zeichnungen dieses Stadtknotens, begleitet von einem Essay über die Phänomenologie der Großstadt und die urbane Wirklichkeit in ihrer literarischen Re-Konstruktion in James Joyces *Ulysses*. Im selben Jahr war Missing Link auch zu einer Ausstellung in Mailand geladen, an der u. a. Alessandro Mendini und Ugo La Pietra teilnahmen und in deren Folge sich weitere Kontakte zur Szene in Norditalien ergaben. Diese und weitere Arbeiten wie die Studie über die Stadtbahnstationen von Otto Wagner am Karlsplatz und das Hutobjekt *Asyleum*, das im Rahmen des *Supersommer 76* am Naschmarkt gebaut wurde, einer von Coop Himmelb(l)au kuratierten Veranstaltung, zu der heimische und internationale Avantgardegruppen eingeladen wurden, bildeten für OK eine Art ›Rückkehr‹ zur Befassung mit architektonischen und urbanistischen Fragen der jüngeren Geschichte und der Gegenwart. In den *Wiener Typen* und *Wiener Studien* (1977/78) etwa erforschten OK und Krischanitz den sozialen Wohnbau des Roten Wien als städtebauliche Gesamtutopie.

In der Zwischenzeit hatte OK ein privates ›studium irregulare‹ begonnen, das umfangreiche Auseinandersetzungen mit Psychoanalyse und Sozialanthropologie, mit der Frankfurter Schule der kritischen Philosophie, mit dem Wiener Kreis und den Neopositivisten, mit Stadtkritik, Konzeptkunst, der österreichischen Geistesgeschichte und der Literatur des 20. Jahrhunderts beinhaltete. In dieser Zeit entstanden und vertieften sich weitere Bekanntschaften, etwa mit Hermann Czech, Heinz Frank, Meina Schellander, Gunther Wawrik, Gotthard Muhr, Hans Preiner, Otto M. Zykan, Wolfgang Kos, Leopold Redl, Renate Kordon, Gert Winkler, Oskar Putz, Klaus Steiner und Heinz Tesar.

1978 wurde OK Vorstandsmitglied der ÖFGA, der Österreichischen Gesellschaft für Architektur, 1979 Mitbegründer und Redaktionsmitglied der Zeitschrift *UMBAU* und 1980 Vorstandsmitglied der Wiener Secession. Der *UMBAU* sollte sich – vor dem Hintergrund so verschiedener Bezugsgrößen wie *Die Fackel* von Karl Kraus, den amerikanischen *Oppositions* oder der Schweizer Zeitschrift *archithese* – rasch zur wichtigsten architekturtheoretischen Diskursplattform in Österreich entwickeln.

Mit *Via trivialis* hatte OK seine erste größere Textarbeit vorgelegt, ab 1980 wurde das Schreiben seine eigentliche Domäne, und seither sind an die tausend Essays, Reden und Kritiken zum Planen und Bauen in Österreich und in den Nachbarländern erschienen. Vor allem seine rund 360 Beiträge in *Die Presse*, die er zwischen 1981 und 1990 zuerst abwechselnd mit Dietmar Steiner, dann alleine, dann wiederum alternierend mit Georg Schöllhammer und Walter Zschokke verfasste, prägten in Weiterführung der Arbeit von Friedrich Achleitner die österreichische Architekturrezeption. Die Titel der Artikelserie für *Die Presse* zeigen nicht nur eine große thematische Breite – von der scharfen Kritik angesichts des drohenden Abrisses einer Otto Wagner-Brücke etwa bis zu architekturtheoretischen Betrachtungen zur Postmoderne –, sondern ergeben im Rückblick auch einen verlässlichen Index architektonischer Fragestellungen der gesamten Dekade. Schon damals konzentrierte sich OK nicht nur auf Wien, sondern berichtete immer wieder über übergeordnete Themen sowie über Wettbewerbsergebnisse und neue Bauten aus den Bundesländern, versuchte den Blick fürs größere Ganze zu öffnen. Da erscheint es fast wie ein logischer Schritt, mit Architekturführern für Vorarlberg, Tirol, Salzburg, Kärnten und Burgenland an die von Friedrich Achleitner ab 1980 erschienenen Bände zur Dokumentation der *Österreichischen Architektur im 20. Jahrhundert* anzuschließen. Dazwischen entstand und entsteht seither eine Fülle an Publikationen zu unterschiedlichsten Themen, Monografien, Ausstellungskatalogen …

Obwohl OK den Beruf des praktizierenden Architekten für sich nie in Anspruch nahm, ermöglichte ihm die Zusammenarbeit mit Adolf Krischanitz mehrfach, Bauanalyse mit Baupraxis zu verbinden – so bei der ersten Renovierung der Wiener Werkbundsiedlung (1984) und bei der Erneuerung des Gebäudes der Wiener Secession (1986). Auch seine Studien zum Haus Wittgenstein (1983 mit Margherita Spiluttini, 1989 mit Bernhard Leitner) zählen zu den profundesten Auseinandersetzungen mit Bauwerken der Moderne und waren für OK auch Lehrstücke der kritischen Annäherung an ihre geistige wie materielle ›Substanz‹. Vor diesem Hintergrund manifestiert sich die Sachlichkeit einer Forschung, die frei vom Akademismus stilgeleiteter Denkschulen ein Gebäude oder eine

Bewegung in ihrer kulturellen Gesamtheit darzustellen versucht. Diese kulturelle Gesamtheit umfasst auch die medialen Übersetzungsleistungen von Architektur in Text und Bild – Reflexionen über Fotografie bzw. Reflexionen, die von Fotografien angestoßen werden, bilden im Werkverzeichnis von OK mittlerweile einen Themenstrang, der einer eigenen Publikation würdig wäre. In dieser unorthodoxen Annäherung auch an architekturhistorische Fragestellungen wirken die Texte gerade in ihren Tiefenschichten lebendig und frei von Jargon. Freiheit ist ein passender wie auch strapazierter Begriff: Als Kurator und Autor hat OK in unterschiedlichen Projekt-Konstellationen, aber ohne dauerhaften institutionellen Rückhalt immer ›frei‹ geforscht und geschrieben, mit allen Vor- und Nachteilen, die eine solche Freiheit mit sich bringt. Doch die Denk-Freiheit bleibt gesichert – viele Wahlverwandte unterschiedlicher Herkunft wären in diesem Zusammenhang, wie er sagt, zu nennen. Schriftsteller, Künstlerinnen und TheoretikerInnen wie Roland Barthes, Edward Said, Amos Oz, Susan Sontag, Hannah Arendt, Alfred Brendel oder Beat Wyss übten ebenso Vorbildwirkung aus wie Julius Posener, Kenneth Frampton, Johannes Spalt, Hermann Czech, Martin Steinmann oder Bruno Reichlin. Daneben waren die Œuvres von Josef Frank, Bruno Taut, Reyner Banham oder Alan Colquhoun Quellen der Auseinandersetzung und Inspiration. Mit all diesen teilt OK die Eigenschaft, im Sinne der Sache mit unbeirrbarer persönlicher Integrität zu agieren, zugleich kritisch und wohlwollend zu sein, Sachverhalte nicht isoliert, sondern in ihrem geschichtlichen Verlauf und Kontext zu sehen und mit gedanklicher und sprachlicher Präzision zu formulieren.

Die Auswahl der Beiträge für dieses Buch versucht diese Haltung OKs in unterschiedlichen thematischen Zusammenhängen und Textsorten nachvollziehbar zu machen. In den vorliegenden Essays, Reden und Kritiken zum Planen und Bauen in Österreich greift beides ineinander: Große Entwicklungslinien sind mit regionalen Sonderwegen und tiefenscharfen Detailstudien verwoben, monografische Skizzen, Überlegungen zu Material und Bautypologie entfalten sich in weitreichenden Bezugsfeldern. Was in dieser Publikation die Umrisse eines größeren Ganzen annimmt, liegt im Einzelnen weit verstreut. Gut die Hälfte der ausgewählten Texte sind entweder vergriffen oder schwer zugänglich, die weiteren werden hier überhaupt erstmals publiziert. Aus dem wachsenden Fundus der Architektur-Kommentare, die OK seit Jahren per E-Mail an wechselnde Empfängerkreise sendet, wurden einige typische Beispiele in diesen Band aufgenommen, zumal auch darin die raren Qualitäten einer Architekturkritik aufblitzen, die den direkten fachlichen Austausch sucht, die abwägt und differenziert, die Stellung bezieht und die sich nicht einfach mit Meinungen begnügt.

Die Beiträge des vorliegenden Buches sind nicht chronologisch, sondern mit *Prolog, Panorama* und *Pasticcio* thematisch und geografisch gegliedert, mit Einschüben und offenen Rändern als lose Ordnung gefasst. Würde man die Texte jedoch in der Reihenfolge ihrer Entstehung lesen, so ließe sich eine Entwicklung in der Sprache feststellen, die vielleicht mit der wachsenden Virtuosität im Umgang mit einem vertrauten Werkzeug vergleichbar ist, mit einem Werkzeug, das Teil des ›Handwerkers‹ geworden ist. Die Texte bleiben klar und scharf, werden jedoch in sprachlicher Hinsicht spielerischer und reduzierter. Manchmal stichwortartig. Befreit von Füllwörtern und Adjektiven. Aufs Wesentliche konzentriert und damit umso luzider. Es besteht keine Notwendigkeit, um die Dinge ›herumzuschreiben‹. Sie sind, wie sie sind. Und auch wenn diese Publikation eine beachtliche Anzahl an Wörtern aufweist, so ist OK doch einer der wenigen Autoren, die, wenn es darum geht, einen Text in ein gegebenes Layout einzupassen, mit einem Leuchten in den Augen antworten: »Kürzen, ja, kürzen!«

Eva Guttmann, Gabriele Kaiser, Claudia Mazanek

PROLOG

LOG

Was ist Architektur?

Unpubliziertes Typoskript, 2004/2012; ein Auszug erschien in Otto Kapfinger *Neue Architektur in Kärnten* (Salzburg 2006)

Architektur schafft die Bühnen des Lebens, von 0 bis 24 Uhr ganzjährig durch jedes Wetter und jede Benutzung moduliert.

Architektur ist greifbar, materiell, körperlich, zeithaltig. In der Transformation des Geländes mit all seinen Umweltfaktoren zu einem konkret nutzbaren räumlichen Ereignis liegt jene Qualität, die Architektur von anderen Medien oder Künsten unterscheidet.

Architektur ist ortsunabhängig als global verfügbare Summe des einschlägigen Wissens und der zeitgenössischen Techniken.

Architektur ist zugleich ortsspezifisch in der Umsetzung dieses Wissens auf individuelle Orte und lokal differenzierte Situationen.

Architektur ist nicht austauschbar, nicht durch andere Medien simulier- oder ersetzbar.

Architektur ist in der Masse des heute Gebauten der selten gegebene Fall einer anschaubaren, mit allen Sinnen erfahrbaren, nachhaltig gestalteten Umwelt.

Architektur ist das, was unter gegebenen Bedingungen optimale Freiheit gibt.

Unser alltägliches Bauen ist nur sehr selten Architektur, und diese wiederum reicht ebenso selten in die Sphäre der Bau-Kunst.

Gute Architektur ist oft ›unsichtbar‹ in dem Sinne, dass sie durch die übliche, inszenierte Fotografie kaum darstellbar ist. Ihre Qualität liegt weniger im äußeren visuellen Sinnenreiz, im grafischen oder plastischen Design von Fassaden, von Materialien, von zweidimensional bestimmbaren ›Bildern‹.

Sie formt eher eine räumliche Sphäre, sie ist gleichsam ›negative‹ Skulptur – Kristallisation, Umformung, Steigerung des Geländes, Konditionierung des Ortes in ein Potential von Bewegungs- und Ruhezuständen, in ein lebbares, spezifisches Habitat. Gute Bauten sind also primär nicht zum bildhaften Anschauen entworfen, sondern zum polydimensionalen Erfahren und Stimulieren von Licht, Klang und Aktivität, von Ruhe und Bewegung, von Morgen, Mittag, Abend und Nacht, von Enge, Weite, Nähe und Ferne, von physisch fassbarem Widerstand und ebenso physisch geformter

Befreiung von physischen Bedingungen. Im mehrschichtig gestalteten, konditionierten Raumgerüst entfaltet sich das infinite Kunstwerk der Lebenskunst.

Autonome Kunst im Sinne der Moderne ist auf die visuell-medial-kognitive Wirkung ausgelegt – unterscheidet sich von der alltäglichen, zeithaltigen, infiniten Dimension der Architektur.

Mit Hilfe von Kunst sinniert, erschrickt, spottet, jubiliert, reflektiert die Kultur über sich selbst. Kunst ist ein Spiegel, Hohlspiegel, Projektionsspiegel der Wirklichkeit. Im singulären Fall kann auch ein Gebäude über das Gelingen des Gebrauchs hinaus das Nachdenken über den Sinn des Gebrauchs anregen und ›beantworten‹.

Das Ziel der Architektur ist das gelungene Leben. Das Ziel der Kunst ist die Reflexion über das Leben.

Leit- und Bruchlinien

Gibt es so etwas wie einen Roten Faden in der österreichischen Architektur der letzten hundert Jahre? Gibt es spezifische Perspektiven, die wir nur hier, und nirgendwo anders, finden können? Welches sind die charakteristischen Beiträge aus diesem Land zur Weltarchitektur?

Erschienen in *deutsche bauzeitung db* 12 / 96. Auf Englisch in *Architecture in Austria. A Survey of the 20th Century*. Hg. Architekturzentrum Wien (Barcelona 1999)

Die Frage nach einem möglichen Roten Faden durch dieses Jahrhundert in Österreich trifft auf einige offensichtliche Schwierigkeiten. Der Faden ist vielleicht da – er hat jedenfalls einen klaren, starken Anfang –, aber er ist mehrmals gewaltsam zerschnitten, und er verzweigt sich, dröselt sich in verschiedene Richtungen auf, geht fast völlig verloren, wird dann wieder aufgenommen, durchwebt sich mit anderen Fäden, und er ist heute gleichsam in einem fraktalen, vielfarbigen, kaleidoskopartigen Zustand.

Das Heft *db* 12/96 erschien mit dem Titel »Österreich«, anlässlich der 1000-Jahr-Feier von Ostarichi. Am Cover aus Anlass von 1000 Jahre »Ostarrichi« ein Teil der dazu in Neuhofen/Ybbs von Ernst Beneder gestalteten Anlage. Als Einleitung wünschte *db* von OK Aufklärung über den »roten Faden in der österreichischen Architektur«.

Konkret gesagt: Die von Otto Wagner gegründete und inspirierte Schule war von 1895 bis 1912 ein zentraler Ort der Erneuerung der Baukunst mit europäischer Bedeutung und weltweiter Ausstrahlung: Um 1900 arbeiten in Wien, der Metropole der 60-Millionen-Vielvölkermonarchie, neben Wagner Joseph Maria Olbrich, Josef Hoffmann, Adolf Loos, Max Fabiani, Jože Plečnik, Jan Kotěra, Friedrich Ohmann, Richard Neutra; Rudolf Schindler studiert bei Loos und Wagner, Oskar Strnad, Josef Frank und Hubert Gessner realisieren ihre ersten Bauten um 1913.

Dass diese Erneuerung der Baukunst in Wien nicht auf einfache Formeln zugespitzt werden kann, belegen gerade die Komplexität und die Widersprüche in Wagners eigenem Œuvre – das sowohl bildkräftig und metaphorisch als auch strukturell und typologisch ist – oder in Olbrichs Secession, in der Apollinisches und Dionysisches, neue Bauplastizität und neues Ornament, archaisch-mythische Formenwelt und moderne Multifunktionalität des Grundrisses unter Industrieglasdächern ineinander verschmelzen, oder in Adolf Loos' Haus am Michaelerplatz. Letzteres ist geradezu ein Konzentrat der wohlartikulierten Vielschichtigkeit, eine Verbindung von absolut innovativer Raumlösung mit völlig disparaten Fassaden: klassische Repräsentation und bürgerliche Schlichtheit zum Platz einerseits und beste ›Chicagoer Industriebautechnik‹ zum Innenhof andererseits.

Im kulturellen Treibhausklima der damaligen Donaumetropole werden einerseits die Fesseln des Historismus gesprengt, da wird im Laboratorium der Wagner-Schule auf Papier bereits erdacht, was zehn bis 15 Jahre später die Baurealität der Klassischen Moderne werden sollte. – Und andererseits wird hier durch Loos, Frank und Strnad schon vor 1914 die fortschrittliche Kritik an dieser Moderne formuliert, nämlich der Widerstand gegen jede Festschreibung auf einen neuen, universellen Stil, die Skepsis gegen jedes auf formale Einheitlichkeit abzielende Kulturbild.

Die Gründung des Deutschen Werkbundes 1907 findet in Adolf Loos ihren schärfsten Gegner, was aber etwas später die Gründung eines Österreichischen Werkbundes unter Josef Hoffmann nicht verhindert.

1918 bringt eine tiefe Zäsur. Die Monarchie zerfällt in Nationalstaaten. Österreich mit dem nunmehrigen ›Wasserkopf‹ Wien verliert seine wichtigsten industriellen und agrarischen Hinterlande Böhmen, Mähren und Ungarn; aus der Kaiserstadt wird das sozialdemokratische Rote Wien. Unter wirtschaftlich sehr schwierigen Verhältnissen wird der Siedlungs- und Wohnungsbau für die Arbeiterklasse zum Hauptthema der Bautätigkeit. Während die Avantgarde in Deutschland oder Frankreich die Industrialisierung des Bauwesens und des Massenwohnungsbaus thematisiert, existieren in Österreich dafür keine Ansprechpartner, keine technisch versierte Großindustrie. Dagegen gibt es immer noch die riesigen Ziegeleien der k.u.k. Gründerzeit und Massen beschäftigungsloser Arbeitskräfte. So entstehen die großen Wohnbauleistungen der Stadt Wien in ganz konventioneller Bautechnik – im Gegensatz etwa zu den Reformprogrammen des Neuen Frankfurt.

Es gibt aber noch vor dem Karl-Marx-Hof und vor den technisch-wissenschaftlichen Experimenten am Bauhaus die Wiener Siedlerbewegung. Loos, Frank und andere planen hier vor 1923 etliche Siedlungen, die mit primitivsten Mitteln und großem Selbstbau-Anteil der künftigen Bewohner im Rahmen von basisdemokratischen, politisch, kulturell und pädagogisch sehr fortschrittlichen Genossenschaften realisiert werden. Loos' berühmtes Patent »Haus mit einer Mauer« ist schlechthin der Typus einer Strategie, welche die ingeniöse Ausnutzung der vorhandenen, einfachen Ressourcen als System mit der Offenheit für den individuellen Selbstbau-Anteil der Siedler, mit der Wachstumsfähigkeit des Hauses, mit der intensiven Beziehung zum Nutzgarten und mit der Nutzung von Solarenergie verbindet.

Die konkrete Erfahrung in der Pionierzeit der Wiener Siedlerbewegung ist mitentscheidend für die kritische Distanz von Loos und Frank zu den eher akademischen Experimenten von Le Corbusier oder des Bauhauses und zu deren Tendenz der kompletten Erschaffung von konsistenten, neuen Wohnwelten ›von oben‹. Auch die Wiener Werkbundsiedlung ist demgemäß technisch konventionell; raumtypologisch bietet sie dagegen ein reiches, pluralistisches Panorama von Möglichkeiten. In seinen Villenbauten öffnet Frank den in sich geschlossenen Raumplan von Loos zu einer Haus und Garten, Innen und Außen verbindenden Bewegungsfigur; Ernst Plischke und Lois Welzenbacher machen jeweils auf individuelle Weise die Reflexion der Landschaft, der spezifischen Topografie, zum Inhalt ihrer neuen, raumplastischen Hausorganisation.

In den Jahren 1933/34 kommt – parallel zu Deutschland – die nächste Zäsur: Kulturliberalismus und Sozialdemokratie werden gewaltsam beendet; im Ständestaat kann Clemens Holzmeister die Linie eines ikonografisch populären Baugestus noch sporadisch fortsetzen. 1938 bleibt auch er im Exil in der Türkei. Zu diesem Zeitpunkt haben mehr als ein Drittel der 70 an der Wiener Werkbundsiedlung beteiligten Architektinnen und Architekten das Land verlassen (müssen); kaum jemand davon wird nach 1945 zurückkehren.

Die Entwicklungslinien einer österreichischen Architektur nach 1945 wiederzufinden oder weiterzuführen, ist schwierig. Im provinziellen Klima der Zeit – das Land seiner geistigen Elite durch Emigration und Holocaust beraubt – muss sich die nächste Generation die eigenen Wurzeln wie den Kontakt zur internationalen Szene neu erarbeiten.

Im liberalen Klima der Holzmeister-Schule entsteht ein Spektrum junger, sehr unterschiedlicher Persönlichkeiten (Friedrich Achleitner, Johann Gsteu, Hans Hollein, Wilhelm Holzbauer, Friedrich Kurrent, Josef Lackner, Gustav Peichl, Anton Schweighofer, Johannes Spalt u. a.), deren Positionen auch heute noch – im etablierten oder schon historischen Stadium – den Hintergrund der zeitgenössischen Szene bilden. Roland Rainer knüpft (im Alleingang) den Faden der Wiener Gartenstadt-Bewegung wieder in die verwandten Schichten der internationalen Siedlungs- und Städtebaudiskussion. Er kommt damit in Österreich aber erst viel später zu größeren Realisierungen. Für die arbeitsgruppe 4 und ihr Umfeld wird die Begegnung mit Konrad Wachsmann bei den Salzburger Sommerakademien besonders fruchtbar. Von seiner konstruktiven und strukturellen Systematik geschult und inspiriert, entstehen Bauten und Projekte, die den Schematismus des späten Internationalen Stils durch eine bildnerisch aktivierte Konstruktion und durch die kongruent aus ihr entwickelte spannungsreiche Polyvalenz der Raumstrukturen überwinden.

Entgegengesetzt zu dieser im Sinne von Loos eher symbolfeindlichen, antiformalen, strukturellen Haltung entwickelt Hans Hollein die große Stärke Holzmeisters weiter – das Inszenatorische, Symbolkräftige –, beflügelt durch seine internationalen Erfahrungen auch in der Kunstwelt. Zu Beginn der 60er Jahre sind damit zwei große Kulturtraditionen Österreichs in der Architektur aufs Neue wirksam geworden: die barocke, manieristische, komplexe Inszenierungskunst und Wirkungsregie des Formalen – und die aufklärerische, sprach- und formkritische Tradition im Sinne von Karl Kraus, Ernst Mach und Ludwig Wittgenstein.

1958 sind Achleitner, Gsteu, Kurrent und Spalt bei Wachsmann in Salzburg; Hans Hollein begegnet in New York Friedrich Kiesler und in Kalifornien dem Werk Rudolf Schindlers. 1958 schreibt Josef Frank seinen letzten großen Text: *Accidentism*, in dem er seine Aversion gegen jedes stilistische Programm nochmals resümiert. 1958 schreibt Günther Feuerstein seine *Thesen zu einer inzidenten Architektur*, und Friedensreich Hundertwasser publiziert das *Verschimmelungsmanifest*. 1958 wird Roland Rainer Stadtplaner von Wien, resigniert aber vier Jahre später. Damit ist das Szenario der 60er Jahre in Österreich bereits vorbereitet. In diesem Klima formt sich dann die liberale und radikale Szene der Grazer Architekturschule – stimuliert vor allem durch die Partnerschaft von Günther Domenig und Eilfried Huth –, vollzieht sich in Wien im Gefolge von Hollein, Pichler und Feuerstein die Gründung der Experimentalgruppen Haus-Rucker-Co und Coop Himmelb(l)au in kritischer Verstrickung mit der neuen Generation der Plischke-, Rainer- und Peichl-Schüler.

In der gebotenen Kürze diese Fäden bis zur Gegenwart weiter zu verfolgen, fällt schwer angesichts der quantitativen und qualitativen ›Explosion‹ der Szene seither. Nur so viel zu den drei regionalen ›Zentren‹:

- Wichtige Quellen der so erfolgreichen ›Vorarlberger Baukünstler‹ liegen auch im Ansatz der Wiener Siedlerbewegung, vermittelt eben durch die Lehrtätigkeit von Roland Rainer;
- die ›Expressivität‹ der ›Grazer Schule‹, gespeist durch internationale Impulse an Brutalismus, Expressionismus und Anthroposophie, schlägt aber auch Brücken zum barocken Erbe des Landes und zur plasmatischen Phase des Jugendstils;
- und die breite ›Wiener Szene‹ spiegelt auch heute noch die (schon historisch vorhandenen) Gegensätze von ikonographischen und strukturellen Positionen, also letztlich von Aufklärung und Gegenreformation,

wider. All dies ist freilich längst überlagert von der Verflechtung mit den internationalen Tendenzen, die punktuell auch von hier aus mitbestimmt werden (Hollein, Coop Himmelb(l)au und anderen) und ist nur mehr untergründig vielleicht von jener ›Musikalität‹ moduliert, die kürzlich Adolf K. Placzek, ein kompetenter Exil-Österreicher als den entscheidenden Unterschied zu anderen Manifesten der europäischen oder amerikanischen Moderne genannt hat.

Die Architektur des 20. Jahrhunderts ist in Österreich gewiss weniger von technologischer Innovation geprägt als andernorts. Dazu fehlt einerseits die historisch gewachsene, breitere Basis einer entsprechend entwickelten Bau- und Großindustrie sowie Innovationskraft und Risikobereitschaft privater Unternehmer und Mäzene. Und andererseits bestehen hier teilweise besonders restriktive, innovationshemmende Baugesetze, bürokratische und politische Gepflogenheiten. Die Stärke dessen, was hier mit konzeptionellem, geistigem Anspruch über den alltäglichen Trott hinausweist, liegt in der undogmatischen Vielfalt der präzisen baukünstlerischen Antworten auf ganz unterschiedliche Kontexte und in der kreativen Gewitztheit, mit der es doch immer wieder gelingt, die strukturell hier vorhandenen Defizite zu überwinden und eben damit überregionale Beispielhaftes zu leisten.

Nicht zuletzt das Engagement einiger weniger Politiker (wie z. B. Landeshauptmann Krainer in Graz, Stadtrat Voggenhuber in Salzburg, Stadtrat Swoboda in Wien) hat in den 80er Jahren ein Aufblühen der öffentlichen Baukultur bewirkt. In Zeiten der Sparpakete und des wiedererstarkenden Populismus schlägt jetzt das Pendel aber wieder kräftig zurück. Das Potenzial erstklassiger Baukunst ist am Ende dieses Jahrhunderts in Österreich jedenfalls wieder so groß und vielgestaltig, wie es in der heroischen ›goldenen‹ Ära der vorigen Jahrhundertwende in einem größeren Kontext vielleicht war. Ich behaupte sogar, dass die Verteilung der Kräfte in den österreichischen Bundesländern heute wesentlich gleichmäßiger und brisanter ist als zu Otto Wagners Zeiten. Der ›Wiener Moderne‹ steht ein aktuelles Panorama der ›Baukunst in Österreich‹ gegenüber, das so reichhaltig, vielgestaltig und kontrastvoll anmutet wie die mit Variationen und Brüchen, mit Gegensätzen und Übergängen so dicht ausgestattete österreichische Landschaft selbst.

Ich suche nicht nach Novität, sondern nach Qualität…

Unpubliziertes Typoskript, Dezember 2012, basierend auf einem Gespräch mit Gabriele Kaiser, abgedruckt in Otto Kapfinger. *Emerging Architecture 3. Beyond Architainment* (Wien–New York 2003)

Postmodernität ist paradox, ist genau genommen ein noch riskanteres, noch anspruchsvolleres Konzept als die alte Modernität. Es heißt letztlich, mit dem Strom zu schwimmen, sich auf ihn einzulassen und seine Kraft subversiv, intelligent zu nützen, um den Strom partiell vielleicht doch dorthin zu führen, wo er eigentlich gar nicht hin wollte. Das war Josef Franks Faible für Sentimentalität und Zufälliges, das war in Italien in den 70ern zuerst Alchimia und dann Memphis. Und dann natürlich Rem Koolhaas. In seiner Nachfolge kam die Welle der jungen Niederländer und ihr ›fresh conservatism‹, ihre Äquidistanz zum Pragmatismus einerseits und zum Utopismus andererseits.

Es war das Loslassen ideologischer Positionen, ein Zugehen auf gesellschaftliche Phänomene und Phantasmen – nicht mit avantgardistischem Besserwissen, sondern in einer Gewitztheit, welche subkulturelle Praktiken mit halbwissenschaftlichen Szenarien und griffigem Design zu neuen Hybriden und planerischen Durchblicken aufmischte: die unkonventionelle Lektüre des Banalen, aufbereitet durch ›good marketing‹. In Österreich haben wir kaum Vergleichbares, vielleicht weil wir im Gegensatz zur evidenten Künstlichkeit und Flachheit der niederländischen Topografie und ihres modernen ›sprawls‹ in den Alpen mit der Dramatik des ›natürlichen‹ Topos und dem anti-modernen Habitus unseres ›sprawls‹ konfrontiert sind…

Mein Blick gilt dem Spröden, nicht dem Plakativen. Ich suche nach Haltungen, denen nachhaltiger Komfort – undramatisch angeboten – wichtiger ist als der visuelle Kraftakt; mich faszinieren Teams, die daran arbeiten, den architektonischen Gegenstand zu überwinden zugunsten des architektonischen Zustandes. Ich schätze mit dem Hintergrund einer vierzigjährigen Erfahrung jene Architektur, die weniger auf starke Bilder und auf Eindruck macht, sondern starke, sinnliche Aggregate formt im Dienst von Qualitäten, die das vordergründig Abbildbare hinter sich lassen. Die Smithsons sagten es vor Jahrzehnten: die Aufmerksamkeit verlagert sich – von Gebäuden als Objekten auf den Beitrag, den sie zur räumlichen Konditionierung der Leere, des Territoriums leisten. In diesem Segment gibt es in Österreich eine Fülle von erstklassigen

Teams, die Funktionales und Nutzerwünsche abhandeln, ohne affirmativ zu sein, die Programme aber auch kritisch gegen den Strich bürsten, die vom kleinen Auftrag bis zu urbanistischen Projekten Antworten konsistent entwickeln, nicht in Exklusivsparten, sondern in alltäglichen Problemstellungen, am Puls der Zeit, doch ohne Nebelwerfen mit Überbaurhetorik.

Anfang der 1970er nannten die Italiener die hiesige Szene »Vienna Orchestra« – und das war schon damals kein durchkomponiertes Stück, sondern eine Session von Individualisten. Heute ist es eher ›Austrian Diversity‹: Vielfalt prägnanter Beiträge, höheres und dynamisches Niveau in der Breite, keine Dichotomie von schillernden Superstars und grauer Masse wie früher. Meine Rolle ist nicht die des Theoretikers im Nachhinein. Die Leute wissen ganz genau, was sie machen, was nicht. Mein Beitrag ist einer unter anderen …

PANORAMA

DRAMA

Vorarlberger Bauschule

Kurze Geschichte zur Entstehung und Wirkung einer Schule, die nie eine war

Um 1980 wurde in Vorarlberg ein Netzwerk innovativer Planer und Architekten durch verschiedene Fachpublikationen international bekannt. In Anspielung auf die aus dem Bregenzerwald stammenden Kirchenbauer des 18. Jahrhunderts wurde diese Szene der alternativen, partizipatorischen Holzarchitektur als »Neue Vorarlberger Bauschule« bezeichnet. Diese ›Bauschule‹ – wie sie von Wien oder von Zürich aus rezipiert wurde – war aber keineswegs eine Schule in konventionellem Sinn. Sie hatte sich als eine Bewegung ›von unten‹ formiert, abseits von Akademien oder Hochschulen, in Opposition zum kulturellen und bürokratischen Establishment. Sie folgte keinem geschriebenen Programm und hatte kein theoretisches Manifest, sie war nicht eine Aktivität von Architekten allein, sie war wesentlich und direkt von den Bauherren und Baufrauen mitgetragen und mitbestimmt. Ihre Keimzelle lag in einem kleinen, explosiven Netzwerk von aufmüpfigen, weltoffenen Lehrern, Künstlern, Literaten, Musikern, Grafikern und Planern, die in den 1960er Jahren Alternativen zur lokalen Provinzialität der Nachkriegsära formulierten und ganz konkret auch lebten. Ihr Engagement reichte über individuelle Anliegen hinaus in größere Zusammenhänge, etwa in die Protestbewegung gegen das damals jenseits des Rheins geplante Schweizer Atomkraftwerk, in die offene Kritik am regionalen Kulturbetrieb durch das Kabarett »Wühlmäuse« oder auch in die Gründung der »Randspiele« und der »Wäldertage« als Antwort auf die aus Steuermitteln hochdotierte Kommerzkultur der Bregenzer Festspiele.

Erschienen in Otto Kapfinger. *Konstruktive Provokation. Neues Bauen in Vorarlberg.* Hg. Institut français d'architecture und Vorarlberger Architektur Institut. Konzept und Gestaltung mit Reinhard Gassner und Wolfgang Ritsch (Salzburg 2003)

Erste Generation

Als Pionier in der ersten Generation, die um 1960 erste Bauten realisierte, und als Spiritus Rector für die um 1980 zum Bauen kommende, nächste Generation der regionalen Architekten spielte Hans Purin eine zentrale Rolle. Nach einer Lehre als Maurer, nach Studien- und Praxisjahren bei Roland Rainer in Wien, begann er mit extrem ökonomischen, kleinen Häusern, meist ausgefachten Holz-Skelettbauten von ›japanischer‹ Strenge, Leichtigkeit und Wohnlichkeit. Sein Hauptwerk ist wohl die Hangsiedlung Halde in Bludenz, begonnen 1964, ein Modell des gemeinschaftlichen, einfachen und ressourcenschonenden Bauens mit exzellentem Wohnwert, eine ›anonyme‹, moderne Typologie, errichtet mit handwerklicher Beteiligung der BewohnerInnen, an anderen Plätzen wiederholt und variiert und noch heute lokal im Preis-Leistungsverhältnis unübertroffen.

Parallel und in engem Kontakt zu Purin wirkte im Ländle damals eine Handvoll Gleichgesinnter. Jakob Albrecht zum Beispiel, der auch aus der Rainer-Schule kam, realisierte schon ab 1960 radikal einfache Holzhäuser und Schulbauten, vor allem im Bregenzerwald. Die schlichten, großzügigen Schulanlagen der Gruppe C4 (Fohn / Pfanner / Sillaber / Wengler) – in Nüziders ab 1959, dann in Lustenau und Nenzing – zählten damals in Österreich zum Besten in dieser Sparte; Max Fohn und Karl Sillaber hatten in Graz studiert, Karl Wengler bei Rainer und Helmut Pfanner in Wien bei Franz Schuster. Unabhängig davon entwickelte auch Leopold Kaufmann im Bregenzerwald unkonventionelle, aus der Zimmermannstechnik weiterentwickelte Holzbaukonzepte. Sein Schulbau in Reuthe (mit Haeckl und Eisentle) und die Kirche in Brand erregten Aufsehen, ernteten aber auch massive Kritik und Ablehnung bei Politikern und Behörden; auf dieser Linie kam im Raum Bregenz etwas später Gunter Wratzfeld hinzu, der ebenfalls bei Rainer studiert hatte. Rudolf Wäger schließlich, ein gelernter Zimmerer, plante als Autodidakt formal radikale, funktionell verblüffende Holzhäuser mit kleinsten Budgets, zum Teil in Kooperation mit seinen Brüdern Siegfried und Heinz; letzterer kam als Industriedesigner von der Hochschule für Gestaltung in Ulm, geprägt durch Otl Aicher, Max Bill und andere. Rudolf Wägers Pionierwerk ist die Siedlung Ruhwiesen, Schlins im Walgau – ein Pendant zu Purins Haldensiedlung –, entworfen 1971, ein von den Bewohnern, zu denen Wäger mit Familie selbst zählte, kollektiv und unabhängig vom etablierten Wohnungsmarkt durchgeführtes Projekt: ein polyvalent nutzbarer Holzbau zwischen Mauerscheiben, der mit geringstem Aufwand eine heute noch vorbildliche Wohnqualität und landschaftliche Einbettung erzielte.

Zweite Generation

Aus derselben Haltung – im Detail lässiger, in der Raumstruktur noch deutlicher ›Wohnkommunen‹ – entstanden einige Jahre später die Holzbau-Siedlungen der Cooperative Dornbirn und der nächsten Generation von Planern und Bauwerbern. Die Cooperative – Dietmar Eberle, Wolfgang Juen, Markus Koch und Norbert Mittersteiner – plante die

Hausgruppe Im Fang in Höchst schon während des Studiums und realisierte sie 1979 mit einigen Gleichaltrigen. Der einfache Holzskelettbau war so angelegt, dass die von Zimmerern aufgestellte Primärkonstruktion von den Jungarchitekten und künftigen Bewohnern selbst mit den Böden und Wänden, den Verandaverglasungen und Verschalungen komplettiert werden konnte. Das machte die Sache für alle Beteiligten überhaupt erst finanzierbar und ermöglichte kollektive Zusatzräume sowie individuelle Variationen, die weit über das am Wohnungsmarkt Übliche hinausgingen.

Diese rasche Spiegelung des Lebensgefühls der nach der Energiekrise von 1972/73 großgewordenen Generation, ihr Hang zu intelligenter Ökologie, zur Anwendung von Solarkonzepten, zu neuer ›Einfachheit‹ und gemeinschaftlichem Wohnen wurde in Vorarlberg auch durch ein Baugesetz begünstigt, das sich von den anderen österreichischen Bundesländern unterscheidet. Für die amtliche Bewilligung von Neubauten ist hier kein zivilrechtlich bzw. durch Kammermitgliedschaft befugter Planer nötig. So konnten die genannten Mitglieder der Cooperative, ab 1980 auch Roland Gnaiger, Walter Holzmüller, Bruno Spagolla, etwas später dann Hermann Kaufmann, Helmut Dietrich, Carlo Baumschlager, Helmut Kuëss, Wolfgang Ritsch und andere ohne lange Praxisjahre sofort nach dem Studium bauen, so konnte ein Autodidakt wie Wäger allein von 1960 bis 1980 ein Œuvre von mehr als fünfzig Häusern realisieren. Fünf Jahre nach Im Fang war die neue Holzbauszene im Ländle mit etlichen Siedlungen, Altbaurenovierungen, Doppel- und Einzelhäusern so präsent, dass die österreichische Bundeskammer der Architekten gegen diese ›wilden‹ Planer vorging, die sich zudem die aufwendige Ziviltechnikerprüfung und die hohen Kammerbeiträge ersparten. In einem – in Ostösterreich damals undenkbaren – Akt von zivilem Ungehorsam solidarisierten sich daraufhin 16 regionale Planer zur Rechtsform »Verein Vorarlberger Baukünstler«. Es war dies auch ein gemeinsamer Fonds als Rechtsbeistand für drei von ihnen, die bereits mit Klagen konfrontiert waren. Der ›Befugnisstreit‹ schlug mediale Wellen weit über die Landesgrenzen hinaus, förderte im traditionell antibürokratisch und dezentralistisch eingestellten Ländle den Schulterschluss zwischen Gesellschaft und ›Baukünstlern‹, und wurde später mit einem simplen Kompromiss erledigt. Als 1991 der »Internationale Kunstpreis des Landes Vorarlberg« an Hans Purin gehen sollte, plädierte dieser für die kollektive Vergabe an die Baukünstler, die dann auch vom Landeshauptmann persönlich ausgeführt wurde. Das Preisgeld spendeten die

Geehrten für eine Ausstellung, die 1993 erstmals die Geschichte und Leistungen der gesamten Szene darstellte.

Um 1980 verzweigten sich, wie skizziert, die frühen Impulse in die neue Dimension der nächsten Generation, mitgestaltet als Bauherren von etlichen LehrerInnen, die an der Pädagogischen Akademie Feldkirch von Franz Bertel bildnerisch geschult worden waren. Bertel ja war einer der ersten Bauherren von Hans Purin gewesen, Texter beim Kabarett »Die Wühlmäuse« und Initiator und Mitbegründer der Haldensiedlung. Schon 1985, noch mitten im Streit um die Planungsbefugnis der bereits international beachteten ›Baukünstler‹, gelang ein nächster, wichtiger Schritt in die offiziellen Planungs- und Behördenstrukturen. In Lustenau, der drittgrößten Gemeinde des Landes, etablierte der Bürgermeister einen unabhängigen Fachbeirat für Architektur und berief dazu Roland Gnaiger, Erich G. Steinmayr und Helmut Kuëss; Durchschnittsalter dieser drei damals: fünfunddreißig! Nach diesem Muster entstanden in der Folge in mehreren, auch kleineren Gemeinden Gestaltungsbeiräte als Schnittstellen zwischen Experten, Politik und Bevölkerung. Wichtige Schützenhilfe kam vor allem in der frühen 80er Jahren von den Beamten der Vorarlberger Raumplanung, Helmut Feurstein, Gert Dünser und Günter Schwarz. Durch sie wurden von den lokalen Behörden abgelehnte Projekte der Baukünstler im Regress auf die übergeordnete Landesstelle positiv begutachtet, und wurden die Bezirke und die Gemeinden angehalten, bei größeren, speziell bei öffentlichen Bauvorhaben auf die Qualität zu achten und dazu offene Architektenwettbewerbe durchzuführen. Von 1985 bis 1992 schließlich redigierte Gnaiger im regionalen TV-Programm eine wöchentliche Sendung über bau- und städtebauliche Projekte. Diese kritischen Dokumentationen wurden wie der Wetterbericht landesweit kommentiert und diskutiert – in den Haushalten, an den Stammtischen der Gaststuben – und haben dadurch mitgeholfen, den Boden für eine qualifizierte Diskussion von Baufragen in der Allgemeinheit zu verbessern.

Dietmar Steiner Hg. *Gemeinsam bauen. Beispiele verdichteter Bauweise in Vorarlberg* (Dornbirn 1985)

Von der Alternativszene zur Leitkultur

1988/89 startete im Land eine regelrechte Welle von Architekturwettbewerben, die durchwegs von den jungen, zu diesem Zeitpunkt schon praxiserfahrenen Planern gewonnen wurden; es war dies auch der eigentliche Wendepunkt, an dem modernes Bauen sich von der Alternativ-Szene zu einer offiziell und breiter anerkannten Leitkultur im Lande emanzipierte. Es ging dabei zumeist um größere Aufgaben im

Zuge der zyklischen Nachrüstung öffentlicher Infrastruktur – Schulbauten, Gemeindezentren, Feuerwehren, Sportanlagen. In den 70er Jahren hatten bei Konkurrenzen solcher Größenordnung noch Büros von außerhalb dominiert – u. a. beim Landesregierungsbau in Bregenz oder bei der Landesberufsschule Feldkirch. Nun aber gelang auf dieser Wettbewerbsschiene den Baukünstlern der Schritt weit über das Haus- und Siedlungsgenre hinaus. Baumschlager Eberle gewannen zwei große Schulerweiterungen in Bregenz, Dietrich|Untertrifaller die Erweiterung Festspielhaus Bregenz, Wolfgang Ritsch die Feuerwehrzentrale Dornbirn. Die spektakulärste Entscheidung brachte 1991 der Wettbewerb für das neu gegründete Kunsthaus Bregenz. Der Bau des Schweizers Peter Zumthor, aus einer ähnlichen, elementaren Grundhaltung genährt, spiegelte die ›einfache‹ Architektur der Baukünstler gleichsam in einem absoluten Maßstab – heftig debattiert, aber als Stimulans grundsätzlich akzeptiert; ein Zeichen auch für die im Land der sparsamen Alemannen in diesen Jahren sensationelle Großzügigkeit, eine avantgardistische Investition dieser Prominenz trotz mehrfacher Kostenüberschreitung durchzuziehen. Gründungsdirektor und Zumthors Visavis als Bauherr war Edelbert Köb, vorher einige Jahre Präsident der Wiener Secession: auch Köbs Eltern und Geschwister hatten übrigens 1964 zur Errichtergemeinschaft der Haldensiedlung in Bludenz gehört.

Berufsvereinigung der bildenden Künstler Vorarlbergs Hg. *Architektur in Vorarlberg seit 1960* (Bregenz 1993)

1989/90 kam ein weiterer stimulierender Faktor für innovatives, nachhaltiges Bauen hinzu. Seit diesem Zeitpunkt propagiert das von der Landesregierung eingesetzte Energieinstitut Vorarlberg mit einem Netz von Zweigstellen, mit finanziellen Förderungsaktionen, mit Beratungsangeboten und emsiger Öffentlichkeitsarbeit das energiebewusste Bauen. Bei den regelmäßig veranstalteten Exkursionen zu preisgekrönten, neuen Energiehäusern kamen hunderte Interessenten. Die Folge: Vorarlberg hat heute österreichweit die weitaus größte Dichte an Energiesparhäusern und Passivhäusern vorzuweisen.

Von der Bauschule zur Bauszene

Die international am meisten beachtete Karriere von Baumschlager Eberle (B&E) erreichte nach 1990 eine eigene Dimension. B&E, nach der Auflösung der Cooperative 1985 formiert, wirkten im Wohnungs- und Betriebsbau gleichsam als Schneepflug, wagten eine engere, mittelfristige Kooperation mit einer der expansivsten Baufirmen und privaten Bauträger des Landes, I+G Schertler, und entwickelten besonders im Geschoßwohnbau rationelle Haustypologien – die energetisch

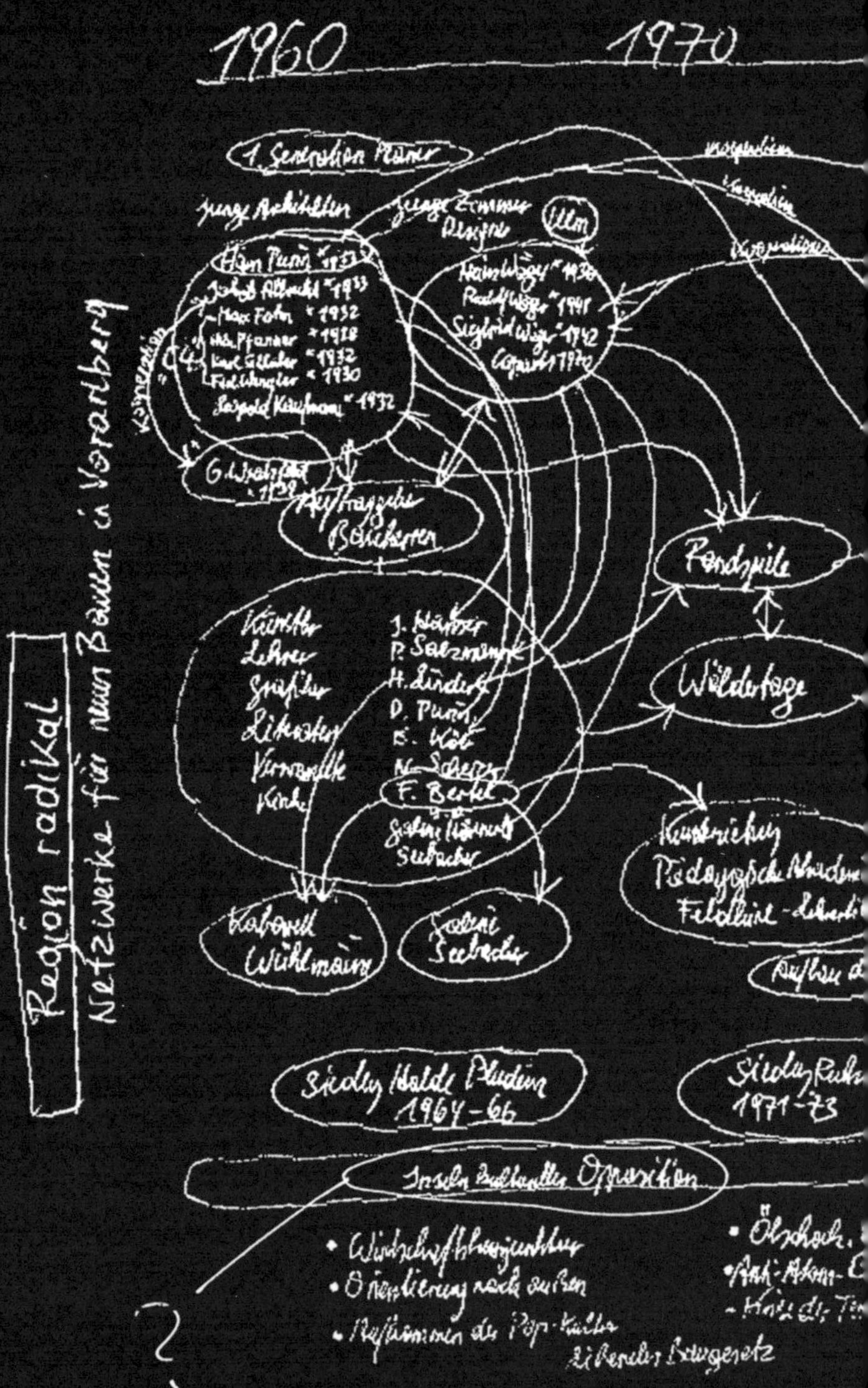

OK, Zeichnung 2003

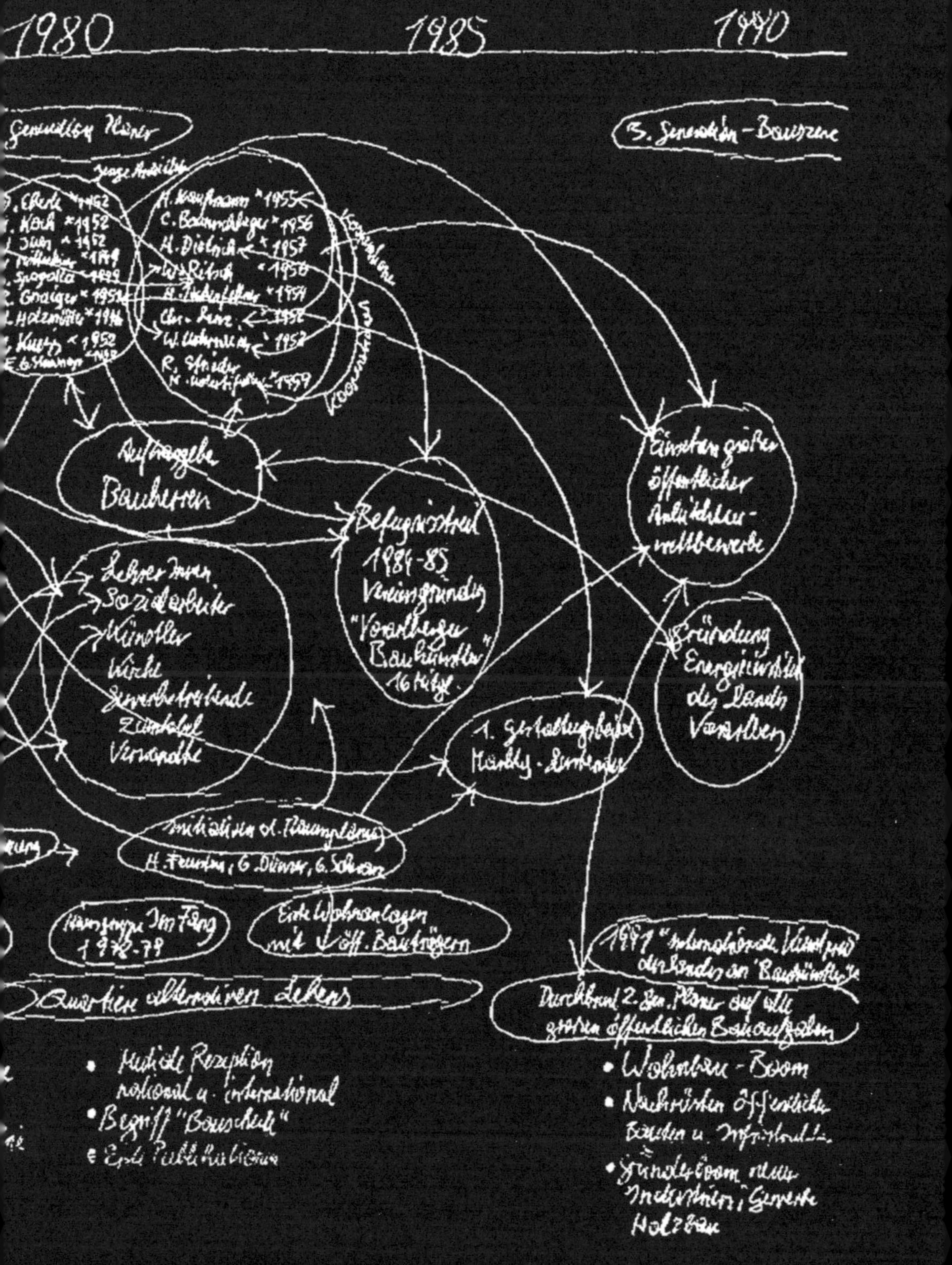

1980
1985
1990
3. Generation-Bauszene
H. Kaufmann *1955
C. Baumschlager *1956
H. Dietrich *1957
W. Ritsch *1950
Auftraggeber
Bauherren
Befugnisstreit
1984-85
Vereinsgründung
"Vorarlberger Baukünstler"
16 Mitgl.
Lehrer/innen
Sozialarbeiter
Künstler
Kirche
Gewerbetreibende
Zimmerleute
Verwandte
Gründung
Energieinstitut
des Landes
Vorarlberg
H. Feurstein, G. Dünser, G. Schwarz
Hausgruppe Im Fang
1978-79
Erste Wohnanlagen
mit öff. Bauträgern
Quartiere alternativen Lebens
Durchbruch 2. Gen. Planer auf alle
großen öffentlichen Bauaufgaben
Kritische Rezeption
national u. international
Begriff "Bauschule"
Erste Publikationen
Wohnbau-Boom
Holzbau

optimierten Kompakt-Häuser als Weiterbildung einer städtebaulichen Thematik, welche schon in den 70er Jahren die große Siedlung An der Ach in Bregenz von Albrecht / Schulze-Fielitz / Wratzfeld angeschlagen hatte. Die Vielzahl und dichte Folge von Bauführungen eröffnete B&E die Möglichkeit der konsequenten Evolution und Differenzierung baulicher Standards. Ihr bester, großer Wohnbau steht freilich in Tirol, die Siedlung Am Lohbach in Innsbruck, Ergebnis eines regionalen Wettbewerbs, derzeit die größte Passivhaus-Anlage in Österreich.

Neben B&E entfalteten auch die Büros von Helmut Dietrich | Much Untertrifaller und Hermann Kaufmann / Christian Lenz in kürzester Zeit vielseitige, umfangreiche Œuvres. Mag auch die neue Architektur Vorarlbergs bei oberflächlicher Betrachtung gleichförmig und stereotyp erscheinen. Im Rahmen der durchgängigen Sachlichkeit, der Skepsis gegen unquantifizierbare Extravaganz, zeigt die Detailbetrachtung viele individuelle Facetten. B&E etwa transformierten die gerüsthafte, detaillose Strukturalität der Cooperative-Bauten in die ›anonyme‹, minimalistische Perfektion auch großer Baukomplexe. Eine ihrer Spezialitäten ist die Variation der Haushülle, die funktional, technisch und materiell zergliederte Schichtung ihrer Fassaden. Es sind oft partiell bewegliche Schleier oder räumlich-thermisch getrennte Filterzonen zwischen Drinnen und Draußen, dynamisch und energetisch gemachte Verwandte der Schindelkleider der alten Rheintalhäuser, die oft die Tektonik der Tragstrukturen grafisch überspielen, Geschoßteilungen relativieren und als ›gewebte‹, variable Fassadenmuster wirken.

Helmut Dietrich dagegen kommt sehr stark vom Design, vom Möbelbau, auch von der Ausstellungsgestaltung. Deshalb sind die Interieurs von Dietrich|Untertrifaller aber auch ihre ›Fassadenkleider‹ intensiver vom Detail her konzipiert, in feiner Kontinuität mit der körpernahen, taktilen Wohnlichkeit der Innenräume, mit ihren festen und beweglichen ›Möblierungen‹. Andererseits haben Dietrich|Untertrifaller eine Stärke in der Konzeption großer Hallen gezeigt, u. a. beim Festspielhaus Bregenz, bei der WM-Halle in St. Anton und jüngst beim Wettbewerb zur Erweiterung der Wiener Stadthalle.

Kaufmann / Lenz verbinden zwei komplementäre Qualitäten zur schlagkräftigen Bürogemeinschaft. Aus einer Dynastie von Zimmerern und Holzfachleuten stammend, hat Hermann Kaufmann seit Mitte der 80er Jahre besonders den industriellen Holzbau mit rationellen, innovativen Tragwerken vorangetrieben, hat auch in der Adaptierung alter Holzbausubstanz und im energieoptimierten Holzwohnbau originäre

Impulse gesetzt. Lenz ergänzt die konstruktive Rasanz Kaufmanns mit seinen vom Großen bis ins Kleinste durchgearbeiteten Proportionen und einem subtilen Sinn für innere Raumqualität.

Roland Gnaiger hat die Haltung von Purin und Wäger wohl am deutlichsten durch die 80er Jahre in die 90er Jahre weitergetragen, hat relativ wenig gebaut, dafür mit der Schule in Warth, mit dem Vetterhof in Lustenau und jüngst mit dem Kindergarten in Bregenz-Braike modellhafte Lösungen verwirklicht, in denen das Baukonzept in einer viel weiter reichenden, gesellschaftlichen Programmatik aufgeht.

In diesem Umfeld ist Bruno Spagolla am ehesten mit der topografischen Sensibilität eines Lois Welzenbacher in Beziehung zu setzen. Auch Spagollas Architektur atmet die strukturelle Nüchternheit der Rainer-Schule, der ›Baukünstler‹. Doch intensiver als die anderen formt er aus den Parametern des Geländes, aus der baulichen Nachbarschaft, aus Licht- und Sichtbeziehungen ortsspezifische Raumsequenzen. Anders als Welzenbacher, anders als die ›autochthone‹ Phase der 80er Jahre in Tirol, die solche Faktoren bühnenhaft inszenierten und in raumgreifende Gesten umsetzten, bleibt Spagollas Raumdynamik im Feld der strukturellen Disziplinierung, die schon die alten, ruralen Bauten kennzeichnete.

Wolfgang Ritsch hat frühe Projekte noch gemeinsam mit Purin und auch mit Wäger geplant. Ritsch geht vielleicht ein etwas bedächtigeres Planungstempo als B&E oder Kaufmann / Lenz. Dafür sind seine Bürobauten, seine Häuser und Wohnanlagen in der städtebaulichen und raumklimatischen Performance besonders sorgfältig, innovativ und nachhaltig ausgearbeitet. Ritsch kommt vom Möbelbau, ist gelernter Tischler, und er kann diese Raffinesse im Umgang mit Material und Raum auch in größere Strukturen, in den Umgang mit Stahl, Holz und Glas mitnehmen. Ihm am nächsten steht wohl Walter Unterrainer, ein erfinderischer Tüftler an Low-tech- / High-quality-Lösungen zur Konstruktion einer »wohltemperierten Umgebung« – wie Reyner Banham die Essenz der Baukunst einmal genannt hat. Punktuell kommt es aber auch zu Kooperationen zwischen Kaufmann und Unterrainer, oder Ritsch mit Unterrainer, oder – wie bei der Revitalisierung der Textilschule zur Fachhochschule Dornbirn, zum Teamwork zwischen Dietrich, Kaufmann, Lenz und Ritsch.

Auf gleichem Niveau, mental und örtlich aber doch separiert und differenziert, arbeiten im Oberland die mehr den Massivbau und feinsten Sichtbeton pflegenden Gohm / Hiessberger, weiters Erich G.

Steinmayr – mit wenigen, aber exzeptionellen Realisierungen wie etwa der Erweiterung zum Rathaus Lustenau, dann auch Hans Hohenfellner, Walser / Werle oder Fink / Thurnher. In diese Szene rückt um 1995 ganz kräftig eine nächste Generation nach: Cukrowicz / Nachbaur, Oskar Leo Kaufmann, Marte.Marte, Johannes Kaufmann, Daniel Sauter, Jesco Hutter, Marina Hämmerle usw. Die ›Bauschule‹ ist längst in ein offenes, kaum überschaubares Feld diffundiert, gewürzt durch konträre, viel weniger dem Nimbus der Ökonomie und Sachlichkeit verpflichtete Beiträge, wie jene von Hugo Dworzak, von Arno Bereiter, Roland Köb oder zuletzt Philip Lutz. Im September 2000 schreibt das internationale Design-Magazin *Wallpaper* als Einleitung zu einem zehnseitigen Bericht: »Having scoured the globe we are unanimous in our decision to name Vorarlberg as the most progressive part of the planet when it comes to new architecture.«

Wirtschaft und Gesellschaft

Als Hintergrund dieser baukulturellen Entwicklung sei noch auf einige statistische Werte und übergeordnete Daten verwiesen. Vorarlberg ist das zweitkleinste, nach Wien aber am dichtesten besiedelte österreichische Bundesland. Die Einwohnerzahl von 350.000 entspricht kaum einer europäischen Mittelstadt, ist kleiner als jene von Zürich, ein Fünftel von Wien oder München. Das Ländle hat einerseits eine starke bäuerliche Tradition – und gerade mit ihr verbunden ein historisch gewachsenes Bewusstsein von Autonomie, Selbstbestimmung und Selbstverwaltung. Andererseits formierte hier sich schon früh eine weitmaschig verteilte Industrialisierung, vor allem im Textilbereich, gekoppelt an internationale Kapital- und Handelsverbindungen. Typisch ist auch die Tatsache, dass hier die Bauern seit dem 18. Jahrhundert durch Heimarbeit in ausgelagerte Manufaktur- und Industriearbeit eingebunden waren, dass dieses Land seine Bevölkerung jahrhunderte lang nicht ernähren konnte und deshalb die Jungen und Kinder durch ›Saisonarbeit‹ in den umliegenden, reicheren Ländern in Kontakt mit der Fremde kamen. Erst die Regulierung des Rheins und die Nutzung der Wasserkraft gaben dem Land die Grundlage für eigenes Wirtschaftswachstum und bescheidenen Wohlstand.

Relativ gesehen war im 20. Jahrhundert und ist Vorarlberg heute die am intensivsten industrialisierte Region Österreichs. Von 160.000 Berufstätigen sind nur noch 4.400 in der Land- und Forstwirtschaft (hier leben weniger Vollerwerbsbauern als in Wien!), aber 64.000 in der Textil-,

Elektro- und Maschinenindustrie tätig. 1994 produzierte das Ländle pro Kopf viermal bzw. fünfmal soviel an Exportgütern wie Japan bzw. die USA und wurde in dieser Wertung nur von der Schweiz übertroffen. Das Land hat die höchste Geburtenrate in Österreich, auch das höchste Lohnniveau, produziert mit dem relativ geringsten Energieverbrauch, hat 12% FremdarbeiterInnen, einen ganz breit gestreuten Grundbesitz: 75% der Wohnungen sind im Eigentum. Es hat aber auch die höchste Scheidungsrate der Alpenrepublik und eine signifikante Drogenquote. Der Prozess der (Sub)Urbanisierung des Ländlichen verlief hier – speziell im Rheintal – so rasch wie nirgends sonst in Österreich. Viele Orte konnten die Bevölkerungszahl in den letzten 60 Jahren verdreifachen. Fast 80% der Bausubstanz stammt aus der Zeit nach 1945. Ein spezielles Erbrecht, das die Grundteilung in der Familie begünstigt, und das endemische Statussymbol des eigenen Hauses ließen hier nach 1950 die höchste Dichte von Einfamilienhäusern entstehen und führten – zusammen mit den explosiv angewachsenen Betriebs- und Verkehrsbauten – zu einer kleinräumigen Zersiedelung der Landschaft. Die Rheintalebene von Feldkirch bis Bregenz – historisch eine der wichtigsten Nord-Süd-Verbindungen über die Alpen, aber bis 1900 durch zyklische Überschwemmungen ein ständig bedrohter Lebensraum – ist heute eine 30 km lange Agglomeration mit einer urbanen Besiedlungsdichte, mit einer Reihe von politisch autonomen, selbstbewussten Gemeinden, einem unbürokratischen Demokratieverständnis und einer dynamischen, international orientierten Unternehmerschicht, die den Einbruch der Textilindustrie in den 1970er Jahren in kürzester Zeit kompensieren konnte. Ergänzend dazu haben sich im Bregenzerwald Eckwerte jener Kultur freier Bauern erhalten, die aus extremen Umweltbedingungen die vielleicht strengste und zugleich kultivierteste rurale Haustypologie hervorbrachte, gestützt auf ein Holzbauhandwerk, das heute noch vital erscheint: In den 90er Jahren hatten die lokalen Zimmereien und Tischlereien einen Zustrom von Lehrlingen wie nie zuvor; die Firma Holzbauwerk Kaufmann zählt heute zu den führenden Holzbaukonstrukteuren in Mitteleuropa, und jede Zimmerei, die auf sich hält, bietet dort heute mit Architekten entwickelte Fertighaus-Sets, die keinen Vergleich etwa mit skandinavischen Typen zu scheuen brauchen. Die Qualität des ›kollektiven Lernens‹, die von den Architekten in den 60er und 70er Jahren primär untereinander und an ihren partizipatorischen Wohnprojekten entwickelt wurde, verlagerte sich auf den Diskurs mit modernem Handwerk, mit Industrie und Gewerbe, mit den planerischen Instanzen vieler Gemeinden.

Mit diesen skizzierten Daten und der sprichwörtlichen Mentalität des alemannischen »schaffe, schaffe, Hüsle baue« und des walser / wälderischen Pragmatismus erscheinen die Konzepte und die Erfolge sachlich engagierter Architekten hier beinahe zwingend und waren doch alles andere als selbstverständlich.

Rheintal, Bregenzerwald und Walgau bilden eine leicht überschaubare Region. Es ist wie ein großes Dorf, mit vielfältigen familiären Netzwerken, wo jede Neuigkeit sofort die Runde macht. Zwischen Bregenz und Feldkirch weiß jeder, was wo gerade von wem gebaut wird, ebenso im Bregenzerwald. Diese flache Hierarchie, der schnelle Informationsfluss begünstigte das ›kollektive Lernen‹ ebenso wie die Dezentralisierung. Denn die großen staatlichen Institutionen sind auf die vier größeren Städte aufgeteilt. So entsteht Eigenständigkeit und zugleich intensive Bewegung. Viele arbeiteten und arbeiten in der Schweiz, in Liechtenstein, jenseits der Landesgrenzen.

Aus der Erfahrung vieler Low-cost-Projekte mit verschiedenen Partnern haben sich die Architekten in den 80er Jahren eine logistische Professionalität erarbeitet, die alle Facetten der gängigen Bauprozesse auslotete und die alltäglichen Standards auf intelligente Weise zu neuer Qualität brachte: ein Faktum, das völlig unabhängig vom architekturimmanenten Diskurs auch die Pragmatiker der großen Baugenossenschaften, der Baufirmen und der öffentlichen Auftraggeber zunehmend überzeugte. Einfachheit, Rationalität, Brauchbarkeit und Eleganz am Puls der Zeit waren in der Vorarlberger Szene keine theoretisch applizierten Ideologien, sondern Resultat einer umfassenden, vom Handwerklichen Schritt für Schritt zum Industriellen vorstoßenden Praxis, die der sprichwörtlichen Sparsamkeit und dem hochentwickelten Preis-Leistungsdenken der Alemannen entgegenkam. Gab es um 1980 hier rund drei Dutzend Architekturbüros, sind es inzwischen über 150. Architektur ist im Ländle heute nicht mehr ein Ausnahmefall, sondern hat sich, wie der Wiener Kulturkritiker Wolfgang Kos formulierte, »als Bürgerpflicht etabliert«.

Bauen in Vorarlberg – Was steht an?

Unpubliziertes Typoskript. Impulsreferat zu der vom ORF-Landesstudio veranstalteten, von Walter Fink moderierten Diskussion im Bertolini-Haus, Dornbirn, 6. November 2003

Geschätzte Kolleginnen und Kollegen!
Die erste Station der Wanderausstellung *Une provocation constructive – Architecture contemporaine au Vorarlberg* in Paris hatte heuer im Sommer 20.000 zahlende Besucher. Ein Rekord, ein großartiger Erfolg! Modernes Bauen ist im Ländle sozusagen ein Alltagsphänomen geworden, wird mehr denn je europaweit rezipiert und – wie gerade jetzt durch die Initiative des Institut français d'architecture – bereits als gesellschaftliches Faktum studiert. Alles bestens also? »Vorarlberg erobert Paris«, wie es als Schlagzeile in einem Massenblatt zu lesen war? Vielleicht haben es einige nicht bemerkt. Aber schon im Vorwort zu dem für Frankreich jetzt publizierten, kleinen Katalog forderte Wolfgang Ritsch, der Obmann des Co-Veranstalters vai, eine kritische Neupositionierung der regionalen Szene, eine Vertiefung bzw. ein Nachjustieren aller Inhalte und Strategien – ein wohltuend uneitler, ein aufrüttelnder und bemerkenswerter Textbeitrag!

Ich möchte diesen Ansatz aufgreifen und mit einer Handvoll Ideen weitertreiben. Es sind so an die zehn Punkte, besser gesagt: Überschriften, ergänzt mit Untertiteln und Marginalien – zu verstehen als Impulse für eure interne Debatte, Impulse von einem mit der Sache vertrauten Sympathisanten, eine Wortmeldung eben nicht aus dem Innern der Region, sondern von außen, aus teilnehmender Distanz.

Erste Überschrift: Orthogonalität ist kein Stil
Untertitel: Nicht jede gerade Linie ist zwanghaft, aber auch: nicht jede Kurve ist Willkür
Seit einiger Zeit rumort es, vor allem von außerhalb, aber auch unter den Jungen hier: diese ewigen Kisten, das ist doch langweilig ... Die Debatte darüber muss geführt werden, aber bitte nicht wegen des Arguments der Langeweile, das wäre bloß die dumme Spur der Mode-Wellen; nicht so. Ökonomie wird im Ländle ganz groß geschrieben, und die ökonomischste Verbindung zweier Punkte ist eben die Gerade. Wir sollten aber auch bedenken, einmal ganz generell: Wir leben auf einer Kugeloberfläche und auf dieser gibt es eben beispielsweise auch etliche Fälle,

wo die kürzeste Verbindung zweier Punkte nicht gerade, sondern (zweifach!) gekurvt ist...

Zweite Überschrift: Urbanistische Nachverdichtung
Untertitel: Bauen im Kontext intensivieren, verbessern
Die Siedlungsräume im Land sind längst begrenzt, das weiterhin starke Wachstum geht ›nach innen‹, auf schwierigen Grundstücken, und das verlangt ein viel präziseres Reagieren auf bauliche Nachbarschaften als bisher; Anbauten, Einbauten, Einfügen neuer Volumina in konfliktgeladene Situationen... Vor kurzem meinte Dornbirns Bürgermeister, in der Stadt lebten jetzt 40.000 Einwohner, es könnten in naher Zukunft auf dieser Fläche aber auch 80.000 leben! Eine faszinierende Perspektive – aber habt ihr dazu auch die adäquaten urbanistischen und architektonischen Erfahrungen, die dazu tauglichen gestalterischen und strategischen Werkzeuge, Visionen, Modelle? Von den politischen einmal abgesehen...

Dritte Überschrift: Aufwertung der Zwischenräume
Untertitel: Bauen schafft nicht nur Volumina, genauso wichtig
wie die Räume sind die Zwischenräume
In der ruralen Tradition des Bauens im Ländle war der Zwischenraum kein Thema, die alten Einhäuser stehen autonom, es gibt praktisch keine Tradition des urbanistischen, des verdichteten Gefüges von ›hohl‹ versus ›voll‹.

Wenn Nachverdichtung nun immer aktueller wird, werden auch die Handhabung der Abstände, das Ausbalancieren kontrastierender Höhen oder anderer Einflussgrößen komplexer, wird auch der Umgang mit Distanzen, mit Zwischen- und mit Freiräumen neu zu lernen, neu zu definieren sein. Dies ist nicht allein ein Gebiet, ein Territorium für Architekten. Da sind auch andere Disziplinen gefragt, urbane Landschaftsgestaltung, Verkehrsgestaltung, grafische Benutzerführung im öffentlichen Raum usw.

Vierte Überschrift: Die neuen Peripherien
Untertitel: Gewerbeparks der anderen Art, Signale und Chancen
Der Trend ist längst im Laufen, zwischen den alten Orten und ihren neueren Siedlungswucherungen entstanden und entstehen weiter die Speckgürtel der Gewerbezonen, zumeist direkt am landschaftlichen Grünraum. Hier gibt es regional ein paar bemerkenswerte Ansätze,

das Phänomen nicht bloß quantitativ abzuwickeln, sondern aus diesen neuen Orten der Arbeit, der zumeist hochqualifizierten Arbeit (!), neue urbanistische Typologien und nachhaltige Qualitäten zu formen – Stichwort: Millenniumspark Lustenau oder auch Gewerbezone Götzis-Nord. Was der ›böse‹ Investor, der in der Regel die Kaufkraft vom Zentrum wegzieht, unwirtliche Einkaufs- und Bürozentren an die Peripherie klotzt und primär das Verkehrsaufkommen fördert – was also das ›böse‹ Kapital im günstigen Fall strukturell und gestalterisch alternativ zu solchen oft als ›naturgegeben‹ hingenommenen Fehlentwicklungen schaffen kann, hat zum Beispiel MPREIS in Tirol beeindruckend demonstriert...

Fünfte Überschrift: Wertschätzung des fremden Blicks

Untertitel: Die Szene öffnen, externe Beiräte fördern

Soweit ich weiß, hat Feldkirch als einzige der Vorarlberger Gemeinden, in denen unabhängige Architekturbeiräte wirken, einen Beirat mit externen Fachleuten. Und das spiegelt sich auch im Niveau der dort geleisteten Arbeit. Man sollte diese Öffnung auch anderswo und viel breiter wagen. Ich möchte euch dazu an eines erinnern: die Pionierleistungen der hiesigen Baukultur wurden nicht von Architekten allein definiert. Es waren bildende Künstler, Literaten, Grafiker, Musiker, Kleinkünstler usw., die damals weit über den heimischen Tellerrand blickten – und ihre spezifische Sensibilität, ihre Lebens- und Weltsicht war ein wesentliches Ferment für die Evolution einer neuen Architektur.

Sechste Überschrift: Vom Leistungsdenken zum Sprachbewusstsein

Untertitel: Vom guten Bauen zur Syntax der Baukunst

Ich sage es überspitzt: Null-Energie ist schön, macht aber noch keine Architektur. Oder anders formuliert: In der extrem fleißigen, tüchtigen alemannischen Gesellschaft, herausdestilliert unter den harten, historischen Bedingungen von Mangel aber auch früher Eigenverantwortung, ist das Preis-Leistungsverhältnis oberste Maxime und solche objektivierbare Sachlichkeit ist auch die große Stärke dieser Mentalität. Aber das hat auch seine Grenzen, kann sich im eindimensionalen Schematismus erschöpfen. Das Leben ist nicht nur Notwendigkeit, nachvollziehbares Schema; es muss auch sinnvoll sein. Und Sinn entsteht nur dort, wo wir weiterfragen: nicht nur, was leisten diese Dinge, was *leisten* unsere Elemente, sondern – was *sagen* sie uns? So wie in der Sprache: Der grammatikalisch richtige, schlackenlose Satz ist durchaus nützlich; aber über die bloße Verständigung hinaus werden die Wörter erst zu einer Sprache, die uns auch über uns selbst etwas sagt und so erst zum kulturellen Instrument wird, wenn sie über reine Logik hinausreichende Werte erreicht, in andere Dimensionen dringt, mit der Syntax bewusst zu arbeiten und zu spielen beginnt, komplexere Bedeutungen und – ja – auch so etwas wie Witz erlangt (Witz im Sinne von Wittgensteins »Aspektwechsel« von Logik, Spielregeln oder Syntax). Baukunst ist Raumkunst und das beginnt natürlich, wie Mies van der Rohe anmerkte, »dort, wo zwei Ziegel sorgfältig aufeinander gesetzt werden«, aber – bitte genau lesen: der Weg *beginnt* dort, das Ziel ist noch weit…

Siebente Überschrift: Vertiefung des kritischen Dialogs
Untertitel: Weg mit der Lobhudelei, Zeit für Reflexion!
Es war eine besondere Charakteristik in den Pionierphasen der Vorarlberger Architektur, speziell der ›Baukünstler‹, dass es den intensiven und offenen Gedanken- und Erfahrungsaustausch zwischen den Akteuren gab, vermutlich auch ›erzwungen‹ als Solidarität in einer Gruppierung von Außenseitern, die sich zum Überleben gegen die Widerstände und die Normen der herrschenden Gesellschaft formieren mussten, sich gegenseitig stärken und bestärken mussten, Strategien und Know-how teilen und gemeinsam verbessern, vorantreiben mussten. Höhepunkt war sicher der ›Befugnisstreit‹ gegen die Architektenkammer Mitte der 80er Jahre. Seit den 90er Jahren ist dieses interne, auch selbstkritische Gespräch rückläufig, der äußere Widerstand fiel immer mehr weg, die Aufträge wurden immer mehr, Zeit zur Reflexion des Tuns – individuell oder gar gemeinsam – gibt es heute praktisch nicht mehr. Es gibt auch nicht, wie in anderen Regionen, eine Universität, die eine solche Rolle der kritischen Ebene spielen könnte, es gibt dafür jetzt Institutionen wie das vai oder die verjüngte Zentralvereinigung. Es liegt an diesen, nun ein solches kritisches, reflexives Moment in der Szene wiederzubeleben, die konstruktive Konfrontation mit der jungen, nächsten Generation, mit den immer noch präsenten Pionieren und mit den Etablierten zu fördern, Impulse von außen hereinzuholen usw., die publizistische Ebene nicht nur im Sinne von Propaganda, sondern auch der analytischen Qualität zu fördern…

Achte Überschrift: Rückkehr zu neuen Konzepten
Untertitel: Design ist nicht das Sein
Im Zentrum der Entwicklung der neuen Vorarlberger Baukunst stand die Suche nach den baulichen Strukturen für neue Lebensformen. Die Pioniere und ihre Sympathisanten, ihre Bauherren, suchten nach neuen Lebens-

MERCREDI 9 JUILLET 2003

CULTURE

UNE MAISON POUR L'ARCHI

L'Institut français d'architecture s'est installé au palais de la Porte-Dorée à Paris.

Une provocation constructive, architecture et développement durable au Vorarlberg
Alger paysage urbain et architectures
Palais de la Porte-Dorée, 293, avenue Daumesnil, Paris XIIe. Entrée libre de 10h à 17h30 sauf le mardi, jusqu'au 14 septembre. Tél: 01 58 51 52 00.

Un jour, en 2005, la «Cité de l'architecture et du patrimoine» ouvrira ses portes au Palais de Chaillot, où elle regroupera, pour l'édification des foules et de la profession, un département patrimonial (héritier du Musée des monuments français ou MMF), un département consacré à l'actualité de l'architecture (intégrant l'Institut français d'architecture, ou Ifa), et le Centre des hautes études de Chaillot (Cedhec, plus connu sous le nom d'Ecole de Chaillot). C'est certain.
En tout cas c'est promis, par le ministre de la Culture, qui a confirmé à son arrivée la mise en œuvre de ce chantier, *«trop avancé pour être annulé»*. En attendant ces grandioses échéances, la nouvelle institution se «préfigure» au Palais de la Porte Dorée, où elle prend la place du Musée des arts d'Afrique et d'Océanie (fermé, mais dont le grand aquarium reste visitable).
L'Ifa abandonne donc la rue de Tournon pour la Porte Dorée, et pend la crémaillère avec deux expositions, déployées de part et d'autre de la «salle des fêtes». A droite, un hommage à l'histoire architecturale d'Alger (photos, plans et maquettes récentes, mais aussi dessins et aquarelles anciennes). A gauche, une présentation du mouvement des Baukünstler et de leurs réalisations au Voralberg. Ce land autrichien, rompant avec le folklorisme, joue un rôle pionnier depuis vingt ans en matière architecturale et environnementale.
Les visiteurs de l'Ifa apprécieront l'espace gagné, mais n'y retrouveront pas toutes leurs billes. *Exit*, en effet, la précieuse bibliothèque de l'institut. Elle a été mise en caisse, et n'en sortira…qu'à Chaillot ●

ANGE-DOMINIQUE BOUZET

IGNACIO MARTINEZ

Dans le Vorarlberg, le parc d'entreprises de Bezau, une démonstration d'urbanisme industriel durable, une ville en bois qui offre bureaux, ateliers et entrepôts.

Vorarlberg, laboratoire de l'avant-garde autrichienne

Première expo de l'IFA, dédiée aux Baukünstler, dans ses nouveaux locaux.

Vorarlberg *envoyé spécial*

C'est une région étonnante. Minuscule, belle comme une carte postale autrichienne, avec ses montagnes et ses vallées en fleurs, et en même temps foisonnante d'exemples stupéfiants d'architecture contemporaine. Il suffit de se promener, n'importe où, au cœur de villages perdus au milieu d'immenses paysages de forêts, pour tomber sur une maison individuelle, un hangar en bois ou une caserne de pompiers dignes des magazines d'architecture les plus avant-gardistes.
Ainsi, ce lieu de prière, cube marron bâti tout en terre (technique dite en pisé), accolé au cimetière de Zwischenwasser, délicieux village de montagne. Ou encore cette maison aux lignes épurées, commandée à un couple de jeunes architectes par le menuisier d'une bourgade nommée Schnepfau, une fois venue la retraite.
Le Vorarlberg n'est pas une région comme les autres. C'est d'abord le plus petit des Lander d'Autriche, parmi les neuf que compte le pays. C'est aussi le plus éloigné de Vienne, et de son administration normative. Bregenz, la capitale du Land, n'est qu'à 120 km de Zürich et 180 de Munich, mais à 600 km de Vienne. D'où l'esprit plus libre, plus ouvert vers l'extérieur, régnant chez les Vorarlbergeois.
Ecole. Dans les années 80, un groupe de jeunes architectes a lancé un mouvement: la *«Bauschule»* (Ecole de construction). Leurs principes? Des solutions alternatives, toujours très simples, peu coûteuses, très souvent en bois (un matériau inépuisable dans la région), et toujours attentives à l'équilibre des villages et des zones de faible densité. Et puis surtout, le refus de soumettre leur projet à un ingénieur habilité par l'administration. Cela fit scandale, quelques-uns se virent intenter des procès.
Vingt ans plus tard, un certain nombre d'entre eux, Dietmar Eberle, Carlo Baumschlager, Hermann Kaufmann, Roland Gnaiger, Helmut Dietrich, Much Untertrifaller, Wolfgang Ritsch, Wolfgang Juen, Markus Koch, Norbert Mittersteiner, comptent parmi les architectes autrichiens en vue.

«Quand je pense qu'en France la plupart des architectes rêvent de construire des maisons individuelles, ici, ils hallucineraient!» Un critique d'architecture parisien en visite à Bregenz

Leurs interventions touchent tous les types de bâtiment: hangar, usine, menuiserie industrielle, bureaux, lotissement, école, musée, hôtel – jusqu'à des fermes, biologiques ainsi qu'il se doit pour ces architectes très respectueux de la nature. Comme celle construite à Vetterhof par Roland Gnaiger, dans laquelle de belles vaches bien grasses répandent de belles bouses puantes dans une étable d'une perfection toute minimaliste.
Le plus étonnant reste le nombre incroyablement élevé de maisons individuelles aux formes ultra- modernes. *«Au Vorarlberg, 25% des gens font appel à un architecte pour faire construire leur maison, contre 3% en moyenne dans toute l'Autriche!»*, précise, pas peu fier, Markus Berchtold, directeur du Vorarlberger Architektur Institut (VAI), l'organisme de promotion de l'architecture contemporaine du Land. Chiffres auxquels il faut ajouter celui de 75 %, qui correspond à la proportion des Autrichiens de la région propriétaires de leur lieu d'habitation.
Terreau idéal. A Bregenz, capitale du Land située au bord du lac de Constance, le phénomène atteint son paroxysme. Lorsqu'on a de l'argent, et qu'on veut le montrer, le summum du chic consiste à se faire construire une maison par un architecte d'avant-garde sur une jolie colline dominant le lac, devenue aujourd'hui une sorte de stand de foire pour la présentation de l'architecture contemporaine au Vorarlberg.
Comment expliquer un tel phénomène? *«Par la rencontre d'au moins trois facteurs*, répond l'architecte Walter Unterrainer. *Le premier, il ne faut pas se le cacher, est le bien-être matériel des Vorarlbergeois.»* Car, non seulement la région dispose d'un riche tissu industriel (textile, high-tech, bois), garantissant du travail à tout le monde, mais la proximité de la Suisse tire les salaires vers le haut. D'autre part, les architectes disposent sur place de maîtres d'ouvrage, de techniciens et de menuisiers capables de réaliser leurs idées avec un niveau de perfection hors du commun. Et surtout, l'architecture au Vorarlberg est dotée dans la population d'une connotation tellement positive que les pouvoirs publics n'hésitent pas à soutenir les projets les plus extravagants.
Réflexion d'un critique d'architecture parisien en visite à Bregenz: *«Quand je pense qu'en France, la plupart des architectes rêvent de construire des maisons individuelles, sans jamais pouvoir en réaliser une à cause de fonctionnaires municipaux bornés; ici, ils hallucineraient!»* ●

PIERRE DAUM

★ 34 LIBERATION

Liberation, 9. Juli 2003

modellen, suchten nicht primär das Design oder die optimierte Hülle. Dieser konzeptionelle Ansatz, das war die ›provocation constructive‹, die bis heute weiterwirkte und jetzt auch von außen und retrospektiv studiert und wiederentdeckt wird. Wenn das jetzt so blendend eingespielte Räderwerk des modernen Bauens nicht schöner Leerlauf werden soll, muss wieder an der konzeptionellen Sicht, an der Grundmotivation der Baukunst gearbeitet werden. Als neuer Slogan steht jetzt einmal ›Lebensqualität‹ im vai zur Debatte. Ein Slogan, der erst mit Inhalten zu füllen ist…

Neunte Überschrift: Berührbarer Raum
Untertitel: Architektur jenseits des schönen Bildes
Auch das war ein Merkmal der Pionierphase: Bauen von einfachen, offenen, robusten Strukturen, offen für die Veränderung, für die individuelle Bemächtigung, den Wechsel von Nutzungen usw. Nicht die Perfektion des einmal in Szene gesetzten Ambientes stand im Vordergrund, das perfekt aufgeräumte, geschlossene Bild bewohnbarer Ästhetik, sondern die Elastizität, die Offenheit für den Gebrauch, die Berührbarkeit der Räume. An solchen Qualitäten wären auch künftige, neue Baumodelle zu messen…

Letzte Überschrift: Evolution des Rhizoms
Untertitel: Vorhandene Stärken weiter stärken
In keiner anderen Region gibt es heute ein so brisantes Gefüge zwischen Planern, politisch / institutioneller Ebene und Ausführenden. Nicht nur im Holzbau, aber gerade dort habt ihr heute Partner auf der Seite der Technologie, der Ausführung, wie man sie sich nur wünschen, erträumen kann. Überhaupt gibt es hier ein Kraftfeld zwischen lokaler Politik, zwischen kleinen, aber höchst innovativen, enorm beweglichen Unternehmensstrukturen, schlanken Institutionen für Marketing und Vermittlung – und dynamischen Planungsbüros; und dieses Rhizom verlangt geradezu nach neuen Herausforderungen, neuen Wegmarkierungen. Es ist das ein enorm starker, guter Nährboden, auf dem alle vorhin genannten Ideen weiter diskutiert, vorangetrieben, ausprobiert, nachjustiert und – vielleicht auch mehr als bisher – exportiert werden können. Aber ihr wisst ja: gesundes Wachstum im Export bedeutet reziprok immer auch Zulassen des Wachstums für Import…

Als Nachsatz für euch, die regionalen Weltmeister des modernen Pragmatismus, der Präzision im Konkreten – ein Zitat von Richard Sennett aus seinem Buch *Civitas. Die Großstadt und die Kultur des Unterschieds*: »Unsere Kultur misst der Konkretion einen hohen Wert bei, zu Lasten der Abstraktion. ›Mach es wirklich, indem du es konkret machst!‹ ist nicht nur ein Gebot für den Künstler, sondern auch ein Gebot für den Alltag. [...] Für gewöhnlich erscheint das Konkrete als solide, als *terra firma,* als eine Welt aus Marmor. Das Ungewisse hingegen scheint der Sphäre ungreifbarer Unschlüssigkeit und zartfühlender, nach innen gerichteter Subjektivität anzugehören. Aber die Bereitschaft, Ungewissheit zu dulden, ist Teil ebenso der wissenschaftlichen Forschung wie der künstlerischen Kreativität. Ein Wissenschaftler, der methodisch von einem selbstverständlichen Faktum zum nächsten voranschreitet, entdeckt nichts. Er entwickelt kein Gespür für die Phänomene, keinen Argwohn, keine Neugier. Ein guter Krebsforscher dagegen will eine Zelle finden, die nicht dort sein sollte, wo sie ist [...]. Und je mehr der Spieler sein kritisches Gehör schult, desto provisorischer erscheinen ihm die Lösungen, die er findet [...]. Die Konzentration aufs Konkrete wird belohnt durch Entdeckungen, die das Unerwartete und das Problematische offenbaren. In ebendiesem Sinne besteht die Korrelation zwischen Konkretion und Ungewissheit.«*

Wie gesagt, versteht meine Wortmeldung nicht als Nörgelei des Außenstehenden, ich verstehe mich eher als sporadischer Katalysator. Ihr wisst selber sehr gut, wo euch der Schuh drückt, ihr ›leidet – auf hohem Niveau‹, sagte eben einer eurer Besten. Je höher das Niveau, desto tiefer – siehe Sennett – kann und muss man sich eben der Ungewissheit stellen. Dazu wünsche ich das Allerbeste!

* Richard Sennett. *Civitas. Die Großstadt und die Kultur des Unterschieds* (Berlin 2009): 294f

Fotografie & Architektur

Unpubliziertes Typoskript. Vortrag zur Ausstellung und Archiveröffnung *Ignacio Martínez Fotografie*, Landesbibliothek Vorarlberg, Kuppelsaal, Bregenz, 19. September 2012

Sehr geehrte Damen und Herren!
»Was ist nachdenkenswert an der Fotografie? Sie ist so sehr ein Allerweltsding, sie umgibt uns in so verschiedenen Formen, als Illustrierte, als Familienalbum, als wissenschaftliche Information, daß wir uns über sie ebensowenig Gedanken machen wie über das Wasser, mit dem wir unseren Kaffee kochen. Schneller als sie begriffen und bedacht werden konnte, ist sie schon zur Selbstverständlichkeit geworden. Und nun ist sie da und durchdringt und verändert jeden Augenblick – wörtlich, jeden Blick, den unsere Augen tun ... Wir aber meinen, unsere Augen, die an die Fotografie gewöhnt sind, seien noch die gleichen wie die Augen Goethes oder Rembrandts.« Mit diesen Sätzen von Hans Gerhard Evers – einflussreicher Professor für Kunstgeschichte in Darmstadt in den 1950er und 1960er Jahren – beginnt Rolf Sachsse 1984 sein deutschsprachiges Standardwerk zum Thema *Photographie als Medium der Architekturinterpretation*. Und das Zitat schließt mit den Worten: »Vielleicht wird man von mir eine Stellungnahme erwarten, ob die Fotografie Kunst sein könne oder nicht. Aber ich habe kein Interesse an dieser Fragestellung. Was wäre gewonnen, wenn die Fotografie Kunst wäre? Wäre sie dann noch Fotografie? Statt über das Wesen der Fotografie würde man über das Wesen der Kunst nachdenken müssen.«*

Die heute eröffnete Ausstellung zur Übernahme der gesamten Fotoarbeit von Ignacio Martínez zu Vorarlberg in die Landesbibliothek ist ein erfreulicher und ausgezeichneter Anlass, in dem von Evers und Sachsse angesprochenen Sinn über das Verhältnis zwischen Architektur und Fotografie neuerlich nachzudenken, im Allgemeinen – und auch im regional Spezifischen.

Als ich 1996 mit der Arbeit am schon legendär gewordenen Führer *Architektur in Vorarlberg seit 1980* begann, war die Ausgangslage für eine dem Niveau der lokalen Baukultur entsprechende Dokumentation nicht sehr rosig. Die ›Vorarlberger Bauschule‹ war wohl schon international bekannt, war bereits im Land selbst offiziell hochgeehrt, aber für einen Führer adäquates Bild- und Planmaterial zu bekommen, für 250 dokumentierte Beispiele, war anfangs schwierig. Wenige Jahre

* Zit. n. Rolf Sachsse Hg. *Photographie als Medium der Architekturinterpretation. Studien zur Geschichte der deutschen Architekturphotographie im 20. Jahrhundert* (München 1984): 13

davor, 1992/93, war mit dem Preisgeld des »Internationalen Kunstpreises« des Landes Vorarlberg eine kleine Publikation erstellt worden, die erste zusammenfassende der Szene überhaupt. Und wenn sie diesen Schwarzweiß-Band heute in die Hand nehmen, sehen sie ein sehr bescheidenes Niveau, nicht der Architektur, aber der Fotografie und der Plandarstellung – einzelne Ausnahmen bestätigen nur die Regel. Es hatte vielleicht damit zu tun, dass die Proponenten der Vorarlberger Baukünstler auch ein Misstrauen verinnerlicht hatten – nicht nur gegen repräsentative Formen des Bauens, sondern auch gegenüber der ästhetisierenden Repräsentation durch schöne Fotos, durch spezielle Publikationspläne … Diese Haltung passte nahtlos in ihre Haltung zum Bauen, zum Leben generell: Bauen war für sie ein Prozess, Bauten waren sachliche Werkzeuge, so einfach und intelligent wie möglich umgesetzt, primär dem Gebrauch überantwortet, dem Alltag – und kein Gegenstand kontemplativer äußerlicher Betrachtung. Es gab wenige Fotos aus den späten 1970er und frühen 80er Jahren – die guten zumeist von Nikolaus Walter, dem wunderbaren Spezialisten für ›Menschenbilder‹, wo die Umgebung, das Bauliche, schon mitspielte, aber klar als das Rahmenwerk, als Hintergrund …

Einer der Baukünstler hat diese Distanz der Alltagspraxis zur ›Hochkultur‹ damals mit dem später geflügelten Wort auf den Punkt gebracht: »Ihr in Wien, ihr macht Architektur. Wir da – wir bauen einfach.« Und mit dem »ihr macht Architektur« war auch gemeint: Ihr macht Architektur ›wichtig‹ und ›ästhetisch‹ durch Architekturpublikationen, durch euren eher elitären Diskurs, durch die forcierte mediale Vermarktung, mit allem was dazugehört, und das ist uns nicht so wichtig. Wir sind direkt an der Sache dran, wir haben da viel zu tun, wir arbeiten ›bottom-up‹, ganz pur – der Überbau, die schöne publizistische Reflexion und Reklame im Nachhinein, das ist nicht unser Anliegen.

Wie auch immer, 1996/97 vom KUB beauftragt – das vai war erst im Werden und damals noch kritisch gegen solche teuren, in der Praxis, so die interne Meinung, nicht wirklich hilfreichen Dokumentationsunternehmen – hatten wir, Büro Reinhard Gassner, Edelbert Köb als KUB-Chef, Aufraggeber und Mentor, und ich, wie sich herausstellte, das Glück, dass im Land seit zwei oder drei Jahren ein aus Spanien zugewanderter Außenseiter unterwegs war, der auf eigene Faust begonnen hatte, die neuen Bauten im Lande professionell zu fotografieren. Und so kam es, dass mehr als die Hälfte der Bilder in dem 1998 präsentierten

Büchlein von Ignacio Martínez stammte – etwas mehr als von Margherita Spiluttini, die von Wien aus damals zur wichtigsten Fotografin neuer Baukunst in Österreich wurde, die für Vorarlberg aber nur selektiv auf Anfrage weniger Büros gearbeitet hatte. Der Rest war fast marginal.

Das war wohl der Beginn von Ignacios Erfolgsstory im Lande, sodass sein Archiv dann wie kein anderes diese interessante Ära umspannte: die Periode des Übergangs von einer Baukultur des Widerstands, von einer Nischenarchitektur, zu einer weitgehend akzeptierten, gesuchten, gepflegten, die neue Landesidentität sogar mittragenden Baukunst des Alltags in allen Maßstäben und Aufgaben – also die Phase vom Anfang der 1990er Jahre bis über die Mitte der Nuller-Jahre. Und mit diesem szene-internen Paradigmenwechsel hat es sicher auch zu tun, dass seine Fähigkeit im Lande von vielen Akteuren geschätzt, aufgegriffen und gebraucht wurde.

Gassner und mir ist damals etwas aufgefallen. Schon die ersten Fotos von Ignacio waren grafisch-technisch sehr präzise, hatten alles, was für Architekten, für gute Publikationen als Standard nötig war. Es war aber in manchen eine latente Qualität, ein spezieller Umgang mit Licht, mit dem Ausschnitt, mit dem Sichtwinkel – etwas spröde manchmal, eben nicht so glatt, wie bei anderen, hochwertigen Architekturfotografien. Es machte irgendwie darauf aufmerksam, dass in Ignacio noch mehr steckte, als ›nur‹ der perfekte Bau-Dokumentarist. Und das eine oder andere Bild war dabei – so nebenbei uns gezeigt, ohne dass wir es direkt verwendeten –, das ganz andere Perspektiven eröffnete, subjektive Momente, aber auch kontextuelle, was für Vorarlberg und seine neue Architektur sehr wichtig war und in den üblichen Architekturpublikationen meist zu kurz kam.

Als wir 2003 wieder gemeinsam an der von Frankreich offiziell gewünschten, initiierten Schau *Une provocation constructive – Architecture et devéloppement durable au Vorarlberg* arbeiteten, war uns klar: Es brauchte nicht nur die saubere, vereinzelte Objektdarstellung der neuen Baukultur, es brauchte einige emblematische, erzählerische Bilder, welche die Bauten in die Komplexität ihrer Umgebungen, ihres Alltags, ihrer Nutzungen einbinden.

Und da offenbarte sich Ignacios inzwischen angewachsenes, sagen wir ›inoffizielles‹ Archiv als wahre Fundgrube, und er lieferte eine Reihe entsprechender Bilder, die neue Dimensionen aufschlugen, die wir auf den plakativen Flächen der Holzboxen dieser Wanderausstellung den sieben Themenkreisen zuordneten, die sozusagen die großen semantischen Portale bildeten, mit denen diese Schau durch ganz Europa ging und die wesentlich das von außen rezipierte und für das Außen aufbereitete Bild zur Wirklichkeit dieser Region und ihrer Baukultur repräsentierten.

Ich möchte Ihnen mit ein paar Beispielen daraus zeigen, wie es funktioniert, dass Ignacio vom sehr guten Dokumentaristen, als den ihn die Architekturszene schätzte, zu einer künstlerischen Dimension der Fotografie gelangte – wenn wir unter Kunst jene Technik verstehen, die dazu dient, dass der menschliche Geist und seine Psyche frei vom schier Zweckhaften beginnt, über sich selbst zu sinnieren, beginnt, über die Welt, über all die Zusammenhänge und Fragen zu sinnieren, hinter die Oberfläche zu schauen:

»Kunst bildet nicht ab, Kunst macht sichtbar«, sagte Paul Klee. In der Kunst, und dazu zählt als moderne Kulturtechnik in Antwort auf Evers eingangs zitierte Frage die Fotografie sehr wohl, in der Kunst denkt die Kultur – menschliche Erfahrung und menschliches Bewusstsein – über sich selbst nach.

Renovierung der MS Vorarlberg – Christian Lenz

Das Bild ist von 2001. Wir sehen im Vordergrund die MS Vorarlberg an der Hafenmole in Bregenz, das Innere neu ausgestattet von Christian Lenz, dahinter das KUB – Kunsthaus Bregenz von Peter Zumthor. Es ist eines meiner Lieblingsfotos. Ich vermute zwar, weder Lenz noch Zumthor würden es als repräsentativ für ihre Arbeit einstufen, dennoch ist es ein großartiges Bild, das eine über die Einzelobjekte hinausreichende Geschichte erzählt. Martínez hat hier ein Abendlicht abgewartet, wo die Himmelsfarbe den Schwellenwert zwischen Hell und Dunkel erreicht, ein helles Violett, das sich auch im Beton der Mole reflektiert und ›oben‹ mit ›unten‹, Himmel mit Erde farblich annähert. Es ist eine Stimmung, wo auch schon die innere Beleuchtung von Schiff und von Kunsthaus stark nach außen wirkt, wo die Mantelflächen der beiden Objekte gerade noch diese matt präsente Helligkeit haben und zugleich die inneren Lichträume markant nach außen strahlen, und wo in diesem Moment des Auf-Leuchtens die beiden Objekte nicht nur perspektivisch, sondern auch farblich ineinanderzufließen scheinen.

So zeigt uns Martínez ein Ineinander von zwei ikonografischen Polen der Moderne: das Schiff vorne ist ja nichts anderes als ein bewegliches Gebäude, das mit erstaunlich leichter Eleganz durch sein Element gleiten kann, den Ort wechseln kann, das also einen nomadischen, ortsungebundenen Charakter hat. Und zugleich ist es eine Stapelung von etagenweise durchgehenden Räumen, die sich in voller Breite explizit nach außen öffnen, dem Licht zuwenden und – noch wichtiger – die panoramatische Sicht nach außen bieten, in die Weite, übers Wasser, zum Horizont, in die Landschaft. Und die Hülle, die ›Fassade‹ des Schiffskörpers ist frei von der klassischen Tektonik des Lastens und Tragens, zeigt diese homogene, dünne, membranhafte Metallschale, die horizontal so großzügig, querfließend geöffnet ist – mit diesen gleichsam ›ausgestanzten‹ Decks und den waagrecht gebündelten Relings.

Raumcharakter und Detailformen der großen Schiffsdecks waren primäre Motive, Sehnsuchtsmotive der klassischen Architektur-Moderne im frühen 20. Jahrhundert – denken wir nur an die ebenfalls fast gewichtslos wirkenden, vom Ort abgehobenen, sehr transparenten weißen Villen von Le Corbusier mit den fließenden Bandfenstern, den im ›yachting style‹ geformten Details und ihrer Motivik der extrovertierten ›Seh-Maschine‹, welche die Prospekte der Umgebung wie eine Kamera in sich einsaugt.

Hier an der Bregenzer Mole konfrontiert Martínez' Foto die Schiffsmetapher – Synonym für Freiheit und Aufbruch zu anderen Ufern – mit einer gegensätzlichen Figur. Zumthors Kunsthaus ist nämlich ein antiperspektivischer, primär introvertierter, geschlossener, fast hermetischer Ort. Es ist zwar äußerlich rundum in Glas gehüllt, ebenfalls ein klassisches ›Sehnsuchts-Material-Motiv‹ der Moderne, aber dieses Glas ist grünlich matt, undurchsichtig. Und es gibt in dem ganzen Haus keine Stelle, von wo der Blick nach außen, in die Umgebung über das Hafenpanorama hinwegschweifen könnte. Und das ist vom Architekten ganz bewusst gemeint.

Konträr zum unsteten Aussichtsdampfer ist das KUB dezidiert keine Panorama-Maschine, sondern eine Arche der Introspektion, ein fester Hort der Kunst und ihrer geistigen, immateriellen Visionen vom Unbekannten, Unvertrauten. Zumthor zieht das Seelicht über die Glashäute horizontal in sein Haus und streut es innen von oben durch horizontale Glasdecken über die drei Ausstellungsetagen, monolithisch gefasst von Betonwänden, Betonböden. Innen ein Gefäß rein kognitiver Reisen im milden, diffusen Oberlicht, ist das KUB außen ein seismografischer Reflektor, der die hier am See so rasch wechselnden, so speziellen Stimmungen und Reflexe von Licht und Luft, Wasser und Atmosphäre, Wasser- und Himmelsfarben in eine kristalline, vexierende Großform verdichtet.

Der Kubus im opaken Kleid der großen Glasschindeln verweist noch auf etwas anderes – die Tradition der in hölzerne Schindelpanzer gehüllten ›Einhäuser‹ von Bregenzerwald und Rheintal. Man könnte sagen: in Antithese zur ortlosen Dampfer-Referenz der klassischen Moderne ist dies auch eine ›nachmoderne‹ Transformation einer regionalen Architektursprache – eine am Örtlichen gespiegelte, geschärfte Modernität, wie sie generell auch die neue Vorarlberger Bauschule kennzeichnete.

So gesehen bietet uns Ignacios Foto wie in einem Brennspiegel eine Kurzgeschichte von Motiven und Kontra-Motiven und Entwicklungen baukünstlerischer Modernität. Wobei ich nicht behaupte, dass es sein vorgefasster Plan war, das zu fotografieren, das zu zeigen, als er Lenz' Adaptierung der MS Vorarlberg dokumentieren sollte. Vielmehr ist das Bild Ergebnis seiner einzigartigen Sensibilität, welche an Ort und Stelle die Situation in ihren latenten Potentialen zum richtigen Zeit- und Lichtpunkt intuitiv erfasst und im Sucher so sinnfällig komponiert, dass aus schierer Ablichtung Fotokunst entsteht: ein Bild, ein Speicher vieler Bedeutungsschichten, die entdecken, lesen, weiterfabulieren kann, wer sich intensiv genug darauf einlässt.

Haus M., Dafins – Marte.Marte

Das Haus erscheint auf dem Foto als Fragment. Es ist ganz auf die linke Seite gerückt, aus der Mitte weggeschoben, hinten fast abrupt abgeschnitten. Das Bildzentrum ist frei in die Tiefe hinein, der umgebende Naturraum dominiert im Bild die Architektur. Ignacio inszeniert ein stilles Zwiegespräch von Haus und Natur. Dies ist fotografisch so gestaltet, dass die Fläche der Landschaft den Betonkubus sehr präzise dreiseitig umfasst: Die Abstände zum oberen und unteren Rand des Kubus sind gleich, die Seitenfront des Hauses ist bildparallel, die Vorderfront weist perspektivisch steil in die Bildtiefe, im Fokus treffen die verlängerten Hauskanten auf Busch- und Baumwerk. Die bündigen Glasfenster vorne hinaus spiegeln die Natur, dabei ist das Licht neutral gehalten, sodass Spiegelungen und Himmelsfarbe, Wiese und Bäume gleichmäßig, gleichwertig erscheinen, schattenlos. Wer die Bauphilosophie der Architekten kennt, findet sofort die strukturelle Konkordanz mit der Komposition des Fotos. So wie da die Natur bildhaft den massiven Bau einrahmt, so umfasst ihrerseits dort die schalenhaft konzipierte Architektur der Häuser von Marte.Marte innere Freiräume, Hofräume oder dreiseitig abgeschirmte Terrassen.

Werkshalle Collini, Hohenems – Koeb Pollak

Das Bild auf der Einladungskarte zu heutigen Abend. Auch eines meiner Top-Favorits von Martínez. Wir befinden uns im Rheintal, in Hohenems, nahe der Bahnlinie, der große Bau im Hintergrund in der Bildmitte – richtig schnittig horizontal gestreift – ist die Betriebsanlage einer bekannten Firma für Metallveredelung aller Art. Im Vordergrund sehen wir aber etwas ganz anderes. Ignacio hat die Methode, dass er bei der Aufnahme eines Neubaus zunächst mit einer Kleinbildkamera das Feld sondiert und vor allem auch die lokale Umgebung durchstreift, gleichsam nach hinten über die Zäune steigt und den Neubau nicht von der Schokoladenseite anvisiert, sondern aus den Perspektiven des alltäglichen Kontextes. Und manchmal nimmt er dann auch die große Linhoff-Kamera und stellt sich in so einen Hinterhof, und dann gelingt ihm wie hier aus einer sichtlich alt, romantisch schäbig und verwildert gewordenen, bescheidenen Siedlungsstruktur heraus eine Aufnahme, welche den Anlass in ein paradigmatisches Bild der ganzen Region einbettet. Wenn man zum Beispiel mit der Eisenbahn vom Klostertal herunterfährt, durch den Walgau ins Rheintal kommt, sieht man eigentlich ständig nur Varianten von dem, was dieses Foto in ein Konzentrat verdichtet. Eben nicht die schönen Seiten und isolierten, perfekten Ausschnitte der einzelnen neuen Gebäude, der schönen Ortsplätze usw. Man sieht vielmehr den wirklichen Durchschnitt des Landes, die Agglomeration aus wuchernden Siedlungen und Betriebsarealen, das enge Nebeneinander von alten, in entropischer Unordnung befindlichen Wohngebieten und unvermittelt benachbarten, ganz modernen Gebäuden; das oft fast surreale Ineinander von kleinteiligen, häuselbauerischen, schon wunderbar schlampigen Idyllen mit den glitzernden, stromlinienförmigen, penibelst aufgeräumten Neubauten von Industrie und Gewerbe. Ich nenne dieses Foto das ›wirkliche Doppelgesicht von Vorarlberg, vom Rheintal‹. Es zeigt uns, dass hinter der Fassade dieser Wirtschafts-Wunder-Region ein Alltag, eine Innenperspektive anderer Natur besteht. Im Ländle präsentiert sich alles so aufgeräumt wie sonst nur in der Schweiz. Sie sind hier die regionalen Exportweltmeister, man arbeitet hier nicht nur am meisten von ganz Österreich, sondern auch am effizientesten; das ›Schaffe-Schaffe‹ steht sogar in der Freizeit im Vordergrund; diese großartige Erfolgsgeschichte des Landes hat aber sehr wohl auch ihre Schattenseiten – die Hinterbühne des im Rampenlicht gezeigten Stückes, ich muss jetzt nicht ins Detail gehen, Sie wissen es alle besser. Wenn ich z. B. von Michael Köhlmeier in seinen Büchern Passagen über Vorarlberg lese, dann finde ich nicht das Bild des Architektur-Musterlandes, sondern ein Bild wie dieses von Ignacio, wo die perfekte Effizienz des Neuen nur hintergründig eingewoben ist in die ungleichzeitige, konfliktgeladene Alltäglichkeit des Lebens, mit einer wie hier von Martínez so nebenbei am Dach, am Fensterbrett beim Futternapf ertappten Katze, die eher für lässige, entspannte, höchst individualistische und eigenwillige Trägheit steht als für alemannische Tüchtigkeit und Zackigkeit. Beachtlich auch da die Präzision einzelner Ausschnittpartikel im Foto – etwa der genau herausgearbeitete kleine Durchblick zwischen den Dachkanten übers Rheintal-Ried nach Norden, wo man ganz weit hinten noch die Karren-Felsnase über Dornbirn entdecken kann.

Das Foto gehört auch zum einleitenden, ersten Triptychon im Buch *La Mirada Muda* und es umreißt die komplexe Situation des gesamten Rheintals, die zu bearbeiten vor einigen Jahren dieser wichtige, im Alltag angesetzte, sehr langfristig gedachte Nachdenk- und Planungsprozess der »Vision Rheintal« begonnen hat.

Zubau Haus H., Lochau – Christian Lenz

Als letztes ein Bild, für mich eines der rätselhaftesten, abstraktesten von Ignacio, mit einer Stimmung wie von René Magritte, Carlos Saura oder Alfred Hitchcock. Es ist ein von Christian Lenz gestalteter Zubau zu einem Haus am Hang über dem Bodenseeufer, ein Indoor-Pool mit anschließender Freiterrasse, Ausblick über den See. Das Sujet selbst spricht für sich: ein Synonym für die Begierde, alle Attraktionen des Lebens im ganz Privaten individuell für sich und zur Hand zu haben, nicht nur die Villa mit Blick über den See, sondern die Villa mit Indoor-Pool mit Seeblick plus Großbildschirm am Beckenrand vor dem Panoramafenster und noch eine Terrasse dazu, von der man fast schon in den See springen könnte …

Ignacio zeigt uns dieses privatisierte ›Weltbild‹ aber so, dass im Raum der totalen privaten Verfügbarkeit irgendwie nichts mehr stimmt, alles optisch durcheinanderpurzelt. Das Foto ist lichtmäßig – im Gegenlicht – und in den harten Kontrasten von Hell-Dunkel und in den Linien der Perspektive so gestaltet, dass ein mehrfacher Vexier-Effekt entsteht, dass also tendenziell uneindeutig wird, was hier oben und unten, innen und außen, wirklich oder nur gespiegelt, Sonnenschein oder Nebel, Glas, Beton oder Wasserfläche ist.

Wir sehen vorne hinaus zwischen den Nachbarhäusern einen ganz diffusen, lichtgrauen Himmel – und direkt darunter im Pool ist plötzlich lebhaftest wolkig aufgelöster, blitzblauer Himmel gespiegelt; an der rechten Kante vorne beim TV-Screen und bei der Liege erscheint gleißendes, bühnenhaftes Scheinwerferlicht, ein paar Meter rechts daneben auf der Freiterrasse ist alles nebelig trüb, wattig unwirklich; links oben plötzlich wieder andere Wolkenreflexe: Ist das nun ein Durchblick nach draußen oder nur eine andere innere Reflexion vom Pool hinauf auf eine Glaswand? Beachten Sie, wie das Sonnenlicht die Kontur des Lichtstreifens links im Bild so hereinzieht, dass sie parallel zum unteren Beckenrand verläuft, und wie sie damit alle übrigen perspektivischen Kantenfluchten im Raum erheblich irritiert, in Frage stellt; ebenso die markante Vertikale der linken Fensterkante, die in ihrer Wasserspiegelung den Boden des Raumes so suggestiv nach unten aufreißt ... Das Ganze taucht in die Atmosphäre eines Stage-Settings, wo im nächsten Moment eine Szene von Carlos Saura oder Hitchcock beginnen könnte, etwas Unerwartetes aus dem Wasserspiegel taucht, die große Glasscheibe mit ihren eigenartigen inneren Reflexen plötzlich zerbirst oder von der Terrasse rechts ein Maskierter hereintreten – oder eine somnambule Nackte auf diese zwischen Nachtschwärze und Mittagsglast flimmernde Bühne hereintänzeln könnte ...

Geschätzte Damen und Herren, aus solchen im Detail endlos fortsetzbaren Betrachtungen von Martínez' Fotos nochmals zurück ins Allgemeine. Wir haben begonnen, die Frage nach den Möglichkeiten, nach den speziellen geistigen Leistungen von Fotografie zu stellen. All das, in der Kürze hier nur angerissen, provoziert mich zusammenfassend zu einem Versuch, die Verhältnisse der Komponenten zwischen Architektur und Fotografie, zwischen Alltag, Planung und Dokumentation, zwischen kulturbildender Projektion und Reflexion zu beleuchten.

Eine erste wichtige Abstraktion zur Speicherung, zur Erinnerung und Projektion, zum Festhalten in der Gegenwart und zur Planung von Wirklichkeit in der Zukunft war wohl die Schrift; weitere, vielleicht sogar vorausgehende, vielleicht parallele Schritte dieser Art waren Kunstwerke in allen Facetten von Kunst: Musik, Malerei, Tanz, Skulptur, Poesie, Baukunst; ein prägender Schritt in der Evolution dieser Techniken war dann der Buchdruck. Wir erinnern uns an die Behauptung des Victor Hugo, das Buch entwerte die Rolle der Baukunst als Informationsmedium, als Speichermedium (das auch alle anderen Kunstformen in diesem Sinne integriert hatte); ein nächster Schritt der Entwicklung humaner Speicher-, Informations- und Reflexionsmedien war die

Fotografie – eine sehr ambivalente Abstraktion, welche nun die Malerei als Medium der Spiegelung von Wirklichkeit ablöste.

Im Prinzip ist die Fotografie also eine neue Art von Schrift. Die Wirklichkeits-Repräsentanz von Fotografie ist eine raffinierte Täuschung – und gerade deshalb ist sie so faszinierend; und als nächstes folgte die Beschleunigung der mit Licht chemisch-technisch-mechanisch erzeugten Bilder – die serielle Beschleunigung der Einzelbilder – unter die Reizschwelle unserer Seh-Wahrnehmung: im Film, sicher dem Leitmedium unserer Zeit... Und wenn wir das weiter denken: Jeder Bauplan ist ebenso eine Abstraktion, eine Schrift, ein Speicher für Informationsübertragung, mit einer eigenen Wirklichkeit; jedes Bau-Modell ist wieder eine andere Art von Abstraktion, ist auch eine Art von Schrift...

Und die gebaute Architektur? Die Architektur der Stadt? Ist sie nicht ihrerseits wieder ein nächstes, umfassenderes Speichermedium, ein Informationsmedium für Lebensvorgänge: ein Text, der Wirklichkeit konstruiert, figuriert, stimuliert, ein Text, der wohl eine eigene Wirklichkeit ist, aber zugleich eben wieder ein Werkzeug für etwas anderes, das in der Zeit damit transitorisch stattfindet – das Leben, das gelungene oder das misslungene Leben...

Und wenn wir das weiter denken und fragen: Was ist dann das eigentliche Leben? Ist das auch nur ein Text, ein Medium, ein Werkzeug für etwas anderes – und welchen Text schreibt dann diese ganze Konstruktion unserer Zivilisation..., was bedeuten die Kalligrafien unseres Zivilisationsprozesses? Ich breche diese Sequenz wieder ab; Alltag und Fotografie, Architektur und Fotografie, Wahrnehmung und Wirklichkeit, Leben in und mit der allgegenwärtigen Bilderwelt...

Ich denke, meine kurze Analyse von einigen Bildern von Ignacio Martínez konnte Ihnen andeuten, was in diesem scheinbar bloß dienenden, pragmatischen Medium alles noch drinnensteckt.

Fotografie ist gleichsam die mechanisch erlegte Zeit, der getötete, gefangene Moment, das offenbar gelingende Anhalten der Uhr. Und zugleich bewirkt sie die partielle Unterbrechung der Entropie, also die – letztlich auch nur scheinbare, aber sehr suggestive – Heraushebung des Moments aus dem Kontinuum von Zeit und Raum. Der Raum von Fotos ist der Raum der Repräsentation. Fotos sind ›objektive Bilder‹, indem sie Objekt und apparative Repräsentation in einem sind. Die Essenz von Fotos ist Illusion. Zugleich lehren sie aber uns – die Betrachtenden – auf eigene Weise, diese Illusion als Wahrheit zu erkennen.

In der Mediatisierung unserer Welt präfiguriert bzw. stilisiert die Illusion immer mehr das Reale. Wahrheit liegt immer deutlicher nicht mehr – nur – in der Objektwelt an sich, sondern in der Wirkungsweise ihrer Erscheinung, in ihrer Kontrolle der Konventionen unserer Wahrnehmung: Die Schönheit liegt, wie schon Shakespeare formuliert hat, im Auge der Betrachter, und deren Subjektivität schwimmt im Ozean der kulturtechnischen Übereinkünfte.

Unter der Oberfläche des Abgebildeten zeigen uns gute Bilder durch die Struktur der Bildkomposition, wie Raum gedacht, gebaut, bewältigt und rezipiert wird – aber auch noch ganz andere, weiter reichende Relationen, Inhalte, Erkenntnisse.

Gute Bilder wie die gezeigten sind endlose Zeitspeicher für immer neuere, weiter differenzierte Lektüren in der Zeit. Gute Bilder sind in diesem Sinne die ›Schule des Sehens‹ par excellence. Wir lesen heute mehr und anders in denselben Bildern als vor zehn Jahren, wir werden in fünfzig Jahren noch weiter Differenziertes darin finden, was uns das Verstehen, das Durchsehen (die Transparenz!) der ursprünglichen Zeit und unserer je eigenen Zeit ermöglicht.

Ich schließe mit einem Zitat, das Ignacio aus dem poetischen Werk seines Bruders David als Widmung für seinen Vater ans Ende des Buches *La Mirada Muda* gestellt hat: Es ist in Poesie auch eine Beschreibung von Ignacios Foto-Auge, wie es in vielen faszinierenden Momenten von fixierten Augenblicken sich ausdrückt.

»Warum gibt es das Auge, welches durch das Schlüsselloch unsichtbare Morgendämmerungen erspäht – und warum das Fischauge, das mit einem trockenen Lidschlag in einem Augenblick alle Augenblicke erfasst. Es gibt das Ochsenauge, das uns die Abende der Asche in Erinnerung ruft, und das Dreiecksauge, das von seiner blinden Warte das Unmögliche betrachtet. Es gibt den Leuchtturm, der Signale sendet in die Nacht. Es gibt das Zwinkern des Auges. Letzten Endes bevorzuge ich den Blick des schweigenden Adlers. Wenn er fliegt und beobachtet. Spähend. In seiner Netzhaut wechseln die mehrfarbigen Filter. Absolut präzise. Er bestimmt jenen, der am höchsten springt in der Tiefe des Tales. Das was er suchte. Er fixiert. Und stürzt sich hinab. Es ist die ersehnte Beute.«

Christian Lenz, MS Vorarlberg, 2000 (o.),
Zubau Hallenbad Haus H, Lochau, 2000 (u.)
Fotos: Ignacio Martínez

Von: <otto kapfinger>
Datum: 15. April 2009 11:24:46 GMT+02:00
An: <leserbriefe@derStandard>
Betreff: zum »kopf des tages« der ausgabe 14. april 2009

Sehr geehrte Damen und Herren!

Titelzeile und Textstilistik zum heutigen »Kopf des Tages« (Architekt Peter Zumthor) inspirieren zu weiteren, munteren Varianten der Punzierung von Pritzker-Preisträger / Innen, etwa so: Big Jim von der POMO-Gang (James Stirling); Demiurg der schwulen Ostküste (Philip Johnson); Midas vom Donaustrand (Hans Hollein); Yedi-Ritter des Hightech-Grals (Lord Foster); Kurven-Gott aus Hollywood (Frank Gehry); Deko-Vamp der Königsklasse (Zaha Hadid) – und so weiter und so weiter; das halblustige, halbzynische, halbinformative Auftischen und Abservieren von »News« aus dem Architektur-Olymp macht ja Spaß, könnte noch viel mehr Spaß machen, wenn es wirklich Witz hätte. Und das ist gerade beim spröden Zumthor nicht so leicht, wie es sich der Standard diesmal gemacht hat.

Mit herzlichen Grüßen und den besten Wünschen!
Otto Kapfinger

Der Standard, 14. April 2009, widmete seine Rubrik »Kopf des Tages« anlässlich der Zuerkennung des Pritzker-Preises dem Schweizer Architekten Peter Zumthor unter dem Titel: »Der Mönch vom Heiligen Berg«.

Von: <otto kapfinger>
Datum: 21. Dezember 2011 13:48:59 GMT+01:00
An: <vai_marina hämmerle>, <wolfgang freitag_die presse> und 60 weitere
Betreff: zum jahreswechsel 2011/12

sehr geschätzte damen und herren!

zum jahreswechsel mit den allerbesten wünschen sende ich ein aktuelles bild aus wien: an der ecke rotenturmstraße / hoher markt im 1. bezirk entstehen derzeit zwei neu- bzw. umbauten im luxus-segment. das haushohe staubnetz an der einen ecke zeigt eine leicht geschürzte dame und dazu die große aufschrift:
»you don't have to live in these apartments to love vienna. owing them will do!«

ein in kürze und offenherzigkeit nicht überbietbares statement zum status der planungshoheit in der stadt. die immobilienspekulation regiert, ›unrentable‹ mieter oder eigentümer werden ausgekauft, verdrängt, hochwertiger stadtraum dem global rotierenden kapital zur anlage angedient usw.

sie kennen diese seit jahren wachsenden mechanismen und phänomene des strukturwandels, der entmündigung von stadtpolitik durch spekulative ökonomie. dass sie sich inzwischen so selbstbewusst auch öffentlich darstellen wie an dieser ecke im herzen von wien, ist mir neu. es wäre eine stadtökonomisch / psychopathologische analyse und studie wert …

mit freundlichen grüßen
otto kapfinger

Foto: Renate Kordon

Hans Purin – Baukünstler 1933–2010

Eine Würdigung

Erschienen in Bundeskammer der Architekten und Ingenieurkonsulenten Hg. *Konstruktiv 279* (Wien 2010)

»In meiner Frühzeit war kein Bau glatt durchzubringen. Das war immer erst ein Jahr später möglich, man musste von vorneherein ein Berufungsverfahren einkalkulieren. Ich war schon ein halber Jurist. Das war äußerst unerfreulich, ist jetzt immer noch nicht problemlos, aber schon leichter«, so resümierte Hans Purin im Gespräch mit Roland Gnaiger seinen Weg von der Pionierzeit der 1960er Jahre über die Phase des ›Befugnisstreits‹, den Mitte der 1980er Jahre die als Not-Gemeinschaft gegründeten »Vorarlberger Baukünstler« gegen die Architektenkammer zu bestehen hatten, bis zu seiner hochoffiziellen Auszeichnung und Ehrung mit dem »Internationalen Kunstpreis des Landes Vorarlberg 1991«.

Purin verkörperte den Typus des ›Baukünstlers‹ par excellence – mit all seinen alemannischen Tugenden: äußerst realitätsbezogen, nüchtern abwägend, unbestechlich rechtschaffen; von solidester Handwerklichkeit ausgehend, doch jede Äußerung von Gestaltung und Technik auf ihre geistige Perspektive, auf ihre zeitgenössische Offenheit, Klarheit, Eindeutigkeit, Entwicklungsfähigkeit hin prüfend, purifizierend, weitertreibend; allem vordergründig Großartigen und Auftrumpfenden gegenüber extrem sensibel, geradezu allergisch; kompromisslos streitbar für das Recht auf individuelle Selbstbestimmung – verbunden mit dessen Pflicht zum praktischen Gemeinsinn; Traditionen achtend, zugleich alles bloß formelhaft leer Gewordene offensiv bekämpfend, pragmatisch-kreativ überwindend; im persönlichen Habitus unscheinbar, bescheiden, fast kleinbürgerlich, im kulturellen Anspruch aber absolut – und doch nicht elitär.

Sein Großvater kam aus dem Trentino, sein Vater war Maler, wirkte als Kunsterzieher am Kollegium des Mehrerauer Klosters. Purin selbst war gelernter Maurer, arbeitete auch als Zimmerer, bevor er 1956–59 in Wien das Architekturstudium absolvierte – in der Meisterklasse von Roland Rainer, der ihn auch als Mitarbeiter ins Büro holte. Schon sein erster größerer selbständiger Auftrag wurde ein Schlüsselwerk für die Region: die Generalsanierung der Mehrerauer Klosterkirche, 1961–64 in Bregenz realisiert: eine zauberhafte Purifikation des vorher im neoromanischen Stil dekorierten Raumes auf seine reinen Proportionen und Lichtstimmungen, auf das feine Liniennetz des freigelegten Holzdachstuhls; als künstlerische Brennpunkte der schlichten Neumöblierung der Tabernakel von Hans Arp und das monumentale Westportal in Beton von Herbert Albrecht – alles heute von ungebrochener Frische, in dem damals erzkonservativen Milieu nur möglich, weil als Ordenskirche unabhängig von Landesgremien – und weil Purin die Mönche mit ästhetischen Argumenten aus dem Regulativ ihres Ordensgründers überzeugte.

1964–67 entstand mit der Reihenhaussiedlung Halde in Bludenz ein zweiter Meilenstein: eine Gruppe junger Familien wollte und wagte eine Alternative zur Zersiedelung des steilen Grundstücks. Purin konzipierte eine Mischung aus tragenden Mauerscheiben und eingehängter, mehrgeschossiger Holzkonstruktion, die im Ausbau viel Eigenleistung der BewohnerInnen erlaubte. Die im Preis-Leistungsverhältnis, in der Raumqualität und als geländeschonender Typus vorbildliche Anlage bot ein Muster für die vielen in den 1970er und 80er Jahren folgenden Siedlungen der jungen, wenig betuchten, alternativ orientierten Generation, welche die Basis bildete für die neue, ›von unten‹ gewachsene Baukultur Vorarlbergs. Purins Einfamilienhäuser dieser Ära nannte Friedrich Achleitner »kaum überbietbare Synthesen von konstruktiver und räumlicher Vernunft«. Er war nie Mitglied der Architektenkammer, weil es im Ländle rechtlich genügt, dass die Bauwerber bei der Behörde einreichen; er war im ›Befugnisstreit‹ mit den Jungen, die seinem Vorbild gefolgt waren, absolut solidarisch, und er knüpfte die erwähnte Auszeichnung 1991 an die Bedingung, dass sie kollektiv an die ›Baukünstler‹ ginge; das Preisgeld finanzierte dann die erste Dokumentation ihrer Leistungen. Purin war bis zuletzt beruflich aktiv, starb am 4. Juni durch Herzschlag. Er war im Land eine kaum ersetzbare fachliche, kritische, moralische Instanz.

Hans Purin, Siedlung Halde, Wohneinheit von Familie Franz Bertel, 1967
Foto: Ignacio Martínez

Bauen in Tirol seit 1980

Erschienen in Otto Kapfinger. *Bauen in Tirol seit 1980. Ein Führer zu 260 sehenswerten Bauten*. Hg. Architekturforum Tirol. Konzipiert und gestaltet mit Reinhard Gassner und Arno Ritter (Salzburg 2002)

Tirol hat heute ein sehr lebendiges Architekturklima, unter den regionalen baukünstlerischen Szenen in Europa entfaltet sich da eine der vielfältigsten. Das Phänomen ist allerdings ziemlich jung. In den 1960er und 70er Jahren gab es im ›Herzen der Alpen‹ nur sporadische Einzelleistungen, die zwar im Kirchenbau, im Schul- oder im Villenbau sogar prototypischen Charakter hatten. Doch mehr als vielleicht anderswo blieb das Engagement für urbanistische und baukünstlerische Qualität auf individuelle Aktionen beschränkt und konnte man den in Wirtschaft und Politik, in Tourismus und Wohnbau dominierenden Kräften kein ernstzunehmendes Visavis entgegensetzen. Erst 1969 erhielt die Universität Innsbruck eine Fakultät für Bauingenieurwesen und Architektur, der 2. Studienabschnitt für Architektur wurde ab 1973 angeboten; 1975 wurde Othmar Barth nach Innsbruck berufen und erst 1979 erhielt Josef Lackner – ein absolut originärer und kompromisslos individualistischer Einzelkämpfer – hier eine Professur.

Die erste gemeinsame Präsentation der Szene inszenierten 1982 die damals jüngeren Kräfte – Günther Norer, Hanno Schlögl, Jörg Streli, Peter Thurner. Die kleine Ausstellung im Kunstpavillon Innsbruck, begleitet von einem schmalen Katalog, zeigte neben den Arbeiten von 25 Kollegen auch erstmals Studentenarbeiten der Technischen Fakultät. Sie benannte auch en passant die Problembereiche im Städtebau, im Wohnbau, im Bauen für den Tourismus und in der Altstadterneuerung. Sie kam allerdings zu einem Zeitpunkt, als die großen Weichenstellungen in diesen Bereichen längst vollzogen waren. Die beiden Olympischen Dörfer in der Landeshauptstadt etwa waren Jahre zuvor gebaut, die touristische Infrastruktur hatte sich flächendeckend in den klischeehaften Bahnen des internationalen Lederhosen-Alpin-Stils etabliert.

Stadtplanung und Stadtentwicklung von Innsbruck waren dann 1984 Thema eines materialreichen Sonderhefts der Wiener Fachzeitschrift *der aufbau*, mit einem knappen Überblick über rund 70 im Zeitraum 1980–84 in der Stadt entstandene Bauten. Als erste Landeshauptstadt Österreichs hatte Innsbruck vier Jahre davor ein Stadtentwicklungskonzept beschlossen und stellte nun erste Ergebnisse und Korrekturen zur Debatte.

Martin Steinmann. *Ausstellung Anerkennung des Landes Tirol für Neues Bauen 1985*. Hg. Galerie im Taxispalais (Innsbruck 1986)

1985 setzte die Tiroler Landesregierung mit einer offiziellen Würdigung unter dem sehr zurückhaltenden Titel *Anerkennung des Landes Tirols für Neues Bauen* immerhin ein Signal, dokumentiert in einer Ausstellung im Taxispalais und einem von Martin Steinmann redigierten Katalog. Die ›Anerkennung‹ ging damals an Othmar Barths Internatsschule für Skisportler in Stams, weitere 15 Bauten wurden ebenfalls in diesem Rahmen präsentiert.

1987 folgte eine Ausstellung mit Katalog zum Thema *Sozialer Wohnbau in Tirol*, veranstaltet von der Ingenieur- und Architektenkammer, der Zentralvereinigung der Architekten und der Landesgruppe des Verbandes der gemeinnützigen Bauvereinigungen. In diesem durchaus kritisch aufgezogenen Rahmen präsentierten bereits 30 Architekten einschlägige Projekte. Die Szene hatte durch die gerade in Bau befindliche Siedlung Peergründe in Hötting-West nach jahrelangem Ringen mit der Stadtplanung und unter Beteiligung von fünf Wohnbaugenossenschaften ein Projekt vorzuzeigen, das auch in der breiteren Öffentlichkeit intensiv diskutiert und wahrgenommen wurde. In diesen Jahren hatten doch einige Bauträger begonnen, größere Siedlungsvorhaben für Architektenwettbewerbe zu öffnen. Die Ergebnisse blieben aber zumeist hinter vergleichbaren Projekten in Vorarlberg, Steiermark oder auch Wien zurück.

Unter dem Titel *Autochthone Architektur in Tirol* propagierte 1992 eine Wanderausstellung mit dem von Zehra Kuz, Ernst Bliem und Walter M. Chramosta redigierten Buch eine spezifische Kontinuität des avancierten Baugeschehens im Lande. Verdienst dieser Aktion war zweifellos die Herstellung einer internationalen Reflexionsebene sowohl für die klassische Moderne der Zwischenkriegszeit als auch für eine Handvoll aktueller Baukünstler, die mehr oder weniger an die Positionen von Welzenbacher, Baumann, Mazagg oder Holzmeister anknüpften. Die Perspektive war in der expliziten Betonung einer alpinen Sonderentwicklung wohl doch ein wenig zwanghaft und die Kontinuität einer ›Weißen Architekturmoderne‹ im Land selbst war zu diesem Zeitpunkt schon nicht mehr repräsentativ, wenn sie es jemals war.

Die Gründung des Architekturforum Tirol als unabhängige Schnittstelle zwischen Fachwelt, Öffentlichkeit und Politik im Jahr 1994 erfolgte schon unter stark veränderten Rahmenbedingungen. Denn die wesentlichen Proponenten und Aktivisten – Rainer Köberl, Thomas Moser, Georg Pendl, Wolfgang Pöschl, Helmut Reitter, Johannes Wiesflecker usw. – kamen aus einer nächsten Architektengeneration, die sich in den späten 70er Jahren auf hochschulpolitischem Boden offenere

Strategien zur Bewältigung von Interessenskonflikten angeeignet hatte und für die ein kollektives Vorgehen zur Strukturverbesserung für Bauqualität im Allgemeinen wie im Besonderen völlig selbstverständlich war. Zugleich ereignete sich Ende der 80er Jahre an der Universität und in den Ateliers eine deutliche Öffnung gegenüber internationalen Strömungen. Architekturreform und Gestaltungsbeirat in Salzburg, das Durchgreifen der Vorarlberger Baukünstler auf die Ebene der großen Bauträger und der Gemeinden um 1990, die Dynamisierung der Wiener Wirtschaft und Bautätigkeit durch die Ostöffnung schufen ein größeres Umfeld von Stimulanzien bzw. bildeten Indikatoren einer allgemeinen Klimaverbesserung für Architektur und einer breiteren Auffächerung der Positionen auch in der unmittelbaren Nachbarschaft.

Für die Virulenz der gesamten Bautätigkeit in Tirol seit der Mitte der 80er Jahre sprechen zwei weitere Bereiche. In diesem Zeitraum lief eine Wohnbauoffensive, die dem Land im Vergleich mit den übrigen Bundesländern die höchste Quote an Wohnungszuwachs brachte: 9,6 Wohnungen pro 1000 Einwohner pro Jahr, gegenüber 7,1 im österreichischen Durchschnitt. In den 90er Jahren entstanden über 53.000 neue Wohnungen, wobei sich ab 1996 der Anteil an verdichteten Flachbauten durch eine Novellierung der Wohnbauförderung spürbar erhöhte und der Anteil an Eigenheimen von 72% im Jahr 1985 auf 40% im Jahr 1995 zurückging. Die Kommunalwahlen in Innsbruck brachten 1994 ein verstärktes Engagement der öffentlichen Hand für Innovation und Qualität in der Stadtentwicklung. Auch das Wettbewerbswesen zeigt als Gradmesser der Baukultur von 1985 bis heute eine signifikante Steigerung. Allein in Innsbruck liefen in diesem Zeitraum 55 Wettbewerbe, davon waren 18 österreichweit bzw. EU-weit ausgeschriebene Verfahren. Im ersten Jahrzehnt waren es 23 Konkurrenzen, von 1995 bis 2001 gab es eine Steigerung auf 32 Bewerbe; und 2001 brachte einen Höhepunkt mit zwölf großen Konkurrenzen. Bei manchen Themen waren freilich zwei oder mehr Anläufe nötig, um zur Konkretisierung zu gelangen, so beim Rathausareal, beim Hauptbahnhof oder bei der Sprungschanze am Bergisel; zehn Juryergebnisse wurden verworfen, 36 bisher realisiert. Die Rathauspassage samt Hotel baut jetzt Dominique Perrault, die Schanze am Bergisel Zaha Hadid, den Bahnhof Riegler Riewe. Die SOWI von Henke und Schreieck, das Medizinzentrum Anichstraße von Loudon & Katzberger, die Wohnanlage Am Lohbach von Baumschlager Eberle repräsentieren Bauten von überregionalem Rang. Schon diese Bilanz zeigt eine vor zwanzig Jahren noch undenkbare Öffnung und internationale Durchmischung bei stadtbildprägenden Interventionen. Die Tiroler Szene selbst ist mit Schlögls Galerie im Taxispalais, mit Pöschls geplantem Sporthaus Okay, mit Reitter / Obermosers BTV-Haus am Langen Weg oder Manzl-Ritsch-Sandners geplantem Hotel am Bahnhof nicht weniger pointiert präsent – zieht man nur den Rahmen der Landeshauptstadt in Betracht.

Die stärkste Dynamik erzeugte landesweit aber ein privates Unternehmen, die MPREIS-Lebensmittelhandelskette. Der alteingesessene Familienbetrieb Mölk begann Anfang der 80er Jahre zu expandieren. Als Planer der neuen Märkte legte in diesem Jahrzehnt Heinz Planatscher wichtige Grundlagen. Am Beginn der 90er Jahre kam mit dem Engagement von Wolfgang Pöschl ein nächster Schritt zu avancierter Gestaltung und konstruktiven Neuerungen. 1993 erhielt sein MPREIS in Lienz die »Auszeichnung des Landes Tirol für Neues Bauen«. Seit 1992 haben die Mölks systematisch mehr als zwei Dutzend Architekten aus der mittleren Generation für insgesamt nun über 130 Filialen beschäftigt. [...]

Damit ist bloß streiflichtartig eine Entwicklung nachgezeichnet, die zumindest in Mitteleuropa derzeit beispiellos erscheint. Es kann nur eine Frage der Zeit sein, bis diese Versorgung eines Landes mit Gütern des täglichen Bedarfs, mit städtebaulich präzise gesetzten, gestalterisch hochwertigen und nachhaltig konzipierten sozialen Orten international entdeckt wird und entsprechende publizistische Analyse und Würdigung erfährt.

Liesbeth Waechter-Böhm Hg. *Neue Architektur aus Tirol | New Tyrolean Architecture.* Gestaltung: A/H Haller (Wien – New York 1998)

Im Sog von MPREIS und parallel dazu sind in den 90er Jahren auch andere hervorragende Gewerbe- und Industriebauten entstanden. Bei den Jenbacher Werken, beim Lichtlabor Bartenbach und bei Binder Holzleimbau hat Josef Lackner Pionierarbeit geleistet. Auch in öffentlichen Bauten, bei Schulen, Gemeindeämtern oder Kindergärten erbrachten die 90er Jahre eine reichere Ernte an Qualität als je zuvor. 1999 schlug sich dieser Schub in dem von Liesbeth Waechter-Böhm herausgegebenen Band *Neue Architektur aus Tirol* nieder – eine weithin beachtete Dokumentation, die 41 ArchitektInnen mit über 60 Bauten erfasste. Tirol stand plötzlich neben Vorarlberg als Szene, als vitales Netzwerk und eben nicht als ›Schule‹ oder als bloßes Gemenge von Individualisten im Rampenlicht. Vor allem wegen der ausführlichen Interviews mit verschiedenen Planern und Akteuren ist dieses Buch nach wie vor zum Verständnis der neueren Entwicklung unentbehrlich und nachdrücklich zu empfehlen. 1999 startete auch die Bank für Tirol und Vorarlberg mit logistischer Unterstützung durch das Architekturforum Tirol die biennale Vergabe von Bauherrenpreisen, wobei gleich beim ersten Mal über hundert Objekte zur Einreichung kamen.

Es ist hier nicht der Platz, eine ausführliche Beschreibung der verschiedenen baukünstlerischen Haltungen zu geben. Die Differenzierung der Positionen zwischen Lackner und Köberl, zwischen Schlögl oder Pöschl, Parson und Obermoser, Heubacher-Sentobe oder Wiesflecker erschließt sich im Erleben der Bauten an Ort und Stelle. Neben dem älteren, kontroversiellen Doppelgestirn Lackner-Parson hat jedenfalls die Kooperation von Karl Heinz, Dieter Mathoi und Jörg Streli als eine durchgehende, alle Bauaufgaben in allen Landesregionen erfassende Konstante das qualitative Architekturgeschehen in Tirol seit gut 25 Jahren geprägt. Ab der Mitte der 80er Jahre spielte als versierter Animator und Kommunikator internationaler Tendenzen Peter Lorenz eine immer wichtigere Rolle und wuchs aus weniger pointierten Anfängen Johann Obermoser zu einer technischen, administrativen und gestalterischen Professionalität, die sein Atelier heute zu einem gefragten Tutor und Kontaktbüro gerade für die jüngeren KollegInnen macht. Der gemeinsame Nenner aller Ansätze – sei die Architektur nun körperhaft, substanzhaft aufgefasst wie die alten Stadthäuser am Inn, sei sie gerüsthaft strukturell gedacht wie die alten Ruralbauten, sei sie körperlos, materialminimiert und offen konstruiert wie die Sonnendecks von Panoramahotels oder skulptural in Scheiben und Schichten geformt, kristallhaft oder fließend, material- oder stimmungsbetont –, der gemeinsame Nenner all dieser Facetten ist gleichsam naturgegeben. Es ist die räumliche Auseinandersetzung mit dem in Tirol immer komplexen Terrain und mit der starken, plastischen Präsenz der Gebirgslandschaft, die den Blick und das Körpergefühl nach alle Richtungen in großen Tiefenkontrasten pulsieren lässt und die dem Spiel von Licht und Dunkel, der Orientierung nach Besonnung, Beschattung und präzisen Blickpunkten wohl mehr als anderswo Bedeutung gibt.

Als Hintergrund für die trotz aller Progression nach wie vor im gesamten Bauvolumen des Landes nur punktuell erscheinende Bauqualität sei noch auf einige statistische Werte und übergeordnete Daten verwiesen. Tirol ist flächenmäßig das drittgrößte Bundesland Österreichs, steht nach Anzahl der Einwohner mit rund 660.000 aber nur an fünfter Stelle. Nur 14% der Landesfläche sind als Siedlungsraum geeignet, nur 4,3% der Fläche haben weniger als 10% Hangneigung. Der stärkste Wandel im baulichen und wirtschaftlichen Gefüge vollzog sich von den 60er in die 70er Jahre, als die Inntalautobahn fertiggestellt war und der

Bodenverbrauch durch Bebauung um mehr als 30% zunahm. Ein zentraler Faktor im wirtschaftlichen und kulturellen Wandel der Region ist der Tourismus. Tirol hat heute 40% Anteil am gesamten Fremdenverkehr in Österreich. Winter- und Sommersaison ergeben jährlich rund 40 Millionen Übernachtungen – fast doppelt so viele wie in Salzburg und viermal so viele wie in Wien! Der Tourismus ist aber auch das stärkste Moment in der ökologischen, baulichen Veränderung der Landschaft, auch der mentalen und kulturellen Landschaft. Und gerade der Tourismus ist jener Bereich mit gravierenden Defiziten in architektonischer und siedlungsplanerischer Hinsicht. Hier hat in wenigen Jahrzehnten eine radikale Veränderung Platz gegriffen. Aus Bergbauern, die der Natur ihr Lebensminimum abtrotzen mussten, wurden gleichsam über Nacht geschäftstüchtige Unternehmer, aus bescheidenen Dörfern und Gemeinden wurden auf älplerische Idylle maskierte Fun-Parks. Der mancherorts schlagartige Umschwung von karger Kulturlandschaft in eine Massen-Erholungslandschaft erzeugte ein tiefes Dilemma, »denn der Konsument bringt nicht nur die Ansprüche seiner Welt mit, sondern er will auch noch die Illusion erhalten, in einem echten, unberührten Gebiet zu sein. Dieser Widerspruch führt zur Schizophrenie, die es, wie wir wissen, von den harmlosen Schattierungen bis zum echten Wahnsinn gibt. Besonders schlimm ist es dort, wo dieser Wahnsinn zur kommerziellen Methode wird.« Was Friedrich Achleitner schon Mitte der 70er Jahre mit diesen Sätzen charakterisierte, gilt nach wie vor. Die bauliche, die umfassend planerische Kultur hat mit der rasanten Umstellung der Ökonomie, des gesamten Arbeits- und Lebensstils in den Alpen generell nicht Schritt gehalten. Die fragile Situation des Siedelns im Bergland wurde nochmals durch externe Faktoren verschärft. Tirol ist das Transit-Land auf der Nord–Süd-Achse Europas. 1970 wurden 2,7 Millionen Tonnen Güter über die Brennerstraße befördert, 1996 waren es 19 Millionen Tonnen. An Spitzentagen überqueren 8000 LKWs und 55.000 PKWs den Brenner. Neben der Luftverschmutzung verändert die Schallausbreitung in den engen Tälern dramatisch die Lebensbedingungen. Vor diesen Problematiken werden die unbestreitbaren Erfolge moderner, nachhaltiger Architektur- und Ingenieurleistungen wieder sehr sehr relativ – und sind dennoch als Indikatoren, als punktuell verwirklichte Visionen nicht hoch genug zu schätzen: Visionen nicht der gnadenlosen, kurzsichtigen Ausbeutung von Ressourcen, sondern einer kultivierten, zeitgemäßen, unverstellten Gestaltung und Nutzung von Stadt und Land.

Transformationen des Alltags

Erschienen auf Deutsch und Englisch in *MPreis by Dominique Perrault, Photos by Jordi Bernadó* (Barcelona 2006)

Die MPREIS-Lebensmittelmärkte Tirols sind in Europa einzigartig. In zwei Jahrzehnten errichtete das als Familienbetrieb geführte Unternehmen über einhundert Neubauten an ländlichen und städtischen Standorten. Im Normalfall sind solche Supermärkte der täglichen Versorgung ein stadtökologisches und ästhetisches Problem: Sie erodieren die gewachsenen Stadtzentren und verwandeln die Peripherien in austauschbare Kommerz-Zonen, allein den Vektoren von Fahren und Parken unterworfen. Stadtplaner und Architekten haben dieses Phänomen längst als unlösbar abgehakt; als einziges Mittel der Steuerung verblieb den Gemeinden die Festsetzung von Maximalgrößen.

Dass die MPREIS-Märkte das Klischee des durchökonomisierten Alltags widerlegen konnten, ist vielleicht nur einem biografischen Zufall zu verdanken. Denn die Brüder Hansjörg, Anton und Herbert Mölk, die vor 25 Jahren die Expansion des kleinen Familienbetriebs begannen, waren mit einem Architekten befreundet – Heinz Planatscher. Und so zeigte sich schon bei den ersten, von Planatscher in den 1980er Jahren geplanten Neubauten eine Ambition, die in den 90er Jahren andere Architekten weiterführen und zu einer Stafette gestalterischer Evolution steigern konnten, die zuletzt alle in Österreich einschlägig vergebenen Auszeichnungen erhielt und die 2004 auch als Österreich-Beitrag auf der Architekturbiennale Venedig präsentiert wurde.

Industrialisierung und private Mobilität haben die seit jeher wirksamen Gene des Handels zur Bildung urbaner Raum- und Nutzungsstrukturen entkräftet. Neue ›Marktplätze‹ entwickelten sich als anti-urbane Container, umgeben vom Glacis der Parkplätze und Zufahrten, nach außen verschlossen, um innen durch Kunstlicht und Klimatisierung optimale Kontrolle der Warenpräsentation zu haben. Die an allen Standorten identische innere Organisation, überdimensionale Logos für die plakative, ebenfalls normierte Außenerscheinung sowie die frei sichtbare, isolierte Lage – das sind die heute relevanten Maximen ›autogerechter Märkte‹. Konträr zu all dem versuchte MPREIS nun nicht weniger, als diese Eindimensionalität aufzubrechen – um anstelle von dekorierten

Billigst-Schuppen unverwechselbare Räume und polyvalente, nachhaltige Orte zu bilden.

In diesem Sinne beschäftigen die Mölks seit 1990 systematisch mehr als zwei Dutzend Tiroler Architekten aus der mittleren und jungen Generation. MPREIS verzichtet auf eine Corporate Identity seiner Bauten. Stattdessen wird die gesamte Anlage und die Architektur für jeden Standort maßgeschneidert. Die Maximen dazu lauten: Übersichtlichkeit und Bewegungsfreiheit im Innenraum; Transparenz zum städtischen Kontext und zur Landschaft – zur Unterstützung der Orientierung und der örtlichen Identität; Entwicklung spezieller Baukonstruktionen mit Potentialen für mittelfristige Umrüstungen und für Zusatz- bzw. Fremdnutzungen mit Wohnungen, Büros oder öffentlichen Einrichtungen.

Die Architekten werden bei MPREIS nicht nur als Designer der Karosserie benützt, sondern in alle Fragen und Entscheidungen einbezogen: von der Standortwahl bis zur Disposition der Regale und der Warenpräsentation. Alle Faktoren werden ständig weiterentwickelt – die Lösungen für Boden und Decke, für Beleuchtung und Klimatisierung, für Farbe im Innenraum, Vorplatzgestaltung; die Konstruktionen in Stahl, Holz und Glas werden immer weiter variiert und optimiert. Zusammen mit den unabhängig vom Markt benutzbaren, jeweils am besten räumlichen Blickpunkt platzierten Cafés entstanden damit neue soziale Orte – niveauvolle, alltagskulturelle Räume, selbst in kleinsten Gemeinden abgelegener Gebirgstäler, wo MPREIS mehr als einmal auch als Pionier neuer Baukultur wirkte.

Anhand der MPREIS-Bauten zeigt sich das entwerferische Spektrum der neuen Tiroler Architekturszene – von Wolfgang Pöschl, Rainer Köberl, Heinz / Mathoi / Streli, Pendl / Senn, Erich Gutmorgeth, Helmut Reitter, Giner / Wucherer, Stöger / Zelger bis zu Holzbox Tirol, Hans Peter Machné oder Hrdlovics / Fügenschuh. Als Dominique Perrault 1996 mit der Planung des Rathauses in Innsbruck betraut wurde, reagierten die Mölks umgehend und führten mit der Einbindung eines internationalen ›Stars‹ ihre Marke in eine neue Dimension. Die Tiroler Kollegen hatten ja die Wechselwirkung zwischen Innen- und Außenraum, zwischen den Anblicken der Warenwelt und den Ausblicken auf die in Tirol besonders ›gefühlige‹ Bergwelt variantenreich ausdifferenziert. Perrault spitzte diese Dialektik zwischen dem Künstlichen und dem Natürlichen derart zu, dass auch die Künstlichkeit des Natürlichen als finale Tendenz unserer Zivilisation sichtbar wird. Über die funktionale Raumqualität hinaus führten die von Perrault entworfenen Märkte das Spiel zwischen

›Natur‹ und ›Kultur‹ in eine selbstreflexive, ›flimmernde‹ Darstellung. So überschreiten sie die sozusagen naive Konzeption der vorhergehenden MPREIS-Bauten, vermeiden aber im Bloßlegen der Ambivalenz solcher Konsumorte auch jedes Pathos kurzschlüssiger Ironie.

Es hatte sicher mit dem lokalen Kontext zu tun, dass Perraults erster MPREIS – in Wattens – die Natur-Kultur-Dialektik idealtypisch formulierte. Der Markt liegt in Sichtweite der Kristallwelten, einer museumsartigen Anlage des ortsansässigen Glas-Unternehmens Swarovski; Naturphänomene und gläserne Hightech-Objekte werden dort in einer märchenhaften, grottenartigen Inszenierung als Eventparcours aufbereitet: ein kulturelles Aushängeschild des weltbekannten Herstellers von hochpräzisen, aber auch hochdekorativen Glasprodukten – jedenfalls eine erstrangige touristische Attraktion.

Perraults MPREIS entwickelt ein vergleichbares Thema, allerdings sehr lakonisch, subtil – und setzt dabei Gedanken fort, die schon Perraults Nationalbibliothek in Paris geprägt haben. Das kristallhaft leuchtende und kantenscharf in Glas gehüllte Bauprisma wird da von einem organhaft applizierten Biotop durchdrungen. Der Bau lagert südlich einer Ausfallstraße des Ortes; seine Südfront – mit Depots und Nebenräumen – ist hermetisch abgedichtet, die drei anderen Seiten sind verkleidet mit milchigem Okaluxglas, das die Wärmeeinstrahlung reduziert und zugleich gleichmäßig helles, diffuses Tageslicht ins Innere filtert; nur die gekurvte Partie der Straßenfassade – die Schnittfläche des Waldgeheges mit dem Prisma – hat Klarglas und offenes Blickfeld. Man steht im Inneren des durch die zeichenhaften Dachträger als Markthalle typisierten Gebäudes und sieht durch die Obst-, Gemüse- und Getränkeregale hindurch blendfrei nach Norden auf die Nadelbäume des Naturreservats, durch diese weiter hindurch über die geparkten Autos hinweg auf die Silhouette der Stadt und weiter zu den bizarren Bergkämmen auf der anderen Talseite. In der anderen Richtung, vom Straßenraum und Parkplatz aus, sehen wir zunächst ein exquisit umzäuntes Wäldchen, hinter dem der Markt mit den ganz an die Glasfassade gestellten, bunten Warenregalen hervorleuchtet – Vordergrund und Hintergrund verschmelzen zu einem Sujet, das an geschmückte Christbäume erinnert. Es ist also eine mehrfach kodierte Schichtung von Wirklichkeiten, die über das Rahmenwerk streng funktionaler Kalkulation hinaus beiläufig in poetische Konstellationen führt.

Der kleinere Markt in Zirl ist direkt an das Ufer des Inn-Flusses gesetzt, neben eine Straßenbrücke, die vom Bahnhof zum Ortskern

OK auf der Rohrbrücke, durch welche die Straße über das Hahntennjoch führt (Karl Sporschill 1989), 1400 m ü. A.
Fotos: Arno Ritter (li.), Nikolaus Schletterer (u.)

führt. Perrault rückte hier die Ostfassade der Markthalle ganz an die den Fluss begleitende Allee heran, gliederte sie in einer Zick-Zack-Bewegung. So sind die raumhoch verglasten Teile von der direkten Besonnung weggedreht und eröffnen den Ausblick schräg über den Fluss auf die Berge gegenüber, während die kürzeren, massiven Fassadenpartien quer zum Fluss stehen – sie tragen die Dachplatte und schirmen die Südsonne ab, wirken durch die Verkleidung mit hochpolierten Stahlblechen aber optisch entmaterialisiert und spiegeln die Alleebäume, den ganzen Flussraum in den Innenraum herein, verwischen die Grenzen zwischen Draußen und Drinnen, zwischen Schein und Sein, Wunsch und Wirklichkeit.

Das Café, bei MPREIS ›Baguette‹ genannt, ist wie immer gleich beim Eingang und in Sichtweite der Kassen situiert und kreiert einen attraktiven Platz, von wo aus sowohl der Markteingang als auch das Geschehen am Brückenkopf und an der Uferpromenade überblickt werden kann. Mit diesen kleinen, gut geführten Cafés ist es MPREIS übrigens in vielen Fällen gelungen, das aus den Tourismusorten längst verschwundene ›Gasthaus‹ als sozialen Treffpunkt der Einheimischen zu ersetzen.

Die komplexeste Lösung bietet schließlich der zweite MPREIS in Wattens, an einer Hauptstraße im engeren Stadtgefüge. Perrault nützte ein geringes, am Grundstück vorhandenes Gefälle, um die banale Stelle in ein exemplarisches Stadtpartikel zu verwandeln. Wie schon bei zuvor entstandenen MPREIS-Bauten ist das Problem der Parkplätze so gelöst, dass die Parkebene unter den Markt eingeschoben ist. In Wattens geht allerdings der Straßenraum fließend in diese untere Etage über. Denn der Bau ist rundum ein wenig über das Terrain herausgehoben, sodass die überdachten Stellplätze von allen Seiten direkt belichtet sind und auch der räumliche, optische Zusammenhang mit dem Straßenraum überall spürbar bleibt. Ebenso ist auch das ›schwebende‹ Marktplateau über verschiedene Rampen und Stufen kontinuierlich mit dem Gehsteig und dem anschließenden Vorplatz verbunden. Bäume und Rasen, die im ersten Beispiel eher dekorativ zwischen Autos und Gebäude platziert waren, sind hier nun in die räumliche, vertikale Verklammerung dieser Sphären integriert – als Bepflanzung seitlicher Einkerbungen sowie des langen, hofartigen Einschnitts ins Gebäude, der Parkplatz und Markthalle mit einem zentralen, von Baumkronen belebten Lichtraum aufwertet.

Die Halle selbst ist rundum verglast, mit vorgehängten Metallnetzen aber so abgeschirmt, dass keine Aufheizung durch Sonneneinstrahlung entsteht und dennoch wichtige Blickachsen freibleiben. Die teure Fassade rechnet sich deshalb, weil sie die innere Klimatisierung ersetzt. In diesem MPREIS hat man das Gefühl – bei 5,33 m Raumhöhe – man würde sich im Freien bewegen: Stadtraum, Naturelemente und überdachte Warenwelt fließen ineinander. Büros für die örtliche Gendarmerie, eine separate Bankfiliale und ein eigenes Textilgeschäft bilden zusätzliche Schichten der Anlage und überlagern sie mit weiteren Nutzungen.

Die mit durchschnittlichen Baukosten von 800 Euro/qm sehr ökonomischen MPREIS-Bauten im Allgemeinen, jene von Perrault im Besonderen und speziell sein letzter in Wattens demonstrieren ein in der Konsumgesellschaft seltenes Phänomen – die Kreation von nachhaltiger Qualität aus alltäglicher Trivialität, die Wandlung banaler Orte und Funktionen in ebenso spezifische wie universell gültige Räume.

Die Natur der Stadt

Notizen eines externen Beobachters

Erschienen in *Innsbruck. Stadtgeschichten. Stadtplanung Baukultur Lebensqualität.* Hg. Stadt Innsbruck. Konzept und Gestaltung Otto Kapfinger mit Gretl Köfler, Arno Ritter und Nikolaus Schletterer (Innsbruck 2008)

Das populäre, so wunderbar plastische Sprachbild von der ›Großstadt im Gebirge‹ wurde zu einer Zeit geprägt, als Innsbruck absolut keine Großstadt war. Innsbruck ist natürlich auch heute noch keine ›Großstadt‹. Denn der Begriff setzt ganz andere Maßstäbe voraus, die den überschaubaren Charakter lokaler Urbanität grundlegend verändern in Richtung metropolitaner Anonymität und ethnisch-kultureller Multivarianz. Mit gut 130.000 EinwohnerInnen gerade noch eine europäische ›Mittelstadt‹, hat Innsbruck dennoch heute etliche Merkmale, die weit über diesen Rahmen hinausreichen: etwa den ungewöhnlich hohen Anteil von StudentInnen an der gesamten Einwohnerschaft; die Einbettung hochmoderner Ensembles für öffentliche Dienste, für Bildung und Kultur sowie einer weltbekannten Universitätsklinik in eine ebenso weltbekannte, traditionsreiche Altstadt; und eben die einzigartige Verklammerung städtischer Lebensräume mit der hochalpinen Region. Diese faszinierende, ja dramatische Simultaneität von bizarrer Natur mit urbanen Strukturen hat die Stadt schon zweimal für die Ausrichtung Olympischer Winterspiele prädestiniert und bietet auch im internationalen Städtetourismus eine ›unique location‹.

Die Lage im Gebirge an einer der wichtigsten Nord-Südquerungen der Ostalpen prägte von Beginn an die Biografie der Tiroler Landeshauptstadt – von der hochgotischen Gründung an der Innbrücke über die kaiserliche Residenz der Renaissance und ihren Ausbau im Barock bis zur Entwicklung als Bahnknoten der Linien Wien–Paris und München–Rom im 19. Jahrhundert. Mit einem Netz regionaler Bahnen (auf die Hungerburg, nach Igls, ins Stubaital) griff die Stadt nach 1900 dann nach Norden und Süden auf die Höhen der Mittelgebirgsstufe. Hoch-Innsbruck, Igls und Lans wurden urban genützte und bebaute Peripherie, in der sowohl die Stadt im Tal als auch das Panorama der Bergflanken in Äquidistanz erlebt und ›genossen‹ werden konnten. Am Ende der 1920er Jahre spannte die Stadt dann ihre technische Reichweite in einem zweiten Schritt bis über die Baumgrenze hinauf. Die Seilbahnen zur Nordkette und zum Patscherkofel schufen dem städtischen (und stadtflüchtigen) Phänomen sportiver Nutzung der Berge das adäquate

Instrumentarium – eine bis heute gültige Überhöhung des im Topos angelegten Potentials in eine funktionale und ästhetische Hauptachse der Innsbrucker Stadt-Natur.

Auf der Nord–Süd-Achse entfalteten sich ursprünglich auch die Elementarteile des Stadtkörpers – auf der Linie Hötting, St. Nikolaus, Mariahilf, Innbrücke, Altstadt, Innenstadt, Wilten. Und auch die bekanntesten Bildmotive präsentierten und zelebrieren nach wie vor diese Relation, ob in der Achse Maria-Theresien-Straße / Annasäule / Goldenes Dachl / Nordkette oder im Blick von der Bergisel-Schanze über Wilten zum Zentrum. Auch die Trasse der Westbahn, die Lage des Bahnhofs zwischen Altstadt und Sill verstärkten diese quer übers Tal verlaufende Orientierung.

Nach 1945 schwenkte das Wachstum der Bebauung dagegen in die West–Ost-Achse und füllte den Talboden sehr rasch in beiden Längsrichtungen, von Völs bis Rum. Impulse zur Modernisierung der städtischen Infrastruktur und ihrer weiteren Verknüpfung mit Naturräumen brachten besonders die Bauten für die Olympischen Winterspiele 1964 und 1976. Die Errichtung der beiden Olympischen Dörfer trieb die zuvor auf den Flächen des ehemaligen Flughafens in der Reichenau verlaufende Stadterweiterung bis zum Ostrand des Stadtareals vor, etablierte kurzfristig ein ›großstädtisches‹ Image, eine unübersehbare Antithese zum alten Stadtbereich. Solche ›ortlose‹, antikontextuelle Randwucherungen waren symptomatisch im gesamten europäischen Städtebau der Zeit, und sie markierten in Innsbruck in der Mitte der 70er Jahre bereits einen Endpunkt, eine Krise, die einen Paradigmenwechsel in der Stadtpolitik provozieren musste. Auch in der westlichen Stadterweiterung – Hötting-West – folgte das Randwachstum auf den Hanglagen zuerst noch den Mustern der Nachkriegsmoderne. Die Geschichte der Peerhofsiedlung aber, die mit dem Universitätscampus einen eigenen, neuen Stadtteil kreierte, spiegelt von den ersten Planungen um 1970 bis zur Fertigstellung um 1990 bereits die Wende: die Abkehr von der zentrifugalen Entflechtung der Stadt zu einem Revival urbaner, kompakter Siedlungstypologien. 1980 hatte Innsbruck als erste Landeshauptstadt Österreichs in diesem Sinn ein Stadtentwicklungskonzept beschlossen und damit die Weichen gegen das weitere Ausfransen und für das Nachverdichten, für die funktionelle und gestalterische Revitalisierung der Kernstadt gestellt. Das Kräftespiel in der Szene, in Politik, Wirtschaft und Planung hatte in den 80er Jahren aber noch nicht das Potential, um dem durch die Randwanderung zunehmenden Funktionsverlust der Kernzonen wirksam zu begegnen. Ein Rückgang in der Wohnbevölkerung, steigende Verkehrs- und Umweltbelastungen und harte Kontroversen wie bei der ersten Planungsphase der Rathauserweiterung, bei den ersten Ausbauplänen für die Bergisel-Schanze oder bei der Planung des SOWI-Neubaus und dem damit verbundenen Abriss von Altbauten neben der Hofburg führten bei der Gemeinderatswahl 1994 zu einer ›Palastrevolution‹. Mit Herwig van Staa kam freilich ein Bürgermeister, der sich vom versierten Kritiker zum ebenso leidenschaftlichen wie durchschlagskräftigen Verfechter der Modernisierung der Stadt gewandelt hatte. In seinen beiden Amtsperioden, begünstigt durch parallele Generationswechsel in der Wirtschaft und in der Architektenschaft rund um das 1994 gegründete Architekturforum Tirol (aut), gelang es nun, in die kompakte, gewachsene Stadt signifikante Aspekte einzugliedern, entstanden hier Bauten, öffentliche Räume und Projekte, die eine internationale, weltläufige Kompetenz ausstrahlen und die zugleich präzise die lokalen Qualitäten der Stadt-Natur aufgreifen und weiter stimulieren.

Für die Rathauserweiterung, verbunden mit einem Passagenkreuz zwischen vorher isolierten Straßenräumen, wurde ein neuerliches Planungsverfahren mit Zuladungen aus dem Ausland durchgeführt. Das realisierte Projekt von Dominique Perrault enthält neben den Verwaltungsbereichen Geschäfte und Restaurants, ein Kongresshotel, Mietbüros und eine Tiefgarage mit 300 Plätzen: eine Stärkung der Innenstadt im tertiären Sektor, eine attraktive Belebung eines vorher ›blinden Flecks‹ im Stadtgefüge, eine in Form und Material absolut zeitgenössische, maßstäblich gut ausbalancierte Setzung im historischen Baugefüge – und eine offensive räumliche Verwebung von Stadtverwaltung und Stadtpolitik mit der urbanen Sphäre und den ortstypischen, landschaftlichen Prospekten.

Am Bergisel wurde ein hochkarätiges Gutachterverfahren abgewickelt und die skulpturale Konstruktion des Sprungturms von Zaha Hadid – eine neue Landmark für Innsbruck – in Rekordzeit ausgeführt. Auch der neue Bahnhof bringt neben der funktionellen Aufrüstung durch gedeckte Busstationen, durch zusätzliche Geschäfte, Büros und die direkt zur abgesenkten Halle führende Tiefgarage einen Zuwachs an räumlichen und gestalterischen Qualitäten für den Südtiroler Platz. Ein Hotelbau und die Adaptierung des Adambräu-Turms als Architekturforum Tirol samt Archiv für Architektur und Bauingenieurwesen der Alpenregion entstehen in unmittelbarer Nachbarschaft. Der radikale Umbau der Galerie im Taxispalais, das neue Medizinzentrum

Anichstraße, die Neugestaltungen im Bereich Umspannwerk Mitte, das Sporthaus Okay in der Maria-Theresien-Straße repräsentieren samt und sonders hochwertige Implantate im dicht bebauten Gebiet. Am Hofgarten schuf das von Dieter Henke und Marta Schreieck entworfene Universitätsensemble der Sozial- und Wirtschaftswissenschaftlichen Fakultät ein neues Stadt-Forum als Gelenk zwischen den Prunkbauten der Altstadt und historischen Parkanlagen – eine stadträumliche und architektonische Leistung, die europaweit Anerkennung fand. Die Erweiterung des Landesmuseums, die Freiraumgestaltung am Landestheater mit dem Zubau der Probebühne und das in Bau befindliche BTV-Stadtforum setzen diesen Trend fort. Zu den meisten dieser Interventionen gab es nationale und internationale Wettbewerbe oder Gutachterverfahren, seit 1994 bedeutend mehr als im Jahrzehnt davor, allein im Jahr 2001 liefen zwölf große, europaweit ausgeschriebene Konkurrenzen, die auch mit zügiger Realisierung rechnen können oder inzwischen schon umgesetzt sind.

Die wichtigste Weichenstellung für die mittelfristige Stadtentwicklung gelang mit der Neukonzeption für das Tivoli- und Frachtenbahnhof-Areal. Seit Jahrzehnten war die Lage des Hauptbahnhofs immer wieder diskutiert worden, da die bis zum Westufer der Sill reichenden Gleisharfen eine kilometerlange Barriere an zentraler Stelle des Stadtgewebes darstellen. Mit der Absiedlung des Güterumschlages nach Hall in Tirol und der Verlegung des Fußballstadions nach Süden zur Olympiahalle können jetzt 30 Hektar für ein neues, innerstädtisches Quartier am Flussraum der Sill aktiviert werden. Ein zweistufiger EU-weiter Wettbewerb lieferte 2001 dafür die Grundlagen, das Siegerprojekt von Lothar Greulich / Gordan Dubokovic wurde gemeinsam mit der Stadtplanung 2002 zu einem Masterplan ausformuliert.

Wenn anfangs von der besonderen Natur dieser Stadt die Rede war, dann zeigt sich, dass gerade die Projekte des letzten Jahrzehnts nach langer Stagnation wieder eine konzertierte Auseinandersetzung mit dieser Stadt-Natur im Speziellen wie auch im Allgemeinen aufnehmen. Alle vorhin genannten Bauten und Planungen sind jedenfalls Interventionen im alten Kerngebiet – und zwar in einem Nord–Süd gerichteten Sektor, der in die alte, synchron verlaufende Stadt-Natur-Achse nun die Lektüre des beginnenden 21. Jahrhunderts einbringt. Diese innere Verdichtung erweitert zudem die vertikale Dimension des Innsbrucker Stadttopos durch neue Tiefen- und Höhenaspekte. Sämtliche Bauten greifen nicht nur mit öffentlich nutzbaren Tiefengeschossen unter das alte Stadtniveau, sondern formieren vor allem über den alten Silhouetten eine neue, hohe Funktionsebene, von der aus das Spiel des Erlebens, der Wahrnehmung zwischen natürlichen (und künstlichen) Hochpunkten und dem Stadtplateau neu gemischt und fortgeführt wird: Schanzenturm, Rathausturm, Ratssaal, Restaurant Lichtblick, Dachgarten und Restaurant Hotel Penz, Dachzonen des BTV-Forums und des SOWI-Areals usw. bis hin zu den oberen Panorama-Zimmern des Medizinzentrums formen eine neue Partitur des Dialogs zwischen Stadtkörper und Naturraum.

Es gehört zur alpinen Dramaturgie dieser Stadt (in der natürlich das Skifahren, Snowboarden und Berggehen obligatorisch zum Alltag zählt), dass Gebäude hier von oben, aber auch von unten erlebt werden, dass einerseits immer schon aus den engen Schluchten der Altstadt die Sicht nach oben oder in die Tiefe der Straße gesucht wurde (Erkermotive!) – und dass andererseits Bauten am Berg, die ja den Fern- und Tiefblick bieten, auch speziell für die Ansicht von der Tiefe aus gestaltet wurden, wie etwa Franz Baumanns Nordkette-Stationen. Der Talkessel bietet nicht nur eine Fülle von seit der Romantik zum urbanen Erlebnisrepertoire zählenden, landschaftlichen Blickpunkten. Er rhythmisiert und fragmentiert im Jahresverlauf auch die Zeiten von Besonnung und Verschattung, und die Bergflanken agieren im Sonnen- und Mondlauf auch als Reflexionswände mit ganz eigenen, atmosphärischen Effekten. Die Bauten der klassischen Tiroler Moderne hatten all diese Phänomene mit einer modernen, raumplastischen Entwurfsmethodik thematisiert – vom Einzelbau bis zu stadträumlichen Ansätzen. Im Schematismus der Nachkriegsmoderne gingen diese Qualitäten weitgehend verloren. Die heute aktive Generation der ArchitektInnen knüpft wieder bei dieser raum- und subjektzentrierten Sehweise von Welzenbacher, Baumann, Mazagg u. a. an und mischt dies in die Auseinandersetzung mit heutigen, international geführten Fachdebatten und Raumkonzepten. Und so zeigt sich, dass mit den vorhin skizzierten Neubauten und Projekten statt des raum- und stadtflüchtigen Modernismus der 1960er und 70er Jahre nun eine andere, eine genuine Modernität im alten Stadtkörper auftaucht – neue Plätze, Passagen und Raumsequenzen: horizontale Durchlässigkeiten und vertikale Transparenzen; offen und profund instrumentiert für die Komplexitäten des ›großstädtischen‹ Gebrauchs und zugleich überhaupt nicht strukturlos oder ›beliebig‹, dank der neugewonnenen (und auch außerhalb der Fachwelt langsam wieder verstandenen) Fähigkeit, die starken Fakten der historischen und der natürlichen Umgebung zum offenen, gestalterischen Dialog aus der Gegenwart heraus zu nützen.

Von der lokalen Besonderheit abgesehen hat die Natur der Stadt globale, allgemeine Merkmale. Die Stadt, nicht das Land, war und ist primär dazu in der Lage, das Fremde, das Unvertraute, das Neue aufzunehmen, anzunehmen, zu produzieren, zu integrieren. Eine Stadt, die diese Fähigkeit verliert, stagniert unweigerlich. Im Begriff der Urbanität steckt wesentlich die Bedeutung der ›Noblesse‹, des zivilen, offenen Umgangs mit dem Fremden. Urbanität – im extremen Maß in der Großstadt, in den Metropolen – ist also auch ein gesellschaftlicher Raum, eine soziale Technik des weltläufigen, vorurteilsfreien Umgangs mit dem, was innen ist und mit dem, was von außen kommt, was von innen oder von außen als Neues kommt. Auch in dieser Hinsicht hat sich Innsbruck im letzten Jahrzehnt viel deutlicher als zuvor der ›Natur der Stadt‹ besonnen, hat in einem vorher undenkbaren Ausmaß Experten und BaukünstlerInnen von außen herangezogen, hat im alten Revier pointiert das Neue, das Unvertraute nicht nur zugelassen, sondern aktiv gefordert und gefördert.

Solche Öffnung nach innen, Öffnung des Inneren, entstand nicht zuletzt auch vor dem Hintergrund stadtökonomischer Vernunft. Schon der Stadtentwicklungsplan von 1980 enthielt die Devise, mit dem in Tirol, besonders in Innsbruck knappen Siedlungsboden sparsam umzugehen, das Auswuchern der Stadt einzudämmen, sie vielmehr verstärkt ›nach innen‹ zu entwickeln, die Ränder zur Natur deutlich abzugrenzen, zu schärfen, im Stadtgewebe aber ein attraktives Netz von Grün- und Freiflächen auszubauen. Diese Doppelstrategie – schon lange formuliert, doch erst zuletzt aufgegangen – wurde 2002 im Örtlichen Raumordnungskonzept für Innsbruck unter breiter Beteiligung der Bevölkerung und der Interessenverbände nochmals gesetzlich präzisiert und mit bemerkenswerten Bekenntnissen zur qualitätsvollen Erhaltung, zur Modernisierung und Transformierung des Stadtkörpers ausgestattet. Im Sinne dieses Konzepts widmeten sich Stadtplanung und Bauträger komplementär zum Geschehen in der Kernzone auch ganz gezielt der Nachverdichtung in den Randgebieten sowie dem Anliegen, die großen natürlichen Binnenräume der Stadt entlang von Inn und Sill in mehrfacher Hinsicht wieder dichter, funktioneller für die Stadt nutzbar zu machen.

Die Dokumentation all dessen in einem zweisprachigen Bildband ist ein wichtiger, aber auch schwieriger Akt der Stadtplanung, Bilanz zu ziehen,

Ergebnisse und Vorhaben dem breiteren Publikum zu vermitteln. Angesichts der vielschichtigen Totalität des urbanen Alltags kann eine solche Publikation nur fragmenthafte, selektive Einblicke und Sehhilfen geben. Der Fotografie kommt dabei eminente Bedeutung zu, da sie weitaus ›realistischer‹ und ›verständlicher‹ als jeder Plan, als jeder Text die Wirklichkeit wiedergeben kann – jedenfalls im landläufigen, unreflektierten Gebrauch. Es war deshalb eine verdienstvolle Entscheidung der Herausgeber – durchaus im Sinn des neuen planerischen Zugangs auf die ›Natur der Stadt‹ –, auch die bildhafte Schilderung dieser Entwicklung in einer neuartigen, der Sache adäquaten Art durchzuführen. Die Fotosequenzen von Nikolaus Schletterer negieren bewusst die objektbezogene Ästhetik üblicher Architekturpublizistik. Sie bieten eine gelassene, bildnerische Lektüre der Stadträume, analysieren aus alltäglichen Standpunkten die Beziehungen von alten und neuen Gebäuden, von Innen- und Außenräumen. Sie benutzen die neuen Bauten als Rahmenwerke, als Bühnen gleichsam, auf denen und aus denen heraus die historische Stadt- und Gebirgsszenerie neue Perspektiven erhält. Umgekehrt werden in ›Gegenschüssen‹ die Blicke aus dem alten, vorhandenen Stadtraum so gerichtet, dass die neuen Implantate eben nicht säuberlich isoliert erscheinen, sondern als kompositorische Brennpunkte im Kontext, im Dialog mit den umgebenden Bauten.

Schletterer folgt dem von Walter Benjamin beschriebenen Phänomen, dass Architektur und Stadt im Alltag nicht in gespannter Aufmerksamkeit wahrgenommen werden, sondern im beiläufigen Bemerken, in routinemäßiger Zerstreuung. Im städtischen Trubel steht der Gebrauch im Vordergrund, die räumliche Orientierung, weniger der fokussierte Genuss von Form. In diesem Sinn konstruieren Schletteres Bilder nicht die spektakulären Ausschnitte, die klinisch isolierten Details, die monumentalen Zentralperspektiven, behaupten sie eine klare Opposition zum ›touristischen Blick‹ und zu den Manipulationen der Werbefotografie. So zeigen diese Bilder die Veränderungen im Stadtraum gleichsam als Einfaltungen des Äußeren, des Fremden, des Unvertrauten, des ›Modernen‹ in das Innere des Bestehenden, in die Geschichte, in die ›Heimat‹ des vertrauten Stadt-Bildes, zeigen sie in nächster Ebene die Architektur, die ›Unterbrechung‹ des Gewohnten, auch als beiläufigen Hintergrund, überlagert von der im täglichen Stadtgebrauch dominierenden Zeichenwelt des Verkehrs, der Reklame, der kommerziellen Informationen. Der ausgezeichnete Fokus der Bildmitte ist mitunter nicht ein Bauteil, sondern die in verwischten Konturen sich abzeichnende Kreuzung eines Fußgängers mit einem Radfahrer auf dem Zebrastreifen. Die akkurate Komposition jedes Ausschnitts wird erst auf den zweiten Blick sichtbar. Die bereits erwähnte Bildmitte hat fast immer einen exakten Bezug, ein Sujet, das aber nicht vordergründig auftritt, sondern mitunter erst weit im Hintergrund ›mitspielt‹; der Standpunkt ist immer natürlich, der Horizont auf einer eher niedrigen Höhe zwischen 140 und 150 cm, und dieser Horizont ist immer exakt die horizontale Symmetrieachse des Bildes; die linken und rechten Randbereiche auf diesem Horizont sind meist räumlich und inhaltlich wichtiger als die Bildmitte – als stadträumliche Fluchten, als Bewegungs- oder Sehkorridore. Schletterer verwendet mit gutem Grund das überbreite Querformat, das auf den Doppelseiten dann fast einen Panoramaeffekt erzielt, eine 180-Grad-Sicht andeutet. Der natürliche Sehkegel unserer Augen ist eine querliegende Ellipse, ist bipolar, mit einer im Gegensatz zur Fotografie ständig wechselnden, selektiven Tiefenschärfe, und dieser visuelle Sektor ist in die 360 Grad erfassende Akustik des Hörraums eingebettet. Sehen und Hören im Zusammenwirken formen maßgeblich die dreidimensionale Realität unserer Wahrnehmung. Im Normalfall, gerade auch im Stadtverkehr, ergänzt und steuert das ungerichtete Rundum-Hören das sektorale, gerichtete Sehen. Schletterers Querformate sind also eine subtile Aufforderung zur Lösung aus den starren Mustern des unifokalen Ausschnitt-Sehens zugunsten eines aktiven, breiter orientierten Such-Sehens; sie sind eine Absage an die plakative, normative Tunnelperspektive der üblichen Hochglanzpublizistik und geben ein verhaltenes, aber sehr klares Angebot für ein panoramatisches Sehen, für den im Bild beweglichen, umherschweifenden Blick des Betrachters. Ähnlich wie in dem legendären Innsbrucker Riesenrundgemälde ist der Betrachter tendenziell in den Bildraum hineingestellt und erhält im multifokalen Hintereinander der einzelnen Bildaspekte ein analoges Angebot zur bewegten, komplexen Wirklichkeit stadträumlicher Wahrnehmung.

Wo das Riesenrundgemälde der Bergisel-Schlacht in seiner Entstehungszeit eine moderne, raumzeitliche Aktivierung des Betrachters zur Rückprojektion in idealisierte, vormoderne Stadt-Natur benutzte, schildern Schletterers panoramatische Sequenzen – quer zu allen idealisierenden Klischeebildern von Vergangenheit oder Gegenwart – die Veränderungen, die Transformationen der Stadt, der Stadt-Natur für die Zukunft: lakonisch, ohne Pathos, hintergründig komponiert, um in der prozesshaften Art ihrer Lesbarkeit dem Betrachter das Moment der

Blick aus der Altstadt zum Neubau der SOWI (1999) von Henke-Schreieck / Blick aus der SOWI-Bibliothek zurück in den neu geschaffenen Platzraum. Fotos: Nikolaus Schletterer

Beteiligung zu offerieren – ein offenes, gleichwohl mit Möglichkeiten gesättigtes Szenarium, wie es die Stadt selbst uns tagtäglich in faszinierender Dichte anbietet.

Stadt ist hochfrequenter Lebensraum. Dessen metaphysische Dimension, die früher in bedeutungsvollen Objekten symbolisiert war, wird heute durch die modernen, elektronischen Medien simuliert. Moderne Architektur und moderner Städtebau materialisieren diese Dimension nicht mehr im Objekthaften, sondern im strukturellen Gestalten räumlicher Bedingungen für das alltägliche, existenzielle Drama der Interaktion zwischen Individuen und Gesellschaft, zwischen Technologie und Umwelt, Mensch und Natur. In diesem Drama spielen die scheinbaren Konstanten der abgelagerten Geschichte und der in Innsbruck omnipräsenten Gebirgskulisse nach wie vor mit. Aber auch ihre Rollen haben sich gewandelt. Die Vitalität einer Stadt zeigt sich in der Fähigkeit, auf Veränderungen zu reagieren. Tradition beweist sich da nicht durch die Verehrung der Asche, sondern im Weitertragen des Feuers. Innsbruck hat reagiert. Die Resultate sind zu sehen, die Zukunft kann kommen.

Josef Lackner – Versuch einer Würdigung

Unpubliziertes Typoskript. Rede anlässlich der Ausstellungseröffnung *Josef Lackner – Wohnlandschaften* im Architekturzentrum Wien, 14. September 2011

Eine Feier zu Josef Lackners 80. Geburtstag – in Wien – ist eine wunderbare Sache, ist auch eine ambivalente Sache. Das spezifische Schicksal des gestern vor elf Jahren tragisch verstorbenen Baukünstlers spiegelt sich fort in der Tatsache, dass sein Nachlass nicht in Tirol, in Innsbruck blieb, sondern in Wien gelandet ist und hier vom Az W betreut wird. Aus meiner Sicht ist das für Tirol – wie so vieles von Lackner zu Lebzeiten für Tirol ohne reale Folgewirkung Erdachte – ein Verlust, für Wien ist es ein Gewinn, hoffentlich – und fast unverdient.

Josef Lackner zählt zu den zwischen 1920 und 1934 geborenen österreichischen Baukünstlern, die man – wie das anderswo üblich wurde – heute als die ›Goldene Generation‹ bezeichnet, also jene etwa zwanzig fortwirkend herausragenden Architekten in Österreich, die in der Ära nach dem Zweiten Weltkrieg, in der Konjunktur der zweiten 50er Jahre, der 60er und frühen 70er Jahre maßstabbildende Bauten und Projekte schufen. Ich nenne dazu in chronologischer Reihe die Namen Johannes Spalt, Ferdinand Schuster, Ernst Hiesmayr, Viktor Hufnagl, Traude und Wolfgang Windbrechtinger, Carl Auböck, Johann Georg Gsteu, Gerhard Garstenauer, Gustav Peichl, Wilhelm Holzbauer, Gunther Wawrik, Hans Puchhammer, Eilfried Huth, Friedrich Wengler, Anton Schweighofer, Friedrich Kurrent, Eugen Gross, Ottokar Uhl, Hans Purin, Günther Domenig, Hans Hollein – und eben Josef Lackner.

Aber Vorsicht! Solche goldene Verklärung im Nachhinein – sie würde all den genannten Akteuren nicht wirklich gerecht und ihnen vermutlich zuwider sein. Denn in den meisten Fällen ist die Bilanz in ihren Œuvres zwischen dem zweifellos Möglichen und Notwendigen und dem Tatsächlichen ziemlich negativ, ziemlich unausgewogen. Und für Lackner verschärft sich noch im besonderen Maß die Diskrepanz zwischen realem Lebensbild und realer Lebenserfahrung einerseits und jeder anbiedernden, retrospektiven Würdigung und Lobpreisung andererseits.

Man könnte in Versuchung kommen, in solchen Fällen als eine Perspektiv-Korrektur Thomas Bernhards gesammelte ›Dankestiraden‹ *Alle meine Preise* heranzuziehen und daraus zu zitieren. Ich tue es nicht.

Die in gewissem Maß auch selbststilisierte Figur des zu Lebzeiten ›verkannten Genies‹ ist längst ein Fixposten innerhalb dessen, was als kulturelle österreichische Identität gilt. Die betroffenen Akteure handelten und handeln in teilweise gegebenen Rollenbildern – zum Teil bewusst, zum Teil unbewusst.

Josef Lackner – eine wahrlich originäre und idiosynkratische Persönlichkeit – war diese Position des ›Schwierigen‹, des kompromisslos ›Widerständigen‹, des visionären ›Einzelkämpfers‹, des ›Rufers in der Wüste‹ in der Alpenfalte Tirol chronologisch wie topografisch wohl in extremer Weise vorgezeichnet – und das hat sich ebenso extrem mit den Jahren verselbständigt. Wie wäre sonst die zunehmende Bitterkeit, die zunehmend Distanz bildende Ironie in seinen Aussagen erklärbar.

Verlassen wir das Glatteis biografischer Deutungen und Spekulationen im Nachhinein. Ich möchte bei dieser Gelegenheit meinen Beitrag auf sachliche Anmerkungen zum Werk von Lackner konzentrieren. Ich zitiere dazu Textpassagen über sechs Bauten aus dem von mir 2002 verfassten *Architekturführer Tirol* – einem meiner liebsten und anspruchsvollsten Bücher, das nach kurzer Zeit vergriffen war und – schwer verständlich – nicht mehr nachgedruckt wurde.

Wir spannen einen Bogen über Wohnbau, Schulbau, Büro- und Industriebau – von Haus zu Haus, entsprechend dem Thema der Ausstellung und der folgenden Beiträge des Abends.

Haus Maier, 1976–77, Hatting

Lackner hat prototypische Bauten geschaffen, deren Figurationen oft als rigide Geometrien erscheinen, deren Innenräume aber durch ihre völlig entspannte und offene Atmosphäre überraschen. Das Haus in Hatting für die Familie eines Galeristen sollte den Wunsch nach einem Holzbau in sehr beengtem Kostenrahmen realisieren. Die Lösung war – eine leichte Holzkonstruktion radial auf einem Betonpfahl aufzuhängen, der zugleich auch Kamin ist. Das Abheben der Hauptebene vom Gelände bringt Flächengewinn und den einfach überdeckten Vorplatz, lässt den Baukörper klein und schwebend wirken. Südlich, zum ansteigenden Garten, schließt das hölzerne, geschindelte ›Zelt‹ mit Glastüren, großem Vordach und Terrasse ebenerdig an. Helle, von oben durchlichtete Räume: ein kultiviert benütztes Futteral als Einheit von Raum, Licht, Konstruktion. Der zentripetale Innenraum öffnet sich schwellenlos zum Garten, der Viertelkreis des Wohnbereichs strahlt sektoral in den südlich ansteigenden Hang hinaus, saugt das Außen gleichsam herein. In der ›gelben Zone‹ hangaufwärts steht der später errichtete Keil des Ateliertrakts; Lackner plante am Grundstück auch ein Haus für die Tochter.

Nachsatz: Wir kennen mehr die alten Fotos aus Büchern, das Ganze ist inzwischen zu einem üppigen Kunst- und Skulpturengarten angewachsen – ein Freilichtmuseum außen, ein werk- und lebensdichtes Wohn-Studier-Refugium innen. Ich hatte letztes Jahr das Privileg, im Atelier neben Stapeln von Bildern und Plastiken auf einer Matratze zu übernachten und am Morgen im Haus mit einem köstlichen Frühstück samt anschließender Führung über das Areal verwöhnt zu werden...

Wohnanlage Amthorstraße, 1990–92, Innsbruck-Pradl

In der Nachbarschaft schöner, älterer Wohnhöfe nützte Lackner das nach Norden fallende Gelände zu einer modernen Version der alten Innsbrucker Erkerhäuser. Das Thema der gewellten Straßenfront mit großen Gewölben bzw. Arkaden im Erdgeschoß und starker Attikakontur ist hier in die horizontale und vertikale, in die innere und äußere Wellenbewegung des gesamten Baukörpers weiterentwickelt. Die Baumasse wird an den vier Eingangsbereichen (Wohnungseingänge auf beiden Podestseiten der Stiegenläufe) hochgehoben, für den Durchgang und die Durchsicht perforiert und gegliedert. Die durchgesteckten Wohnungen sind jeweils um den halben Stiegenlauf zueinander versetzt. Das Auf und Ab der Geschosse wird gesteigert durch das rhythmische Verschieben der großen Erker, die auf beiden Seiten die Hauptbelichtung der Räume leisten. An der Nordseite überdacht der Bau die im Geländesprung einfach eingeschobenen, natürlich belichteten Parkplätze. Nach Süden kollektives Grün ohne Privatgärten.

Nachsatz: Ich behaupte nicht, Lackner hätte hier einmal sozusagen morphologisch-kontextuell entworfen. Das Baukonzept kommt sicher primär aus seiner wie üblich einfach-räumlich-erfinderischen Reaktion auf die Qualität des Geländes, auf die Hangstufe dort. Ich konstatiere bloß, dass mir beim Studium dieses ungewöhnlichen, einfachen Sozialbaus gleichsam ein Licht aufgegangen ist und ich die plastischen, wellenförmig bewegten Wohnhäuser der Innsbrucker Altstadt plötzlich ganz anders sehen, verstehen konnte.

Ursulinenschule, 1971–80, Innsbruck – Höttinger Au, Fürstenweg

Ein Markstein in Lackners Werk, einer der besten Bauten des 20. Jahrhunderts in Tirol, als Raum- und Konstruktionstypus im österreichischen

Schulbau nach wie vor einzigartig. Das Gymnasium für 700 Mädchen ist vertikal geschichtet. Die Klassenräume ›schweben‹ zwischen raumhohen Fachwerkträgern, seitlich belichtet durch quer zu den Trägern verlaufende Oberlichtbänder, hoch über einem großzügigen Sport-, Freizeit- und Foyergelände. Dieser ebenerdige Großraum mit der abgesenkten, von oben einsehbaren Doppelturnhalle im Zentrum, geht mit seitlichen Glaswänden, mit Terrassen und Freitreppen in die angrenzenden Sportplätze und Hofbereiche über. Lackners Bau materialisiert eine kulturelle Vision, welche die Jugend und ihre Bildung auf eine vom Boden der Konventionen befreite Ebene emporhebt, und welche die dem Himmelslicht zugewandten Studienräume als ein großes Dach über den geerdeten, urbanen Raum körperlicher Ertüchtigung und kollektiver Festereignisse darüberstülpt. Eine Haupttreppe und vier Nebentreppen verbinden die komplementären Bereiche. Auch visuell ist die untere ›Landschaft‹ – Schwimmbecken, Pausenbereiche, Bibliothek, Konferenzräume umrahmen den Turnsaal – mit den dicht gepackten Räumen in der Dachplatte eng verbunden: Die Kreuzungsbereiche der trogartigen Lichtbänder mit den großen Klassenfluren sind voll verglast.

Die Stahlträger sind wegen Brand- und Schallschutz beidseitig verkleidet mit Betontafeln, die den Rhythmus der Diagonalstreben als Fugenmuster von Wänden und Fassaden zum Ausdruck bringen. Böden und Decken bestehen aus Spannbeton und besorgen mit den vorgefertigten Brüstungsteilen die Windversteifung. 40 Betonsäulen leisten die Lastabtragung. Alle Betonflächen sind pur gelassen, die Stahlträger, -profile und -auflager dagegen strahlen in leuchtenden Farben. Kloster und Internat (1971–74) sind ebenfalls von Lackner.

Nachsatz: Wenn Bauherren – wie hier die Schwester Oberin Hildegard – dem Architekten Carte blanche gaben, wurden sie nie enttäuscht und mit unverwechselbaren Schöpfungen belohnt und meist auch mit nachhaltiger Freundschaft, aus der sich Folgeaufträge ergaben. Bei dieser Schule kam dazu, dass es eine Privatschule ist, die nicht dem Schematismus der Bundesschulbaubücher verpflichtet war. Vor einigen Jahren drohte hier eine Verstümmelung durch die notwendig gewordene thermische Sanierung. Anders als bei einigen Wiener Fällen der Nachkriegsmoderne führte die Umsicht des Landeskonservators Hofrat Dr. Jud dazu, dass unabhängige ExpertInnen beigezogen wurden, moderiert vom Architekturforum Tirol, und so im ersten Schritt der Sanierung die charakteristische Wölbung der großen Oberlichtbänder erhalten blieb …

Josef Lackner, Ursulinenschule, Innsbruck, 1971–80. Seite aus dem Architekturführer *Bauen in Tirol seit 1980*
Nachlass Lackner, Archiv AzW
Fotos: Christof Lackner

Betriebsbau Lichtlabor Bartenbach, 1987–89; Zubau 1996, Aldrans

Das Lichtlabor Bartenbach wurde 1976 gegründet. Tätigkeitsfelder sind die Tages- und Kunstlichtplanung, von der Forschung bis zur Produktentwicklung. Neben dem Hauptsitz in Aldrans gibt es mehrere internationale Niederlassungen. Bartenbach kooperiert mit renommierten Architekten weltweit und zählt selbst zu den führenden Akteuren der Branche. Für das Ingenieurbüro und lichttechnische Labor mit rund 30 MitarbeiterInnen schuf Lackner eine originäre Raumtypologie: Die direkte und indirekte Lichtlenkung über den Gebäudequerschnitt, die kontrollierte Führung der inneren Lichtqualität durch die Bauhülle und ihre Konstruktion war von jeher die innerste Stärke von Lackners Baukunst. In Aldrans wollte der Auftraggeber optimal belichtete und kommunikative Arbeitsplätze und konnte dazu auch eigenes Know-how einbringen. Lackner benützte die von ihm schon erprobte Pilzkonstruktion, dynamisierte sie zur offenen Spirale eines über vier Etagen geführten Großraums und formte die Fassade zum Licht- und Sichtmodulator.

Die obere Hälfte der Raumspirale bietet den Büroplätzen durch niedrige Fensterbänder direkte Sicht in die Umgebung, aber auch blendfreien Lichteinfall in die Tiefe des Raumes: das Licht kommt durch Glasprismen vom Dachrand, wird mit Reflektoren am Sturz über den Bandfenstern umgelenkt und erhellt die Unterseite der Betondecken sowie unter der Decke verteilte Spiegel, die punktuell weiterreflektieren. Die untere Hälfte der Spirale hat große, hochliegende Rundumverglasungen, optimiert durch die schräg abgekanteten Parapets der oberen Ebene. Im Sitzhorizont ist die Außenwand dort fast geschlossen, nur kleine Fensterluken direkt am Tisch bieten Ausblicke. Der lichtlenkende Kranz des Obergeschosses ist als Holzfachwerk auf die betonierte Spirale gesetzt und mit Rollschalung verkleidet, der massive Sockelbau ist weiß gefärbelt. Es ist ein moderner, strenger Funktionsbau – wie die alten ruralen Typen – und ebenso überlegt platziert. So verwandelt diese Anlage die Topografie einer Schutthalde zum hochkonzentrierten, produktiven, signifikanten Ort.

Nachsatz: Über Christian Bartenbach, einen Bauherrn und Fachplaner, mit dem er mehrfach kooperierte und für den er auch das Privathaus entwarf, hat Lackner eine ausführliche, geradezu berührende textliche Eloge verfasst und damit ein wenig Einblick gegeben, wie die gegenseitige Beflügelung, die Inspiration, die Wertschätzung und gemeinsame Weiterentwicklung in einer Beziehung zwischen Bauherrschaft und Baukünstler funktionieren könnte und sollte.

Brettschichtholzwerk Binder, 1995–96, Jenbach

Das Werk mit Stammhaus in Fügen beschäftigt über 500 Mitarbeiter, zählt zu den größten Herstellern von Brettschichtholz in Mitteleuropa, exportiert bis Japan. Für die Produktionshalle musste Lackner aus Zeitgründen eine besondere Bau- und Montagetechnik entwerfen: ein Holztragwerk mit Elementen im Ausmaß von 8 × 44 m und 4 m Traghöhe. Diese bootsförmigen Elemente bestehen aus sechs am Boden montierten Einzelteilen, die mitsamt der Dachhaut in einem Zweitagestakt auf die Betonstützen aufgesetzt wurden. Die solcherart gefaltete Raumdecke hat pro Element ein sattelförmiges, zenitales Lichtband und ergibt eine besonders helle, gleichmäßige Tagesbelichtung, dämpft auch den Lärmpegel der Maschinen. Die Außenwände sind diagonal versteift und wie die Decke mit dem firmeneigenen Produkt erstellt. Das Tragwerk der auf 44 × 180 m stützenfreien Halle wurde von Kaufmann Holz AG gefertigt und nachts mit Tiefladern in Sonderkonvois angeliefert.

Nachsatz: Wer je diese Halle innen sehen konnte, das Dach und die Lichtstimmung, vergisst sie nie mehr. Ich nenne es ein Holz-Kathedral-Dach für den regionalen Leitbetrieb der industriellen Holzproduktion. Auch mit Binder entwickelte sich zum Bauherrn und seiner Familie eine intensive, langjährige Beziehung, die weitere Bauaufträge und auch den Entwurf der Privathäuser umfasste.

Haus Peer, 1997, Lanersbach, mit Blick zum Tuxer Gletscher

Hier in 1400 m Höhe liegt der Schnee von Oktober bis April, der Berg gegenüber, im Süden, steht nah und bedrückend. Der Bauherr ist Arzt und führt in der Nähe seine Praxis. Im Notfall kann er die Erstversorgung auch in seinem neuen Haus leisten; das nächste Spital ist weit und die Straße winters unsicher. Lackner stellte den großen, schiffsartigen Bau genordet schräg auf den Hang. Nach Süden ist der Bug geschlossen, das Volumen mit Schindeln ›getarnt‹, nach Osten zur Morgensonne und nach Westen zum Gletscher öffnen sich große Glasfronten. Wo der Bau in den Hang dringt, wird er massiv, mit zwei niedrig eingeschnittenen Loggien. Am oberen Ende nur mehr Beton und die Garageneinfahrt, daneben ein gestufter Wall als Lawinensicherung. Über den verglasten First fällt Zenitlicht auf Flur, Treppe und den halbgeschossig hinuntergesetzten Wohnbereich mit dem zentralen Kachelofen. Eine starke, geräumige Arche in alpiner Höhenlage.

Wir haben nun einen Bogen von Haus zu Haus gespannt: zwischen Haus Maier und Haus Peer liegen zwanzig Jahre, die Bauten sind geometrisch / konstruktiv streng und doch ganz verschieden, und beide zeigen jeweils ortsspezifisch Lackners Meisterschaft, aus symmetrisch angelegten Baustrukturen Licht atmende, robuste, wohnliche und auch auratische Räume zu formen.

Ein Resümee? Ich vermute, dass die Persönlichkeit, das streitbare Charisma dieses Architekten mit all seinen Ecken und Kanten die offene, die tiefergehende Auseinandersetzung mit seinem Werk lange überschattet, überlagert hat – aus unnötigen, missverständlichen Gründen. Ich meine weiters, dass einige seiner Bauten – Ursulinenschule, Lichtlabor Bartenbach, Kirche Neu-Arzl – absolut europäisches Niveau besitzen, dass sie aber außerhalb von Tirol oder von Österreich nicht in gebührendem Maß bekannt sind.

Es war daher nicht zu erwarten, aber sehr logisch und richtungsweisend, dass Lackner im Jahr 2008 durch die Kuratorin Bettina Götz posthum einen Auftritt bei der Architekturbiennale in Venedig erhielt. Und ich möchte deshalb abschließend ein Zitat aus einem Text bringen, den Bettina Götz und Richard Manahl für das 2003 vom Architekturforum Tirol herausgegebene große Lackner-Buch verfassten: »Auf den ersten Blick können seine Gebäude oft irritieren, ja erschrecken ob ihrer Sperrigkeit und Uneleganz. Bei genauerer Betrachtung stellt sich allerdings heraus, dass es sich um gebaute Konzepte handelt, die man entschlüsseln muss und die ihre Schönheit auf den zweiten Blick aus ihrer inneren Stimmigkeit beziehen. Seine Gebäude sind immer das Ergebnis eines unterlegten Prinzips. Es entsteht ein Bild, das manchmal fast schrill, manchmal beiläufig und zufällig wirkt, das aber nur durch das Befolgen der dem Projekt zu Grunde gelegten Entwurfsregeln entstanden ist.«*

Dieses Buch ist übrigens nach wie vor äußerst empfehlenswert, eines der besten und informativsten Werke über neuere Baukunst in Österreich.

Die Präsentation jetzt im AzW aus Lackners Nachlass ist ein weiterer, wichtiger Schritt dazu, um das, was uns Lackner sozusagen hinterlassen hat, doch richtig zu verdauen, daraus weiter zu lernen, es international bekannter zu machen, es in dem reichen Spektrum der vielbeachteten österreichischen Architektur der Gegenwart seiner geistigen, baukünstlerischen Botschaft gemäß sichtbar zu machen und für die Zukunft maßgebend einem breiteren Publikum zu vermitteln.

* Bettina Götz, Richard Manahl. »Architektur der deutlichen Art«, in: Hg. Architekturforum Tirol. *Josef Lackner* (Salzburg 2003): 307

Von: <otto kapfinger>
Datum: 12. Oktober 2010 10:26:45 GMT+02:00
An: <arch. heubacher-sentobe>
Betreff: Re: atw – schwaz – projektpräsentation

An s. g. Herrn Bürgermeister Dr. Hans Lintner und die Gemeindeorgane der Stadt Schwaz in Tirol!

Betrifft:
Projekt des neuen Einkaufszentrums

Die Stadt Schwaz hat über Tirol hinaus einen guten Ruf in zeitgenössischen kulturellen und baukulturellen Belangen. Das geplante neue Einkaufszentrum an stadträumlich exponierter Stelle am Platz der ehemaligen Tabakfabrik wurde in den Randbedingungen von der Stadt selbst sorgfältig vorbereitet und erhielt im Siegerprojekt des Architekturwettbewerbes eine adäquate visionäre Fassung.
Nun zeigt sich, dass aber ein ganz anderer Entwurf vorgezogen und als Lösung öffentlich präsentiert wird, der im Gegensatz zum Siegerprojekt der Architekten henke & schreieck die ursprünglichen Vorgaben der Stadt negiert und öffentliche Interessen und Raumansprüche zugunsten privater Interessen hintanstellt!
Im Sinne der gedeihlichen, nachhaltigen städtebaulichen Entwicklung der Stadt Schwaz fordere ich Sie auf, zu dem im Wettbewerb in qualifizierter Weise definierten Weg zurückzukehren und Ihre kommunalpolitische Kompetenz und Verantwortung so konsequent wie nur möglich weiter zu verfolgen!

Mit freundlichen Grüßen und den besten Wünschen!
Otto Kapfinger
Architekturpublizist, Wien

Unterstützung der von Margarethe Heubacher-Sentobe mit vielen ArchitektInnen der Region und BürgerInnen der Stadt organisierten Bürgerinitiative, die auch von Fachleuten aus anderen Bundesländern bestärkt wurde, zu mehreren Diskussionsveranstaltungen und lebhafter Publizistik führte – allerdings ohne Erfolg.

Von: <otto kapfinger>
Datum: 02. Dezember 2011 16:05:52 GMT+02:00
An: <hanno schloegl>
Kopie: <arno ritter>, <atelier haller>, <claudia mazanek>
Betreff: nachschlag zur buchpräsentation »schlögl & süß« im aut

hallo, gut in wien zurück ein nachtrag zum abend gestern: war für mich sehr überraschend und anregend, so viele interessante und interessierte leute zusammen, eine schöne feier ungezwungen für ein buch zweier kollegen in einer größeren runde sehr unterschiedlicher, aber durchwegs in der verschiedenheit wohlwollender individuen … herzlichen dank für das erlebnis!

anbei noch ein paar gedanken, im kopf entstanden auf der rückfahrt im zug:

ich habe den umbau der taxis galerie als schlüsselprojekt von s&s bezeichnet und auch gestern kurz angesprochen, die doppelseite vom unteren ausstellungsraum ist auch nicht ganz zufällig genau in der mitte des buch-volumens.

als ich diesen raum vor vielen jahren erstmals sah, reagierte ich so: – was für ein vorlauter eigensinn der architektur, den neutralen white cube an der stirnseite mit dieser betonwand zu stören! und die glasdecke (damals abgeklebt) ist ja auch irgendwie zuviel, sie wird wohl zumeist schwarz abgedeckt sein, um den neutralen kunstraum zu erreichen (und wird nicht auch die sichtbetonwand unten oft temporär weiß verkleidet?) …

später fand ich mich damit ab, dass es als minimaler signifikant der interventionsidee der architektur doch sehr wichtig dazugehört, und dass so der raum – wie ich dann im buchtext schrieb – eben bloß sehr schwierig bzw. anspruchsvoll zu bespielen sei … aber diese aussage war im freud´schen sinne eher noch eine unbewusste, etwas unscharfe dialektik.

erst nach der lektüre von jacques lacan wird mir inzwischen die wichtige »offene ambivalenz« dieser wand wirklich klar: die betonwand ist der wesentliche stein das anstosses, der »eckstein, den man sofort automatisch verwirft«, der essentielles an dieser stelle anrührt. denn die wand schneidet in die tiefe des alten, in die tiefe der tradition des gebauten ortes und zieht diese hinauf in die neuere, vielfach verdrängte zeitgeschichte – vor die fassade des ehem. gauhauses, vor die gebaute präsenz des totalitarismus, der auf den fundamenten der tradtion darunter ruht.

die betonscheibe zeigt massiv auf diese kontinuität und sie steht aber zugleich dazwischen, als partielle grenzmauer zwischen uns und diesen realitäten, als symbol der verdrängung, als zeichen des unhintergehbaren bruches der »zivilisierten« modernität, der immer noch offen ist, immer noch präsent in uns – die folie also, vor der sich auch jede heutige kunst in ihrem anspruch als aufklärendes kritisches agens von »wahrheit« stellen muss, müsste …

zugleich aber ist diese markierung gottseidank nicht pathetisch inszeniert, sie ist doch eher lakonisch, fast nebenbei wie »passiert«. man kann sie auf den architekten, auf die architektur als makel verschieben, aber es ist ein akt, der aus dem »ungewollten« viel subtiler erst manifest wird, so als hätte nicht ein entwerferisches ego das signiert und uns allzu didaktisch »vorgehalten«, sondern als sei erst infolge der genug weitreichenden kritischen vertiefung des gesamten entwurfsprozesses diese lesart gleichsam »anonym« entstanden …

ich wollte das mit euch noch teilen, als resttraum von gestern, und es ist sicher keine überstiegene interpretation, sondern einfach die aufgezeigte möglichkeit, an solchen dingen, wenn sie aus einer profuden vorbedingung kommen, unter umständen das und auch noch was ganz anderes zu verspüren …

mit herzlichem gruß
ok

Neue Architektur in Kärnten

Dieses Buch ist ein Wegweiser, ein Behelf zur Auseinandersetzung mit aktuellen baulichen Leistungen – und zwar an Ort und Stelle, im jeweils eigenen Umfeld und mit den jeweils eigenen Entstehungsbedingungen. Modernes Bauen ist umstritten, weil breite Bevölkerungsschichten und auch Persönlichkeiten in Entscheidungspositionen nicht genügend darüber wissen, was Qualität ist, welche Kriterien das Gute vom weniger Guten unterscheiden; weil zwischen Fachwelt und Politik, zwischen Planern und Auftraggebern, zwischen akademischem Wissen und ›gesundem Volksempfinden‹ Missverständnisse und Vorurteile herrschen. Ein hoher Kärntner Bau-Beamter meinte kürzlich zu mir: »Über Architektur kann man immer streiten«, und von einem anderen, hochrangigen Entscheidungsträger wird der Satz kolportiert: »A biss'l Architektur kann schon auch sein.« Nun, mit Streiten allein ist es nicht getan. Streiten kann man über Geschmacksfragen, über das nicht Objektivierbare. Neunzig Prozent der Qualitäten von Architektur sind aber durchaus quantifizierbar und objektiv beschreibbar, entsprechendes Wissen und Überblick vorausgesetzt. Und außerdem: Architektur ist nicht das ›Biss'l‹, das am Ende oder äußerlich irgendwie draufkommt. Architektur ist etwas anderes, Elementares, auf das wir als Qualität unseres Lebensraumes und als Faktor des nachhaltigen Umgangs mit Natur jeden nur möglichen Anspruch haben. Ein altes Diktum sagt: Wir sehen nur, was wir wissen; wir schätzen nur, was wir kennengelernt haben. Demgemäß ist dieses Buch ein Versuch, das Wissen über Bauqualität an neuen Beispielen der Region allgemein verständlich aufzubereiten, zu vermehren; es ist für die Interessierten und Betroffenen ein Angebot, ein Anreiz zum Kennenlernen und zur besseren Wertschätzung von Architektur. So ist es auch keine Hitparade der ›best of‹, eher ein Wegweiser zu den grundlegenden Fragen des Wohnens und Siedelns, des Konstruierens und Raumgestaltens anhand ausgewählter Beispiele.

Erschienen in Otto Kapfinger. *Neue Architektur in Kärnten* Hg. Kärntens Haus der Architektur. Konzept und Gestaltung mit Atelier Gassner (Salzburg 2006)

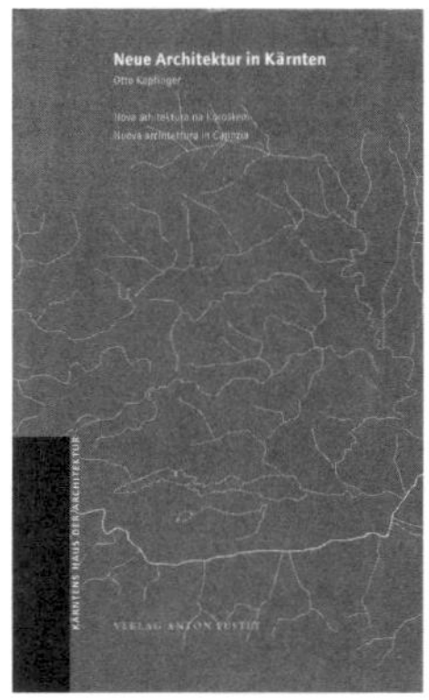

Quantitäten, Statistik

Den statistischen Handbüchern zufolge entstanden in Kärnten seit 1985 circa 25.000 Neubauten. Den weitaus größten Anteil haben die

Einfamilienhäuser. Es sind in diesem Zeitraum etwa 20.000. Von all dem wurden maximal 20% von Architekturbüros geplant. Bei den Einfamilienhäusern allein ist der Anteil noch viel geringer, da hier fast alles von Baumeistern oder vom Fertighausmarkt stammt. Das Volumen der Architektenplanungen beträgt also – sehr hoch geschätzt – maximal 2.500 Bauten. In diesem Buch sind nun fast 500 Bauten erfasst – statistisch immerhin 20% der von Architekten geplanten. Mit Bild, Plan und Beschreibung vorgestellt sind schließlich 200 – das ist 0,8% des Gesamtbauvolumens (ein Hundertstel), oder gut 8% (fast jedes zehnte) der von Architekten entworfenen Objekte. Diese Zahlen mögen erschrecken oder erstaunen, sie sind in Vorarlberg oder Wien durchaus anders, in den übrigen Bundesländern sind sie nicht wirklich signifikant verschieden. Bauten mit Qualitätsanspruch sind statistisch ein Minderheitenprogramm, was – wie schon angesprochen – vor allem auf die Masse der Einzelhäuser zurückgeht. Im Segment großer öffentlicher Bauten – Schulen, Bibliotheken, Krankenhäuser, Kult- und Kulturbauten – würden sich die Werte umgekehrt verhalten.

Die Statistik bestätigt, was jede Fahrt durchs Land und durch die Städte zeigt: in der Masse des Bestehenden und Aktuellen sind interessante neue Bauten selten. Umso kontroversieller werden sie diskutiert, umso wichtiger ist die fundierte Beschäftigung damit, umso notwendiger die sachliche, breite Vermittlungsarbeit für das naturgemäß ›unvermittelte‹ Neue.

Würde man unsere Städte und Dörfer, unsere Täler und Hänge aus einer Höhe von viertausend Metern betrachten – Großglocknerhöhe –, würde die Qualität des Einzelobjekts überhaupt keinen visuellen Faktor mehr darstellen, wären allenfalls noch die hauchdünnen Muster größerer Stadtstrukturen oder zersiedelter Landstriche erkennbar. Das Bauen würde als das erscheinen, was es grundsätzlich ist – die Transformation des Erdbodens, des Geländes in ein bewohnbares Relief. Würden wir aus solcher Höhe andere Wahrnehmungstechniken einsetzen, Messgeräte etwa für die bodennahe Luftgüte oder Infrarotgeräte zur Messung der Wärmestrahlung oder Skalen für den Kohlenmonoxydgehalt der Atmosphäre, dann wären – im ›unsichtbaren‹ Bereich – dramatische Effekte erkennbar. Es würde sichtbar, dass die Kohlenmonoxydwerte entlang der Glocknerstraße im Sommer den Höchstwerten von innerstädtischen Verkehrsadern gleichkommen; es wäre sichtbar, dass die Wärmeabstrahlung im ›dünnen‹ Relief der Stadtperipherien kaum schwächer ist als in den kompakten Stadt- und Siedlungsteilen; es wäre sichtbar, dass die Porosität des Bodens etwa für die Aufnahme von Niederschlagswasser auch in Stadtrandgebieten oder in ländlichen Tourismusgegenden auffallend gering ist – wegen der Verdichtung und Versiegelung des Bodens, wegen massiver Eingriffe ins Gelände; es wäre messbar, dass in abgelegenen Tourismusorten der Energieverbrauch zehnmal so hoch ist wie der Durchschnittswert der dort gemeldeten Einwohner; es würde sichtbar, dass in Fremdenverkehrszonen der Landverbrauch pro Kopf fünfmal so hoch ist wie in städtischen Regionen; es wäre in Spektralanalysen messbar, dass die Kärntner Seen chemisch tatsächlich so rein sind wie ihr Wasser aussieht oder dass zum Beispiel im Lesachtal alle vorher genannten Werte deutlich anders liegen – dank langjähriger Pflege von sanftem Tourismus, von naturnaher Landwirtschaft.

In der Einschätzung von Bauten ist die Form, das visuell Sichtbare, natürlich nicht unwichtig, aber für die Qualität – siehe oben – nicht primär. Es sind andere Kategorien wesentlicher und in der Umwelt viel wirksamer: der Umgang mit dem Boden, mit dem Gelände, mit allen Ressourcen. So sind unter anderem in diesem Buch viele Holzbauten vorgestellt, wobei gleich anzumerken ist: Holz als erneuerbarer, nachwachsender, umweltschonender Baustoff ist gut, macht aber – mit weiteren Kriterien betrachtet – nicht automatisch auch eine beispielhafte Architektur. Oder: ein Satteldach mag formalistisch als ›landschaftsgerecht‹ bezeichnet werden, es kann damit im Sinne der vorhin erwähnten und weiterer Faktoren mit dieser Form aber eine Öko-Bombe größten Ausmaßes getarnt sein. So gesehen will dieses Handbuch die Diskussion über Bauqualität über die vordergründigen Formfragen hinausführen in viel weiter reichende Sichtweisen einbinden. [...]

Ausblick

Kärnten hat einige große Persönlichkeiten der neuen österreichischen Architektur ›geboren‹ – von Roland Rainer, Ottokar Uhl, Günther Domenig, Herbert Missoni, Manfred Kovatsch, Volker Giencke bis zu Heinz Wondra und Heidulf Gerngroß. Diese wirkten und wirken aber hauptsächlich außerhalb, in Wien, München, Karlsruhe, Steiermark. Ähnliches kann auch für die Bereiche der Malerei, der Skulptur, der Literatur gesagt werden. Für eine Blüte der Baukunst nach 1945 fehlte im Land nicht nur eine personelle Autorität. Modernes Bauen hatte auch kein institutionelles Forum, keine Architektur-Universität, kein einschlägiges Fachgremium. Es fehlte ein kulturbewusstes Bürgertum, wie es noch die ›Wörthersee-Architektur‹ vor und nach 1914 getragen hatte.

Es fehlte eine moderne, Innovationen fordernde Industrie. Die Kraft des Wirtschaftsaufschwungs der 60er und 70er Jahre mündete in kleinbürgerliche, folkloristische Anbiederung an die Erwartungen der ebenso kleinbürgerlichen Touristen. Jahrzehntelang dominierte eine sozialdemokratische Politik ohne kulturelle Perspektive. Noch 1979 wurde ein Landespreis für Architektur an Hotels im stereotypen ›Lederhosen-Stil‹ vergeben, was immerhin in ganz Österreich Proteste auslöste. Drei Jahrzehnte später hat sich vieles bedeutend verändert. In Spittal an der Drau wirkt seit kurzem die Fachhochschule mit einem ambitionierten Architekturprogramm; die Ortsbildkommission des Landes unter der Leitung von Dietmar Müller vermittelt laufend lokale Planungswettbewerbe; Gemeinden integrieren baukünstlerische Anliegen sehr bewusst in ihre Aktivitäten. Dieses Buch gibt dafür zahlreiche, beachtliche Belege. Doch auch die Maßstäbe haben sich verschoben – und: New Economy, Globalisierung, Durchökonomisierung verengen auch in der ›Provinz‹ wieder die Perspektiven für Gedanken, für Entwürfe, die über das rein Pragmatische, das Glatte und Reibungslose hinausweisen.

Die Szene in Kärnten kann sich gut weiterentwickeln. Das kreative Potential ist im Land so dicht vorhanden wie nie zuvor und es ist auch offen für Impulse von außen. Diesen Trend könnten einige Maßnahmen unterstützen: Was immer noch abgeht, ist eine breiter wirksame, qualifizierte und kritische Vermittlung der laufenden Themen, Planungen, Projekte; es fehlt ein dichteres Angebot an Exkursionen zu den neuen Bauten und Baustellen mit fachkundiger Betreuung – auch für ein breiteres Publikum; die Kontakte der Architekturszene zu Bauträgern, zu Auftraggebern aus Handel, Industrie, Fremdenverkehr könnten mit entsprechenden Rahmenprogrammen viel intensiver gestaltet werden; die Möglichkeiten der Begleitung und Dokumentation von Planungsverfahren durch Publikation und Reviews mit externen Fachleuten sind bei weitem nicht ausgeschöpft; als Kultur-Medium bringt die Zeitschrift *Die Brücke* regelmäßig Architekturbeiträge; das Angebot müsste aber umfassender und tiefenschärfer sein. Die Gründung einer eigenen Fachzeitschrift für diesen Bereich mit dem Titel *XE:GN* wies 2005 in diese Richtung, sollte aber nicht als Bühne der Politik-Selbstdarstellung missbraucht werden, hat auch nach der ersten Nummer keine Fortführung in Aussicht. Eine engere Koordination aller einschlägigen Aktivitäten könnte der bisher gegebenen Verzettelung abhelfen. Modelle für solche Vernetzungen oder die genannten Aktionen bieten Tirol oder Niederösterreich, die zudem verdeutlichen, dass die dortigen ›Häuser der

Architektur‹ ihre Effizienz einer wesentlich besseren personellen und finanziellen Ausstattung verdanken. Nicht zuletzt könnte dieser Architekturführer, der in allen großen Hotels, in allen örtlichen Fremdenverkehrsstellen, in den Bau- und Gemeindeämtern, Galerien und Buchhandlungen aufliegen sollte, für solche Bestrebungen ein Hilfsmittel, ein Katalysator oder auch nur eine konstruktive Provokation sein. Wenn das gelingt, hat diese Publikation ihr Ziel erreicht.

Architektur im Widerstand

Aktionen für Qualität im Bauen, in Stadt- und Landschaftsplanung

Erschienen in Silvie Aigner Hg. *Emanzipation und Konfrontation*, Band II: »Architektur aus Kärnten seit 1945 und Kunst im öffentlichen Raum heute«. Gestaltung: Leopold Šikoronja (Wien–New York 2009)

Am Buchcover: Ernst Hildebrand mit Hans Bischoffshausen: Stiegenhalle, Krankenpflegeschule Klagenfurt, 1968

Es resultiert aus den gesellschaftlichen Verhältnissen des Landes, dass nur eine Minderheit von Architekten, Künstlern, Literaten, BürgerInnen sich für größere Perspektiven, für weitere Horizonte des Planens und Bauens engagiert. Bis zum Beginn der 1980er Jahre gibt es hier weder eine ›kritische‹ universitäre Szene, noch existiert ein signifikantes Bürgertum – eine an geistiger Weiterentwicklung interessierte Mittelschicht aus Wirtschaft, Handel und Gewerbe. Das Phänomen des Widerstands gegen den zum Wirtschafts- und Tourismusaufschwung synchronen Niedergang allgemeiner Baukultur ist mit wenigen Persönlichkeiten verbunden, die sich mit individuellem Risiko im Sinne des Gemeinwohls, der gemeinnützigen Nachhaltigkeit für die Belange von Architektur, von Stadt und Natur exponieren. Dazu zählen anfangs und in erster Linie Karl Hack, Hans Bischoffshausen, Felix Orsini-Rosenberg, Heiderose und Ernst Hildebrand, dann Viktor Rogy, Klaus Holler, Gernot Kulterer, Karl Müller, Sonja Gasparin und andere – und es fällt auf, dass fast alle Genannten ihre konstruktive Kritik an den lokalen Usancen einbringen *nach* jeweils prägenden, frühen Studien- und Arbeitserfahrungen *außerhalb* Kärntens. Die folgende Chronologie streift zehn der auffälligsten Themen und Konstellationen aus vier Jahrzehnten.

Podium in St. Veit / Glan, 1966 / 67

Erste wegweisende, öffentliche Stellungnahmen erfolgen 1965: Karl Hack publiziert die Studie *Gedanken zum Landschaftshaushalt*[1], Hans Bischoffshausen fordert im August anlässlich der Ausstellung in der Galerie Hildebrand: »die gegenseitige annäherung (verschmelzung) einer neuen konzeption der bildenden kunst einerseits und der ästhetik des technisch-rationalen der architektur und des urbanismus andererseits wird zur schaffung echten und humanen lebensraumes führen.«[2]

Zu diesem Zeitpunkt können Bischoffshausen und Hack auf eine Kooperation beim Neubau der Berufsschule Villach (1961–65, mit Karl Müller) verweisen, parallel arbeitet Bischoffshausen mit Ernst Hildebrand an der Ausgestaltung der neuen Chirurgie (1961) und der Krankenpflegeschule (ab 1965) des Landeskrankenhauses Klagenfurt. Im

1 Siehe dazu Erwin Hirtenfelder: »Kampf den dicken Bertas«, in: *Kleine Zeitung*, 19. 12. 1993
2 Einladungskarte zur Ausstellung *Hans Bischoffshausen. Rückblick 1960–64*, am 9. August 1965, Galerie Hildebrand, Klagenfurt

Herbst 1965 wird in Wien die Österreichische Gesellschaft für Architektur gegründet – im folgenden Jahrzehnt das wichtigste Forum dieser Art in Österreich – und unter den Ansprechpartnern in den Bundesländern werden aus Kärnten Karl Hack und Felix Orsini-Rosenberg in die ÖGFA kooptiert. Die erste Initiative mit internationaler und regionaler Perspektive der ÖGFA ist im Mai 1966 in Wien die Ausstellung *Neue Städtische Wohnformen – 1. Teil*. Die um neue Bauten und Projekte aus ganz Österreich ergänzte Version der Schau – u. a. mit einem Terrassenhausprojekt von Hack – geht anschließend auf Tournee.[3] Erste Station ist im September 1966 St.Veit/Glan, verbunden mit einem Vortrag von Arch. Wolfgang Windbrechtinger (mit Arch. Traude Windbrechtinger verantwortlicher Ausstellungskurator) und dem Diskussionsabend »Kunst und Kunstkritik« in der Reihe *podium*; Hack referiert dort mit Verweisen auf die Ausstellung und formuliert als zentrales Statement: »Statt ewig nur Häuser zu bauen, müssen Städte gebaut werden! [...] In kunstvoll gebauten Städten werden auch die anderen Künste gedeihen.« Die *Kleine Zeitung* widmet diesem Vortrag eine ganze Seite.[4]

Im Oktober schickt Bischoffshausen ein Memorandum zur Schaffung einer »(Kärntner) Planungswerkstätte« an den Landeshauptmann und alle einschlägigen Landesstellen. Dieses Forum soll »mit Einbeziehung von Architekten, Städtebauern, bildenden Künstlern und Delegierten der Kommunal-, Bezirks-, Stadt- und Landeskompetenzen ein SYMPOSION sein, welches [...] für große Demonstrativbauvorhaben [...] planliche Lösungen anbietet«.[5] Anfang März 1967 spricht Hack neuerlich in St.Veit im Rahmen von *podium*, diesmal in einer Runde mit F. Th. Csokor, Msgr. Otto Mauer, Dr. Otto Breicha, Giselbert Hoke.[6] Er plädiert für den Ausbruch aus den Kunst-Ghettos, für das direkte Engagement im alltäglichen, städtischen, gesellschaftlichen Zusammenhang: »Es genügt nicht, einmal im Jahr zu einem Empfang der Kulturschaffenden zu laden. Mit allen kulturellen Bemühungen in unserer Gesellschaft ist dieses Erfordernis der Erneuerung und des Ausbaus städtischer Räume eng verknüpft. Damit ist die Priorität der Bewältigung räumlicher Organisation – sprich Architektur – gegeben.«[7] In St.Veit gibt es mit den Architekten Winfried Pichorner, Oswald Lindenbauer, Karl Kosjek und Robert Caldera eine Szene junger Kollegen, die gerade erste verdichtete Bau- und Siedlungsprojekte realisieren. Orsini-Rosenberg erinnert sich: »Hack und ich fuhren in dieser Zeit öfters nach St.Veit, man traf sich im Büro Pichorner / Lindenbauer, und wir diskutierten, wie es weitergehen sollte, was man tun könnte.«[8]

3 Der Katalog dazu, redigiert von Hermann Czech, erschien im Nachhinein, 1967

4 Karl Hack: »Nicht ewig nur Häuser, sondern Städtebau!«, in: *Kleine Zeitung*, 8. 10. 1966: 16

5 Memorandum in: *Hans Bischoffshausen*, Mappe vom 8. 3. 1982, »An das Bundesministerium für Bauten und Technik, Sektion II. Wien«, 6–7

6 Bericht »Kunst ist Richter und Fanal«, in: *Kleine Zeitung*, 4. 3. 1967: 16–17; Typoskript von Karl Hack: *Kunst – Das Gewissen der modernen Gesellschaft?*, 2. 3. 1967; im Nachlass Hack

7 Ebd., 4

8 Telefon-Interview mit dem Autor vom 13. 2. 2008

Zur gleichen Zeit präsentiert sich ein weiterer Grenzgänger zwischen Kunst und Architektur, Barna von Sartory, in der Galerie Hildebrand. Statt der von Bischoffshausen vorgestellten *Planungswerkstatt* entsteht mit Hilfe der Bildhauer Karl Prantl, Otto Eder und anderer im Sommer 1967 das erste *Symposion im Krastal in Kärnten*. Orsini-Rosenberg gibt allen Teilnehmern Quartier im Schloss Damtschach. Das Abschlussfest führt dort am 3. September Architekten, Musiker, Bildhauer, Theaterleute, Berichterstatter und Publikum zusammen.

Ebentaler Siedlung; Aktion »Zersiedeltes Kärnten«, 1968–74

Die Propagierung urban-kompakter Siedlungsformen, welche die Natur schonen und räumlich / funktional / baukünstlerisch Alternativen zur landläufigen Verhüttelung bieten, erreicht um 1970 ein konkretes und erstmals breit diskutiertes Stadium. 1967/68 werden in Kärnten neue Flächenwidmungs- und Bebauungspläne aufgestellt. Im April 1968 beschließt der Klagenfurter Gemeinderat einen neuen Bebauungsplan im Stadtteil Ebental, wo ein altes Barackenlager abgerissen werden und ein Stadterweiterungsgebiet für rund 3.500 Bewohner entstehen soll. Die Architekten Felix Orsini-Rosenberg und Franz Dieter Jantsch, im Team mit dem Diplomanden Franz Freytag, reagieren darauf mit einer umfassenden, kritischen Analyse und einem Gegenentwurf. Eine erste Fassung wird im Juli 1968 mit Modellfotos an Bürgermeister Hans Außerwinkler übergeben.[9] Im Sommer vertiefen Orsini-Rosenberg und Jantsch (diesmal zusammen mit Eberhard Kraigher) ihr städtebauliches Know-how an der Sommerakademie Salzburg, wo mit Johannes Jacobus Bakema einer der damals führenden Urbanisten aus Holland den Architekturkurs leitet.

Im Mai 1969 liegt eine Plan-Textmappe mit zwei Dutzend Seiten vor: *Schöneres Klagenfurt? Ebentaler Siedlung. Bestand, Planung, Analyse, Kritik, Gegenvorschläge, Verbesserung.*[10] Anstelle der Amtsplanung, die den Großteil des Areals schematisch in Einfamilienhausparzellen zerteilt, gibt es die in allen Details ausgetüftelte ›konkrete Utopie‹ eines modernen Wohnquartiers, entwickelt aus einem abgewinkelten Hausmodul, der zu drei- bis viergeschossigen Figurationen von Terrassenhäusern kombiniert ist – mit durchdachten Lösungen für private Freiräume und optimale Besonnung, für Verkehr, Grünflächen, öffentliche Einrichtungen, Nahversorgung. Die Mappe wird an alle wichtigen Entscheidungsträger verteilt. »Nur der Bischof hat uns einen Brief zurückgeschrieben – ein höflicher Mensch eben«, resümiert Orsini-Rosenberg rückblickend.[11]

9 Brief vom 4. Juli 1968; Kopie im Archiv Orsini-Rosenberg, Damtschach

10 Kopiertes Exemplar der Mappe im Format DIN A4, 23 Blätter, im Archiv Orsini-Rosenberg

11 Gespräch mit dem Autor am 14. 1. 2008 in Damtschach: »Das Konzept des 1969 begründeten ›Büro 21‹ war ein gemeinsames Atelier für in verschiedenen Arbeitsgemeinschaften aber auch einzeln agierende Architekten, die meisten damals kaum dreißig, ich war weitaus der Älteste; wir wollten einfach den Zeichensaal der Grazer Hochschule nach Klagenfurt transferieren; die Bezeichnung kam von der Adresse – Villacher Straße 21.«

Parallel dazu entsteht von Jantsch / Kraigher / Stramitzer die Studie einer Bahnhofsüberbauung in Klagenfurt als Standortvariante für die Universität und Alternative zur amtlichen Trasse der Vernetzung der Stadt mit der Autobahn.

Als ›Verallgemeinerung‹ und Fortsetzung der Studie *Ebental* gestaltet im Herbst 69 das erstmals formierte Kollektiv Holler / Jantsch / Kraigher / Murero / Petutschnig / Rausch / Stramitzer die Multimedia-Schau *Zersiedeltes Kärnten*. Ausgehend von globalen Phänomenen – Bevölkerungsexplosion, unwirtliche Städte, Landschaftszerstörung durch wuchernde Agglomeration von Einfamilienhäusern – wird ein Spektrum moderner Siedlungsformen aus dem In- und Ausland vorgestellt, werden speziell für Kärnten geänderte legistische Rahmenbedingungen, steuerliche Begünstigungen für verdichtete Bauweisen usw. gefordert. Die in Villach angepeilte Uraufführung der im ORF-Studio mit Musik- und Textebenen collagierten Dia-Show kommt nicht zustande, weil das Thema unmittelbar vor den Gemeinderatswahlen den Stadtvätern zu brisant ist. 1970 tourt die Schau durch alle Bezirksstädte, jeweils mit Diskussionsabenden an Ort und Stelle.[12] Über den Sommer 1970 fokussiert sich das Interesse der Architekturszene auf die Projektierung der Universität Klagenfurt; von der Galerie Hildebrand aus formt sich das Netzwerk *Unternehmen Seeareal*, im Herbst veranstaltet die ÖGFA den *Österreichischen Architekturkongress 1970* im Looshaus in Payerbach.[13] Aus Kärnten werden Karl Hack und Hans Bischoffhausen zu (vielbeachteten) Referaten eingeladen, unter den über 60 TeilnehmerInnen – von Achleitner alphabetisch bis Windbrechtinger – sind auch der aus Feldkirchen stammende, nach Graz abgewanderte Herbert Missoni und der aus Wolfsberg stammende, in Wien aktive Ottokar Uhl, nach dessen Plänen gerade in Völkermarkt eine vom Bund initiierte und finanzierte Modellschule[14] errichtet wird.

Weder *Ebental* noch *Zersiedeltes Kärnten* noch *Unternehmen Seeareal* haben unmittelbare Auswirkungen. 1971 schließt die Galerie Hildebrand für zwei Jahre. Ab 1970 kommen die in Klagenfurt zum Büro 21 formierten Akteure um Jantsch, Freytag, Orsini-Rosenberg, Rausch, Holler intensiv zu Bauaufträgen; Ernst Hildebrand baut an der Universität mit, Hack publiziert 1973 die ›Bausünden‹ in der *Kleinen Zeitung*, Kraigher geht ins Amt der Klagenfurter Stadtplanung, Jantsch übernimmt eine Funktion in der Architektenkammer; 1974 etabliert die Zentralvereinigung noch unter dem Präsidium von Rainer Bergmann den »Förderungspreis des Landes Kärnten für Architektur, Umwelt-

12 Zersiedelung, Doppelseite mit Text- und Bilddarstellung in: *Kleine Zeitung*, 21. 2. 1970

13 ÖGFA (Hg.): *Österreichischer Architekturkongreß 1970*, Looshaus Payerbach, Kongreßbericht: Wien o.D.

14 Alpen-Adria-Gymnasium, Bundesgymnasium und Bundesrealgymnasium, Völkermarkt, Johann-Heinrich-Pestalozzi-Straße, 1969–74, Architekten: Herbert Thurner, Ottokar Uhl, in: Friedrich Achleitner: *Österreichische Architektur im 20. Jahrhundert*, Bd. II: 112

gestaltung und Umweltforschung« – mit dem retrospektiv (und ohne weitere Konsequenz) das Aktionsteam *Zersiedeltes Kärnten* ausgezeichnet wird.[15]

Hans-Gasser-Platz Villach, 1976–97

Die Neugestaltung des Hans-Gasser-Platzes im Zentrum Villachs zeigt exemplarisch die Konflikte zwischen politischen, wirtschaftlichen, städtebaulichen und baukünstlerischen Interessen. Der Streit um die Erhaltung dieses öffentlichen Raumes und eines architektonisch bedeutsamen Busbahnhofs hat Nachwirkungen bis in die Gegenwart.

Erste Überlegungen zum Umbau des Platzes gibt es 1976. Die Villacher Sparkasse veranstaltet für den Neubau ihrer Zentrale einen österreichweit offenen Wettbewerb. Aus 43 Einsendungen gewinnt das Projekt von Heidi Rinofner, Hedy u. Michael Wachberger den 1. Preis. Es hält die alten Fluchten des Platzes ein, hat nach oben zurückgestaffelte Stahl-Glas-Fassaden, bleibt mit der Höhe (5–6 Etagen) im Rahmen der Umgebung, geht jedoch wie in der Ausschreibung angesprochen (und alle Entwürfe) davon aus, dass der durch mangelnde Wartung ramponierte Busbahnhof abgerissen wird und die Station zum Teil in die Vorfahrt des Neubaus integriert wird. Die Sparkasse möchte aber mehr Volumen haben, keiner der preisgekrönten oder angekauften Entwürfe wird weiterverfolgt.[16]

Als das Bundesdenkmalamt den 1930 nach Plänen des Wagner-Schülers Oskar Schober errichteten Bus-Pavillon im Juli 1981 unter Schutz stellt, erhebt die Stadt Villach Einspruch, gestützt auf Gutachten des Grazer Universitätsprofessors Dr. Peter Breitling, der zugleich – nun für eine private Investorengruppe – ein neues Bauprojekt im ›Altstadtstil‹ mit deutlichem Vorrücken der Baufluchten in den Platz hinein ventiliert. Das Denkmalamt beharrt aber auf seiner Aussage, bestätigt im April 1983 den ursprünglichen Bescheid. Es folgt ein nächster Antrag der Stadt, den Pavillon als Objekt zu erhalten, ihn jedoch vom Platz zu entfernen und im geplanten Naherholungszentrum »Silbersee« im Stadtteil St. Ulrich wieder zu errichten. Dem gibt die Denkmalbehörde Anfang 1984 statt, verbunden mit der Auflage, den Pavillon innerhalb von fünf Jahren ab Bescheid wieder aufzustellen.[17]

Nun kann die Stadt den Investoren die Wege ebnen, den Bebauungsplan ändern, Parzellen umwidmen, die Platzfläche verkleinern zugunsten eines Neubaus mit Geschäften und Wohnungen. Dies wird Ende November 1984 im Gemeinderat beschlossen.

15 Siehe dazu Klaus Holler: »Zersiedelung«, in: ZV der Architekten Österreichs, Landesverband Kärnten (Hg.): *Raumpositionen*, Klagenfurt 2007: 18–21

16 *Kleine Zeitung* sowie *Kärntner Tageszeitung* vom 15. 12. 1976

17 Bescheid des Bundesdenkmalamtes, Hofburg, Wien, vom 17. 9. 1997, GZ.: 262/2/1997, im Landeskonservatorat Kärnten unter Zl. 897/3 am 22. 9. 1997; Kopie im Nachlass Hack

Jetzt werden Villacher und Klagenfurter Architekten aktiv. Am 18. Jänner 1985 verfassen sie einen offenen Brief an den Bürgermeister, an den Stadtsenat, die Architektenkammer, das Denkmalamt und den Kunstverein Kärnten.[18] Sie lehnen diesen massiven, historisierenden Eingriff in den Platzraum ab und fordern die Durchführung eines städtebaulichen Wettbewerbs, der auch die Entwicklung der Umgebung betrifft, die Verkehrsfragen neu aufrollt. Die 21 Unterzeichneten: Franz Freytag, Sonja Gasparin, Karl Hack, Ernst Hildebrand, Klaus Holler, Franz Dieter Jantsch, Eberhard Klaura, Robert Klimbacher, Josef Klingbacher, Gernot Kulterer, Peter Kulterer, Ernst Mayer, Klaus Mayr, Karl Murero, Felix Orsini-Rosenberg, Ingrid und Gerhard Piber, Wolfgang Rausch, Heidelore Rinofner, Erich Schaffer, Kurt Schwarz.

Daraufhin stellen die Vertreter der »Grünen Liste« im Gemeinderat den Antrag auf Revision des Beschlusses vom November. Als im Frühjahr die Planung im Rathaus in einer Ausstellung zu sehen ist, formiert sich eine parteiunabhängige Bürgerinitiative zur Erhaltung des Platzes und des Pavillons, die bis zum Herbst über 2000 Unterschriften für ein Volksbegehren sammelt.[19] Im September publiziert eine Liste von 50 Proponenten in der *Kleinen Zeitung* einen Aufruf »Rettet den Hans-Gasser-Platz« als bezahlte Anzeige.[20]

Die Aktion dringt bis nach Wien. Im Oktober bringt *Die Presse* in der Wochenendbeilage einen großen Bericht mit dem Untertitel »Ein Modellfall spekulativer Stadtplanung«. Es geht eben nicht nur um die Erhaltung einer regional singulären Architektur aus der Zeit der klassischen Moderne, die – wie Achleitner formuliert »ein wenig Berlin oder Paris nach Villach geweht [hat], ohne den Maßstab der Stadt, seine Dimension zu vergessen«. Die Kritiker werfen der Stadt darüber hinaus vor, dass öffentlicher Grund an private Unternehmen veräußert wird, dass dafür Umwidmungen vorgenommen werden, dass eine Platzstruktur im Stadtzentrum zerstört wird, ohne eine breite fachspezifische und zivile Meinungsbildung zuzulassen.[21]

Im Dezember stellen die »Grünen« im Villacher Gemeinderat den Antrag auf eine Volksbefragung – ohne Erfolg – aufgrund der Rechtslage wird die Bauverhandlung im Sinne der Stadt durchgeführt.[22] Karl Hack unternimmt im Jänner 1986 nochmals einen Versuch, mit einem Artikel in der *Kleinen Zeitung*[23] das Blatt zu wenden, Viktor Rogy färbt in einer Nachtaktion den verschneiten Platz rund um Schobers Rondeau mit Farbpigmenten blutrot.[24] Dann beginnt die Demontage der durch jahrelang vernachlässigte Wartung

18 Brief: An den Bürgermeister der Stadt Villach, Hofrat Dr. Leopold Hrazdil, 18. 1. 1985; Durchschlag im Archiv Hack. Im weiteren Verlauf siehe dazu: *Mitteilungsblatt der Stadt Villach* Nr. IV 1985: 82–83

19 Überparteiliches Personenkomitee (Hg.): Flugblatt »Hans-Gasser-Platz erhalten, nicht verunstalten!«; im Archiv des Autors

20 Bezahlte Anzeige »Rettet den Hans-Gasser-Platz«, in: *Kleine Zeitung*, 26. 9. 1985: 19

21 OK: »Ein Freiraum wird verwerkt. Der Hans-Gasser-Platz in Villach: Modellfall spekulativer Stadtplanung«, in: *Die Presse, Spectrum*, 25./26. 10. 1985

22 Überparteiliches Komitee (Hg.): »Volksbegehren wird ignoriert«, Postwurfsendung, November 1985; im Archiv Kulterer

23 Karl Hack: »Villachs Gestaltverlust«, in: *Kleine Zeitung*, 16. 1. 1986

24 Siehe dazu: *Viktor Rogy im Stadttheater Klagenfurt*, Ausstellungskatalog, Klagenfurt 2007

verwahrlosten Pavillonkonstruktion. Im Sommer 1987 ist der umgebaute Platz fertiggestellt.[25]

Für die Neuaufstellung des nur mehr in Resten am städtischen Wirtschaftshof gelagerten Pavillons gibt es verschiedenste Ideen, unter anderem am Bahnhofsplatz, beim Warmbad Villach. Das Denkmalamt verlängert zweimal die anfangs bestimmte Fünfjahresfrist. Im Jänner 1993 legt Karl Hack eine Planung zur Aufstellung als »Flußrestaurant« am Drauufer beim Burgplatz vor.[26] Architekt Klaus Holler, Vorsitzender des frisch gegründeten Fachbeirats für Baukultur im Kulturgremium des Landes, unterstützt diese Idee. Helmut Manzenreiter, seit 1987 Villachs neuer Bürgermeister, äußert sich sehr positiv.[27] Zwei Jahre vergehen. Ende 1995 wird Hacks Vorschlag wieder aufgegriffen und man denkt, den Pavillon nun im Rahmen des um den Burgplatz angedachten Jugendzentrums »Jung 96« als Kaffeehaus und Treffpunkt zu verwenden.[28] Im Verlauf des Projektwettbewerbs für dieses Jugendzentrum diskutiert die Jury eine mögliche Integration des Schober-Pavillons, kommt aber zum Schluss, dass eine Gastronomie an dieser Stelle nicht lebensfähig ist und auch der Blick vom Platz zum Fluss frei bleiben soll.[29] Ein Jahr später, im Herbst 1997, dekretiert das Bundesdenkmalamt auf Antrag der Stadt, dass der Denkmalschutz für den Pavillon wieder aufgehoben wird. Die ohnehin eher lieblos demontierten Konstruktionsteile haben zwölf Jahre ungeschützte Lagerung schlecht überstanden – was noch übrig ist, ist total verrostet und verrottet. Karl Hack meldet sich nochmals zu Wort, kritisiert diese Entscheidung des Denkmalamts, nennt es im Zeitungsinterview einen »Skandal«.[30]

Den Schlusspunkt der Geschichte setzt ein Bäckereibetrieb aus Bad Bleiberg, der Teile der Konstruktion von der Stadt Villach erwirbt, in eine mit 90% Neumaterial in allen Details vergröberte, veränderte Rekonstruktion des Originals als Back- und Kaffeestube in ländlichem Umfeld in Bad Bleiberg einverleibt – und dies schließlich 2007 in die Jurierung zum Kärntner Landesbaupreis einreicht. Das 1987 am Hans-Gasser-Platz im postmodernen Altstadtstil errichtete Geschäftshaus steht heute im Erd- und Obergeschoß leer. Die Firma Kastner & Öhler ist in das neue Einkaufszentrum am Stadtrand übersiedelt. Nachnutzer gibt es bisher keine.

25 OK: »Maskiert für die Schonzone. Villacher Altstadt – Kärntner Atmosphäre«, in: *Die Presse, Spectrum*, 22./23. 8. 1987

26 Hack: *Der Oskar-Schober-Pavillon und seine mögliche Wiederverwertung*, Jänner 1993; Broschüre im Nachlass Hack.

27 Brief von Klaus Holler an den Bürgermeister vom 22. 3. 1993; Antwortbrief von Helmut Manzenreiter vom 24. 3. 1993; Kopien im Archiv Hack.

28 Elena Moser: »Markt verlegen, Rondeau aufstellen«, in: *Kleine Zeitung*, 23. 11. 1995: 25

29 Brief von Jurymitglied Arch. G. Kulterer an Karl Hack vom 11. 1. 1998; Kopie im Archiv Kulterer

30 Moser: »Ein Hauch von Paris oder Berlin. Denkmalschutz gibt grünes Licht für Entsorgung des Oskar-Schober-Pavillons«, in: *Kleine Zeitung*, 21. 12. 1997: 34–35

Historyland, 1985–87

Robert Rogner ist in den 1980er Jahren in Städten und Gemeinden Österreichs ein umworbener Investor, ein Bauunternehmer, der speziell dem

Fremdenverkehr mit Populär-Inszenierungen von Landschaft und Historie Impulse geben soll. Die Episode des für Villach geplanten »Historylandes« hat ein Vorspiel in Wien, wo Rogner 1984 mit dem damals allmächtigen Finanzstadtrat Hans Mayr für die Brache des Nordbahnhofs ein künstliches »Alt-Wien als Disneyland« auferstehen lassen möchte.[31] In Wien ist dieser Plan rasch wieder vom Tisch, dafür eröffnet sich in Rogners Heimatstadt eine konkretere Chance. Denn am 5. Juli 1985 fasst der Gemeinderat Villach einstimmig den Beschluss für das »prinzipielle Interesse an der Errichtung des Rogner-Projektes ›Historyland‹ auf Villacher Boden«. Man spekuliert damit, nach der Eröffnung der Tauernautobahn die Tourismus-Transitströme am Knoten Villach abzufangen und zu einem Aufenthalt im Raum Villach zu bewegen. Rogner verspricht im ersten Jahr 900.000 BesucherInnen, im 4. Jahr 1,8 Millionen: Pfahlbaudorf, Römersiedlung, Ritterburg im Maßstab 1:1, ein begehbarer Globus mit 3D-Projektionen über die Geschichte der Menschheit und dergleichen mehr soll die Fernreisenden von der Autobahn herunterlocken. Zunächst wird als Grundstück das Silbersee-Areal in Erwägung gezogen, dann verlagert sich die Planung auf den Gailspitz zwischen Perau und der Mündung der Gail in die Drau.[32]

Von Beginn an rührt sich Widerstand von Einzelnen. Eine überparteiliche Bürgerinitiative gründet sich im Herbst 1986. Am 19. November gibt es in der Pension Melcher in Villach / Maria Gail eine breit organisierte Versammlung.[33] Das vom Villacher AHS-Lehrer Hans Haider imprimierte, vierseitige Flugblatt bringt die Problematik des Projekts in allen Aspekten auf den Punkt: Zerstörung von Augebiet, Nachteile für Anrainer, Megaprojekt mit massivem Verkehrsaufkommen, 300–400 Millionen Schilling wären aus Landesmitteln zuzuschießen, die besser in die regional verteilten Landesausstellungen investiert wären, konsumeristische Verharmlosung von Geschichte, die als ›Zoo‹ präsentiert wird, keine unabhängige Prüfung der Umweltverträglichkeit.

Als einer der Sprecher der Initiative agiert Architekt Felix Orsini-Rosenberg: »Bei dieser Versammlung in Maria Gail waren auch Mitarbeiter von Rogner, und ich nannte dort den Herrn Baumeister in Bezug auf dieses Projekt einen ›Landschaftsverbrecher‹. Daraufhin wurde mir eine Klage angedroht, ich habe diese Bezeichnung aber auch brieflich bewusst bekräftigt. Vom Gericht wurde ich dann wegen übler Nachrede zu einer Geldstrafe von 4.000 Schilling verurteilt. Schriftsteller Michael Guttenbrunner hat mir angeboten, das mitzutragen, und wir haben uns diese Summe geteilt.«[34]

31 OK: »Ein Pseudo-Wien als Disneyland. Das Vier-Milliardenprojekt – Stilmaskerade am Nordbahnhof«, in: *Die Presse, Spectrum*, 17./18. 11. 1984

32 »Die Rogner-Story: ›Historyland‹ als Chance für Kärntens Sommertourismus«, in: *Mitteilungsblatt der Stadt Villach*, Nr. XII / 1985: 300–301

33 Flugblatt »Nein zum History-Land«, Einladung zur Bürgerversammlung am 19. 11. 1986; im Archiv G. Kulterer

34 Zitat aus einem Gespräch des Autors mit Arch. Orsini-Rosenberg am 14. 1. 2008 in Damtschach

Im Jänner 1987 bietet die *Kleine Zeitung* Orsini-Rosenberg eine ganze Seite für einen Gastkommentar.[35] Die griffigsten Stellen daraus: »Historyland bedeutet Geschichtsvernichtung [...], Fastfood-Rummelplatz zwischen nachgebauten Geschichtsklischees [...], ein Hainburg des Geistes.« Orsini-Rosenberg zitiert auch aus einer zeitgleich publizierten Studie der im Kontext der Universität Klagenfurt agierenden Gruppe »Mnemosyne«, die eine profunde Ideologie-Kritik zum »Historyland« und zu dem dazu verbreiteten Werbefilm darlegt.[36] Ende Jänner bietet auch die Galerie Carinthia in Klagenfurt Platz für eine einschlägige Diskussion und Aktion.[37]

Im Frühjahr übernimmt in Villach Helmut Manzenreiter das Amt des Bürgermeisters. Das Projekt »Historyland« wird noch vor dem Sommer von Stadt und Land aus finanziellen Gründen fallen gelassen.

Heiligengeistplatz Klagenfurt, 1987–94

Das Thema gleicht dem beim Hans-Gasser-Platz in Villach, und beinahe hätte sich auch hier die Geschichte wiederholt: Es geht um einen öffentlichen Platzraum im Kern der Stadt, der als Knotenpunkt des öffentlichen Verkehrs eine Rolle spielt, der vor Jahrzehnten eine zeitgemäße, völlig unproblematische Infrastruktur erhält; mangelnde Pflege und neue Anforderungen lassen diese urbane Ausrüstung des Platzes obsolet erscheinen, Abriss und historistisch maskierte Neugestaltung werden ›von oben‹ angeordnet – und die engagierte Architektur- und Kulturszene reagiert.

In Klagenfurt dient der Heiligengeistplatz seit einer Neuordnung im Jahr 1955 als Knotenpunkt des lokalen und regionalen Busverkehrs. Aus einem kleinen Wettbewerb entsteht nach den Plänen von Rolf Haas und Erwin Weingraber die »Verkehrshalle«, später einfach Rondeau genannt. Ende 1957 präsentiert die Stadt das Modell eines völlig neu gestalteten Platzes; das mangels richtiger Wartung abgesandelte Rondeau ist nun weg, Ersatz bietet ein weit größeres, historistisch-ländlich-rustikal eingekleidetes Gebäude; die Bahnsteige und neue Baumpflanzungen sind so geplant, dass praktisch kein Freiraum vor der Kirche bleibt.

Viktor Rogy reagiert als erster und verbreitet im Jänner 1988 ein eigenes Flugblatt zur Erhaltung des Rondeaus von 1955 – »statt zerstören vergolden!« – und zur Kaschierung der Fassade des Quelle-Kaufhauses mit einer »heiligengeistwolke aus nirostaraster«.[38]

Am 2. Februar 1988 ergeht eine nächste Resolution an die Stadtväter, an die einschlägigen Ämter, Institutionen, Medien. Die Landesorganisation der Zentralvereinigung der Architekten Österreichs sowie

35 Felix Orsini-Rosenberg: »Gastkommentar«, in: *Kleine Zeitung*, 13.1.1987: 3

36 Andrea Lauritsch; Armin Wallas (Hg.): *Mnemosyne, Zeitschrift für Geisteswissenschaften*, Sondernummer »Historyland«, Klagenfurt 1987

37 Einladung, Flugblatt, unterzeichnet von Michael Maier, Felix Orsini-Rosenberg; im Archiv G. Kulterer

38 Kopie im Archiv des Autors, weiters: Wolfgang Koch: »Schief ist englisch, und englisch war modern. Architektonischer Schiffbruch in Klagenfurt«, in: *Falter* 4/88: 10

der Kunstverein für Kärnten, personell gestützt auf die Engagements von Karl Müller, Klaus Holler, Sonja Gasparin, Felix Orisini-Rosenberg, Franz Freytag, Karl Murero, Inge Vavra und andere, fordern die Zurücknahme des durch die Stadtwerke vorgelegten Projekts, weiters die Korrektur des Nahverkehr-Konzeptes zur Rückgewinnung des Platzes für städtisches Leben, eventuell auch die Erhaltung des vorhandenen Pavillons, und sie plädieren zur Klärung dieser Fragen für die Durchführung eines Wettbewerbs, der über den Heiligengeistplatz hinaus auch die Verbindung mit benachbarten Stadträumen -Wiesbadner Straße, Neuer Platz, Villacher Ring - betrifft; Architekten und Künstler sollen dabei kooperieren.[39]

Die Aktion greift, 1989 wird ein österreichweit offener, zweistufiger Wettbewerb abgehalten. Unter dem Vorsitz von Prof. Boris Podrecca wird am Ende das Projekt von Sonja Gasparin & Beny Meier mit dem 1. Preis bedacht. Die Realisierung muss etliche Hürden und Resistenzen der lokalen Behörden und Politik überwinden, die Anschlüsse zu den Nachbarplätzen werden nicht plangemäß ausgeführt. Das alte Rondeau wird durch neue Anlagen ersetzt. 1994, bei der Eröffnung, ist es der schönste moderne Platz weit und breit, wird europaweit publiziert, erhält mehrere Preise, u. a. den Landesbaupreis Kärntens 1995.[40]

Gailtalzubringer, 1989–92

Im Jahr 1988 beschließt die Kärntner Landesregierung mit amtlicher Verordnung den Neuausbau der Straße B111 von der A2 über Arnoldstein, Nötsch, Feistritz ins untere Gailtal. Eine anfangs kleine Gruppe von Bauern, Biologen, Naturschützern bekämpft diesen Beschluss. Als einer der Hauptsprecher der Gegner dieser ›Amtstrasse‹ tritt Architekt Karl Hack auf. Die *Kleine Zeitung* gibt ihm im Sommer 1989 Raum für einen zweiseitigen Gastkommentar.[41] Hack argumentiert, auch »Straßenbau solle ein kultureller Akt sein«, ein sorgsamer, weitblickender Umgang mit den Qualitäten und Ressourcen von Natur und Landschaft. Das Gailtal von Nötsch bis Villach ist ein ganz besonderer Naturraum, fast nicht besiedelt, nach den Felsstürzen des Dobratsch eine singuläre Tallandschaft mit seltener Fauna und Flora. Die genehmigte Amtstrasse schneidet mitten durch dieses Gebiet. Alternativen liegen vor, sind aber eben nicht ›der kürzeste Weg‹. Der Widerstand wächst, eine »Bürgerinitiative Gailtalzubringer« entsteht, erreicht im März 1990 eine vielbeachtete Podiumsdiskussion, erhebt beim Verfassungsgerichtshof Einspruch – und dieser hebt die Landes-Verordnung

39 Resolution, Klagenfurt, 2. 2. 1988; Kopie im Archiv K. Holler

40 Siehe dazu: *Wettbewerbe*, H. 86/87, weiters: Margit Ulama: »Von der Angst der Leere«, in: *Die Presse, Spectrum*, 3. Februar 1996; OK und Walter Zschokke (Hg.): *Architektur Szene Österreich, New Austrian Architecture, Bauten, Kritik, Vermittlung*, Salzburg–München 1999

41 Hack: »Der Gailtalzubringer als Handstreich gegen die Natur«, in: *Kleine Zeitung*, 5. 8. 1989, S. 3–4

42 Siehe dazu: *Kleine Zeitung*, 8. 3. 1990: 11

von 1988 auf.[42] Die Landesregierung muss einen neuerlichen Variantenvergleich durchführen.

Die Bürgerinitiative selbst bestellt zusätzlich zwei eigene Gutachter: zur Verkehrstechnik Prof. Hermann Knoflacher von der TU Wien, für Hydrologie und Geologie Dr. Josef Lueger von der BOKU Wien – und fordert das Land auf, weitere unabhängige Experten ins Verfahren einzubeziehen.[43] Ende 1993 liegen die Gutachten vor. Die Initiative erhält Unterstützung und Bestätigung vom WWF Österreich, von der Zentralvereinigung der Architekten, von der Stiftung Europäisches Naturerbe. Auch der Fachbeirat für Baukultur im Kärntner Kulturgremium lehnt die Amtstrasse in einer zweiseitigen, offiziellen Stellungnahme ab.[44]

Die vom Land bestellten Gutachten bestätigen jedoch die Amtstrasse. Mit einer Postwurfsendung weist die Bürgerinitiative diese Vorgangsweise Punkt für Punkt schärfstens zurück.[45] Karl Hack, der für dieses Flugblatt im Impressum ›verantwortlich‹ zeichnet, wird von einem der Amtsgutachter beim Disziplinarausschuss der Ingenieurkammer für Steiermark und Kärnten angezeigt, wird im Mai 1995 wegen herabsetzender Kritik an einem Ziviltechniker mit einem schriftlichen Verweis gerügt und zur Zahlung der Verfahrenskosten (rund 1.000 €) verurteilt.[46] Die Amtstrasse mitten durchs untere Gailtal wird mit marginalen Modifikationen gebaut.

Parkhotel Villach, 1989–99

Nach Jahren der Stagnation wird das prominente, noch vor dem Ersten Weltkrieg errichtete Parkhotel 1988 verkauft – an eine Tochtergesellschaft von IL-Bau und Bau-Holding. Im Juli 1989 wird das Gebäude unter Denkmalschutz gestellt. IL-Bau-Chef Hans Peter Haselsteiner möchte für den Weiterbestand des Hauses die für Villach geplante Tourismusschule hier integrieren. Die Stadt unterstützt das, die Landesspitze ist dagegen und fixiert den peripheren Standort in Warmbad – Haselsteiner schließt das Hotel.[47] Ein Alternativplan zur Neunutzung kommt im April 1990. Er enthält Um- und Zubauten für die repräsentativen Raumfolgen im Erdgeschoß, die in ein Einkaufszentrum transformiert werden, wofür auch die parkseitige Terrasse mit einstöckigen Annexen überbaut werden soll. Die Obergeschosse mit 240 Betten sollen als »Scandic Crown Hotel« neu eröffnet werden; weiters denkt man an Exklusiv-Wohnungen im Dach und eine Brückenverbindung zu einem Neubau mit Geschäfts-, Büro- und Wohnnutzung am östlichen Nachbargrund.

Eine von Waltraud Gasser angeführte Bürgerinitiative und die Architekten Hack und Orsini-Rosenberg sind mit diesem Plan nicht

43 Memorandum der Bürgerinitiative Gailtalzubringer, 6. 5. 1992; Durchschlag im Nachlass Hack

44 Brief vom 9. 12. 1993 an das Amt der Kärntner Landesregierung, unterzeichnet Arch. Klaus Holler (Beiratsvorsitzender), Arch. G. Kulterer und Heinz P. Maya; Kopie im Archiv Kulterer

45 »Gailtalzubringer: Landesregierung stützt sich auf falsches Gutachten«, Postwurfsendung, o.D; Exemplar im Nachlass Hack

46 Kammer der Architekten und Ingenieurkonsulenten für Steiermark und Kärnten, Disziplinarerkenntnis, 22. Mai 1995, sowie vierseitiges Statement zur Rechtfertigung von Karl Hack, 18. 4. 1995; im Nachlass Hack

47 Siehe dazu: Cornelia Anthofer, Barbara Lex: *Parkhotel Villach 1911–1999*, Wien 1999

einverstanden.[48] Hack präzisiert: »Das Parkhotel hätte damit aufgehört, ein Haus mit Park zu sein.« Auch die Zentralvereinigung der Architekten opponiert in einem offenen Brief, plädiert für die Erhaltung der Verbindung zu den Parkterrassen und für die Neunutzung des Erdgeschosses als »Alpe-Adria-Salon«.[49] Gespräche mit Haselsteiner und Bürgermeister Manzenreiter werden geführt; ZV-Präsident Karl Müller schlägt vor, die Stadt als Pächter des ganzen Erdgeschosses einzubinden. In einem kritischen Memorandum zu dem 1989 vorgelegten Villacher Stadtentwicklungskonzept nimmt Karl Hack auch auf das Parkhotel Bezug[50] und bringt es als logischen Standort für die Tourismusschule neuerlich ins Gespräch.

Ende 1991 legt Haselsteiner eine nächste Variante vor. Der Entwurf von Matteo Thun und Gorgona Böhm wird allgemein akzeptiert, doch es findet sich kein potenter Betreiber. In Warmbad ist im Mai 1992 Baubeginn. Beim Parkhotel geschieht bis 1994 nichts mehr. Dann übernimmt die Liegenschaft eine deutsche Immobiliengruppe. Ihr erster Revitalisierungsplan wird abgelehnt. 1995 unternimmt nun das »Komitee unser Parkhotel« einen Vorstoß für das »kulturelle Herzstück von Villach«, legt Konzepte und Pläne vor zur öffentlichen Nutzung der Haupträume sowie zur Integration einer zweigeschossigen Ladengalerie an der Moritschstraße, die damit funktionale Belebung erfahren könnte – beides in Abstimmung mit dem Denkmalamt.[51]

1996 beginnt eine mit den Behörden abgeklärte ›sanfte‹ Adaptierung, betreut von Architekt Peter Kulterer. Im Winter 1997 setzt ein Großbrand alles an den Start zurück. Erst 1999 kommt die Neu-Eröffnung. Die Obergeschosse werden Business-Center; den Bamberg-Saal und den Konferenzsaal samt Nebenräumen im Erdgeschoß betreibt die Stadt über das Congress Center Villach für kulturelle und festliche Events. Das Café an der Platzecke mit großer Parkterrasse nimmt wieder Betrieb auf.[52]

Hundertwasser in Griffen, 1992

Ähnlich wie Robert Rogner gilt in den 1980/90er Jahren der Künstler und Spiralen-Architekt Friedensreich Hundertwasser für regionale Gemeinden und Institutionen als tourismusfördernder Design-Papst. Sein Projekt für die Osteinfahrt von Griffen schlägt über Kärnten hinaus mediale Wellen. Am 10. November 1992 kommt es im Stift Griffen zu einer denkwürdigen Diskussionsveranstaltung. Das »Ziviltechniker-Forum Graz« und Kärntens frisch etabliertes Haus der Architektur Napoleonstadel

48 Peter Lexe: »Ende für ein Haus ›mit Park‹?«, in: *Kleine Zeitung*, 23.4.1990: 8–9

49 Plädoyer für das Villacher Parkhotel, Vorstand der Zentralvereinigung der Architekten Österreichs, Landesverband Kärnten, 27.4.1990, Kopie im Nachlass Hack

50 Hack: *Memorandum zum Stadtentwicklungskonzept*; Typoskript vom 26.11.1990 im Nachlass Hack

51 Broschüre »Komitee unser Parkhotel«, Proponenten Gerda Fröhlich, Gasparin & Meier, Karl Hack, Cornelius Kolig, Gernot Kulterer, Heidelore Rinofner, Gerhard Brandl; Kopien im Archiv Kulterer und Nachlass Hack

52 Anthofer, Lex 1999: 72ff

agieren als Veranstalter.[53] Aus Wien reist der bekannte Architekturkritiker Dietmar Steiner an; die Politik ist mit Landeshauptmann Christof Zernatto, Landeshauptmannstellvertreter Peter Ambrozy und Landesrat Matthias Reichhold vertreten; weiters am Podium: Griffens Bürgermeister Thomas Miklau, Pfarrer Monsignore Zeck aus Bärnbach, Prof. Bernd Lötsch vom Wiener Institut für Umweltwissenschaften, die Künstler-Architekten Friedensreich Hundertwasser und Efthymios Warlamis; Herfried Peyker vertritt die Architekten- und Ingenieurkammer für Steiermark und Kärnten, Sonja Gasparin die Landessektion der Architektenkammer, Klaus Holler das Kärntner Kulturgremium, Gernot Kulterer die Zentralvereinigung der Architekten, Inge Vavra den Kunstverein für Kärnten; Fred Dickermann vom ORF moderiert. Als Klaus Holler, Vorsitzender des vor wenigen Monaten gegründeten Fachbeirats für Baukultur ein von den maßgeblichen Kulturinstitutionen mitunterzeichnetes, kritisches Manifest gegen das Projekt vortragen will, gehen im Saal die Lichter aus, doch eine mitgebrachte Taschenlampe hilft aus …[54]

Die Landesbehörden stoppen in der Folge das auf den ganzen Ortskern übergreifende Designprojekt des Künstlers. 1995 startet ein Planungsprozess zur Ortsentwicklung, betreut von Architekt Eberhard Klaura, der in Arbeitsgruppen und Diskussionen die BürgerInnen erfolgreich motivieren kann. 1995 wird ein Architekturwettbewerb für das neue Gemeindezentrum an der Osteinfahrt ausgeschrieben. Das Siegerprojekt von Edmund und Giselbert Hoke – ein Torturm mit Trauungs- und Gemeindesaal, mit Amtshaus (»Stadtmauer«), Mehrzweckhalle und Vorplatz – wird 1997 realisiert; auch der Kirchplatz wird nach einem separaten Verfahren von Markus Klaura und Dietmar Kaden gestaltet; 1999 kauft die Gemeinde den Schlossberg, revitalisiert ihn mit viel Eigenleistung; 2004 erhält Griffen den Europäischen Preis für Dorferneuerung.[55]

Baukultur und Bauernkultur in Kärnten, Bad Kleinkirchheim, 1995–98

Ab 1995 agiert im Raum Bad Kleinkirchheim die Gruppierung BKK2 – Baukultur und Bauernkultur – motiviert nicht zuletzt aus Protest gegen ein wenig durchdachtes Großbauvorhaben der Gemeinde, das einen wichtigen Grünraum zwischen den Ortsteilen unnötig verbaut hätte.[56] Die bis zu 30 Mitglieder starke, interdisziplinäre Gruppe um Barbara und Franz Biller, Manfred Brunner, Christian Mayrbrugger sowie den jungen Architekten Roland Gruber (später Büro non:conform) propagiert nachhaltiges Bauen und ein neues Selbstverständnis der Landbevölkerung,

53 Einladungskarte und »Verschlümpfelungsmanifest«; im Archiv Holler

54 Gespräch von Klaus Holler mit dem Autor am 15. 1. 2008

55 Zum Zentrum Griffen: OK: *Neue Architektur in Kärnten*, Salzburg 2006, Objekt 6. 18

56 Siehe dazu: Verein BKK2 (Hg.): »Offener Brief an den Gemeinderat von Bad Kleinkirchheim«, in: *Frischluft* 03/96, Bad Kleinkirchheim 1996: 12–17

organisiert Vorträge, Diskussionen, publiziert die Zeitschrift *Frischluft*, holt Prof. Achleitner zu einer kritischen Rundschau im Ort, lädt zur Architekturexkursion nach Tirol und Vorarlberg, veranstaltet mit dem Haus der Architektur den *Kärntner Architekturherbst*, bittet im Frühjahr 1997 den neugewählten Bürgermeister Matthias Krenn zum offenen Interview[57] – und initiiert 1997/98 erfolgreich den Wettbewerb für den Turnsaalzubau der Volksschule und die Ortsplatzgestaltung. Das unter dem Vorsitz von Prof. Roland Gnaiger ausgewählte Projekt von Roland Winkler / Klaudia Ruck und Ernst Roth wird bis 2003 realisiert und zählt zu den besten Lösungen dieser Art im Land.[58] Diese ›Klimaveränderung‹ im Ort hat Folgewirkungen.[59] Die schöne Einsegnungskapelle von Edmund und Tomas Hoke mit Armin Guerino entsteht 2003. Die Erweiterung der großen »Römertherme« wird 2005 über einen Wettbewerb entwickelt und vom renommierten Team Behnisch&Partner aus Deutschland durchgeführt. Auch zum Neubau der Therme St. Kathrein gibt es einen Wettbewerb, den 2008 das junge Team Loebell & SHARE-architects gewinnt.

Junge Architektur in Kärnten, 1996

Die Jahre um 1990 bringen eine zuvor nicht gekannte Aufbruchstimmung in die Szene. Zu den ›alten‹ Streitern für Baukunst – Karl Hack, Felix Orsini-Rosenberg, Franz Freytag, Franz Dieter Jantsch, Klaus Holler, Ernst Hildebrand, Gernot Kulterer, Karl Müller – rückt eine neue Generation mit ersten Bauten nach – Sonja Gasparin, Beny Meier, Josef Klingbacher, Ernst Mayer, Ernst Roth, Reinhold Wetschko und andere. Gemeinden, öffentliche Bauherren, Wohnbauträger nützten endlich das Instrument des offenen Architekturwettbewerbs; einige große Bauten mit überregional beachteter Qualität werden realisiert: die Reformsiedlung Seeboden bei Spittal / Drau, der Betriebsbau Odörfer in Klagenfurt, die Erweiterungsbauten Funderwerk St. Veit / Glan, die Tourismusschule Villach-Warmbad, der Rathauszubau Villach. Von 1985 bis 1992 kuratiert Klaus Holler in der Kleinen Galerie des Künstlerhauses 24 Präsentationen über lokale und internationale Baukünstler, über aktuelle Themen in Kärnten und den Nachbarländern, verbunden mit Vorträgen, Exkursionen und der wichtigen Öffnung der grenzüberschreitenden Kontakte und in die Bereiche der bildenden Kunst.[60] 1989–92 entsteht mit Hilfe des ZV-Präsidenten Karl Müller Kärntens Haus der Architektur im Napoleonstadel in Klagenfurt, nach einem Wettbewerb für den Umbau des zuvor abbruchgefährdeten, klassizistischen Nutzbaus am St. Veiter Ring.

57 Ebd., 4–9

58 Roland Gruber und Gordana Brandner: »Das kulturelle Erbe von morgen«, in: *XE:GN, Orte der Gemeinschaft, Neues Bauen in den Alpen*, hg. v. Amt der Kärntner Landesregierung, Abt. 20, Landesplanung, mit Kärntens Haus der Architektur, Klagenfurt 2005: 18–21

59 1996 hatte der vorhergehende Bürgermeister ein von Ernst Roth im Ortsteil St. Oswald geplantes Holzhaus als ortsfremd und »zu billig« abgelehnt. Über ein Gutachten der Ortsbildkommission, formuliert von Prof. Franz Riepl, konnte der Bau durchgesetzt werden. Er wurde 1997 mit dem Holzbaupreis im Rahmen des Kärntner Landesbaupreises ausgezeichnet.

60 Dokumentiert in: Napoleonstadel, Kärntens Haus der Architektur (Hg.): *Architektur – kultureller Auftrag. Kleine Galerie im Künstlerhaus 1985–1992*, Klagenfurt 1995

Das Jahr 1993 bringt einen Höhepunkt an Architekturwettbewerben, insgesamt 16, davon 13 geladene und immerhin zwei landesweit offene. 1994/95 geht die Zahl der Wettbewerbe jedoch schlagartig zurück, Juryentscheide zum Landesbaupreis geraten unter Druck aus der Landesbaubürokratie. Günther Domenigs Projekt für die Landesausstellung 1995 in Hüttenberg / Heft wird in einer beispiellosen Kampagne öffentlich diffamiert, wird nur auf massiven Druck des Fachbeirats für Baukultur durchgesetzt. Die Beamtenschaft beginnt, Wettbewerbe auch für Baumeister zu öffnen, der Bau des Eltern-Kind-Zentrums im Landeskrankenhaus Klagenfurt wird freihändig vergeben. Aus der Sicht der nachgewachsenen, nächsten Generation von ArchitektInnen läuft das Fass über, als beim beschränkten Wettbewerb für den großen Zubau am Landestheater nur zwei ausgewählte Kärntner Teams zugelassen werden – und auch das erst nach Intervention des Fachbeirats.[61]

Die junge Generation geht deshalb 1996 mit einer ebenso kritisch wie konstruktiv angelegten Aktion in die Offensive. Die Ausstellung *Junge Architektur in Kärnten* – 50 Bauten von 23 ArchitektInnen – wird 1996/97 in allen Bezirkshauptstädten des Landes gezeigt und diskutiert; der Katalog gibt einen nach wie vor gültigen, tiefenscharfen Spiegel aller einschlägigen Probleme und möglicher Antworten.[62] An jeder Station gibt es thematisch abgestimmte Sondervorträge, ebenso ungewöhnlich wie wichtig ist die Einladung an Literaten und PublizistInnen in ganz Österreich, zum Wettbewerb für den Dkfm.-Otmar-Petschnig-Gedächtnispreis Texte über Architektur einzusenden, mit öffentlicher Jury im Napoleonstadel und Preisvergabe und Autorenlesung im Schloss Porcia im Herbst 1996.

Resümee, 2001–

Im Dezember 1999 resümiert Klaus Holler als scheidender Vorsitzender acht Jahre Tätigkeit des Fachbeirats für Baukultur: »Seit Kulturpolitik zur ›Chefsache‹ herabgekommen ist, erfüllt sie immer weniger inhaltliche Funktion – sie ist nur mehr Spielball zwischen Unwillen und Verantwortungslosigkeit. Dadurch wird es schwer, kulturelles Schaffen zu vermitteln, zu fördern und der Bevölkerung geistiges Leben, Erleben zu öffnen, wie dies im Kulturförderungsgesetz verbrieft ist.«[63] Und auch die Lektüre der hier ausschnitthaft erzählten Episoden seit 1965 legt eine skeptische Bilanz nahe, vergegenwärtigt man sich die Wiederkehr rein spekulativer Entscheidungen und Ausschlachtungen der natürlichen und historischen Ressourcen des Landes – etwa die Ereignisse rund um

61 Brief des Vorsitzenden Klaus Holler, 6. Dezember 1994; Durchschrift im Archiv Holler

62 Monika Gentner (Red.): *Junge Architektur in Kärnten*, im Eigenverlag der TeilnehmerInnen, Villach 1996

63 Holler: *Eine Laudatio auf Kärntens Kulturpolitik, Bericht zum Fachbeirat für Baukultur 1992–1999*, verlesen bei der Vergabe des Kärntner Landesbaupreises am 9. 12. 1999; Kopie im Archiv Holler

das »Milliardenprojekt Putzi-Arena« bei Villach (2001), um die investorengefällige Verbauung des Naturgeländes[64] beim »Schloss Reifnitz« (2005), um den vom Land hochsubventionierten Neubau einer »Burg Friesach«(2007), das Dejavú der Rogner-Visionen beim ebenfalls vom Land geförderten Projekt eines »Tibetischen Zentrums« in Hüttenberg[65] im »Stile des Potala-Palastes von Lhasa« oder die jüngsten Versuche der Landesspitze, über die funktionierende Ortsbildkommission hinweg eine vordergründigst argumentierte »Sonderkommission« einzusetzen. Demgegenüber stehen auch bedeutende Zugewinne. Das kreative Potenzial ist im Land so dicht vorhanden wie nie zuvor, und es ist auch offen für Impulse von außen. Mit der Wanderausstellung *Wonderland* meldet sich 2002 die nächste, junge Planergeneration aus Kärnten zu Wort. In Spittal/Drau wirkt ab 2002 die Fachhochschule mit einem ambitionierten Architekturprogramm; die Ortsbildkommission des Landes vermittelt laufend lokale Planungswettbewerbe; Gemeinden wie Bad Kleinkirchheim, Feldkirchen, Feistritz ob Bleiburg, Wolfsberg, St.Veit/Glan und andere integrieren baukünstlerische Anliegen in ihre Aktivitäten. Es gilt wohl für die VerfechterInnen der Weiterentwicklung einer zeitgemäßen Baukultur immer noch – doch heute sicherlich auf höherem Niveau – was 1995 Bodo Hell im Siegertext[66] des Dkfm.-Otmar-Petschnig-Gedächtnispreises formulierte: »Es ärgert mich, dass ich mir den Boden unter den Füßen gewissermaßen immer wieder neu erobern muss.«

64 Siehe dazu u. a.: *Kleine Zeitung*, 15. 12. 2005, Heftiger Wirbel um Stronachs Schloss-Pläne, 14–15

65 Siehe dazu u. a.: *Kleine Zeitung*, 21. 1. 2006: 32–33

66 Bodo Hell: »draußen / drinnen«, in: *Architektur Aktuell* H. 196, 10/1996: 72–73, weiters: »Im Sprachraum. Schreiben über Architektur«, in: OK: *Ausgesprochen. Reden zur Architektur*, Salzburg 1999: 16–23

Von: <otto kapfinger>
Datum: 14. Dezember 2005 11:37:28 GMT+02:00
An: <elisabeth.steiner@derstandard.at>
Betreff: reifnitz magna

guten morgen, vielen dank für ihren artikel zu reifnitz, stronach etc.; leider konnte ich sie gestern telefonisch nicht erreichen. ich teile ihnen folgendes mit:
heute abend, mittwoch, um 20 uhr, gibt es im haus der architektur in klagenfurt, napoleonstadel eine veranstaltung; anlass ist die überreichung des würdigungspreises des landes kärnten für verdienste um die baukultur an mich, in anwesenheit von landesrat strutz; wie sie vielleicht wissen, arbeite ich seit eineinhalb jahren an einem architekturführer kärnten für den zeitraum ab 1985, mit 500 erfassten bauten und 200 vorgestellten, das ganze in drei sprachen (deutsch, slowenisch, italienisch), das buch ist druckfertig, wegen mehrmaliger lektorate für die übersetzungen aber mit verzögerung, kann erst im jänner gedruckt werden. seit 1993 war ich weiters ein dutzendmal mitglied diverser jurien in kärnten für die landesbaupreise, die holzbaupreise, für projektwettbewerbe etc.

zur sache:
ich kannte natürlich die aktuelle entwicklung in reifnitz seit dem sommer. ich werde die preisvergabe dazu benutzen, um das von ihnen jetzt bundesweit aufgegriffene problem aktuell und öffentlich anzusprechen. ich habe gestern mit den leuten der bürgerinitiative gesprochen und ihnen zugesagt, dass ich ihre resolution, ihre kritik in allen punkten voll unterstütze; es gibt heute nachmittag eine informationsveranstaltung in reifnitz, ich habe dr. schmidhofer eingeladen, anschließend ins haus der architektur zu kommen. falls es für die sache nötig ist, zur finanzierung von rechtsgutachten etc., habe ich angeboten, das preisgeld für diese auszeichnung der initiative gegen den stronach-haider-deal zur verfügung zu stellen.

vielleicht sind sie auch nachmittags in reifnitz und haben anschließend noch zeit, in den napoleonstadel zu kommen. ich habe in den letzten tagen mit hochrangigen beamten der raumplanung, der diversen stadtbauämter in kärnten etc. in dieser sache gesprochen, und überall herrscht blankes entsetzen, aber keiner traut sich wirklich, den mund aufzumachen.

mit herzlichen grüßen und den besten wünschen!
otto kapfinger
freiberuflicher architekturforscher
und architekturpublizist

Von: <otto kapfinger>
Datum: 15. Dezember 2005 13:29:54 GMT+02:00
An: <elisabeth.steiner@derstandard.at>
Betreff: reifnitz magna

guten tag, ich kam gestern abends aus klagenfurt zurück und fand noch eine nachricht von ihnen am telefonbeantworter, konnte sie aber nicht erreichen. sie haben ja wieder sehr ausführlich und klar berichtet über die ereignisse bei der info-veranstaltung. sehr gut …

wie angekündigt, habe ich mittwoch abends bei der preisvergabe im napoleonstadel das thema angesprochen und die baukulturellen institutionen des landes aufgefordert – kulturgremium, architekturbeirat, zentralvereinigung der architekten, haus der architektur, architektenkammer – sich in dieser materie öffentlich und fachlich kompetent zu deklarieren. es ist ein modellfall … aus allen diesen gremien waren ja leute da, insgesamt waren über 100 leute da, auch eine gruppe aus der bürgerinitiative mit dr. schmidhofer. es kam dort zu weiteren kritischen gesprächen zwischen landesrat strutz, schmidhofer und mir.

zum neuen »projekt« von arch. omansiek kann ich nur sagen – indiskutabel!
es müsste das ganze verfahren neu aufgerollt werden, mit fachlich erstrangigen gutachten über die situation ist-zustand, definition möglicher spielräume bzw. landschaft-räumlicher kriterien für eine bauliche veränderung dieses areals – und erst auf dieser grundlage ausschreibung eines wettbewerbsverfahrens mit höchstqualifizierten teilnehmern. alle architekten, die sich hier bisher planerisch beteiligt haben, sind meines erachtens bereits disqualifiziert durch die erwiesene unsensibilität gegenüber der singulären situation des alten, sehr kleinen, in seiner wirkung eben nur durch die exponierte stellung – wie eine »perle auf einem präsentierteller« – auch monumentalen schlösschens. der erste wahnsinn war, links und rechts an diese kleine villa mit riesigen trakten direkt anzubauen – vollkommmen indiskutabel, der zweite schritt war nun, diese großen stangen oder riegel in salamitaktik zu zerschneiden und in mehrere kleine »villen« zu zergliedern – ebenso indiskutabel.

es liegt nun an den großen kulturellen und baukulturellen gremien des landes, in diesem sinne eindeutig zu appellieren, dann könnte die sache vielleicht wieder ins lot kommen. der landeshauptmann hat ja einige zugeständnisse gemacht, aber im selben atemzug mit architekt omansiek jemanden aus der lokalen szene betraut, der dieser extrem heiklen sache – wie auch sein publizierter plan zeigt – konzeptionell absolut nicht gewachsen ist.
ich habe den gremien geraten, in einer gemeinsamen pressekonferenz eine resolution zu präsentieren, die im angesprochenen sinn sich gemeinsam deklariert und die weitere vorgangsweise anspricht.

das interview in der kleinen zeitung hat meine telefonisch gegebenen statements nicht ganz präzise wiedergegeben, macht nichts, ich habe genauer gesagt coram publico angeboten, falls die bürgerinitiave für weitere schritte rechtsgutachten benötigt oder anwaltskosten anlaufen und sie dazu finanzielle unterstützung brauchen, dass ich bereit bin, aus dem preisgeld des würdigungspreises mittel in der erforderlichen höhe bereitzustellen – in der kleinen zeitung stand es so, ich würde einfach der bürgerinitiative dieses geld geben, das ist nicht korrekt zitiert. im persönlichen gespräch hat dr. schmidhofer dieses angebot auch vorerst sozusagen freundlich zur kenntnis genommen und im moment jedenfalls als nicht nötig zurückgewiesen, man werde sehen, wie es weitergeht …
wenn sie weiter was dazu machen und dazu noch persönlich auskünfte brauchen, bin ich auf email oder auch telefonisch erreichbar.

herzlichen gruß!
otto k.

KLEINE ZEITUNG
DONNERSTAG, 15. DEZEMBER 2005

KLEINE ZEITUNG
DONNERSTAG, 15. DEZEMBER 2005

er Wirbel onachs s-Pläne

DIE BÜRGERINITIATIVE

Unterschriftenaktion. Die Abhaltung der gestrigen Bürgerinformation wurde erst durch eine Unterschriftenaktion möglich.

Forderungen. Mehr Information zum Projekt, öffentlicher Zugang zum See und Grundstück, vertragliche Absicherung und Garantien für die Zukunft, kein Uferverbau.

jekt gehören auch zwölf Seevillen im Uferbereich. Investitionssumme: 83 Millionen Euro.

Doch nicht alle Reifnitzer sind über die Stronach-Pläne glücklich. Die Kritik richtete sich gestern aber weniger gegen das Zentrum an sich, als viel mehr gegen die „Umgangsweise mit Information bezüglich der Pläne". Seit Monaten habe es keine Auskunft gegeben, selbst die Bürgerversammlung wurde nur aufgrund einer Unterschriftenaktion möglich. „Wir Bürger sind aufmerksam geworden, nicht unsere Gemeindevertreter", sagte Robert Schmidthofer, Sprecher der Initiative „Reifnitz lebenswert". Vor allem die Gemeinde-Umwidmung des Areals, die jetzt eine hohe Bebauungsdichte erlaubt, stößt den Anrainern auf. „Das ging alles mit rechten Dingen zu", beschwichtigte Bürgermeister Stark. „Die Mandatare haben zu wenig Zeit gehabt, sich mit dem Projekt auseinander zu setzen", meinte eine Reifnitzerin. „Stimmt nicht", so Landeshauptmann Haider: „Ich denke nicht, dass im Maria Wörther Gemeinderat nur Dillos sitzen." Man solle das Projekt nicht schlecht reden. Immerhin würden 70 Arbeitsplätze entstehen. Alle Forderungen der Anrainer, so Haider, wären zudem bereits erfüllt.

Keine Garantie

Nicht erfüllt wurde gestern jedoch die Forderung nach einer Garantie, die gewährleisten soll, dass die vorgelegten Pläne nicht mehr geändert werden. Ebenfalls heftig kritisiert wurde der Kaufpreis des Areals, rund sieben Millionen Euro. „Wir errechneten einen Quadratmeterpreis von lediglich 92 Euro, den Magna zahlen muss", kritisierten Anrainer. Stark verteidigte die Summe, die sich aus einem „Mischpreis von Wald-, Wiesen- und Seegrund errechnet".

agna Kurzentrum aussehen

INTERVIEW

„Es ist ein blanker Hohn, was in Reifnitz passiert"

Architekt Otto Kapfinger unterstützt Anrainer.

Sie sind Träger des Baukultur-Preises 2005, wie stehen Sie zu den Plänen für Schloss Reifnitz?

OTTO KAPFINGER: Was da passiert ist blanker Hohn. Mich freut, dass sich eine starke Bürgerbewegung zusammengetan hat, die kämpft. Ich unterstütze diese Gruppierung voll und ganz. Meine Redezeit im Rahmen der Preisverleihung werde ich nutzen, um alle Stellen auf offizieller Ebene aufzufordern, sich gegen das Projekt in dieser Form zu stellen. Das Preisgeld von 5800 Euro gebe ich der Initiative.

Ihre Kritik an den Plänen?

KAPFINGER: Die Herangehensweise der Gemeinde war nicht in Ordnung. Die Widmung, dann die höchste Baudichte, die zugelassen wird. Und das auf einem Seegrundstück, das von allen Seiten eingesehen werden kann. Hier passiert genau das, was überall sonst vermieden wird. Die ersten Pläne waren überhaupt in einem Hollywood-Stil gehalten, eine pseudo Wörthersee-Architektur, die unbedingt vermieden werden muss.

Was wäre eine Alternative?

KAPFINGER: Es gibt ein rechtsgültiges Ortsbildkonzept. Ich appelliere an alle Gremien genau hinzusehen, sich nicht von Gefälligkeitsgutachten blenden zu lassen und ein wunderschönes Seegrundstücke samt Schloss nicht der Verbauung preiszugeben.

Otto Kapfinger, „ausgezeichneter" Architekt

Im Mai 2005 wurde publik: Frank Stronach / Magna International plante eine große Betriebsansiedlung in Kärnten, verlangte dazu vom Land zusätzlich einen repräsentativen Grund für ein Hotel samt Firmen-Resort. Landeshauptmann Haider zwang daraufhin die Gemeinde Reifnitz, das in öffentlichem Besitz befindliche, als Grünraum gewidmete Areal am Seespitz günstigst an Stronach zu verkaufen und in Bauland umzuwidmen … Gebaut wurde dort letztlich nichts, auch die Magna-Fabrik kam nicht, die weiteren Finanztransaktionen um den Seespitz beschäftigten allerdings die Gerichte.

Architektur und Kunst

Biografische Verflechtungen, personelle Konstellationen

Erschienen in Silvie Aigner Hg. *Emanzipation und Konfrontation*, Band II: »Architektur aus Kärnten seit 1945 und Kunst im öffentlichen Raum heute« (Wien–New York 2009)

Für die Bildung der Kärntner Architekturszene in den 1960er Jahren spezifisch ist die Verflechtung mit Themen und Persönlichkeiten aus dem Bereich der bildenden Kunst. Diese Affinität hat ihre Wurzeln in personellen Konstellationen, die in die Jahre um 1950 zurückreichen.

Ein grundlegendes ›Biotop‹ dieser Art war die Architekturfakultät der Technischen Hochschule in Graz nach dem Krieg. Von 1945/46 an studierten dort gemeinsam Karl Hack, Ernst Hildebrand, Hans Bischoffshausen, Hubert Petschnigg, Traude Ketterer (verh. Windbrechtinger), Wolfgang Windbrechtinger und einige andere.[1] Bischoffshausen wechselte nach fünf Semestern Architektur in die freie Kunst. Hildebrand, Petschnigg, Ketterer, Windbrechtinger, Hack gingen nach dem Diplom ins Ausland, arbeiteten in der Schweiz bzw. in Deutschland in Büros, die dort damals zu den besten und erfolgreichsten zählten. Ketterer / Windbrechtinger waren bis 1956 im Büro Hentrich-Petschnigg in Düsseldorf, gerufen von dem aus Klagenfurt stammenden Hubert Petschnigg, der nach Wehrdienst und Gefangenschaft an der TH Graz 1947 diplomiert hatte und ab 1948 als Mitarbeiter, ab 1953 als Partner von Helmut Hentrich wirkte.[2]

Auch Karl Hack konnte ab 1957 für Hentrich-Petschnigg erfolgreich Wettbewerbsprojekte bearbeiten – zusammen mit Johannes Wickenburg und mehrmals mit Richard Janeschitz-Kriegl. Zuvor, ab 1954, war Hack jedoch noch intensiver in ein anderes renommiertes Büro in Düsseldorf integriert: Baurat Heinrich Roßkotten (1886–1972) war damals am Übergang zum Ruhestand, hatte mit Edgar Tritthart aus Graz ab 1951 einen jungen Mitarbeiter und Partner, der seinerseits Studienkollegen aus der Grazer Zeit wie Hack und Hermann Kompolschek zur Mitarbeit nach Düsseldorf holte.[3] Hack / Kompolschek waren unter anderem mit Tritthart das Entwurfsteam für den Wettbewerb zum Neubau der TH Aachen, und der 1962 fertiggestellte Bau ist in der Literatur explizit mit den Namen Hack / Kompolschek / Tritthart verbunden. In diesen drei Jahren war Hack wesentlich am Gewinn von sieben großen Wettbewerben durch die genannten Büros beteiligt, desgleichen an mehreren Preisrängen, Anerkennungen. 1957 / 58 kehrte Hack aus familiären Gründen nach Villach zurück, eröffnete hier sein eigenes Büro.

1 Weiters: Ferdinand Schuster, Diplom 1949; Ernst Hiesmayr, Diplom 1948; Richard Janeschitz-Kriegl, Hermann Kompolschek. Prägende Lehrerpersönlichkeiten der Ära: Friedrich Zotter und Karl Raimund Lorenz

2 Biografie von Hubert Petschnigg (1913–97) siehe: *http://deu.archinform.net/arch/3016.htm*

3 Details zur Zeit in Düsseldorf gibt Hack in einem 1979 im Selbstverlag erstellten Portfolio; Edgar Tritthart stammte aus einer Grazer Architektenfamilie, realisierte mit dem Büro Roßkotten u. a. das Opernhaus Dortmund, eröffnet 1966.

1956 gingen Ketterer / Windbrechtinger nach Wien zurück, gerufen von Roland Rainer zur Bauleitung bei der von Rainer geplanten Errichtung des neuen Böhler-Firmensitzes am Schillerplatz.

Im gleichen Jahr kam auch Ernst Hildebrand nach Klagenfurt zurück. Er hatte schon vor dem Diplom an der TH Graz 1949 ein Monat bei Fritz Metzger (1898–1973) in Zürich volontiert und arbeitete 1950–55 bei Hermann Baur (1894–1980) in Basel.[4] Metzger und Baur zählten zu den besten Büros in der Deutschschweiz und waren speziell im Kirchenbau führend, Baur darüber hinaus auch im Krankenhausbau.[5] In seiner Zeit bei Baur beteiligte sich Hildebrand (zum Großteil in der Freizeit) am zweistufigen Wettbewerb für das Landeskrankenhaus in Klagenfurt. Schon in der ersten Stufe 1954 war sein Entwurf eindeutig an der Spitze, auch in der zweiten Stufe erhielt er den 1. Preis. Zur Ausarbeitung dieser Phase stellte das Büro Baur im Sommer 1955 einen eigenen Raum und Mitarbeiter ab. Als ›Verstärkung‹ für die Zeichenarbeiten kam Felix Orsini-Rosenberg hinzu – damals noch mitten im Studium an der TH Wien. Er hatte Hermann Baur bei der Salzburger Sommerakademie kennengelernt, wo dieser 1955 den Architekturkurs mit Schwerpunkt Kirchenbau abhielt und anschließend Orsini-Rosenberg für ein / zwei Praxismonate nach Basel einlud.[6]

Eine wesentliche Inspiration erfuhren Orsini-Rosenberg und Hildebrand durch den jungen Walter M. Förderer, der nach bildhauerischen Anfängen von 1954–56 als Volontär im Büro Baur sich zum Architekten, zum Wegbereiter einer neuen Richtung in der schweizerischen und mitteleuropäischen Architektur entwickelte.[7] Orsini-Rosenberg: »Förderer hatte den Zeichentisch mir gegenüber und arbeitete an Modellstudien für ein Krankenhaus, das Baur damals plante, aber dann doch nicht realisierte. Förderer war eigentlich der Wortführer dieser Arbeitsgruppe, er brachte vom Skulpturalen her ein anderes Raumverständnis herein, sehr stark dreidimensional, plastisch, mit komplexer Bewegung im Vertikalschnitt, während wir Architekten eher flächig geschichtet, in Grundrissen ›dachten‹. Mit diesem räumlich-plastischen Ansatz hat Förderer unmittelbar danach einige Wettbewerbe gewonnen und in die Szene einen ganz neuen Wind hereingebracht.«[8] Und Ernst Hildebrand: »Schon bei den letzten Kirchenwettbewerben von Hermann Baur hatte Förderer seine Handschrift dabei, er hat die Modelle gemacht.«[9] Diese Begegnungen waren von einem weiter reichenden Diskurs begleitet; Orsini-Rosenberg: »Um 1950 entstand ausgehend von den französischen Dominikanern diese

4 Hermann Baur (1894–1980), Bürositz in Basel, 1927 Mitbegründer der CIAM in La Sarraz; Hildebrand war bei Baur an der Planung von zehn Kirchen beteiligt; Fritz Metzger (1898–1973), Bürositz in Zürich. Zu Baur und Metzger siehe: Isabelle Rucki und Dorothee Huber (Hg.): Architekturlexikon der Schweiz, 19. / 20. Jahrhundert, Basel u. a. 1998
5 1953–64 plante Baur die Erweiterung des Bürgerspitals Basel (ohne Ausführung), dessen Kernbau nach Plänen Baurs 1939–45 entstanden war.
6 Gespräch des Autors mit F. Orsini-Rosenberg am 14. 1. 2008 in Damtschach
7 Zu Walter M. Förderer siehe: Rucki, Huber 1998: 181f
8 Siehe Anm. 6
9 Brief von E. Hildebrand an den Autor vom 11. 1. 2008

Initiative zur Integration moderner Kunst in den Kirchenbau. Fernand Leger, Hans Arp, Alfred Manessier und andere wurden prominent in neue Kirchenbauten einbezogen. 1954 erschien das Buch von P. Pie Régamey ›Kirche und Kunst im XX. Jahrhundert‹. Das war für mich wie eine Bibel. Im Sommer 1956 wurde die Marienwallfahrtskapelle in Rochamp, entworfen von Le Corbusier, eingeweiht. Wir sind mit dem Motorrad hingefahren, es war eine Offenbarung, verbunden mit der Einsicht: das ist *so* auch nicht wiederholbar. Wir haben alle Kirchen von Baur besichtigt, auch da war der Dialog mit den Künsten wesentlich, zum Beispiel mit Manessier, aber doch viel konventioneller als bei Corbusier – oder auch dann bei Förderers Kirchenbauten.«[10]

Zurück in Klagenfurt ist Hildebrand damit konfrontiert, dass nicht das Wettbewerbsprojekt als Ganzes umgesetzt wird, sondern dass diverse Einzelobjekte des bestehenden Pavillonkrankenhauses nach und nach neu- bzw. umgebaut werden sollen. Ab 1957 beginnt diese Umplanung, zu der Hildebrand – wie ihm nahegelegt wird – die Planungsgemeinschaft mit Otto Baurecht und Martin Esterl eingeht.[11] 1957 erneuert er die Beziehung zu Hans Bischoffshausen, als er zu dessen Vernissage in der Galerie del Cavallino mit den Ehepaaren Baurecht und Esterl nach Venedig reist. 1958 wird auch Bischoffshausens Ausstellung in der Galerie (nächst) St. Stephan in Wien besucht, und Hildebrand erwirbt dort von ›Stutz‹ sein erstes Bild.[12] Mit Heide Hildebrand kommt der kühne Impuls zur Gründung einer Kunstgalerie. Sie wird 1961 in Klagenfurt mit der Ausstellung *10 Jahre Bischoffshausen. Graphik aus Paris* eröffnet.[13] Im selben Jahr integriert Hildebrand ein 30 m langes, monochromes Bischoffshausen-Relief im Trakt der Chirurgie. 1961/62 beginnt auch Karl Hack die Detailplanung der Gewerblichen und kaufmännischen Berufsschule in Villach in Partnerschaft mit Karl Müller, wo Bischoffshausen zwei mit farbigen Verglasungen perforierte Betonwände (tragend) in der Eingangs- und Pausenhalle gestaltet sowie eine im Außenraum freistehende Betonwand neben dem Haupteingang. Auch Karl Hack erwirbt damals Arbeiten von Bischoffshausen.[14]

1961/62 kommt über die Ausstellungen in der Galerie Hildebrand die Verbindung zu den Bildhauern Karl Prantl und Fritz Hartlauer zustande – zu dem seit 1959 in St. Margarethen im Burgenland gegründeten *Symposion Europäischer Bildhauer*, das seinerseits über das Engagement von Johann G. Gsteu, Friedrich Kurrent, Maria Biljan-Bilger, die Windbrechtingers, Wander Bertoni, Johannes Spalt und anderer in engster Verbindung zur avancierten Wiener Architekturszene steht.

10 Siehe Anm. 6
11 Hildebrand im Brief an den Autor vom 12. 3. 2008
12 Siehe Anm. 9. Bischoffshausen stammte wie Martin Esterl aus Feld am See.
13 Siehe dazu Heiderose Hildebrand in: KIGRO-Kulturinitiative Galerie Rosegg (Hg.): *Kunst an der Grenze, Umetnost na Meji*, Klagenfurt / Celovec 2006: 68–73; Gespräch von H. Hildebrand mit dem Autor, 29. 11. 2007, Wien
14 Fotos, Planmaterial, Broschüre *Neue Berufsbildende Schulen in Villach*, hg. vom Amt der Kärntner Landesregierung, o. J.; Nachlass Hack

Ernst Hildebrand pflegt in dieser Zeit weiter seine Kontakte in die Schweiz. Von 1956 bis in die 1980er Jahre gibt es freundschaftliche Briefwechsel mit Hans Zwimpfer und vor allem mit Walter M. Förderer.[15] Zwimpfer verlässt das Büro Hermann Baur, wird 1958 Partner bei Rolf G. Otto und Walter M. Förderer. Ein Brief Zwimpfers zu Silvester 1956 kommentiert Hildebrands neue Situation in Klagenfurt: »Weniger gefreut hat mich, dass deine grosse chance keine mehr ist und das ganze spital so quasi nach utopien verschwunden ist. Mach doch deiner hochwohlgeborenen landesregierung den vorschlag eine anleihe in der schweiz aufzunehmen …«[16] Über die ersten, revolutionären Bauten von Förderer / Otto / Zwimpfer ist Hildebrand um 1960 brieflich, durch Publikationen und Besuche aus erster Hand informiert, und dies hat Folgewirkungen: 1963 wird er mit Karl Raimund Lorenz und Ferdinand Schuster in die Wettbewerbsjury zum Neubau der Pädagogischen Akademie der Diözese Graz / Seckau berufen: »Nach dem ersten Rundgang sollten etliche Projekte ausgeschieden werden, darunter auch eines, das mir sehr gefiel und ich sagte zu den Kollegen: Das ist doch sehr interessant, dass sollte schon in der Wertung bleiben – und das war dann schließlich das Siegerprojekt von Domenig / Huth.«[17]

Dieses Projekt ist der erste große und öffentliche Auftrag für das aufstrebende Grazer Duo, es markiert zugleich dessen Abkehr von funktionalistisch-rationalistischen Entwurfsmethoden und steht – von Förderers Realisierungen und spektakulären Wettbewerbserfolgen motiviert – am Beginn einer plastisch modulierten Sichtbeton-Phase in der Entwicklung von Domenig / Huth. Nach dem Wettbewerb beginnt eine brieflich erhaltene Kommunikation zwischen Hildebrand, Förderer und Domenig / Huth; Hildebrand sendet Modellfotos nach Basel, vermittelt Besuchstermine in der Schweiz, wo Domenig / Huth die Sichtbetonqualität in Aesch und St. Gallen an Ort und Stelle studieren und fachliche Unterstützung gegenüber den skeptischen Bauherren in Graz anfragen.[18] Vergleichbar der Kooperation zwischen Bischoffshausen und Hildebrand bzw. Hack integrieren auch Domenig / Huth einen profilierten jungen Bildhauer in ihre Planung: Barna von Sartory, der nach Beteiligungen am St. Margarethner Symposium 1966/67 auch in die Szene um die Galerie Hildebrand einbezogen wird.[19]

1965 beginnt die Planung von Bischoffshausens Intervention für die Eingangs- und Pausenhalle der neuen Krankenpflegeschule des LKH Klagenfurt. Von Februar '65 bis zum Sommer '68 macht die Korrespondenz zwischen dem seit 1959 hauptsächlich in Paris tätigen Künstler und

15 Briefekonvolut von Förderer, 1956–1983, mit Skizzen und mit beschrifteten Kopien aus Publikationen; Archiv Hildebrand

16 Brief von Zwimpfer, Basel, Silvester 1956; Archiv Hildebrand

17 Gespräch des Autors mit E. Hildebrand am 13. 12. 2007 in Klagenfurt

18 Brief von Domenig / Huth an Hildebrand, 13. 5. 1964, Förderer an Hildebrand, 29. 5. 1964, Förderer an Domenig / Huth, 2. 8. 1964, Archiv Hildebrand. 1962 / 63 waren von Förderer / Otto / Zwimpfer die Realschule in Aesch / Basel-Land (WB 1958) und die Hochschule St. Gallen (WB 1957) fertiggestellt; die Realschule Brunnmatt in Basel und die Kantonsschule Schaffhausen in Bau.

19 Ausführliche Würdigung der PÄDAK in: Friedrich Achleitner: *Österreichische Architektur im 20. Jahrhundert*, Bd. II, Salzburg-Wien 1983: 361–362

dem Architekten den Ablauf gut nachvollziehbar.[20] Bischoffshausen greift in alle Details von Vorplatz und Halle ein. Die bewusste Freistellung der Treppenanlage von den Raumwänden geht auf seinen Vorschlag zurück. Er forciert so die räumlich-plastische Kontinuität und Einheit der hohen Halle. Selbst Sockelausbildungen, Handlaufdetails, Beleuchtung, Rasenform, Beton-Sitzkuben im Freien, Fahnenmasten usw. werden mit Hildebrand minutiös diskutiert und im Sinne der ›humanen‹, formgebenden Durchdringung des Ganzen gelöst.

Um 1966 treten Bischoffshausen wie auch Hack mit manifestartigen Schriften und Vorschlägen an die Öffentlichkeit. Bildhauer und Architekt treffen sich in der kritischen Sicht auf den einseitigen, profitorientierten Materialismus der Zeit, verstehen und definieren die Gestaltung von Welt als geistig-sinnliche Aufgabe in größeren Zusammenhängen – der Bildhauer sogar mehr noch in der gesellschaftlichen und politischen Dimension, der Architekt mehr im Hinblick auf den langfristigen, maßvollen Umgang mit Natur und Landschaft.[21] Es ist kein Zufall, dass auch die 1965 in Wien gegründete Österreichische Gesellschaft für Architektur mit Maria Biljan-Bilger eine in Skulptur wie auch in Malerei profilierte Künstlerin als Gründungs- und Vorstandsmitglied hat sowie mit Wolfgang Gleissner und Johannes Poigenfürst von Beginn an Persönlichkeiten aus Wirtschaft und Medizin maßgeblich einbindet. Sowohl diese in Wien formierte als auch die lokale Kärntner Konstellation unterscheidet sich ideologisch von einer weiteren wichtigen, spartenübergreifenden Design-Debatte, die ab 1963 mit der Ausstellung *Hollein Pichler Architektur* von der Galerie (nächst) St. Stephan ausgeht.

In diesen Jahren beginnt auch die Freundschaft, der langjährige Dialog zwischen Karl Hack und Felix Orsini-Rosenberg, und über die Kirchbautagungen in Puchberg bei Wels 1967 und in St. Georgen am Längsee festigt sich parallel dazu der Kontakt von Orsini-Rosenberg zu Karl Prantl und Ottokar Uhl.[22]

Vieles davon mündet im Sommer 1967 in die Gründung des Forums Krastal. 1968/69 tritt die nächste Generation engagierter Architekten in Erscheinung. Franz Dieter Jantsch, Franz Freytag gründen mit Orsini-Rosenberg das Büro 21 am Villacher Ring 21, dem sich umgehend Klaus Holler, Karl Murero und andere in wechselnden Teambildungen anschließen. Die Dreiländerbiennale *Trigon* ist 1969 unter dem Motto *Architektur und Freiheit* erstmals auf experimentelle Städtebau- und Architekturkonzepte ausgerichtet. Hans Bischoffshausens Idealprojekt *Million 2001* – eine Kette von trichterförmig terrassierten Stadteinheiten

20 Zehn Briefe von Bischoffshausen mit Skizzen und Plänen, beginnend im Februar 1965; Archiv Hildebrand

21 F. Orsini-Rosenberg: »Auch Hack hatte Bilder von Bischoffshausen – diese maßstabslosen, vieldeutigen Strukturen –, und Bischoffshausens existenzieller Anspruch, seine Sozialutopie, hat Hack beeinflusst.« Siehe Anm. 6

22 Ebd.

für je 50.000 Menschen rings um einen See mit 12–15 km Durchmesser – wird von der internationalen Jury unter die 27 präsentierten Beiträge gewählt.[23] Mit diesem Projekt ist Bischoffshausen 1970 auch in der exklusiv der österreichischen Gegenwartsarchitektur gewidmeten Ausgabe der führenden französischen Fachzeitschrift *l'architecture d'aujourd'hui* vertreten, mitten unter Rainer, Schwanzer, Holzbauer, Domenig / Huth, Kurrent, Spalt, Hollein, Gsteu, Uhl, Schweighofer, den Windbrechtingers, Coop Himmelb(l)au, Heinz Tesar.[24] Mit Karl Hack ist er im Herbst 1970 geladener Referent am Österreichischen Architekturkongress im Looshaus in Payerbach. Unter den rund fünfzig Architekten und Theoretikern sind dort als weitere Exponenten raum- und architekturbezogener Kunst dabei: Karl Prantl, Maria Biljan-Bilger, Wander Bertoni.[25]

Nach dieser Klimax erfährt die Szene in Kärnten mit der Schließung der privat geführten Galerie Hildebrand Ende 1970 einen Rückschlag. Sie wird von 1973–84 in Vereinsform weitergeführt, hat neben Ausstellungen neue Schwerpunkte in Literaturlesungen, Filmvorführungen, zeitkritischen Referaten. In diese Zeit fällt 1976 eine letzte Ausstellung Bischoffshausens mit dem Titel *Integration* und seinen Vorschlägen für öffentliche Räume und städtebauliche Themen. Das Zentrum der Cross-over-Initiativen verlagert sich zum Büro 21. Viktor Rogy wird dort regelmäßig unangemeldeter, kritischer Gast; es kommt noch vor 1975 zu gemeinsamen Projekten des Büro 21 mit Rogy, mit der jungen Meina Schellander, mit Valentin Oman.[26]

1975 geht Orsini-Rosenberg aus familiären Gründen nach Wien, betreut dort bis Anfang der 1980er Jahre das Sekretariat der Österreichischen Gesellschaft für Architektur. Im März 1978 zeigt die Landesgalerie in Klagenfurt die große, von der ÖGFA redigierte Wanderausstellung *Österreichische Architektur 1945–75*. Zur Eröffnung spricht Prof. Anton Schweighofer aus Wien, Höhepunkt des Abends ist Michael Guttenbrunners Vortrag eines kultur- und architekturkritischen Essays unter dem Motto *Einschlägiges*.[27] Die Rolle des Vermittlers zwischen Disziplinen und Regionen in Kärnten übernimmt mehr und mehr Klaus Holler als Kurator von Kunstausstellungen und 1984–92 Organisator von Architekturausstellungen in der Kleinen Galerie des Künstlerhauses. In diese im Gesamtbild des Landes nach wie vor marginale, doch nun fast schon ›institutionalisierte‹ Diskursnische des erweiterten Architektur- und Kunstbegriffs bringen Klaus Mayr und Gernot Kulterer, ab 1987/88 vor allem Sonja Gasparin & Beny Meier frische Kräfte, neue Ausrichtungen, neue Kontinuität.[28]

23 In der Jury von *Trigon '69* wirkte auch Friedrich Kurrent; einer der preisgekrönten Beiträge war das »system einander« von J. G. Gsteu.

24 Marc Emery (Red.): *l'architecture d'aujour d'hui* 151, »Autriche«, Paris, Aug.–Sept. 1970

25 ÖGFA (Hg.): *Österreichischer Architekturkongreß 1970*, Looshaus in Payerbach, Kongreßbericht, Wien o. J.

26 Wettbewerbsprojekt Autobahnrastplatz Sternberg von Meina Schellander und Otto Eder mit Büro 21, 1975; im selben Jahr Wettbewerbsprojekt des Büro 21 mit Viktor Rogy für eine Wasser-Gestaltung, Arkadenhof der Burg, Klagenfurt; Klaus Holler und Karl Murero integrierten in der ab 1972 konzipierten Wohnanlage Priesneggerstraße / Klagenfurt eine Platzgestaltung von Schellander. Eine nicht mehr erhaltene Arbeit von Orsini-Rosenberg mit Valentin Oman war die Gestaltung der Kapelle im Diözesanhaus Klagenfurt von 1985.

27 Michael Guttenbrunner: *Einschlägiges*, 15-seitiges Typoskript, vervielfältigt von der Österreichischen Gesellschaft für Architektur; Archiv Orsini-Rosenberg

28 Dokumentation dieser Phase von 1984–92 in: Napoleonstadel, Kärntens Haus der Architektur (Hg.): *Architektur – Kultureller Auftrag, Kleine Galerie im Künstlerhaus 1985–1992*, Klagenfurt 1995

Die Genealogie des regionalen Netzwerkes Kunst-Architektur nach 1950 ist damit umrissen. Die Entwicklung seither basiert darauf; die meisten Akteure sind bis in die jüngste Vergangenheit aktiv. Parallel und vermischt existieren mehrere andere, kleinere oder sporadische Biotope dieser Art: die spektakuläre Bau-Allianz Kolig-Kovatsch (Haus über dem Ossiachersee), die Szene um Giselbert Hoke, Edmund und Tomas Hoke, um Klaus Mayr, Inge Vavra; es gibt etliche Künstler, die auch Architektur machen – Hofmeister (Quellen-Museum u. a.), Kolig (Paradies), Rogy (Café OM[29], Intervention Evangelische Kirche Villach) – oder Architekten, die sich zu Künstlern wandeln wie Karl Vouk; Günther Domenig war und ist beides in Personalunion. Hans Bischoffshausen wurde vom Architekturstudenten zum Künstler europäischen Formats, um dieses Terrain wiederum mit einer seine Umgebung nachhaltig begeisternden, rücksichtslos ›verschwendeten‹ Vehemenz zu relativieren, zu überschreiten in Richtung einer gesellschafts-lebens-künstlerischen Vision des Planens und Bauens.

29 Das von Viktor Rogy mit Bella Ban gestaltete und geführte Lokal Café OM in Klagenfurt erhielt einen Anerkennungspreis im Rahmen des Kärntner Landesbaupreises 1998. Die aus einem Wettbewerb hervorgegangene Neugestaltung der Evangelischen Kirche in Villach von Viktor Rogy betreute 2001 Klaus Holler im Bereich der technischen Umsetzung und Bauleitung.

Eva Rubin

Unpubliziertes Typoskript. Brief an Architekt Gernot Kulterer zur Landeskulturpreisvergabe an Eva Rubin, 2009

Eva Rubin konnte in Kärnten in den gut drei Jahrzehnten ihres Wirkens bisher nicht allzu viel realisieren. Doch jeder ihrer Bauten, von einer kaum zimmergroßen Badehütte bis hin zur großen Siedlungsanlage, brachte für das moderne Bauen in Kärnten essentielle Aussagen zur Geltung.

Es sind dies eben nicht die vordergründig greifbaren, visuellen Botschaften, die materiellen und formalen Reize von Baukunst. Es ist vielmehr die heute (leider) seltene Fähigkeit, die gegebenen Fakten und Potentiale eines Bauplatzes, eines natürlichen Geländes, einer bestehenden Baustruktur zu erkennen, aufzugreifen und mit stofflich einfachen, doch gestalterisch komplexen Mitteln in unverwechselbare Orte, in wohnbare Raumsequenzen zu transformieren.

Gerade in der vielfältigen, reich bewegten Topografie des Landes hat jeder Platz in sich besondere Faktoren, Möglichkeiten optimaler Ausprägung in humaner Nutzung und Überformung, ob in freier Natur, ob an den besonders sensiblen Schnittstellen zwischen Wasser und Land, ob im alten Gefüge oder am fragilen Rand der Orte und Städte …

In diesem Sinne bieten die Bauten von Eva Rubin nicht auftrumpfende Manifeste, sondern äußerlich gleichsam fast ›unsichtbare‹, doch im Angebot der Lebbarkeit von Räumen – als Schnittstellen zwischen Innen und Außen, zwischen Gehäuse und Natur, zwischen den Zyklen des Tages, des Jahres und den Zyklen humanen Werkens und Lebens – ganz außerordentliche und vorbildliche Qualitäten.

Hinzu kommt Rubins Vorliebe für möglichst naturnahe Materialien und eine bewusst einfache Sprache der Formen und Details. Dieses baukünstlerische Ethos – auch als ganz eigene Fortführung und Aktualisierung der Maximen ihres Vaters, Roland Rainer – verficht Eva Rubin von Anbeginn ihres Wirkens hier ebenso leidenschaftlich wie kompromisslos. Deshalb hat sie dem Land bisher nicht allzu viel, dieses ihr wiederum umso mehr zu danken.

Eva Rubin, Wohnhausanlage
Moosburg–Tigring, 2001
Fotos: Eva Rubin

Perspektivwechsel angesagt

Erschienen in Haus der Architektur Graz Hg. *jahrbuch.architektur. HDA. graz 04/05*. Gestaltung: die Organisation, Graz (Graz 2005)

An Architekturpublikationen herrscht hierzulande kein Mangel. Was seit langem fehlt, ist die präzisere Einstellung auf differenziert wahrzunehmende Zielgruppen sowie eine reflexive Befassung mit der Eigengesetzlichkeit medialer Darstellung von Bauten und Bauprozessen. In der Steiermark gab es beachtliche Initiativen der Architekturvermittlung ›an Ort und Stelle‹ – Exkursionen zu neuen Bauten, die breiteren Interessentenschichten authentische Einblicke in die Qualität von Baukunst geben konnten. Das direkte Erleben von Räumen ist für deren Beurteilung, Erkenntnis, Wertschätzung und Kritik durch keine mediale Dokumentation oder Erfahrung ersetzbar. Es sollte – bei diesem Anlass angemerkt – unbedingt weiter kompetent angeboten, ja als Vermittlungsangebot ausgeweitet werden.

Andererseits ist die Steiermark, im speziellen Graz, seit Jahrzehnten ein europäisches Zentrum der Auseinandersetzung mit den Wechselwirkungen zwischen unvermittelter und vermittelter Wirklichkeit durch Fotografie, Text, Film, Video. Es erstaunt, dass Architekturpublizistik und Architekturfotografie von den Diskursen etwa rund um *Camera Austria* offenbar unberührt blieben. Das Schreiben über und Abbilden von Architektur, Stadt, Leben mit Räumen blieb eine sehr autonome Fachnische, weitgehend auf die puristischen Interessen der PlanerInnen bezogen. Die Rolle des medialen Bildes, auch der textlichen Ansprache, ist für die Konstruktion von Wirklichkeit, von kommunikativen Aneignungen, keineswegs marginal. Sie wird freilich dann autistisch, wenn diese Medien – unter dem ökonomischen und ästhetischen Druck der Profession – sich zu glatten, ungestörten und letztlich unverbindlichen Selbstdarstellungen verengen.

Ein neu konzipiertes *Jahrbuch zur Baukunst* in der Steiermark könnte eine zweifache Chance bieten: Erstens, um im angesprochenen Sinn Alternativen zu den eingeschliffenen Formen von Architekturdokumentation zu entwickeln; das würde zum Beispiel bedeuten, dass hier die Mittel und der Platz geboten werden könnten, um eine kritische, sensitive, kreative, auch reportagehafte Fotografie einzubeziehen, die nicht bloß die Ästhetik von Bauten zelebriert, sondern die Ästhetik dessen, was Bauten durch ihre genuine Qualität ja produzieren und provozieren – Perspektivwechsel in ihrem gesamten räumlichen Kontext, neue Lebensvorgänge, Alltagsmomente, subversive oder intuitive Aneignung, produktive Missverständnisse, Poesie des geglückten, beiläufigen Funktionierens, Rhythmen der Tages- und Jahreszyklen, und so weiter.

Ähnliches gilt natürlich für die Textebenen, die sich vom üblichen Jargon, vom Nachbeten und Abfeiern der fachinternen Ansprüche lösen könnten und auch freiere, differenziertere, aber auch konkretere, kontroverse Zugänge ansprechen, ermöglichen sollten. Und zweitens könnte so ein Jahrbuch – mit speziellen Budgets und längerfristigen Planungsoptionen ausgestattet – eine regelmäßigere, strukturellere Vernetzung der Diskurse zwischen ›Produzenten‹ und ›Konsumenten‹ aufbauen; ein Forum des spannend in Szene gesetzten Nebeneinanders des ganzen Spektrums systemisch-technologischer Brillanz, politisch / behördlicher Steuerungs(ohn)macht, chaotischem Rauschen des Alltags und den partikularen Universen individueller Befindlichkeiten.

Die steirische Architekturszene ist durch starken Individualismus, durch Mut zum bedingungslosen Experiment und radikalen Bruch mit Konventionen berühmt geworden. Im letzten Jahrzehnt hatte es den Anschein, als seien diese Tugenden ins Hintertreffen geraten gegenüber einem wiedererstarkten Konformismus. Auch das ist wohl ein allzu einfacher, eindimensionaler Befund. Denn das in diesem ersten Jahrbuch vorgestellte Bukett neuer Bauten – aus Zeitnot noch weitgehend im gewohnten Schema solcher Publikationen – belegt jedenfalls eines ganz klar: die schillernde Provokation inzwischen legendär gewordener Bauereignisse mag fehlen, dafür ist eine inhaltliche Verbreiterung und personelle Verdichtung qualitativ hochwertiger Leistungen zu sehen. Es gibt weniger bravouröse ›Saltos ohne Netz‹, dafür eine profunde Ausweitung und Eroberung von Kompetenzen, die früher der spektakulären Geste wegen mitunter geringer geschätzt wurden. Wo einmal Solisten vorpreschten und brillierten, ist jetzt ein vieldimensionaler orchestraler Klang spürbar – die Musik ist eine andere, sie polarisiert weniger, erreicht dafür aber in vieler Hinsicht mehr Resonanzflächen …

All die geglückten, enorm komplexen und unterschiedlichen Biografien außergewöhnlicher Bauwerke im Einzelnen durch eine neue Publikationsform zu thematisieren, auszukosten, weiterzudenken – über die rein fachimmanenten Stilisierungsreflexe hinaus –, das könnte ganz gewiss mithelfen, die Vielfalt baukünstlerischer Qualität in diesem Land zu fördern – oder zumindest in adäquater Weise zu würdigen.

Von: <otto kapfinger>
Datum: 23. September 2010 11:41:14 GMT+02:00
An: <eva guttmann_hda>, <martin rauch>, <hans gangoly> und 4 weitere
Betreff: nachklang ausstellung martin rauch – erosion im HDA graz

in meiner rede habe ich mich, vom titel »erosion« angestachelt, semantisch ein bisschen hinausgelehnt und versucht, über die normal eher negative konnotation von »erosion« hinauszugehen und mittels wort-brückenschlag über »transformation« und »metamorphose« auf die unablässig vitalen umwandlungsprozesse der natur hinzuleiten.

die erste literarisch künstlerische fassung dieser ewigen, lustvollen, belohnenden aber auch bestrafenden »metamorphosen« mythologischer deutung führte mich dann zu dem römischen dichter ovid und dessen gleichnamigem hauptwerk, wo eben herrlich gezeigt wird, dass alle solche »verwandlungen« , versteinerungen, vertierungen, verpflanzungen, vergöttlichungen, verwerfungen, verschmelzungen ihre ursache in einem emotionalen begehren der (menschlichen) natur haben, dessen motor der »eros« ist, der vorwärtsdrängende, entwicklungs- und schaffensbegierige unbewusste »wille« alles lebendigen, aller kräfte im kosmos – zu leben, zu wachsen, zu lieben, sich zu verausgaben, zu verströmen, zu interagieren, weiterzuleben – in welcher form immer, am besten in einer besseren. – so also dann meine erweiterte lektüre von »erosion« als »EROSion«

das ganze hat freilich neben dem poetischen höhenflug eine sehr konkrete wahrheit und dimension in bezug auf das bauen mit erde – und das habe ich im eifer ganz vergessen als konklusion auszusprechen. denn es ist ja die einmalige qualität dieser aus erde gefügten sachen, – ihr physischer und psychisch wirksamer »eros« –, dass dieses material, so pur verarbeitet, so unvergleichliche »sinnliche« ausstrahlungen und wirksamkeiten hat, die in außerordentlicher konkordanz mit unserer leiblichen befindlichkeit stehen.

martin hat es nachher angesprochen – dass eine lehmwand immer so viel »lebendiges« wasser in sich gespeichert hat, und deshalb in der regulierung der luftfeuchtigkeit von räumen, in der atmungsfähigkeit, in der wohltuenden haptik beim angreifen, beim begehen usw. wie kein anderes material, sogar über holz hinaus, mit den physiologischen qualitäten und bedürfnissen unserer körperlichkeit (und auch »gemüt«-lichkeit) korrespondiert. der lehmboden, die lehmwand steht in bestmöglicher aktiver resonanz mit den sinnlichen, physiologischen systemen unserer körperlichkeit.

in der ausstellung wäre es direkt auszuprobieren: da ist einerseits der ganz glatte, knallharte terrazzoboden des mittelgangs, und daneben der mit erde beschichtete boden der ausstellungszone – der erdteppich, und in dem noch ein etwas gröberes segment eines mehr körnigen lehmbodens, und an der glatten weißen wand dieser grobe wandteppich des großen lehmfertigteils, der unwillkürlich zum begreifen, zum betasten anregt!

ich hätte die leute auffordern sollen, dass sie da mehrmals hin- und hergehen und spüren, was in ihrem körper, in ihren tast- und gleichgewichtssinnen passiert, wenn sie auf dem terrazzo gehen und stehen, oder auf dem erdteppich, oder auf der noch etwas »unebeneren« erdmatte – wir haben wohl den spiegelnden, superglatten terrazzo recht gern, weil sich unsere füße da keine sorgen machen müssen, nicht aufpassen müssen, aber wie spielt sich das wirklich ab: akustisch ist es das harte, klappernde »tak-tak-tak-tak« – das jacques tati in seinen letzten filmen über das moderne paris oder über »mon oncle« so schlagend witzig persifliert hat, und physisch ist die ermüdung beim stehen auf diesem harten, komplett versiegelten boden einfach sehr anstrengend – beweis und erfahrung aus vielen unseren modernen museen, wo statt holzböden diese terrazzoböden liegen, und man nach 30 min. stehen und gehen rückenbeschwerden bekommt, viel schneller als beim federnden holzboden – weil die resonanz zwischen material und körper einfach abgeschnitten und eindimensional ist.

auf dem erdteppich hingegen, nicht ganz so glatt, ein spur uneben, haben unsere füße (und alle damit verbundenen körpersinne) fast unmerklich etwas mehr zu tun, – die sehnen und muskeln sind variabler beansprucht, der kontakt ist vielfältiger, federnder – und deshalb auch die ermüdung langsamer, auch akustisch!!, ganz wichtig. und auf der »erdmatte« vollends geht und steht man wie auf einem waldboden, und was die füße spüren, teilt sich bis hinter die ohren allen muskeln und sehnen mit.

ich hätte meine geschichte schließlich noch besser an den anfang mit der erstbegegnung von martin-rauch-sachen in schlins rund machen können, indem ich von dem großen, zentralen lehmbau-herd-element dort im atelier gassner erzählt hätte – wo wir jeden tag, wenn ich über die jahre dort war, immer wieder beim kaffee gestanden sind, bei der jause, die zeitungen geblättert haben, an der wasserstelle wasser geholt, und ich abends meine kleider dort abgelegt habe – das war doch der wohlfühlort im atelier, auch weil wir die so schön erdrot farbigen flächen und geglätteten, aber nicht starr versiegelten kanten unbewusst so gerne berührten, anfassten, die gläser darauf herumschoben, die leichte wärme im winter spürten, wenn der ofen geheizt war, und sonst auch spürten, dass im sommer das angreifen dieses materials leicht kühlte, aber den händen niemals wärme entzog – wie es eine betonfläche, oder eine terrazzofläche oder eine nirostafläche oder eine versinterte fliesenfläche sicher tun würde – reinhard hat das vor vielen jahren als sein taktiles aha-erlebnis mit lehmwänden beschrieben – uns so wurde ich auch in seinem atelier durch den umgang mit diesem marmorartigen, aber eben nicht marmorkalten herd- und tisch- und barelement so langsam und subkutan vom anfänglichen saulus zu einem paulus für martins moderne lehmbaukunst … solches bauen mit erde ist – kurz gesagt – »low tech mit high touch und high performance«. ethos und eros des gestaltens und nutzens sind in balance, in guter resonanz mit unserer natur im speziellen – und der größeren natur im allgemeinen.

das wollte ich euch noch als »encore« oder zugabe im nachhinein widmen.
herzlichen dank für diesen abend, diese initiative, diese ausstellung und den gewinn, den ich wieder daraus ziehen konnte, und möglichst viele besucherinnen ebenso mitnehmen könnten und sollten!
lg
ok

HDA, 22. September 2010 – Hans Gangoly,
OK, Martin Rauch, Marta Rauch-Debevec
Foto: Florian Lierzer/HDA

Von: <otto kapfinger>
Datum: 7. Dezember 2013 12:37:11 GMT+02:00
An: <jan tabor>, <anselm wagner> und 20 weitere …
Betreff: Kommentar zur Buchvorstellung »haus zankel von konrad frey« in der IG Architektur, Wien

guten morgen allseits!

unter der frischen ägide von anselm wagner am institut für architekturtheorie der tu graz zeigt sich eine beachtliche, theoretisch-kritische reflexion der neueren geschichte der architektur in / aus graz. als zweites produkt dessen wurde gestern in der ig-architektur in wien das buch über das haus zankel von konrad frey vorgestellt. die von jan tabor in bewährter unorthodoxie geleitete diskussion mit frey und wagner, mit ingrid böck als mitherausgeberin und vertreterinnen jener studentinnengruppe, welche eine profunde dokumentation des oberhalb von genf am jura gelegenen hauses erarbeitet hat, verlief höchst anregend – allerdings in eher kleinem, ›familiärem› rahmen.
besondere würze hatte die sache darin, dass mit dem ehepaar lenkh authentische kenner – und zeitweise nutzer – des hauses das wort ergriffen, und dass konrad frey selbst in für architekten ungewohnt offener weise kritische stellungnahmen einforderte – und auch in extenso selbst von der intensiven, fordernden kooperation mit dem bauherrn berichtete, aber auch vom (leicht tragischen) scheitern der kommunikation mit der bauherrin.

frey fiel für mich schon immer aus dem in den 1980er jahren aufgebauten mythos der »grazer schule« heraus und steht zu unrecht sehr im schatten von formal und szenepolitisch viel auffälligeren akteuren dieser szene. dass wagner nach der sehr ergiebigen tour d'horizon ›was bleibt von der grazer schule‹ eine erste einzelstudie nun diesem experimentellen, heute zum verkauf stehenden und sehr reparaturbedürftigen unikat widmet, bürstet nur konsequent die bisherige historiografie weiter gegen den strich.

frey am nächsten stehen für mich – mit allen differenzen – am ehesten gerngross und wolf-plottegg in seiner generation, in der nächsten, schon mit mehr einschränkungen, giencke, in der übernächsten wohl feyferlik / fritzer, mitterberger …

wie frey selbst betont, orientierte sich seine haltung unter anderem sehr an cedric price, den er in seinem jahrzehnt in london mit florian beigel aus nächster nähe wahrnehmen konnte, sie ist für mich aber auch eine art entdogmatisierte, spielerische variante zu banhams »architecture of the well-tempered environment« oder unpathetische paraphrase zu fullers systemischen visionen.
neben den vielen erhellenden reflexionen in dem buch zur singulären, langen entstehungsgeschichte und auch zum theoretischen umfeld des hauses fällt spontan eines auf: für mich spielen im hintergrund auch viele qualitäten der osmanischen haustypologien mit, auch das konzept der

altjapanischen häuser als leichter wetterschirm, als dritte, ephemere haut; man könnte es sogar auch als neue exegese der semperschen urhütte sehen, mit der massiven plattform, dem pfostenwerk des stützgerüstes, und der leicht gewebten, membranenhaften hülle … ist es nicht wie ein etwas massiver gewirktes zelt, ein osmotischer wetter- und sichtschirm samt thermisch aktiv gemachter fundierung und gewandung?

frey (und zankel) collagierten da technische innovationen mit akzidentistischen aspekten und teils ironisch eingesetzten retro-details. es ist ein ›gerät‹, das freien aufenthalt bietet, und eben nicht den bürgerlichen kokon, das etui, obwohl es auch mit solchen andeutungen spielt, es ist eine sehr präzise komposition in ort und terrain, dennoch zugleich leicht und fragil, ephemer wie ein zelt – und so auch mit dem bauphysikalischen ablaufdatum versehen und damit ohne die allgemeingültigkeit einer nachhaltigen betriebssicherheit …
»das unbekannte meisterwerk der grazer schule«?? – wie am buchdeckel vermerkt? frey selbst würde sowohl die ›meisterwürde‹ als auch die etikettierung als erster scharf zurückweisen. – was ihn einmal mehr als jene nachdenkliche, kreativ eigenständige, mit witz und selbstdistanz ausgestattete persönlichkeit auszeichnet, die in der szene sich niemals vorgedrängt hatte und letztlich aus meiner sicht dort viel zu wenig adäquate, gleiche chancen für realisierungen oder lehrmöglichkeiten erhalten hatte.

ein sehr empfehlenswertes buch, ein sehr anregender, nachdenklich machender und zugleich sehr inspirierender abend.

mit dank an die beteiligten
und herzlichem gruß
otto kapfinger

Transparenter Raum

Zur Architektur von Klaus Kada

Erschienen in Otto Kapfinger. *Klaus Kada* [Porträts österreichischer Architekten, Bd. 4] Hg. Architekturzentrum Wien (Wien–New York 2000)

Klaus Kada zählt zu den renommierten österreichischen Architekten mit internationaler Ausstrahlung. Er verbindet in seinen Bauten kontextuelle Analysen mit kraftvollen Raumkonzepten, technologische Innovation mit poetischen Details. Seine gestalterische Maxime ist die Luzidität von Programm, Struktur, Raum und Bewegung – eine wechselseitige ›Durchsichtigkeit‹ aller gestalterischen Faktoren, die über die rein technische, wörtlich verstandene Transparenz hinausreicht. Seine Architektur sucht nicht die expressive Bauplastik, nicht das Drama von Licht und Schatten auf der Materialität der Volumen. Sie formt aus dem informellen, allgegenwärtigen Raum jeweils spezifische Aggregatzustände der Diffusion zwischen Innen und Außen. Und sie bewerkstelligt dies durch die Auflösung der herkömmlichen Tektonik, durch ein komplexes Spiel von Hüll- und Reflexionsflächen, von transparenten, transluzenten oder opaken Membranen. Nicht die materielle Präsenz dieser Bauten oder ihre konstruktive Eleganz an sich ist ästhetisch. Kadas Œuvre folgt einem Leitbild von Baukunst, das am ehesten mit dem von László Moholy-Nagy geprägten Begriff vom »Licht-Raum-Modulator« zu fassen ist. In diesem Sinne reflektiert Kada Positionen der klassischen Moderne und fügt dieser seine persönliche Sicht und eine aktuelle Schicht hinzu.

So gesehen ist es eine Ironie der Rezeptionsgeschichte, dass Kada noch bis vor kurzem unter dem Schlagwort der ›Grazer Schule‹ eingeordnet wurde. Denn die expressive, anthropomorphe oder biomorphe Gestik, die von den 70er bis zur Mitte der 80er Jahre die Szene um Günther Domenig, Eilfried Huth, Michael Szyszkowitz und Karla Kowalski geprägt hat – diese expressiv-vitalistische Modellierung des Gebauten stand konträr zu Kadas Absichten, auch seiner ersten und frühen Bauten. Man hat diesen Widerspruch bald schon wahrgenommen, sich jedoch damit begnügt, auf Kadas Sonderstellung hinzuweisen.

Manifest wurde diese Eigenständigkeit spätestens 1987 mit dem Glasmuseum in Bärnbach, das ein Schlüsselwerk in seinem Œuvre darstellt, aber auch einen Wendepunkt in der Szene in und um Graz markiert. Im Kontrast zur Stahlbetonstruktur einer alten Industrieanlage konzipierte Kada dort eine Peripherie von Zubauten aus großformatigen

Scheiben, die sowohl vom Altbau als auch voneinander durch verglaste Zäsuren horizontal und vertikal auf Distanz gerückt sind. So kreist nun um das robuste Skelett des früheren Generatorenhauses ein lockeres Gefüge aus transparenten, luminosen und opaken Platten, die durch filigrane Stahlkonstruktionen untereinander verspannt und mit dem Altbau ›auf Abstand‹ verknüpft sind.

In Bärnbach – begünstigt durch die Aufgabenstellung – thematisierte Kada so radikal wie nie zuvor seine Raumvorstellung. Im Gegensatz zu einer Architekturauffassung, die kompakte Körper definiert oder ein Raumprogramm in differenzierte skulpturale Gestalt setzt, folgt er einer Architekturhaltung, die danach trachtet, die Gebäudemasse in unabhängige Flächenteile aufzulösen, den Raum aus einer Choreographie von Schichten und Flächen aufzuspannen und eine Durchdringung von Außen- und Innenraum entstehen zu lassen. Die Transparenz aller Übergänge und Raumgelenke zu erreichen, ist hier das Ziel. An keiner Stelle soll der Bezug zum Außenraum verlorengehen, an keiner Stelle soll der rhythmische Fluss von Licht und Raum durch eine tektonisch-massiv aufgefasste Wand unterbrochen werden. Jede Hüllfläche des Gebäudes, ob horizontal oder vertikal, ist da im ganzen Wortsinn *transitorisch* aufgefasst und ist auf ihre Vermittlung zwischen ›Davor‹ und ›Dahinter‹, zwischen Auflicht und Durchlicht hin relativiert.

In Bärnbach zeigen sich darüber hinaus zwei weitere Qualitäten, die Kadas Entwurfsmethode bestimmen. Zum einen das präzise Reagieren auf städtebauliche und landschaftliche Bedingungen: Die vom Altbau ausstrahlenden Hüllflächen sind auf den Straßenverlauf und die vorbeiführende Bahnlinie orientiert. Das Foyer mit der großen Glasfront blickt direkt zum Stadtkern und saugt den öffentlichen Raum gleichsam in die Tiefe des Museumsraums. Zum anderen der Drang zur technischen Innovation, wo diese vom inhaltlichen Konzept gefordert ist: Die zehn Meter hohe Straßenfront der Eingangshalle – innen durch Glasrippen versteift und mit wenigen Metallhalterungen und Stahlseilen verzurrt – war damals die größte sprossenlose Glaswand in Österreich. Ihre Details und die statischen Berechnungen wurden im Atelier Kada selbst entwickelt, bevor noch die standardisierten Planar-Systeme am Markt waren. So entfaltete der ganze Neubau nicht nur ein dem Baustoff Glas genuines Raumkonzept, sondern demonstrierte mit dem großen ›Glasplakat‹ als Entree auch eine anwendungstechnische Novität.

Zur Positionierung seiner Haltung im größeren Spektrum der Moderne verwies Kada bei seiner Antrittsvorlesung an der Technischen

Hochschule Aachen auf das »Realistische Manifest« der Bildhauer Naum Gabo und Antoine Pevsner. Diese architektur-›fremde‹ Referenz mag verwundern, sie trifft aber den Nagel auf den Kopf. Denn Gabo ersetzte die klassische Auffassung von Skulptur – als plastisch geformte Masse – mit der Idee der konstruktivistischen Plastik als raumbildendes Gefüge ebener Flächen. Damit begründete er ein explizit ins Architektonische weisendes Raumverständnis, in dessen Zentrum sich auch Kadas Baukunst bewegt. Gabo konstruierte als erster Bildhauer eine Dreidimensionalität im Raum mit zweidimensionalen Mitteln und transportierte die malerischen Prinzipien des Kubismus in den Bereich der Skulptur.

Die Ent-Körperlichung der Architektur hatte freilich schon zwei Jahrzehnte früher eingesetzt. Mit Frank Lloyd Wright begann die Entkoppelung des tektonischen Zusammenhangs zwischen Wand und Decke / Dach. Wright hatte als erster den schachtelförmigen Raum überwunden, indem er die Ecken auflöste, die Abstützung der Decke von den Außenkanten ins Innere zurückzog und die Wände mit Fensterbändern von der Decke (bzw. vom Dach) isolierte.

Mit Wright begann die Umwertung der Wand – von der massiven Mauer zu einem raumöffnenden Schirm; Wände und Decken, vertikale und horizontale Hüllen der Gebäude wurden zu tendenziell autonomen Elementen. Die alte Dichotomie zwischen dem objekthaft gesetzten Bau und dem umgebenden Raum entspannte sich. Wände und Decken fungierten als Vektoren eines dosierten ›Fließens‹ zwischen Außen und Innen. Wright verwandelte die traditionelle Tektonik in jene raumgreifende, den Raumfluss steuernde und filternde Struktur geschichteter Flächen und Membranen, die bei ihrer ersten Publikation in der europäischen Szene um 1910 Furore machte.

Eine ähnliche Entwicklung hatte gerade im Baukunstlaboratorium der Wagner-Schule begonnen. Doch es war wohl der Eindruck, den Wrights *Wasmuth-Mappe* auch in Wien hinterließ, der den jungen Wagner-Schüler Rudolf M. Schindler in einem Manifest 1912 zu der Formulierung inspirierte: »Wir haben keine statisch-bildfähige Baumaterial-Masse mehr. Der moderne Architekt deutet den Raum – und bildet ihn mit Wand- und Decken-*Platten.*«

Von diesen Grundsätzen aus entfaltete sich einer der Hauptstränge der Architektur des 20. Jahrhunderts – über die De-Stijl-Gruppe, das Bauhaus, die Mies van der Rohe-Schule und die Kalifornische Moderne –, bis mit dem späten Internationalen Stil der Weg wieder in die Nähe des Ursprungs zurückführte: zu den einfachen ›Schachteln‹, nur diesmal eben ganz aus Glas..., und das Pendel schwang zurück. Als Antwort auf diese Regression in die Abstraktheit verlegte die Ära nach dem Internationalen Stil ihr Interesse wieder auf den Objektcharakter und auf den skulpturalen, bildhaften Ausdruck des Gebauten. Aus dieser Schleife führte in den 70er und 80er Jahren ein neuer Zyklus heraus, der die modernen Positionen aber nicht - wie verschiedene Spielarten der Postmoderne - als Stil rekapitulierte, sondern sie mit neuen Technologien und mit funktionellen, sozialen und urbanistischen Recherchen neuerlich schärfte und vertiefte.

Was unterscheidet nun Kadas ›transparente Räume‹ von der klassischen Moderne? Wo liegt der Fortschritt zum Gewoge der autonomen Flächen bei Rietveld und van Doesburg? Und wo unterscheidet er sich vom Technizismus der High-Tech-Fetischisten? Die Antworten liegen auf der Hand. Für die Proponenten von De Stijl, auch für Gropius und noch mehr für Mies van der Rohe war der durchgängige, universelle Stil vom Städtebau bis zum Klingelknopf das Ideal. Diese Moderne wollte eine homogene neue Welt, gestaltet aus dem künstlerischen Apriori abstrakter Ideen. Gegenüber dieser Vision wurde die Realität des Konstruktiven, des Funktionellen, des Sozialen vielfach sekundär, wurde die unumkehrbare Inhomogenität der industrialisierten Welt nicht mehr wahrgenommen. So wurde die Transparenz der Klassiker eigentlich zum Blindfeld, zur wunderschönen Mattscheibe. Rietveld wurde vom Tischler zum Baukünstler, der Mondrians Malerei zum bewohnbaren Bildraum machte. Loos hatte gerade den umgekehrten Weg gefordert. Und unter der Brillanz der Mies'schen Flächen und Materialien versteckte sich eine gezwungene Wirklichkeit der Konstruktion und der Benutzbarkeit...

Klaus Kada, Festspielhaus St. Pölten, 1997
Foto: Margherita Spiluttini

Kada zählt zu jenen, welche den Idealismus, das Feuer der Moderne weitertragen, ohne sich um die Asche der stilistischen, künstlerischen Dogmen zu kümmern. Er holt das Bild des transparenten Raums zurück auf die pragmatische Ebene der an jedem Punkt spürbaren Balance zwischen Raumkonzept, Konstruktion und Brauchbarkeit. Seine Differenz zum Rationalismus der Technizisten wiederum liegt - mit umgekehrter Perspektive - in exakt denselben Qualitäten. Technologie und Konstruktion sind in seinen Händen nicht unhinterfragbare Maximen, sondern intelligent, kritisch und poetisch brauchbare Werkzeuge zur Realisierung einer humanen, ortsgebundenen und ortsbildenden Architektur, die deshalb - und eben deshalb - modern ist, weil sie konkret macht, was Josef Frank einmal als Maxime formulierte: Modern sei kein Stil - »Modern ist nur, was uns absolute Freiheit gibt.«

Zwischen LKW und Formel 1

Zur Architektur von Gerhard Mitterberger

Erschienen in Otto Kapfinger. *Emerging Architecture / Kommende Architektur 2. 10 More Architects*. Hg. Architekturzentrum Wien (Wien – New York 2002)

In einem von alpinen Regionen geprägten und von deren Vermarktung abhängigen Land ist der Umgang mit Natur ein Gradmesser der kulturellen Reife. Gerhard Mitterberger hat bisher einige Bauten für Sommer- und Wintersport realisiert sowie Umbauten historischer Anlagen, die ja ebenfalls – wie etwa die Burgen und Schlösser – längst in die Motivik des Naturschönen integriert sind.

Mitterbergers Umgang mit solchen Aufgaben unterscheidet sich drastisch von den folkloristischen oder modernistischen Klischees, die heute in diesem Genre dominieren. Seine Eingriffe in gewachsene oder gebaute Substanz sind punktgenau, unsentimental, ungeschönt. Sie betonen den instrumentellen Charakter dieser Anlagen, sie speisen sich nicht aus heroischen oder idealisierenden Ideologien. Ihr Hintergrund ist eher die Welt der Sportplatzbaracken, der Bühnenprovisorien, der Sicherungsbauten an Lawinenhängen; es ist die effiziente Welt der Biwakausrüstungen, der landwirtschaftlichen Maschinen, der Wildbachregulierungen, der Überland-Leitungsmasten, der Bahnsteig-Kioske, der Sprungplattformen der Drachenflieger: Technik pur – ohne ›Design‹.

Gerhard Mitterberger, Sportzentrum Stallhofen, 1999. Foto: Zita Oberwalder

Eine Sportanlage, wie Mitterberger sie 1999 im steirischen Stallhofen realisierte, überträgt die Intelligenz eines ›Leatherman-Sets‹ in den großen Maßstab, auf die sportive Konditionierung von Landschaft, verbindet ein präzises, alle Aufwände sorgfältig rationalisierendes Konzept mit der Direktheit und Robustheit der Mittel und Materialien.

Bauen in den Alpen meint hier die Umkehrung der gewohnten Designtransfers: die Rückprojektion der Sachlichkeit der Gipfelbereiche in die Tallagen anstelle der pseudorustikalen Verniedlichung von Natur. Dass Mitterberger eine Karriere als Extrembergsteiger hinter sich hatte, ehe er zu bauen begann, spielt in diesem Zusammenhang eine Rolle, er selbst will es nicht überbewerten.

Wie er mit knappen Schnitten, mit Stahlklammern und Gitterrosten, mit balanciernden Stegen, Treppen und Unterfangungen sich bei seinen Ein- und Umbauten durch das ›Massiv‹ von Schloss Bruck hindurcharbeitete, das ist dem rationellen Vorgehen des Kletterers vergleichbar, der selbstverständlich die neueste Technologie benutzt, um möglichst rasch mit äußerster Schonung der Bergnatur neue Routen durch alte Felswände zu eröffnen. Wir sehen also in der Rolle des Architekten einen Freiluftmenschen, dem jede Einhausung prinzipiell als Provisorium gilt. »Zwischen LKW und Formel 1«, sagt Mitterberger, »so soll das Bauen sein: direkt, schnell, robust und en passant; elegant nicht durch Materialwert und Optik, sondern primär durch Effizienz.«

Entspannt grenzenlos

Zur Architektur von Wolfgang Feyferlik und Susanne Fritzer

Erschienen in Otto Kapfinger. *Emerging Architecture / Kommende Architektur 3. Beyond Architainment.* Hg. Architekturzentrum Wien. Gestaltung: Gabriele Lenz (Wien 2003)

Expression ist nicht ihre Sache, nicht die Grenzen ›sprengende‹ Form. Die frühen Bauten von Wolfgang Feyferlik und die nun in Partnerschaft mit Susanne Fritzer entstandenen bilden eine ›körperlose Architektur‹. Sie benutzen das Stoffliche von Struktur und Hülle so diskret, so porös wie möglich, um eine vom Stofflichen unbeschwerte Entfaltung räumlicher Totalität zu erreichen. Feyferlik nannte als Vision einmal die Möglichkeit, »ein Magnetfeld aufzubauen, das dem Menschen nicht schadet und gleichzeitig eine Trennung zwischen kaltem und warmem Bereich ergibt, dass also allein durch das Magnetfeld eine Hülle geschaffen wird, die dem behaglichen Bedürfnis des Menschen entspricht«.

Unter dieser Prämisse wird deutlich, wie er, im Team mit Fritzer, ein Minimum an materiellem Einsatz anstrebt, um die psycho-physiologischen Anforderungen von Behausungen herzustellen. Anders als in der klassischen Moderne wird das Material nicht abstrahiert; jeder Baustoff wird seinem Leistungsprofil gemäß angewendet und ausgereizt, spielerisch in seinen Potentialen erprobt. Überdies ist das Raumkontinuum im Konzept von Feyferlik / Fritzer nicht bloß horizontal isotrop, wie etwa bei Mies van der Rohe, der den offenen Raum als Sandwich zwischen einem Podium und abstrakt schwebenden Dachplatten formulierte. Noch ist es die dreidimensionale Heterotopie van Doesburg'scher Flächenkomposition, noch ist es gemorphte Atopie avancierter Membrantechnik.

Die entspannte, unpathetische Transparenz bei Feyferlik / Fritzer entsteht aus einfachen Schichten und Flächen. Diese sind so choreografiert und differenziert, dass eine vielfältig dosierte Durchdringung von Innen und Außen in allen drei Raumachsen eintritt. Das transitorische Moment erschöpft sich nicht in der Tendenz zu maximalem Glas, vielmehr werden alle Übergänge, Materialwechsel und Raumgelenke sorgfältig bearbeitet, um Offenheit, Spannung, Leichtigkeit und ›Flüssigkeit‹ funktionell und formal zu aktivieren. An keiner Stelle, auch in introvertierten Bereichen, soll der Fluss von Licht und Raum durch massiv / skulpturale Wände gebrochen werden. Jede Hüllfläche, horizontal oder vertikal, luzid oder opak, ist grenzenlos aufgefasst, nicht im Sinne von ›endlos‹, sondern mit der Tendenz des Aufhebens von Grenzen; selbst massive Teile sind als Paravents gedacht: schirmend, bergend, nie aber hermetisch.

In der Grazer Szene gehen Feyferlik / Fritzer eigene Wege, medial weniger präsent, wohl auch deshalb, weil diese Architektur keine spektakulären Fotos liefert, ist sie doch explizit als Filter nach Draußen konzipiert, als Instrument immaterieller Atmosphäre. Dass diese Haltung vom kleinen bis zum großen Maßstab durchträgt, zeigt die Trilogie der Kunsthausprojekte für Graz, Bozen und Brisbane: beeindruckende Statements der Diffusion von Stadtraum, Verkehrsraum und Kulturräumen.

Feyferlik/Fritzer, Modell Wettbewerbsbeitrag Kunsthaus Graz, 2000, Ankauf. Foto: Paul Ott

Salzburg ist anders – ganz anders, oder doch nicht

Selten gibt es eine derart widersprüchliche Situation, das Baugeschehen einer Region zu kommentieren. Es beginnt beim Geografischen. Zwischen Stadt Salzburg und Land Salzburg ›liegen Welten‹, was Niveau und Dichte der Auseinandersetzung mit modernem Bauen betrifft. Es setzt sich fort in der Landeshauptstadt selbst, im Zwiespalt zwischen dem zur Ikone erstarrten ›Bild‹ des historischen Kerns und der Wirklichkeit der im letzten Jahrhundert rundherum angelagerten, alltäglichen Peripherien. So wie das eine, die Geschichte, nur mehr in falscher Harmonie als ›heile Welt‹ hochstilisiert wird, als tourismuskonforme Kulisse des jährlich inszenierten ›Welttheaters‹, so ist komplementär dazu das andere, die Gegenwart, pauschal nur mehr als Katastrophe, als ästhetischer Sündenfall gebrandmarkt. Eine besondere Facette dieser Diskrepanzen liegt beispielsweise darin, dass für die Begutachtung von Veränderungen, von Neubauten im weltberühmten Altstadtbereich eine Kommission von lokalen Architekten verantwortlich ist, die dort auch planen und bauen dürfen, während für die übrige Stadt, für die Peripherien – die auch nicht anders sind als die von Florenz, Neapel oder Innsbruck – ein hochkarätiger, international besetzter Beirat tätig ist, dessen Mitglieder in ihrer Funktionsperiode ein lokales ›Planungsverbot‹ zu akzeptieren haben.

Erschienen in Initiative Architektur Salzburg Hg. *Salzburg besser bauen. Architekturreform. Die letzten 10 Jahre*. Gestaltung: A/H Haller (Salzburg 2003)

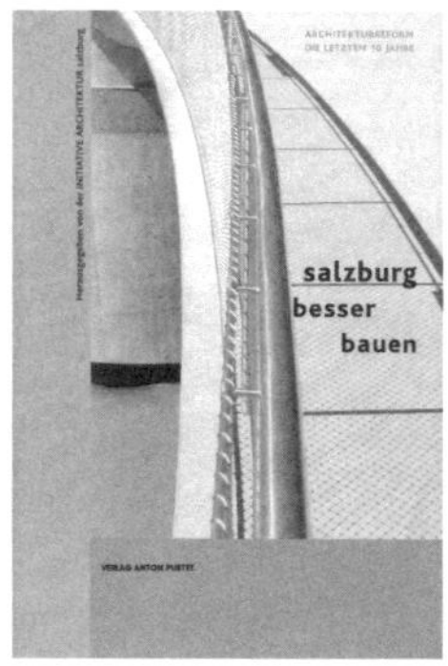

Noch 1980 stellte ein Kenner der Lage, Friedrich Achleitner, als Resümee seiner Bestandsaufnahme des 20. Jahrhunderts die Frage, »ob die Stadt Salzburg noch fähig sein wird, den Dialog mit der Architektur der Gegenwart wieder aufzunehmen«. Fünf Jahre später – Achleitner ist nun Mitglied im ersten, von Johannes Voggenhuber etablierten Gestaltungsbeirat – wird Salzburg plötzlich als Musterfall der Neubegründung urbaner Stadtbaukultur europaweit diskutiert, sind Kapazitäten aus Nord und Süd, Ost und West in ehrgeizige Studien und Bauvorhaben eingebunden. Kaum zwanzig Jahre später steht Salzburg erneut in überregionalen Schlagzeilen, jetzt mit einer Serie von planerischen und stadtpolitischen Skandalen, und der Kulturpublizist Peter Huemer erteilt in der führenden österreichischen Tageszeitung an auswärtige Architekten den Rat: »Meiden Sie Salzburg!«

Was ist da passiert? Was sind die Hintergründe für diese Wechselbäder, für solche Polaritäten und Verwerfungen? Gibt es jenseits oder unterhalb der Klischees und reißerischen Images noch eine Wahrheit, eine Wirklichkeit, eine Entwicklung, die mit all ihren Brüchen und Schwierigkeiten die Auseinandersetzung lohnt, ja mehr denn je benötigt? Solche und ähnliche Fragen bilden jedenfalls den Hintergrund und nicht zuletzt auch die Motivation für die vorliegende Dokumentation.

IN / AUS / NACH präsentiert jedenfalls eine Auswahl hochwertiger Bauten, die im Jahrzehnt seit 1993 in Stadt und Land Salzburg von ansässigen, auswärtigen oder von hier stammenden ArchitektInnen entstanden sind. Der Zeitrahmen umfasst zugleich den Aktivitätsraum der 1993 gestarteten »Initiative Architektur«, die auch diese Publikation und die ihr vorausgehende Wanderausstellung initiiert hat. Auf der Zeitachse um eine weitere Dekade zurückgespiegelt, markiert 1983 eben das Gründungsjahr des Salzburger Gestaltungsbeirats – den Beginn dessen, was als ›Architekturreform‹ damals begann und inzwischen schon wieder, im doppelten Wortsinn, ›legendär‹ erscheint.

Um die Szenarien zu verstehen, in denen die vorgestellten Leistungen durchzusetzen waren, können meine Einsichten aus fünfjähriger Salzburger Beiratstätigkeit Einstiegshilfen geben, sie wirklich auszuloten, wäre mehr als ein Dissertationsthema. Zuerst ein Rückblick in die 1980er Jahre: Die revolutionäre Amtszeit Johannes Voggenhubers verdankte sich einer Protestbewegung. Die ab 1976/77 formierte »Bürgerliste« wehrte sich gegen die offensichtlichen Verschandelungen im Weichbild der Mozartstadt, gegen die zügellose ›Verbetonierung‹ von Grünland, gegen die Verfilzung der Kommune in Bau- und Bodenspekulation – in Summe ein Programm nach dem Slogan: ›Von Profitopolis zurück zur Stadt der Menschen.‹ Das Establishment der Stadt war sich offenbar nicht klar, welches Trojanische Pferd da ins Gehege kam, als man Voggenhuber nach den Wahlen von 1982 (die Bürgerliste erreichte 17,7% der Stimmen) zum Stadtrat berief und ihm nicht nur die Kompetenz der Baubehörde, sondern auch die der Stadtplanung und aller wichtigen Umweltämter übertrug. Was wohl als Falle der Überforderung, als ›Danaergabe‹ angelegt war, ermöglichte dem charismatischen Strategen erst den Durchgriff auf die Strukturen des ›Goldenen Dreiecks‹ von Politik, Planungsbürokratie und Baugesellschaften samt Erfüllungsgehilfen. Anders als viele seiner Mitstreiter verfolgte er aber kein neo-biedermeierliches Bild der Stadt-Landschaft, sondern wurde zum leidenschaftlichen Anwalt nachhaltiger Planung und avancierter

Architektur im Dienste einer mündig, transparent und progressiv gedachten Gesellschaft.

Das ›Salzburg-Projekt‹ verwirklichte mit der Grünlanddeklaration, dem Verkehrskonzept, der Neuregelung der Baubegutachtung (Planungsvisite, Gestaltungsbeirat etc.) großartige und weitreichende Weichenstellungen. Die Resistenz der alten Strukturen im konkreten Architekturbereich konnte durch unerschrockenes Ausschöpfen legistisch gegebener Macht punktuell durchbrochen werden, wobei die engagierte Rezension in der regional wichtigsten Tageszeitung eine starke Stütze bildete. Voggenhubers Avantgardismus – de facto auch gegen die Befindlichkeit wichtiger Proponenten seines Wählerpotentials gerichtet – war von Beginn an eine Gratwanderung, ein Tanz auf dem Vulkan. Mit dem in der Öffentlichkeit jurierten Gutachterverfahren zum Casino Winkler am Mönchsberg, in der Tabuzone der Altstadt, war aber der Bogen für viele seiner bürgerlichen Sympathisanten überspannt. Die *Salzburger Nachrichten* ließen über dieses Projekt (Sieger war Alvaro Siza mit einer neuen Variante des ›Lifts am Berg‹) auch dessen Proponenten demonstrativ fallen. Chefredakteur Karl-Heinz Ritschel platzierte am Titelblatt eine ganzseitige Abrechnung. Bei den Neuwahlen kurz danach fiel die Bürgerliste deutlich zurück, Voggenhuber war abgewählt.

Dietmar Steiner Hg. *Das Salzburg-Projekt. Entwurf einer europäischen Stadt. Architektur – Politik – Öffentlichkeit.* Gestaltung: Eichinger oder Knechtl (Wien 1986)

Mit Distanz gesehen waren die baulichen Resultate dieser Ära nicht wirklich glanzvoll, konnten es realistischerweise trotz klingender Namen auch nicht sein. Zu groß war die Trägheit der Verhältnisse, zu aufreibend waren die Kämpfe (Stichwort Siedlung Forellenweg), um Projekte überhaupt umzusetzen. Die politische Verve des Stadtrats, die Aura und das glaubhafte Engagement internationaler Fachleute hatten dennoch mit einem Schlag völlig neue Perspektiven für den Umgang mit der Stadt aufgezeigt. Die Vision einer in jeder Hinsicht urbanen Erneuerung der Stadt war nicht nur klar formuliert, sondern in Ansätzen sogar greifbar geworden. Für die lokale Architektenschaft und die Fachkräfte der amtlichen Planungsgremien – vor allem für die jüngeren – standen gleichsam über Nacht bisher unvorstellbare Rahmenbedingungen und Maßstäbe zur Disposition – eine enorme Aufwertung von fachlicher Kompetenz als Dienst am Gemeinwesen.

Das Instrument des Gestaltungsbeirats blieb auch nach Voggenhubers Sturz intakt, ebenso die Emanzipation amtlicher Planungs- und Entscheidungsfindung aus dem Filz spekulativer Interessenssphären. Der Schwung der Reformjahre war aber dahin. Strahlkraft und Effizienz des Beirats – als auffälligste Schnittstelle relevanter Planungsprozesse,

1993 immerhin auch noch im Raumordnungsgesetz des Landes verankert – wurden zusehends schwächer, Mitte der 90er Jahre sprach man offen von einer Krise. Andererseits traten um 1992/93 lokale Architekten mit ersten Bauten in Erscheinung, eine neue Generation, die nicht mehr der postmodernen Typologie und Stilistik der ersten Beiratsphase verpflichtet war: Gerhard Sailer / Heinz Lang (Halle 1), Manfred Max Rieder, Ulli Staebner, Horst und Christine Lechner, Robert Wimmer, Ursula Spannberger, Thomas Gruber, Christian Mayer, Franz Seidl. Ein Bindeglied von der etwas älteren Riege (Rainer Kaschl, Heide Mühlfellner, Heinz Hochhäusl u. a.) zu den neuen Tendenzen bildete Fritz Lorenz, der sich unter diesen am schnellsten aus der ›maniera salisburgensia‹ der 80er Jahre lösen konnte. Hatte in den Jahrzehnten davor Gerhard Garstenauer als einsamer ›Rufer in der Wüste‹ agiert, von der Stadt natürlich eiskalt ignoriert, formte sich nun aus den erwähnten ›Jungen‹ eine neue Szene, selbstbewusst und international orientiert, zu der um 1996 Peter Ebner / Günter Eckerstorfer, Karl Meinhart / Georg Huber (one room), Maria Flöckner / Hermann Schnöll und Thomas Forsthuber hinzustießen, die nun ihrerseits mehr und mehr den Beirat, die Stadtplanung und Stadtpolitik mit Kritik ›von innen‹, mit ambitionierten Projekten und qualifizierter Unruhe konfrontierten.

Meine direkte Erfahrung mit Salzburg begann 1997 im damals neu zusammengesetzten, 6. Gestaltungsbeirat. Bei der Angelobung in den barocken Amtsräumen von Schloss Mirabell trafen wir einen leutseligen Bürgermeister im maßgeschneiderten, edlen Trachtenleinen. Seine kurze Rede endete mit der Mahnung: »Und schaut's mir ja darauf, dass ordentliche Dächer auf die Häuser kommen!« Dass dies von den Anwesenden gelassen aufgenommen wurde, lag an der Präsenz, an den Vorgesprächen mit dem Vizebürgermeister und Planungsstadtrat. Johann Padutsch aus der Bürgerliste hatte noch unter Voggenhuber ›gelernt‹ und war sichtlich willens, den Stellenwert des Beirats und die Effizienz des Ressorts wieder auf das nötige Niveau zu heben. Im Herbst 1997 herrschte aber auch schon Vorwahlkampf für die nächste Gemeinderatswahl, und die ersten Aktivitäten des neuen Beirats öffneten uns die Augen, wie und warum vieles in Salzburg so besonders läuft, wie es eben läuft. Wie schon angedeutet, hatte die Stadt seit den 70er Jahren eine Tradition der Bürgerinitiativen, die einerseits völlig zurecht gegen unüberlegte Großprojekte auftraten, die andererseits – in der Allerweltsmanier von Anrainern – sich prinzipiell gegen jeden Neubau formierten – und schon gar gegen ›modernistischen‹. 1997 waren im Gemeinderat sieben Parteien vertreten – ein ziemlich labiles Kräftespiel um Mehrheiten, und gerade die ›Kleinen‹ wussten, dass mit Widerstand gegen ›Betonierer‹, ›Stadtverschandler‹, ›Baummörder‹, ›Bauspekulanten‹ am leichtesten Stimmen oder Mehrheiten zu gewinnen sind.

Bei den ersten Bauplatzbesichtigungen, wo wir uns über Projekte im Stadium der Vorplanung orientierten – in der Regel noch vor der amtlichen Festlegung des Bebauungsplans –, trafen wir schon beim Aussteigen aus dem Bus auf die lokalen Bürgerinitiativen samt Transparenten, Megaphon und Lokalreporter. Die Botschaft: »Zu hoch! Da kommt viel zu viel neuer Verkehr herein! Wer schützt uns vor den Abgasen der Tiefgarage! Das nimmt uns Sonne und Aussicht ...!« In einem dieser Fälle – es ging um den Zubau eines für die Stadt nicht unwichtigen Arbeitgebers, der Siemens AG – gelang es Padutsch und dem Beiratsvorsitzenden Max Bächer mit viel Geschick, das Ganze aus der Polemik herauszuführen, den Bauwerber trotz Zeitdruck auf einen stadträumlich und kubaturmäßig sinnvollen Kompromiss zu verpflichten; der Architekt (aus Wien) musste ohne zusätzliches Honorar mehrere Umplanungen vornehmen, zusätzlich wurden Beiratstermine in Wien eingeschoben, und es gelang sogar, das Verfahren mit Einbindung der Anrainer amtsintern so kompakt abzuwickeln, dass die politisch-behördlich nötigen Schritte (Planungsausschuss, Gemeinderatsvorlage, Absegnung des auf das Projekt dann maßgeschneiderten Bebauungsplans, Verfahren der Einreichung) gemäß den Zeitvorstellungen von Siemens eingehalten werden konnten. Die Anrainer hatten sich beruhigt, das ganze Prozedere (an einem innerstädtischen Standort) hatte bei der Bauherrschaft aber inzwischen ein Umdenken in eine andere Richtung ausgelöst. Das baureife Projekt wurde aufgegeben, und Siemens ging mit der Erweiterung aus der Stadt hinaus in ein monofunktionales Gewerbegebiet an der Peripherie ...

Zur selben Zeit waren wir mit einem kleinen Siedlungsprojekt im Stadtteil Liefering befasst. Auf einer Grünfläche, seit Jahren als Bauland gewidmet und mit einer Kenngröße maximaler Bebauungsdichte versehen, wollte eine Genossenschaft geförderte Wohnungen bauen. Auch da hatte bereits eine Bürgerinitiative dagegen Stellung bezogen, hatte die regionale Ausgabe der *Kronen Zeitung* mit Horrormeldungen präventiv Stimmung gemacht. Beirat und Stadtplanung konnten die Genossenschaft zur Durchführung eines geladenen Wettbewerbs gewinnen. Angesichts der heiklen Situation wollte der Bauträger eine besonders grün-verträgliche Konzeption anpeilen, in moderner, energieeffizienter Holzbautechnik, finanziell unterstützt durch einschlägige, neue

Sonderförderungen der Stadt. Geladen waren auf Vorschlag des Bauträgers, des Beirats und der Architektenschaft in dieser Sparte bewährte, junge Planungsteams aus Salzburg, Wien, Vorarlberg. Die Konstituierung der Jury – der komplette Beirat, Stadt- und Genossenschaftsvertreter – fand in einem Gasthof in Liefering statt. Anschließend wurde im großen Saal die Vorgangsweise den extra geladenen, zahlreichen Anrainern und Interessenten aus der Umgebung vorgestellt. Das verlief so, dass die BürgerInnen über eine Stunde lang ihren Unmut äußerten, wobei sich herausstellte, dass neben dem aktuellen Anlass etliche Streitfälle früherer, privater Bauführungen in der Umgebung aufgewärmt und nun gegenseitig bzw. vor allem gegen die Behörde abgerechnet wurden, notabene ging es auch gegen den vorigen Grundeigentümer des Bauplatzes, einen weiteren Anrainer, der wohl mit Gewinn an die Genossenschaft verkauft hatte. Auch hier gelang es, die Diskussion zu versachlichen, die Rechtslage klarzulegen, das Verfahren vorzustellen, und es wurden von den Anrainern zwei Vertreter mit einer gemeinsamen Stimme in die Jury nominiert. Nach zweieinhalb Stunden waren die Wogen geglättet, war offenbar ein gewisses Vertrauen in die weiteren Schritte hergestellt, und man widmete sich Essen, Trinken und Smalltalk. Da erschien – es war wie gesagt Vorwahlzeit – einer der Listenführer der Kleinparteien und rief in den Saal: »Was ist da für eine Grabesruhe!? Habt's euch schon einkaufen lassen!?«, und deklamierte lautstark die Litanei jener Phrasen – ›Zubetonierung, Hororrdichte ...‹ –, die niemand anderer als er zuvor über die willfährige Redaktion der *Kronen Zeitung* im Sinne seiner Propaganda hatte publizieren lassen.

Die Jury tagte, die Wahl fiel einstimmig auf ein Holzbauprojekt eines Vorarlberger Kollegen. Nur die beiden Anrainervertreter stimmten dagegen mit dem Kommentar: Auch sie hielten das gewählte Projekt für das beste und für gut, ihr Mandat sei aber, auf jeden Fall gegen die Bebauung zu stimmen. Die Wahl ging vorüber, die Planung in Liefering wurde im Gemeinderat generell akzeptiert. In der Folge – nun gab es ja einen rechtsgültigen Bebauungsplan – schraubte die Genossenschaft die in der Vorphase gezeigten – ich möchte nicht sagen ›vorsätzlich simulierten‹ – Ansprüche zurück und verlangte vom Architekten etliche Umplanungen. Holzbau war bald auch nicht mehr opportun, weil ein anderer, großer Salzburger Wohnbau in Holz (Bolaring) durch Fehlplanungen (rechtlich unangreifbare, funktionell katastrophale Nachverdichtung eines Wettbewerbsprojekts aufgrund der Begehrlichkeit der Bauträger und der Willfährigkeit der Planer) als ›Skandal‹ in den örtlichen Medien breitgetreten wurde. In Liefering zog sich der Architekt von dem Projekt zurück, weil er den Kampf um das immer stärker fragmentierte Konzept nicht verantworten wollte. Im genehmigten Volumen der Baukörper beauftragte die Genossenschaft dann ein anderes Büro mit einer schematischen Detailplanung in ihrer üblichen Gangart, was vom Beirat, als es zur Einreichung vorgelegt wurde, natürlich abgelehnt wurde. Nach mühsamen Verhandlungen realisierte schließlich ein nun vom Beirat empfohlenes Team die 32 (!) Wohnungen. Was heute dort steht, hätte die Genossenschaft von sich aus nie auch nur annähernd so gebaut, fällt aber auch niemanden mehr in irgendeiner Weise auf. Diese Geschichte steht exemplarisch für Dutzende ähnliche – und für die daraus ableitbare Einsicht, dass es unter den geschilderten Umständen in Salzburg fast die Regel ist, dass ›Elefanten kreißen müssen, damit Mäuslein geboren werden können‹.

Simultan zu diesen geschilderten Vorgängen an Nebenschauplätzen wurde die Planung und Baubewilligung des neuen Kongresshauses beim Mirabellgarten durchgezogen. Hier hatte ein früherer Beirat immerhin am Zustandekommen eines Wettbewerbs mitgewirkt, den kein geringerer als Navarro Baldeweg gewann. Sein Projekt wurde jedoch von der Lokalpolitik und beziehungskräftigen Salzburger Architekten als zu teuer abgewürgt bzw. ›übernommen‹. Jetzt steht dort ein austauschbarer, niveauloser Bau mit vielen Fehlern und Nachteilen (und wesentlich höherem Finanzaufwand als die Schätzung zur Baldeweg-Planung!). In diesen Ablauf konnte der 6. Beirat legistisch nicht mehr eingreifen, weil für diesen Stadtteil inzwischen die der Landespolitik zugeordnete »Altstadtkommission« zuständig wurde! Beiratsmitglieder, vor allem Gerhard Garstenauer, hatten in individuellen Stellungnahmen gegen die Standortentscheidung votiert. Auch Padutsch und die Bürgerliste fanden im Gemeinderat keine Mehrheit, um den falsch platzierten, provinziellen Bau an prominentester Stelle zu verhindern.

In der Taktik dieser alltäglichen Infights hatte sich eingebürgert, dass vom Beirat behandelte Projekte nach erfolgreicher Baubewilligung durch Einsparungen oder nachträgliche Änderungen seitens der Bauträger wieder an Qualität verloren. Meist war dagegen kein Kraut gewachsen, weil im Einreichstadium Detailaussagen zu vage geblieben waren. Ein krasses Beispiel dieser Art war der nach einem Wettbewerb errichtete Neubau des Techno Z. In der Endphase der Realisierung wandte sich der Architekt, Michael Loudon aus Wien, an den Beirat um Hilfe, da die

Bauherrschaft die Ausführung der Fensterprofile, des Farbkonzepts etc. eigenmächtig abgeändert hatte. Es entstand ein frustrierendes Hin und Her, mehrfache Baustellenbesuche, detaillierteste Gutachten des Beirats, Vorladung der Bauherren, am Ende sogar zeitweise Baueinstellung durch die Behörde! Die Bauherrschaft reagierte massiv mit Anwälten, mit eigenen Rechtsgutachten und Klagsdrohungen an Loudon in Millionenhöhe. Am Ende nützte alles nichts, da in der Einreichplanung und in der dazu verfassten Stellungnahme eines früheren Beirats keine eindeutige Festlegung über die strittigen Details ausgesprochen worden war. In dem äußerst ernüchternden Streit stellte sich dann heraus: die Bauherrschaft war schon von Anfang an radikal gegen Loudon und sein Projekt gewesen – und ließ nun Architekt, Behörde und Beirat kaltlächelnd ins Messer laufen. Das war in zweifacher Hinsicht eine Lehre. Zum einen – es rächt sich früher oder später garantiert, wenn ein Wettbewerbsprojekt gegen den Willen der Bauherrschaft durchgezogen wird; zum anderen – nur eine präzise schriftliche Stellungnahme des Beirats – als Resümee mündlich diskutierter und vereinbarter Klärung von Materialien, Formen oder Details – bietet gegen die nachträgliche Verwässerung von Planungen eine juristisch haltbare Absicherung. Da bei komplexen Vorhaben im Einreichstadium Materialien und Fassadendetails oft noch nicht ausgereift sind und erst durch Bemusterung und Variantenvergleich am Bau entschieden werden, erweiterten wir die Schriftsätze um entsprechende Hinweise und junktimierten die Zustimmung an weitere Materialvorlagen zur gegebenen Zeit an Ort und Stelle. Wem solche Insider-Facetten trivial erscheinen, der sollte bedenken, dass in der heutigen Eigendynamik von Bauprozessen die Durchsetzung der Qualität zumeist einen Kampf auf Biegen und Brechen bedeutet, in dem alle Instrumente und Schnittstellen der Kontrolle, der Optimierung ausgeschöpft werden müssen, wo letztlich aber Haltung, Verständnis und Identifikation von Seiten der Bauherrschaft unerlässlich sind. Der 6. Beirat hatte in seinen ersten Jahren überdurchschnittlich viele Projekte, wo dieses Verhältnis trotz des Engagements der PlanerInnen und der Moderation durch Beirat und Behörde nicht wirklich produktiv wurde. Architektur, gestalterische Qualitätsansprüche waren immer noch Feindbilder oder standen schlicht anderen, handfesteren Interessen im Weg.

Dass dies kein isoliertes Symptom war, zeigte eine andere Erfahrung. Am Beginn, in der erwähnten Vorwahlzeit, war uns klargeworden, wie sehr Polemik oder Fehlinformation in den Tageszeitungen das Klima für eine sachliche Projektentwicklung vergiften konnte. Es wurde deshalb an jedem Beiratstermin eine eigene Pressekonferenz angesetzt, zusätzlich zu der Möglichkeit, dass ohnehin fast alle Projektbehandlungen öffentlich waren und sind – und damit für Lokaljournalisten wie Fachpresse der Zugang zur Primär- und Hintergrundinformation jederzeit gegeben ist. Der Effekt dieses Angebots war enttäuschend. Die Zeitungen schickten anfangs, wenn überhaupt, nur unbedarfte Volontäre, brachten kaum qualifizierte Reaktionen. Es dauerte zwei, drei Jahre, bis sich eine Verbesserung einstellte, bis ein lokaler TV-Sender sich einklinkte, bis auch die *Salzburger Nachrichten* kritischen Analysen wieder mehr Platz einräumten. Im Allgemeinen konzentrierte sich das mediale Interesse auf ›bad news‹. Berichte über positive Abläufe – und die gab es ja doch auch – waren uninteressant, nicht quotenträchtig.

An dieser Stelle passt der Schwenk zu den sattsam bekannt gewordenen Prestigeprojekten, die zuletzt die veröffentlichte Debatte über Baukultur in Salzburg beherrschten: Umbau des Kleinen Festspielhauses, Neubau des Stadions bei Schloss Kleßheim, Museum am Berg. Alle drei Problematiken, generell der Stadt zugeordnet, wurzeln in einer weiteren Spezialkonstellation innerhalb der allgemeinen Schizophrenien der Festspielkommune. Denn gerade bei diesen ›Hotspots‹ der Stadtentwicklung, der Stadtidentität, agiert die Landespolitik über die Stadtpolitik hinweg. Schlecht vorbereitete Wettbewerbsausschreibungen, falsche Standortentscheidungen, selbstherrlicher Umgang mit Juryergebnissen – all das geht in der Stadt und ihrem Umfeld primär auf das Konto der Landespolitik, die für die genannten Projekte unmittelbar oder über vorgeschaltete Gremien als Bauherr und Finanzier verantwortlich zeichnet.

Beim Stadion schlug Padutsch, bekräftigt durch den Beirat, einen Standort an der Salzach vor, Wimmer / Zaic lieferten eine Studie, einen hochinteressanten Testentwurf. Es gab natürlich auch hier mit Anrainern Probleme, die nicht gleich gelöst werden konnten. Daraufhin bestimmte der Landeshauptmann kurzfristig den Platz vor dem Schloss Kleßheim, außerhalb der Stadt. Dort gab es keine Anrainer, dafür auch keine öffentliche Verkehrsverbindung. Die profunden Sachargumente gegen den Eingriff in das Vorland des Schlosses wurden ignoriert. Dem Ruf in die Jury bzw. in die Teilnehmerliste des geladenen Wettbewerbes folgten dann auch die kritischen und profilierten Jungen der Architekturszene. Das Siegerprojekt wurde unverständlich schöngeredet (›land art‹ …), von der grotesk veränderten Ausführung konnte sich die Jury nur mehr im Nachhinein distanzieren; einen Gestaltungsbeirat, der da noch Sand ins Getriebe hätte bringen können, mussten die Betreiber in Wals-Siezenheim ohnehin nicht fürchten. Die Konvulsionen rund um die Planung des »Hauses für Mozart« sind bekannt. Tiefere Einblicke und Rückblicke dazu und zu anderen Salzburgthemen bieten die Auszüge aus den vorzüglichen Kritiken und Analysen von Norbert Mayr und Roman Höllbacher. In das Bild des landesfürstlichen Umgangs mit Architektur passte schließlich haarscharf der Boykott der Vergabe des Landesbaupreises 2002 – von Herbert Schausberger in schöner Konkordanz mit gezielt gesetzten Falschmeldungen der *Kronen Zeitung* durchgezogen. Der Fehler war in diesem Fall rasch jedem offensichtlich, doch Fehler zuzugeben oder daraus zu lernen, war schon bei den vorhin angesprochenen Projekten nicht opportun. Wie sagte Paul Feyerabend sinngemäß: Nicht einen Fehler zu machen, ist der Fehler, sondern die Verweigerung der Einsicht, dass man aus Fehlern lernen muss ...

Vor dem Fond der somit gerade nur angedeuteten Befindlichkeit des lokalen Establishments – schwankend zwischen kleinbürgerlichem Größenwahn und neureicher Spießigkeit – entstanden, sogar in den noch viel schwierigeren Umständen der ländlichen Gemeinden, auch etliche sehr erfreuliche Dinge, davon auch einiges mit internationalem Rang. Ihnen ist dieses Buch gewidmet. Daraus in einem solchen Prolog noch etwas hervorzuheben, wäre ungerecht, riskant. Ein ›Basso continuo‹ in der ganzen Dekade war jedenfalls das trotz kompromissloser, persönlicher Opposition gegen die Banalitäten von Politik und Volksempfinden mit beeindruckender Konsequenz entwickelte Œuvre von Halle 1, das von preisgekrönten Wohnbauten, über Bürobauten, öffentliche Gebäude bis zu technischen Anlagen und innovativen Beiträgen im Altstadtbereich reicht. Mit diesem und den anderen Beispielen vor Augen kann und wird auch die nächste, ganz junge Planergeneration sich freier und optimistischer artikulieren, als es vor zehn, fünfzehn Jahren noch möglich gewesen wäre – und wird niemand mehr bestreiten, dass die Lage in Salzburg zwar oft absurd und hoffnungslos ist, aber ganz gewiss nicht verzweifelt.

Salzburg Zentrum

Erschienen in Otto Kapfinger, Roman Höllbacher, Norbert Mayr. *Baukunst in Salzburg seit 1980*. Hg. Initiative Architektur Salzburg. Konzept mit Atelier Gassner (Salzburg 2010)

Hier gelten klischeehaft die Superlative: ›Die ganze Stadt ist Bühne‹; ›Das Rom des Nordens‹ usw. In dem vom Fluss durchschnittenen Raum zwischen den Stadtbergen treffen in seltener Dichte landschaftliche, geschichtliche und bauliche Vektoren auf massive kommerzielle und ideologische Interessen. Mönchsberg, Kapuzinerberg, Rainberg sind uralte Siedlungsplätze; Linzergasse, Getreidegasse, Steingasse wurden von den Römern angelegt, definierten den Brückenkopf des Municipiums an der Stelle der heutigen Staatsbrücke. Die mittelalterliche Stadt begann um 700 mit den Klöstern St. Peter und Nonnberg. 739 wurde Salzburg Bischofssitz, 798 Erzbistum: Links vom Fluss entstand mit Dom, Bischofsresidenz, Domkloster ein geistlicher Bezirk; die Bürgerstadt füllte den Raum bis zur Wasserkante, griff entlang von Stein- und Linzergasse aufs rechte Ufer. Ab 1077 entstand die Festung.

Ende des 16. Jahrhunderts unter Wolf Dietrich von Raichenau wurde Salzburg zur barocken Residenzstadt umgestaltet. Der Idealplan von Scamozzi mit Blickachsen und Platzräumen rund um den neuen Dom folgte römischem Vorbild, wurde 1614–28 von Solari realisiert. Schloss und Garten Mirabell entstanden nördlich des rechtsufrigen Stadtbereichs und wurden während des 30-jährigen Krieges unter Paris Lodron mit Bastionen entlang der heutigen Franz-Josef-Straße umgürtet. Ab 1860, im Zuge des Eisenbahnbaus Wien–München und der Salzachregulierung brach man die Befestigung ab und legte planmäßig die gründerzeitliche Neustadt in Richtung Bahntrasse und Schallmoos an. Ab 1925 begann der etappenweise Umbau des ehemaligen Hofmarstalls nach Plänen von Clemens Holzmeister zum Festspielbezirk. Im Zweiten Weltkrieg gab es Bombenschäden am Dom, am Residenz-Neugebäude, im Kaiviertel und am Gries. Der Wiederaufbau um 1950 erfolgte zum Teil durch Rekonstruktion, zum Teil durch schlichte Neubauten.

Seit 1967 ist die Altstadt durch das erste Gesetz dieser Art in Österreich als ›Stadtbild‹ geschützt. Ab 1980 ist darüber hinaus konkret der Schutz von 1.400 Gebäuden geregelt. Als Exekutivorgan fungiert eine Sachverständigenkommission (SVK), gebildet aus lokalen Fachleuten, nominiert von Gemeinderat, Landesregierung und Bundesdenkmalamt.

1997 von der UNESCO mit dem Status »Weltkulturerbe« geadelt, ist der Umgang mit Alt und Neu hier bei Architekten und Historikern immer wieder umstritten – etwa der historisierende Nachbau von Mozarts Wohnhaus am Makartplatz oder der Abbruch schützenswerter Substanz beim Umbau des Kleinen Festspielhauses oder generell die Tendenz zur Ausblendung aller neueren Fakten des Stadtgefüges zugunsten einer retrospektiv geschönten Homogenität. Diese Auseinandersetzung kulminierte im letzten Jahrzehnt rund um Festspielbezirk, Museum der Moderne und Kongresshaus.

Gestaltungsbeirat der Stadt Salzburg
Stellungnahme zum Wettbewerbsergebnis Stadion Salzburg

Ergeht an: Magistrat der Stadt Salzburg, Abteilung für Raumplanung und Verkehr, Austria Presse Agentur, Salzburger Nachrichten, Süddeutsche Zeitung, Der Standard, Die Presse

Wie der Salzburger Gestaltungsbeirat schon im Oktober 1998 in einer schriftlichen Stellungnahme präzisierte, ist der Standort am Schloss Kleßheim für ein neues Salzburger Stadion aus Gründen der Stadtentwicklung, der Verkehrsplanung und der Denkmalpflege grundsätzlich abzulehnen.
Das vorliegende Ergebnis des beschränkten Architektenwettbewerbes bestätigt diese Aussage.
Als Siegerprojekt wurde zwar einstimmig ein Entwurf ausgewählt, der das Bauwerk in einem großräumigen Erdaushub gleichsam ›verschwinden‹ lässt. Die spezifische Charakteristik des Landschaftsraumes von Schloss Kleßheim bis hin zum Untersberg würde aber dennoch durch die beträchtlichen Anschüttungen empfindlich gestört. Das Faktum der mangelnden Anbindung vor allem an öffentliche Verkehrsmittel und der Isolation eines derartigen Großprojektes von einer nachhaltigen urbanistischen Entwicklung der Stadt und ihres Umfeldes bliebe natürlich weiterhin bestehen und ungelöst.
Zudem zeigt sich, dass bei einer verkrampften ›Tarnkappen-Lösung‹ das enorme architektonische und städtebauliche Potenzial einer so großen, öffentlichen Freizeit-Anlage völlig ungenutzt bleibt. Gerade die konstruktiven und räumlichen Möglichkeiten eines modernen Stadions zur Setzung neuer, prägnanter Akzente im Stadt- und Landschaftsbild werden durch diese, von der falschen Standortwahl provozierte ›Verschwindungs-Ästhetik‹ ignoriert. Die profunde Arbeit vieler Planungsbüros wurde in diesem Verfahren wieder einmal durch eine fachlich nicht fundierte Basisentscheidung als Grundlage des Wettbewerbsverfahrens desavouiert.
Der Gestaltungsbeirat bekräftigt deshalb seine am 21.10.1998 formulierte Aussage, dass »für ein neues Fußballstadion der Standort Liefering im Großraum Salzburg einmalige Qualitäten aufweist« und fordert daher alle beteiligten Instanzen auf, das Projekt in dieser Hinsicht nochmals zu überdenken.

Max Bächer, Gilberto Botti, Carl Fingerhuth, Gerhard Garstenauer, Anette Gigon, Otto Kapfinger
Gestaltungsbeirat der Stadt Salzburg, 9.12.1999

Die Landespolitik überspielte die Salzburger Stadtplanung, indem der Bauplatz des Stadions über die Stadtgrenze in die Nachbargemeinde Wals-Siezenheim gelegt wurde. Der Gestaltungsbeirat »überschritt« mit diesem Brief seine auf die Stadt beschränkte Kompetenz, ergriff jedoch auch in anderen vergleichbaren Fragen die Initiative, zumeist ohne Erfolg…

Otto Kapfinger
Wien, 2. Juli 2002

Ergeht an: Dr. Schausberger, Salzburger Landeshauptmann, Arch. Spannberger, Initiative Architektur Salzburg, Austria Presse Agentur, Kronenzeitung Salzburg, Salzburger Nachrichten, Der Standard

Offener Brief zur Nicht-Vergabe des Architekturpreises des Landes Salzburg 2002:
»Landespolitik beugt sich einer Verleumdungskampagne der ›Kronenzeitung‹«

Am 26. Juni 2002 startete die Salzburger Ausgabe der »Kronenzeitung« eine Polemik gegen die Jury des diesjährigen Salzburger Architekturpreises. Auf einer Doppelseite wurde in großer Aufmachung eine krasse Fehlinformation verbreitet, und wurden zu dieser Falschmeldung auch gleich polemische Kommentare prominenter BürgerInnen ins Bild gerückt. Was die »Krone« als »echter Hammer für das Stadtbild« bezeichnet, ist im Gegenteil ein juristisch klagbarer Schlag ins Gesicht der journalistischen Sorgfaltspflicht.
Die Jury hat nämlich nicht – wie fälschlich behauptet und skandalisiert wurde – den großen, unfertigen Neubau des Heizkraftwerkes am Salzachufer als Preis vorgeschlagen, sondern das in der Nachbarschaft befindliche »Büro- und Betriebsgebäude« des Heizwerkes. Die Inkompetenz der »Krone«-›Recherche‹ zeigt sich weiters noch darin, dass als Foto zu dem erwähnten Beitrag der Bauteil der Rauchgasentgiftung beim Heizkraftwerk gezeigt wurde. Dieser Bau stammt aus den 80er Jahren und hat ebenfalls nichts mit dem Preisvorschlag der Jury zu tun.
Die Salzburger Politik war nun ebenso inkompetent und willfährig genug, um vor dieser Verleumdung der Jury durch die »Krone« in die Knie zu gehen. Es ist übrigens nicht das erste Mal, dass diese Zeitung in Salzburg mit Fehlinformationen Hetzkampagnen gegen zeitgenössisches Bauen lanciert. Man kann in diesem Zusammenhang inzwischen sagen: Was die »Kronenzeitung« in Sachen Architektur in Salzburg verbreitet, ist zumeist Propaganda, im konkreten Fall glatte Lüge.
Sachlich überhaupt nicht nachvollziehbar, beschämend und aufklärungsbedürftig ist andererseits, dass die Salzburger Landespolitik nach der Pfeife solcher Skandal-Journalistik tanzt.

Otto Kapfinger, Architekturpublizist
Jurymitglied (Schriftführer) zum Architekturpreis des Landes Salzburg 2002

Weder die *Kronenzeitung* noch der Landeshautmann ließen sich zu einer Korrektur dieser Skandalisierung herbei. Der Landesbaupreis wurde von Architektin Ursula Spannberger, Vorsitzende der Initiative Architektur Salzburg, ohne die Unterfertigung des Landeshauptmanns vergeben.

Gerhard Garstenauer – Konstrukteur und Visionär – Realist und Romantiker

Wie kaum ein anderer Architekt seiner Generation in Österreich verkörpert Gerhard Garstenauer die paradoxe Situation des Architekten in der modernen Gesellschaft. Sein gebautes und theoretisches Œuvre dreht sich von Anfang an um zwei komplementäre Themen: um die Definition von Architektur als Synthese von Kunst und Wissenschaft einerseits und um die Auffassung jeder baulichen Maßnahme als Teil einer Gesamtschau der Entwicklung von Stadt / Land als Partikel einer neuen, visionären Ganzheit von Politik, Ökonomie und Kultur andererseits. Man könnte diese Disposition nun sehr rasch auf jene Impulse zurückführen, die ab 1956 der Deutsch-Amerikaner Konrad Wachsmann mit seinen Seminaren an der Salzburger Sommerakademie in die hiesige Szene einbrachte.

Erschienen in Gerhard Garstenauer. *Interventionen*. Hg. Architekturzentrum Wien. Gestaltung: Roberta D'Errico Gronegger (Wien–Salzburg 2002)

Unter den vielen von Wachsmann geprägten damaligen Heißspornen und späteren Opinion-Leadern fällt Garstenauer aber eine gewisse Sonderstellung zu. Als GG im Alter von 31 Jahren mit der Gedankenwelt Wachsmanns konfrontiert wurde, hatte er eine humanistische und technische Vorbildung an Salzburger Mittelschulen hinter sich,[1] unterbrochen durch zwei Jahre Kriegsdienst mit Fronteinsatz bei einer Pioniertruppe am Balkan, anschließend das Hochschulstudium an der Technik in Wien, Praxisjahre in einem führend im Wiederaufbau tätigen Büro sowie die ganz persönliche Entdeckung neuester Bauten in den USA bei regelmäßigen Besuchen im Wiener »Amerika-Haus«. GGs gestalterische Begabung war sichtlich mit einem Faible für systematisches, mathematisch-geometrisches Denken gepaart. Noch heute verblüfft er mit beiläufig ins Gespräch geflochtenen Kenntnissen der analytischen Geometrie, der höheren Mathematik und der baustatischen Rechenmethoden. Und dieses technische Talent hatte sich in einer Primärerfahrung schon im Kriegseinsatz unter extremen Bedingungen manifestieren können – und bewähren müssen. Faszinierend seine Erzählung, wie er als junger Soldat einer Gebirgspioniertruppe in waghalsiger Kletterei, unter Beschuss vom anderen Ufer, mit bloßen Händen die Konstruktion einer Stahlbrücke bei Nacht abtasten und analysieren musste, um mit dem Minimum an noch vorhandenem TNT-Sprengstoff,

1 Der Richtungswechsel vom ›Juristen‹ zum ›Architekten‹ ergab sich schon im Gymnasium. Sein um vier Jahre älterer Bruder Richard verführte ihn beim gemeinsamen Zeichnen und Malen dazu. Dieser studierte bereits Architektur an der Akademie der bildenden Künste in Wien, war schon als Student ein ›großer Künstler‹, ist aber leider im letzten Krieg in Russland gefallen.

platziert auf die statisch entscheidenden Punkte, die Brücke zu sprengen und damit seiner Einheit den Rückzug zumindest kurzfristig zu sichern.

Mit solchem Hintergrund wird verständlich, dass die technische Rationalität Wachsmanns seine in Österreich damals unbekannte, prozesshafte Entwurfsmethodik und seine Stilisierung des Konstruierens in ein universelles Kulturbild bei GG begeisterte Resonanz fand, dass der junge Architekt aber auch nicht davor zurückschreckte, an Wachsmanns Konstruktionen unlogische Teile zu kritisieren, die nur dem Ausdruck von Homogenität und Idealität des Systems dienten, in statisch-rechnerischer Hinsicht aber funktionslos waren.

Ein anderes Moment liegt in der Tatsache, dass GG ab 1957 fast alle seine ersten Bauten nur im gewerblichen und industriellen Sektor realisieren konnte. Anders als die ähnlich disponierte, parallele Entwicklung der arbeitsgruppe 4 (Holzbauer, Kurrent, Spalt, Leitner), die mehr im Bereich von Sakral- und Konventbauten ihre Pionierwerke setzte, war GG mit den stringenter organisierten, alltäglicheren Strukturen der Industrie konfrontiert. Wo also die ›¾-ler‹ (Holzbauer, Kurrent und Spalt) ein der Moderne aufgeschlossenes Betätigungsfeld im kulturellen ›Überbau‹ fanden, hatte sich GG für ein Jahrzehnt intensiv mit der Basis, mit dem zentralen Nervenstrang der Konsumgesellschaft auseinanderzusetzen.

Als Karl Schwanzer den kaum 40-Jährigen als Lehrbeauftragten für Planungsgrundlagen an die TH Wien holte, hatte GG bereits modernste Konstruktionsweisen an einer Reihe von Hallenbauten erprobt, dazu einschlägige Patente angemeldet, aber auch neue urbanistische Konzepte am Beispiel Salzburgs vorgelegt. Schwanzer, damals am Sprung zum Zenit seiner internationalen Karriere, besaß einen vitalen Spürsinn für innovative Crossovers zwischen Wirtschaft, Technologie und Ästhetik und er betraute GG mit der Erarbeitung einer umfassenden Studie zur künftigen Struktur und Planung Hoher Schulen. In dieser 1965/66 mit zwei Studentengruppen seminaristisch durchgeführten Arbeit konnte GG das ganze Spektrum seiner Interessen und Erfahrungen überlagern, systematisch ausloten und zu einer kompakten Aussage verknüpfen: einleitend die Frage nach den zeitgemäßen Zielen der Produktion und der Vermittlung von Wissen auf universitärem Niveau – also die auch historisch untermauerte Positionsbestimmung zu Lehre und Forschung im 20. Jahrhundert; weiters die Frage des Standortes von Universitäten als Teil der generellen Analyse und Vision von urbanistischen Entwicklungen; dazu die Frage nach adäquaten Strukturformen und Konstruktionsweisen für moderne Universitätsbauten; und schließlich – spiegelbildlich zur vorangestellten Meta-Ebene der Sinnfrage nun jene der Methodik – die Frage nach den richtigen planerischen Werkzeugen zur funktionellen und räumlichen Gestaltung eines solchen Komplexes.

Das Resultat war ein 400 Seiten starker, mit Illustrationen, Diagrammen und Plänen gespickter Bericht, den GG 1967 modifiziert auch als Dissertation vorlegte. Es war einer der seltenen Versuche im Nachkriegsösterreich, kritische Geistesgeschichte mit empirischen Untersuchungen zur Stadtplanung und mit Modellvergleichen moderner Gebäudeplanung zu einem Gedankengebäude zu verbinden – ein breit gefasstes, quantifizierbares Netzwerk von Entwurfsschritten als Alternative zu der in der Branche notorischen Dichotomie von künstlerisch, emotionaler Monomanie auf der einen und dem willfährigen, provinziellen Pragmatismus auf der anderen Seite. Mit viel kleineren Ressourcen erarbeitet, ist diese Studie regional eigentlich nur mit Roland Rainers 1962 publiziertem *Planungskonzept Wien* vergleichbar, wobei die ideologischen Unterschiede und auch die inneren Widersprüche einer gesonderten, erst im weiteren Verlauf sinnvollen Anmerkung bedürfen.

Mit solchem analytischen und argumentativen Rüstzeug ausgestattet war GG befähigt, ab 1966 zunächst für Badgastein und später für das ganze Gasteinertal eine revolutionäre Entwicklung zu initiieren und mit Hilfe eines inspirierten Bürgermeisters in Teilen auch umzusetzen. GGs Gasteiner Projekte und Bauten – Infrastruktur, Landschaftserschließung, Hotels, Appartementhäuser, Bäder, Liftanlagen – bedeuteten einen visionären Eingriff in die von pervertierter Folklore, von verschwommenen Heimat- und Naturideologien dominierte Alpin-Wirtschaft. GGs ›Gasteinertal‹ bot ein Modell für die komplette Neuorientierung eines kulturellen und ökonomischen Systems, das in diesen beiden Aspekten immerhin zu den – auf ein gerütteltes Maß an Irrationalität gegründeten – Eckpfeilern unserer republikanischen Identität zählt.

Und es ist rückblickend bemerkenswert, wie GG – als neben und aus dem Schwanzer- / Feuerstein'schen Studentenlabor eine Bewegung entstand, die mit den Images von Raumfahrt und Pop eine Umkrempelung der Mensch-Naturbeziehung propagierte (wir erinnern uns an die einschlägigen Zeichnungen und Modelle von Hollein, Pichler, den Wiener und Grazer Gruppen um 1965/70) – wie GG also zugleich genau dies in Gastein in die Realität setzte, wie er seine aus hochdifferenziertem

Beton gefügten ›Flugzeugträger‹ des Felsenbades und des Kongresszentrums ins Hochgebirge und in die mondäne Hotelschlucht einpasste, wie er – als wir in Wien an primitiven ›Domes‹, an biomorph aufgeblasenen Wolkenräumen und techno-uteralen Wohnhöhlen bastelten – perfekte Alu-Glas-Kugeln per Hubschrauber in die Gletscherregion pflanzte, wie GG – als wir von Kunststoff-Leichtkonstruktionen und sphärisch-mobilen Geometrien träumten – am Stubnerkogel Liftgondeln mit der verräumlichten Geometrie der ›Superellipse‹ in Acrylglas erfand und verwirklichte. Und all dies – um auch einmal über den Rahmen des kleinen Österreich hinauszusehen – parallel zu den ähnlich gelagerten Wagnissen von Frei Otto und Günter Behnisch für die Münchner Olympiabauten, die freilich unter anderen Rahmenbedingungen entstanden.

Dies ist nun ein geeigneter Punkt, um nochmals GGs Doppelstrategie von Wissenschaftlichkeit und Intuition, von weit ausholender Empirie und blitzartiger Vision anzusprechen und zu versuchen, die Hintergründe seiner Ideenwelt genauer zu begreifen.

Wie er selbst mitteilte, war die Entstehungsgeschichte des Felsenbades absolut kein mit akribischer Netzplantechnik errechnetes Unternehmen, sondern folgte einer spontanen Vision vor Ort – einer Intuition, die nicht ›aus dem Bauch heraus‹ kam, die vielmehr die konkrete Erfahrung des im Gebirge Aufgewachsenen, mit seinem an Gestein, Stahl und Beton erprobten Ingenieurwissen und seinem gesamten architekturintellektuellen Hintergrund ›im Kopf‹ zu jenem kreativen Kurzschluss führte, den wir mit anderen Worten als Eingebung, Inspiration oder einfach Geniestreich bezeichnen.

Die Vergleiche sind sicher hochgegriffen, doch entstanden nicht auch viele der epochalen wissenschaftlichen Entdeckungen auf ähnliche Art? Vom ›Heureka‹ des Archimedes und Galileis Erkenntnis der Fallgesetze bis zu Madame Curies Deutung der bestrahlten Fotoplatten –, samt und sonders Prozesse des Umschlagens von Quantität in Qualität durch ein Anreichern von Erfahrungen und Forschungen zu jener ›kritischen Masse‹, die ein Individuum in einem bestimmten ›fruchtbaren‹ Moment dann befähigte, den Schritt in vorher Unbekanntes zu tun.

GG nannte es 1973 in einer Programmschrift für seine Innsbrucker Studenten so: Die empirische Grundlagenforschung, die wissenschaftliche Parametersammlung für ein Bauprojekt führe im optimalen Fall zu einem »Strukturplan«, sie sei absolut notwendig, aber nicht hinreichend, sie schaffe also das »Notwendige, doch das Mögliche ist damit noch nicht erschlossen«. Die Intuition müsse durch analytische Anreicherung reifen, bis sich – oft sogar im Widerspruch zu vielem Vorgedachten und befreit von simpler Kausalität – der eigentliche »Seinswunsch des Entwurfsobjektes« manifestiere.

Bevor wir diese letzten, nun an philosophisches Raunen gemahnenden Worte weiterspinnen und weiter prüfen – noch ein anderes Fallbeispiel: GG erzählt, simultan skizzierend, wie er 1971 die Kuppelstationen zum Skilift von Sportgastein entwickelte. Wohl waren hier viele technische und klimatische Momente voraus kalkuliert. Das auslösende Moment wäre aber sein gestalterisches ›Gefühl‹ gewesen, oder besser, seine räumlich-semantische Einsicht, dass in der extrem plastischen, Hoch- und Tiefblick, Draufsicht, Diagonal- und Untersicht, Ferne und Nähe darbietenden Szene des Hochgebirges ein Gebäude eben nur als allseitig plastisches Gebilde, als isotrope 360-Grad-Form adäquat sei. Natürlich hätten im Hinterkopf Bruno Tauts überkuppelte Gipfel der phantastischen »Alpinen Architektur« mitgespielt, und auch für den allseitigen Angriff von Wind und Wetter sei die Minimalform der Kugeloberfläche bei relativ maximalem Rauminhalt nahegelegen. Dass dennoch das künstlerische Kalkül primär gewesen sei, belege zudem sein Abweichen von Buckminster Fullers geodätischer Kuppel oder vom anisotropen Ikosaeder durch das Einführen von horizontalen Großkreisen, womit die optische Homogenität rundum noch bestärkt und auch ein klarer Anschluss zum Boden ermöglicht wurde.

Die Detailplanung dazu war dann wieder ein streng ingenieurmäßiges Projekt, abgestimmt auf das von der Hubkraft des Helikopters vorgegebene Gesamtgewicht. Diese rational-wissenschaftliche Ausführungsphase verlangte dann aber in unvorhersehbarer Weise wieder eine gehörige Portion an praktischer Improvisation. Als nämlich vor versammelter Politik und erwartungsvoller Festgemeinde der Hubschrauber die so gut berechnete Kugel partout nicht heben konnte, hatte GG den rettenden Einfall, die fertig eingepasste Tür von einem aus der Menge herbeigerufenen Schlosser blitzschnell demontieren zu lassen – und dann erst flog die Kugel zum Gletscher hinauf und konnte auch die örtliche Blaskapelle ihren Tusch anstimmen.

Das Cover dieses Buches dokumentiert diesen Moment des Höhenflugs der im letzten Augenblick türlos gemachten Stationskuppel, und es spiegelt GGs Programm in ein gültiges Bild: die Eiswelt, die ›unberührte, majestätische Natur‹ der Alpengipfel als äußerst ›gefühlige, irrationale‹

Projektionsfläche von Wünschen, existentiellen Ängsten und Herausforderungen, von transzendenter Symbolik wie auch handfest ökonomischer Begehrlichkeit (umgekehrt auch ein Spiegel der im Prinzip ziemlich schutzlosen, unbehausten menschlichen Verfassung) – und darüber die triumphale, aber auch sichtlich fragile Geste technischer Rationalität, mit der die ›Natürlichkeit‹ der Szenerie ihr Pendant erhält durch die hier einzig angebrachte, kompromisslose ›Künstlichkeit‹ des humanen Eingriffs. Es ist eine technoide, ›wissenschaftliche‹ Künstlichkeit, die aber von einer künstlerischen Intuition am Anfang und einer intuitiven Improvisation am Ende geprägt wurde – und deshalb wohl ein sehr treffendes Bild der eingangs angesprochenen Synthese von Kunst und Wissenschaft. Ein Ingenieur allein, ohne künstlerische Vision, hätte diese Form nicht so gestaltet, ebenso wenig ein Architekt ohne vergleichbaren Hang zum ingenieurmäßigen Denken und Konstruieren.

GG hat auch selbst in seinen Schriften das Dilemma zwischen Architekt und Ingenieur angesprochen und die landläufige Verabsolutierung der Standpunkte kritisiert.[2] In seinem eigenen, methodischen Ansatz versuchte er sogar, gegen die tendenzielle Einseitigkeit – auch der Netzplantechnik – eine »kreative Sicherung oder Lockerung« einzuführen, und zwar aus der vorher genannten Erfahrung heraus, dass reine Empirie allein – ›Funktionalismus‹ sozusagen – bloß zum Stereotyp führt und dass dabei die nichtquantifizierbaren, oder besser: die weniger leicht quantifizierbaren Momente des Bauens ausgeblendet bleiben. Auf die von Ehrenfels begründete Gestaltpsychologie und Osgoods semantisches Polaritätsprofil zurückgreifend schlug GG vor,[3] die zumeist reflexiv gebrauchte Technik des »semantischen Differentials« als prospektive Technik – als »semantisches Integral« – in die Entwurfsphase hineinzunehmen. Nach der Grundlagenforschung und Erstellung der funktionellen Diagramme sollte im Planungsprozess eine Phase des rein assoziativen Abtastens des Themas nach den semantischen Verfahren einsetzen, begleitet von möglichst vielfältig angesetzten, schnellen und unaufwändigen Raum / Struktur-Modellen. GG meinte damit ein Freispielen von der empirisch-pragmatischen auf die intuitive Ebene, wobei aber dies nicht chaotisch verlaufen, sondern auch nach Regeln strukturiert und evaluiert werden sollte.

Im Hintergrund wird da unter anderem GGs jahrelange Freundschaft und Diskussion mit dem Salzburger Künstler Slavi Soucek spürbar. Soucek und GG waren sich darin einig, dass der künstlerische, der gestalterische Akt kein Automatismus ›aus dem Bauch heraus‹

2 GG: *Architekt und Bauingenieur. Konflikt oder Symbiose der Ideen,* Salzburg 1973

3 GG: *Planen – Entwerfen – Gestalten,* Skriptum für Studierende an der Universität Innsbruck, 1974, Salzburg 1980

sein konnte, dass es sehr wohl eine Intuition am Anfang oder inmitten einer konstruktiven Beschäftigung geben konnte und musste, dass aber sowohl das Prüfen und Ausarbeiten der Initialzündung als auch die Inkubationsphase vor einer Idee in der Kunst wie in der Baukunst eine sehr methodische, rational kontrollierte Sache darstellt.[4]

Ehrenfels und sein Leitsatz, »das Ganze ist mehr als die Summe der Teile«, führt uns wieder zu GGs fast obsessivem Drang zur übergeordneten Relativierung von einzelnen baulichen Eingriffen. In seiner Arbeit im ersten Salzburger Gestaltungsbeirat, der, nachdem GG jahrelang eine solche Institution für Salzburg gefordert hatte, 1983 von Johannes Voggenhuber begründet wurde, wie auch im Beirat der Jahre 1997–2000 wollte GG niemals ein Projekt isoliert behandelt sehen, sondern fragte immer und insistierend nach den übergeordneten, aus einer Gesamtvorstellung der Stadtentwicklung abzuleitenden Kriterien.

Natürlich steht diese Vision von dem großen Plan, der die konfligierenden Partikularinteressen des Gemeinwesens im Sinne des ›größeren Ganzen‹ zu regeln vermag, in einer langen Denktradition mit Otto Wagner, Le Corbusier, Miljutin, Bakema, Rainer und etlichen anderen als Ahnherren und Zeitgenossen. Interessant ist aber, dass GG in seinen eigenen Schriften und Konzepten Quellen zitiert, die eben auch die Widersprüchlichkeit und das Paradoxe solcher Vorstellungen belegen. In seiner Argumentation zur Verwissenschaftlichung von Planungsprozessen stützte sich GG u. a. auf die amerikanischen Begründer von Pragmatismus und Empirismus – Charles Sanders Pierce und William James. Beide bewegten sich im größeren Umfeld einer Denklinie – antimetaphysisch, antischolastisch, realistisch, rational –, die von der Aufklärung zum Primat des Individualismus, zu Liberalismus, zu freier Wirtschaft und modernem Kapitalismus führt.

In seiner Argumentation zum schöpferischen Transzendieren des blanken Utilitarismus dagegen zitierte GG neben Ehrenfels u. a. ausführlich den österreichischen Nationalökonomen und Philosophen Othmar Spann. Nun gilt Spann als Proponent des Universalismus, einer romantischen Ganzheitslehre der Volkswirtschaft, in der eine theistisch begründete »Ganzheit« das Individuelle absolut übersteige, weshalb auch diese sich dem größeren Ganzen in entsprechend streng gegliederten Gesellschaftsstrukturen unterzuordnen habe. Mit Spann und der Ganzheitsphilosophie bewegen wir uns nun in einem zum vorigen ganz gegensätzlichen Denklager – neoromantisch, antiliberal, nicht auf das Individuum zentriert, sondern metaphysisch begründet.[5]

4 GG: »Dem Freund Slavi Soucek«, in: Anette Eisler: *Slavi Soucek (1898–1980)*, Salzburg 1980: 81

5 Eine ähnlich interessante, geradezu existenzielle Grundorientierung ließe sich für GG aus »Hengstenbergs Theorie der Sachlichkeit« ableiten.

Wie wir auf Schritt und Tritt sehen, verhält sich die moderne, demokratisch-kapitalistische Gesellschaft zu den City-Beautiful-Visionen – ob nun von Daniel Burnham, Camillo Sitte, Otto Wagner, Tony Garnier, Le Corbusier oder Roland Rainer – wie Wasser zu Feuer. Der Architekt, im Sinne der klassischen Moderne der ›letzte‹ Generalist in der arbeitsteiligen Spezialistenwelt, ist mit solchem Selbstverständnis im Recht und im Unrecht zugleich. Sein Einmahnen des größeren Ganzen ist natürlich immer berechtigt. Die gesellschaftliche Dynamik arbeitet jedoch unerbittlich dagegen – wie das Wasser auch den schönsten Felsen zernagt. Die Diagnose des auf Ganzheit bedachten Urbanisten ist immer richtig und notwendig, aber seine Therapiebemühungen gleichen der Sisyphusarbeit.

Es gab in der Biographie von GG und der Stadt Salzburg aber einen Moment, wo plötzlich das Wasser bergauf zu fließen schien. 1983 hatte Voggenhuber mit der Grünraumdeklaration, mit der völligen Neuordnung der behördlichen Planungs- und Begutachtungsverfahren und der Etablierung des unabhängigen Expertenbeirats wirklich die Weichen für die große Vision gestellt.[6] Doch rasch verkürzte sich die Perspektive im ersten Gestaltungsbeirat auf die Stildebatte von Einzelobjekten, verstrickte man sich in aufreibende Nahkämpfe und Mehrfrontenkriege bei Modellplanungen (Forellenweg ...). Bei der nächsten Gemeinderatswahl schlug das politisch-wirtschaftlich-mediale Establishment zurück, und Voggenhuber musste gehen. GGs großangelegte Vorstellungen für die Stadt blieben weiter in der Schublade, die nächsten Beiratsteams hatten keine visionsfähigen Ansprechpartner mehr in der Politik und pflegten die Qualitätshebung am Einzelobjekt. In seiner zweiten Funktionsperiode ab 1997 im Salzburger Beirat fand GG wieder relativ günstige Bedingungen für seine Anliegen vor. Die nun ganz andere Dynamik zwischen Turbokapitalismus und Bürgerinitiativen sah die Stadtplanung aber im Gegensatz zu den frühen 80er Jahren faktisch und methodisch nicht mehr in der Rolle des aktiven, weitblickenden Gestaltens, sondern im Selbstverständnis des qualitativen, möglichst reibungslosen Krisenmanagements der punktuellen Konflikte zwischen den vielen gegensätzlichen Kräften.

Neuere Stadtbautheorien haben das Ideal des ganzheitlichen Regelwerks vor allem für die mittleren und großen Städte als romantischen Anachronismus kritisiert und definitiv aufgegeben. Man konzentriert sich auf ad hoc zu optimierende Partikel und glaubt an ihre Strahlkraft. Ähnlich wie in Wirtschaft und Politik werden gesamtheitliche,

6 GG: *Ideen für eine Stadt, Salzburg als Beispiel*, Salzburg 1980

ausgleichende Strategien obsolet. Die Ära der Städtekonkurrenz mit immer weniger breit abgesicherten politischen Mehrheiten braucht offenbar weniger denn je mittel- und langfristige Konzepte und mehr denn je schnelle, schlanke Prozesse und rasche, spektakuläre Resultate ... mit allen daraus entstehenden Risken.

GG sieht solche Entwicklungen sicher als zeitgeistige Willfährigkeit. Das Denken in Fragmenten mag seinem gestalterischen Vermögen zuwider sein, es könnte in seinem so mathematischen Kopf aber auch wieder Sympathien finden, so wie die seit Hegel und Ehrenfels argumentierte Dialektik vom Ganzen und den Teilen, von Quantität und Qualität in der modernen Katastrophenmathematik ihre Weiterführung erlebte. Auf die enge funktionalistische Position war er ohnehin nie festzulegen. Und mehr als einmal konnte man in Beirats-Sondersitzungen miterleben, wie er ein Projekt aus der unreflektierten, pseudofunktionalen Verstrickung und Froschperspektive herauslöste und durch die Kriterienbildung aus dem stadträumlichen und inhaltlichen Kontext erst zu einem architektonischen Ansatz provozierte. GG hat sein Berufsethos jedenfalls nie akademisch verstanden, sondern seine präzisen, realistischen, dem Kleinsten wie dem Großen zugewandten Beobachtungen, Kritiken und Konzepte als Homo politicus immer zur öffentlichen Diskussion gestellt, sich sachlich exportiert, konstruktiven Widerstand gegen das Laissez-faire und die alltägliche Dummheit artikuliert. Seine Arbeit an der Synthese von Poesie und Genauigkeit, am Transzendieren des Sagbaren (Tatsachen) zum Unsagbaren (Kunst), an der Verwandlung der ›Struktur des Notwendigen‹ zur ›Gestalt des Möglichen‹ steht im Rahmen einer europäischen und speziell auch österreichischen Denktradition. Deren Horizonte sind heute diffuser denn je, gaben und geben jedoch dem Lebenswerk, der Botschaft dieses Architekten die entscheidende Motivation, Haltung und Perspektive.

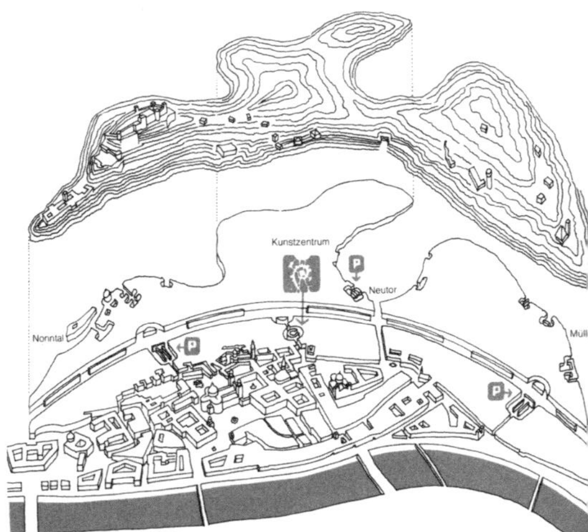

Kunstzentrum im Mönchsberg und städtebauliches Konzept, 1972. Zeichnung von GG

Ausgezeichnete Bauherrschaften

Unpubliziertes Typoskript. Rede zur Ausstellung ZV-Österreichischer Bauherrenpreis 2011, afo architekturforum oberösterreich, Linz, 2. März 2012

Foto: afo / Linde Klement

Geschätzte Damen und Herren!
Es war zu allen Zeiten so, dass wegweisende Bauten entstanden, wenn planerische Kreativität durch den kulturellen Anspruch des Bauherrn / der Auftraggeberin motiviert wurde. Es ist ein relativ junges Phänomen, ein Symptom der Entwicklung der autonomen Künstlerpersönlichkeit seit der Renaissance, dass in der Geschichtsschreibung zumeist die Autorschaft allein gewürdigt wurde.

Drei Beispiele: Gerrit Rietvelds Haus in Utrecht (1924) etwa ist weltberühmt. Nur die Fachleute kennen es als »Rietveld-Schröder-Haus« – und wer von denen weiß darüber hinaus noch etwas über Frau Truus Schröder, die Bauherrin, die das Haus sechzig Jahre lang bis zu ihrem Tod bewohnte und die sehr real in allen Details als Mit-Schöpferin dieses Marksteins der Moderne gelten kann?

Viele kennen die epochale Ursulinenschule in Innsbruck von Josef Lackner (1980), aber kaum jemand die Mutter Oberin Hildegard, die den Bau dem Architekten mit dem Statement anvertraut hatte: »Herr Lackner, machen Sie was Modernes, was Neues! Alt wird alles von selber!«

Würde das Kunsthaus Bregenz von Peter Zumthor (1997) existieren, ohne die visionäre Kämpfernatur des Gründungsdirektors Edelbert Köb?

Drei Beispiele nur – man könnte die Reihe mehr als abendfüllend fortsetzen. So gesehen ist der traditionsreiche ZV-Bauherrenpreis nicht nur ein publizistisches Feedback für die Branche allein. Er ist viel mehr noch ein wichtiger Moment der sozialen Selbstreflexion – der unerlässlichen, regelmäßigen Standortbestimmung der Gesellschaft über ihr kulturelles Engagement –, er ist eine Würdigung der selten ganz kongenialen, aber für den Erfolg der Sache immer entscheidenden Wechselwirkung zwischen Gestaltern, Bestellern, Nutzern.

Die Baukunst ist keine bloß akademische Sache, sie ist nicht ein L'art pour l'art, nicht die Verschwendungsnische einer Minderheit. Die Baukunst ist die ›Möglichkeitsform‹ der raumgebenden Darstellung, der gelebten Selbstverwirklichung und Entwicklung der Gesellschaft: Sie entsteht und lebt in der sozialen Dynamik, sie ist das demokratische Recht, die soziale Pflicht, den alltäglichen und sonntäglichen

Abläufen des Lebens den optimalen Rahmen, die stimulierende Bühne zu geben.

Die Qualität zeitgenössischer Architektur Österreichs wird in der Fachwelt international akklamiert. Erst vor wenigen Wochen war ich sozusagen Schlusslicht einer Vortragsreihe ausgewählter österreichischer Baukünstler, die verteilt über das ganze Wintersemester an der Architekturfakultät der Universität Karlsruhe Einblick in unsere Szene gab, und zwar unter dem Titel: »Tu Felix Austria ...!«

Doch, mit strengen Maßstäben gemessen, ist nur ein Bruchteil unserer Jahresleistung qualitativ hochwertig, d. h. ökologisch, funktional und formal vorbildlich: kaum die Hälfte der hochbaulichen Produkte werden hier von ArchitektInnen geplant, und auch davon ist nicht alles Gold, was glänzt – der große Rest stammt aus Baumarktangeboten und aus routinemäßigen Baumeisterleistungen und aus Eigenplanungen der Bauindustrie; nur ein Viertel des Wohnbaufördervolumens des Bundes aus öffentlichen Mitteln wird über Architekturverfahren optimiert ...

Keine Kulturtechnik ist so allgegenwärtig und nachhaltig wie die Baukunst, keine Kunst so elementar abhängig von äußeren Umständen, abhängig von Macht-, Material-, Finanz- und Konjunkturfaktoren. Als öffentlichste Kunst ist sie der Öffentlichkeit ungleich verantwortlicher und zugleich ausgesetzter als jede andere – und insofern ist die offene, öffentliche Diskussion und Meinungsbildung, das ständige Nachjustieren der Verständnisebenen lebenswichtig für ihr fruchtbares Gedeihen.

Zu all dem will und kann der jährliche österreichische ZV-Bauherrenpreis wichtige Beiträge bieten, will er vorbildliche Beispiele würdigen und allgemein bekanntmachen, zur Nachahmung anregen, Schlaglichter auf interessante Trends richten, zur weiteren Steigerung und Verbreiterung des Niveaus Appetit machen, Ansätze aufzeigen.

Zur Abrundung meiner allgemeinen Einleitung ein Zitat von Frank Lloyd Wright: Wright war Bau-Künstler par excellence, der sich der Rolle seines Visavis, ob als einzelne Bauherrschaft oder als Gesellschaft im Ganzen – sehr wohl bewusst war: Wright schrieb folgende Sätze 1931, in einer Krisenzeit, in einer stark von ökonomischen ›Zwängen‹ diktierten Zeit, nicht unähnlich der unsrigen – seine Diktion ist zugespitzt und zeitgebunden, die Aussage aber brandaktuell: »Es ist nicht wünschenswert, alles im Leben zu kommerzialisieren, nur weil das Schicksal uns zufällig ins Maschinenzeitalter hineingestellt hat. Zum Beispiel geht die Architektur heute als Prostituierte auf die Straße, weil die Frage, ›den Auftrag zu kriegen‹, der erste Grundsatz der Architektur geworden ist.

In der Architektur sollte der Auftrag den Mann suchen, und nicht der Mann den Auftrag.«

Im Zuge der ZV-Bauherrenpreisjury 2011 wurden im letzten September an vier Tagen von der Jury 2.200 km quer durch Österreich im Kleinbus zurückgelegt. Wir besuchten alle von den ZV-Jurys in den Bundesländern bestimmten ›Nominierungen‹, wobei jeweils gut eine halbe Stunde zur Verfügung stand, um an Ort und Stelle die Situation zu begehen und im Gespräch mit Bauherrschaft, NutzervertreterInnen und den PlanerInnen Details der Projektgenese zu erfahren. Als weitere Informationsquelle standen ausführliche Plan- und Fotodokumentationen sowie textliche Statements von Bauherren und Planungsteams zur Verfügung. Für die Anzahl der Preise hatte die ZV eine Zielvorstellung von vier bis sieben formuliert.

Die Jury bildeten, eingeladen von der ZV-Landessektion Kärnten, die im Turnus diesmal den Ablauf organisierte: Eva Rubin, Architektin in Klagenfurt, Jurij Sadar, Architekt in Ljubljana vom Team Sadar-Vuga, und ich. Die abschließende Sitzung fand am 29. September, am Ende des vierten Befahrungstages spätabends in Graz im Hotel Weitzer statt. Als Kriterien der Preisvergabe formulierten wir folgende Aspekte: Entscheidender Beitrag der Bauherrschaft bei der Schaffung der Rahmenbedingungen, bei der grundlegenden Weichenstellung, bei der realen Verwirklichung eines Bauprojekts – Vertrauen und Resonanz der Bauherrschaft zu unkonventionellen, innovativen Planungen – konzeptioneller Beitrag der Architektur im Hinblick auf Gegenwart und Zukunft, lokale und überregionale Bedeutung der Bauaufgabe.

Die fünf ZV-Bauherrenpreise 2011 repräsentieren ein breites Spektrum der Aufgaben und der Maßstäbe: vom neuen Klinikum in Klagenfurt, das wie eine komplette ›Stadt in der Stadt‹ ist, mit tausenden Bediensteten und PatientInnen, mit sehr komplexen Funktionsabläufen – und das dennoch eine in dem Sujet und in der Größenordnung erstaunliche Maßstäblichkeit, Orientierungsfreundlichkeit und durchgängige Naturbezogenheit anbietet – vom drittgrößten Spital Österreichs also – bis zum feinsinnigen Umbau eines kleinen Gehöfts in Nenzing im Vorarlberger Walgau, einem Musterfall dafür, wie eine Familie sozusagen von Null weg die Ressource eines alten Stadels neben ihrem Wohnhaus mit Hilfe des regionalen Architekturinstituts und eines Wettbewerbs mit einfachsten Mitteln zu einem stimmigen, der Gemeinde dienlichen Veranstaltungsort revitalisiert; – von der Erweiterung der großen oberösterreichischen Landesberufsschule für die grünen Berufe (Gärtnerei,

Forstwirtschaft, Blumenbinderei und Landschaftsgestaltung, mit einem perfekt in den baulichen und topografischen Zusammenhang gefügten, licht- und sichterfüllten, modernen Holzbau) bis zur Wiederbelebung des kleinsten Hauses am Linzer Hauptplatz, einer denkmalgeschützten Ruine heterogenster Art – zur regionalen Zentrale einer Privatbank in drei vorsichtigen und doch selbstbewussten Bauabschnitten mit Hilfe eines ganz jungen Architekten – schließlich zur Anlage einer hochalpinen Liftstation für die größte Gondelbahn Tirols im umsatzmäßig drittgrößten Ski-Ort Österreichs, Mayrhofen im Zillertal als überzeugender Schritt einer Neuorientierung dieses großen Tourismus-Unternehmens.

ZV-Bauherrenpreis 2010: Gemeindezentrum Ottensheim
Bauherrschaft: Gemeinde Ottensheim
Architektur: SUE Architekten Wien

In Linz ist nun die dritte Station der Ausstellung dazu – und deshalb ein paar Worte mehr zu den oberösterreichischen Nominierungen: Schon 2010, als ich die neuformierte Jurytour der ZV erstmals mitmachen konnte, war Oberösterreich für mich eine Überraschung. Nicht nur, weil ich im Gegensatz zu Salzburg, Tirol oder Vorarlberg dieses Bundesland nicht für einen Architekturführer der Gegenwart bereist hatte – in OÖ gab es schon das einschlägige Buch von Romana Ring (eines früheren Vorstandmitglieds des Architekturforums), sondern weil die Jury dort im ländlichen Raum gleich eine Handvoll sehr geerdeter und zugleich sehr ambitionierter Gemeindezentren vorfand, was uns die Auswahl im guten Sinne schwer machte, und weil im Kerngebiet große Anlagen öffentlicher Funktion mit ökologisch vorbildlichen und auch raumtypologisch anspruchsvollen Lösungen imponierten.

Und 2011 war Oberösterreich auch quantitativ stark, knapp hinter Wien mit 22 Einreichungen an zweiter Stelle, knapp vor Vorarlberg, wo es 19 Bewerbungen gab. Und von den 22, die eine breite Palette der Aufgaben und durchwegs gutes Niveau bieten, erreichten fünf die Stufe Nominierung, und davon kamen gleich zwei in den Preisrang!

Landwirtschaftliche Berufs- und Fachschule Ritzlhof, Haid
Bauherrschaft: Land Oberösterreich, DI Albert Aflenzer, Ing. Bernhard Haider
Architektur: Architekten Dickinger-Ramoni, Innsbruck

Die *Landesberufsschule* besichtigten wir mitten in den Vorbereitungen für ein größeres öffentliches Event: festlich gekleidete Leute, jung und alt versammelten sich, Blumen überall, die Blasmusik packte gerade die Noten aus, suchte ihren Standplatz, im Mehrzwecksaal letzte Vorbereitungen für das geschmückte Podium, weiße Tischtücher – in dem erwartungsvollen Trubel erhalten wir von zwei Herren der Schulleitung eine Führung durchs Areal und jede Menge Hintergrundinformation – und verabschieden uns nach 40 Minuten mit dem Eindruck: das ist nicht nur eine architektonisch mustergültige Schulanlage in feiner Holzkonstruktion; es ist auch ein Fest- und Schauplatz landesweiter Veranstaltungen, somit ein Multiplikator seiner qualitativen Botschaften, und all das wird sichtlich bestens angenommen, mit Begeisterung gebraucht, gepflegt, gewürdigt.

Bei der *Spängler-Bank* war es zunächst nicht so eindeutig, kämpfen doch die Banken generell heute mit ihrer Reputation. Der soigniert zelebrierte Empfang am Entree war ein wenig steif und formell, von außen war noch wenig zu sehen, doch je weiter wir ins Haus hineingingen, nach oben, und von den neuen Hofterrassen und Dachetagen wieder herunter und durch diese Zeitmaschine baukultureller Schichten hindurch, umso mehr offenbarte sich die große Leistung aller Beteiligten, das Vertrauen in den eigenen Anspruch und in die Fähigkeit des jungen Planers, um aus einer Fast-Ruine wieder so ein Kleinod der zentralen Stadtstruktur zu machen.

Bankhaus Spängler, Linz
Bauherrschaft: Bankhaus Spängler & Co. AG
Architektur: Heidl Architekten ZT GmbH Linz
Freiraum: DI Barbara Bacher

Es gab wie gesagt drei weitere Nominierungen in Oberösterreich, die es nicht ganz zu den Preisen geschafft haben. Auch dazu noch kurz:

Der *Borealis-Konzern* ist ein führender Entwickler und Hersteller von speziellen Chemikalien und Kunststoffen, ist weltweit zweitgrößter Produzent von Melamin für Holzwerkstoffe, erzeugt Pflanzennährstoffe, Stickstoffprodukte und anderes. Dass das Innovation-Headquarter mit 300 qualifizierten MitarbeiterInnen aus 30 Nationen nicht im arabischen Raum oder in Kalifornien gebaut wurde, sondern als Erweiterung des Borealis-Bestands in der Chemie Linz, das ist zu allererst ein eminentes Plus, das hier für die Stadt- und Landesökonomie gesichert wurde; das Ganze ist freilich eine Art Enklave, aus nachvollziehbaren Gründen eine ›gated community‹ – und zugleich ist es die in einem hochkarätigen Verfahren gefundene Neufassung einer Büro- und Kommunikationslandschaft über vier Etagen, wo neben all den vielen technischen Extras die räumliche Figuration und Ausstrahlung dieses Atriumhauses die erste Geige spielen.

Peneder Holding ist eine große Stahlbaufirma, bekannt durch die Bogendächer in Metall, durch neuartige Brandschutzverglasungen und Brandschutztüren, Streckmetallfassaden und anderes. Der Betrieb ist aus einer lokalen Huf- und Wagenschmiede zu einem europaweit agierenden Unternehmen gewachsen – und kehrte mit dem Neubau der ›Basis‹ sozusagen örtlich zu seinem Ursprung zurück, stellte in die ländliche Region eine unerwartet großzügige Bürozentrale in schimmernder Metallrüstung, mit externen Raumangeboten, mit einer vielfältig ambitionierten Architektur – einer der Chefs führte uns dort persönlich, und es war authentisch spürbar, wie sehr ihm Architekturqualität ein Anliegen war und wie sehr er das Ergebnis nun schätzt und auch genießt.

Als fünftes – das *Wohnhaus beim Böhmertor* in Freistadt – eine verdienstvolle, nachhaltige Belebung einer Fast-Ruine, eines denkmalgeschützten Hofhauses im Stadtkern: absolut ungewöhnlich und vorbildlich, wie da ein Wohnbauträger den üblicherweise regierenden Rechenstift ablegte und mit den Architekten und dem Denkmalamt ein solches Unterfangen wagte und zum guten Ergebnis brachte. Wir waren dort am frühen Nachmittag, schon seit 7 Uhr unterwegs, und etwas müde und hungrig – Bauherrschaft und Architekten boten an, uns am Hauptplatz in ein Gasthaus zum Mittagsessen einzuladen. Anfütterung ist aber auch da nicht erlaubt, und so blieben wir nicht im wunderschönen Freistadt, fuhren über Nebenstraßen und hunderte Kurven zur Donau nach Grein, in der Hoffnung, im feinen Café neben dem Stadttheater eine kulinarische Pause einzulegen und unserem Gast aus Laibach auch stadträumlich was Besonderes an der Donau zu zeigen – dort war die Küche um 15 Uhr schon wieder auf Schmalspur, und der nächste Besichtigungstermin so knapp …

Es wäre noch einiges zu jenen Objekten unter den 37 Nominierungen zu sagen, die es nach heißer Diskussion dann doch nicht unter die Preise geschafft haben: zum Beispiel eine große Wohnungsanlage in Wien im ›Karree St. Marx‹, die in den Aspekten des Städtebaus und der Qualität öffentlicher und privater Frei- und Grünräume überaus ambitioniert ist; in der Altstadt von Salzburg, wo in Personalunion von Bauherrschaft und Planungsteam die Vision der Kombination von Wohnen, Arbeiten und Freizeit im dicht-urbanen Gefüge als Alternative zur Zersiedelung vorgeführt wird, oder in Graz die Neuanlage des städtischen Frei- und Erlebnisbades Eggenberg – eine konstruktive, räumliche Umsetzung des riesigen Programms bis in alle Details auf überregional vorbildlichem Standard …

Im Namen der Jury danke ich allen, die mit ihren Einreichungen zu diesem schönen Querschnitt des BHP 2011 beigetragen haben, danke dem Team der Auslobung, danke der Wiener Städtischen, die im Februar / März den Bauherrenpreis in Wien großzügig und professionell präsentierte, mit vielen Modellen, zusätzlichen Tafeln noch ausführlicher als bei der Preisvergabe im Architektur-Haus Kärnten Ende November – und die erstmals die Publikation in einem kompakten Katalog ermöglichte, in der von Adolph Stiller redaktionell betreuten Ringturm-Reihe.

Ich wünsche allen hier präsentierten Bauherrschaften und ihren Planungsteams mit den geschaffenen Räumen eine gutes, bereicherndes Leben in Zukunft.

Von: <otto kapfinger>
Datum: 25. Juli 2012 11:32:30 GMT+02:00
An: <wolfgang freitag_die presse> und 14 weitere
Betreff: architektur im spectrum

liebe leute!
aus aktuellem anlass eine notiz zur konsequenz der architekturkritik im spectrum von »die presse«. es ist dies meiner kenntnis nach nun seit längerem das einzige forum einer großen österreichischen tageszeitung, wo sehr konsequent und kritisch die strukturfragen, grund- und alltagsprobleme der baukultur in ihren regionalen und lokalen spezifizierungen in österreich zur sprache kommen, sichtbar werden, diskutierbar werden – und nicht wie überall sonst jetzt bloß die modischen überbauphänomene und sogenannten »attraktiven highlights« der architektur national und/oder völlig beliebig international …
herzlichen dank und immer wieder anerkennung und ermunterung dazu!

eine kurze revue des letzten monats:
am 30. 6. – romana ring über den neuen wohnbau von leitner/michl in linz: sehr interessant, sehr wichtig, sehr gelungen, sehr gut analysiert und aufbereitet, allgemein relevant – gratulation!
am 7. 7. – christian kühn über die debatte bebauung rehrlplatz/salzburg stadt: sehr gut im titel »eine stadt sieht rot«, sehr wichtig regional und lokal, sehr informativ, allerdings textlich mit großem rückblick auf vergangenes unnötig platz verschenkt – und im ton für mich dann etwas zu verbindlich, eine spur zu distanziert und dann eben zu wenig platz, um noch tiefer in die aktuellen details und hintergründe und die qualitäten, fakten der wettbewerbsprojekte einzusteigen – auch um die sehr vordergründige »sauluswerdung« von johannes voggenhuber herauszuarbeiten, – der – wie christian wohl direkt erfahren hat in der öffentlichen debatte, jetzt sehr egozentrisch auf populismus macht und weit von seiner einstigen diskursiven trennschärfe entfernt ist … dennoch, auch das ein ganz wichtiger beitrag!!
am 14. 7. – franziska leeb über die probleme der »regionale 2012« in der steiermark am beispiel murau: ebenfalls sehr wichtig, sehr allgemein relevant, sehr gut analysiert und strukturfragen zur sprache gebracht – und eben nicht, wie so leicht und nett und sonst so gängig – über modische form- und design-schmankerl parliert!!
am 21. 7. – karin tschavgova über die stadtpolitisch brisante thematik der »reininghausgründe« in graz, sehr wichtig, sehr aktuell, sehr grundsätzlich – wie von karin nicht anders gewohnt, gratulation!

wenn das so weitergeht, könnte man am ende des jahres zwei dutzend oder mehr spectrum-beiträge ausgewählt und ev. weiter aktualisiert kommentiert als hochbrisantes JAHRBUCH zur stadtpolitik, stadtplanung, regionalplanung und architektur in österreich herausgeben … wenn das jemand unternimmt, schreibe ich gerne ein kleines vorwort oder besser »nachwort« dazu. nur so eine idee.

herzlichen dank rundum und allerbeste wünsche für alles weitere!
mit freundlichen grüßen!
otto kapfinger

Evolutionär, ohne Handschrift

Laudatio für Franz Riepl

Rede im Steinernen Saal des Linzer Landhauses, 15. September 2012, publiziert als Sonderdruck im Rahmen der Ausstellung *Franz Riepl. Architekt einer anderen Moderne* im Haus der Architektur, Graz 2012

Sehr geschätzter Jubilar Architekt Prof. Franz Riepl, sehr geehrte Damen und Herren Festgäste!

Die Fachwelt hast gestern mit der Eröffnung einer Ausstellung im afo – architekturforum oberösterreich den 80. Geburtstag von Architekt Professor Franz Riepl gefeiert. Bei der Gelegenheit haben mit Friedrich Achleitner und Fritz Kurrent berufene Zeitgenossen den Jubilar gewürdigt. Was kann heute, in dem gesellschaftlichen Rahmen des Festes hier im Landhaus, von mir noch hinzugefügt werden – oder besser gesagt: Was sollte auch in diesem Rahmen als die wesentliche Leistung, die Botschaft seines Wirkens als bauender und lehrender Architekt nochmals hervorgehoben, unterstrichen werden?

Franz Riepl hat in beiden Wirkungsfeldern eines hartnäckig, kämpferisch, fundamental gefordert und auch eingelöst: Die zeitgemäße Baukunst – nach Riepl – ist keine revolutionär-spektakuläre, keine umstürzlerische Sache, sie ist vielmehr evolutionäre, langfristige Entwicklungsarbeit, Schritt für Schritt. Moderne Baukultur entsteht nicht durch das Formdiktat einer Elite von oben – top-down, sozusagen –, sie braucht notwendig die ganz präzise, die streng leistungsbezogene, die innovative Beschäftigung mit dem Alltäglichen, mit dem sogenannten Normalen.

Moderne Baukunst entsteht nicht als abstraktes, universelles Ideen- oder Formkonstrukt, sie braucht im Gegenteil die ganz konkrete Reflexion, die Empathie mit dem Lokalen, mit dem Örtlichen, mit dem Verfügbaren, mit dem brauchbaren Traditionellen. Die Architektur unserer Zeit bleibt steril und einseitig, wenn sie allein das Urbane, die zentralistische Deutungsmacht des Kulturellen nutzt und behauptet; sie braucht zur nachhaltigen Entwicklung unbedingt die Befassung mit dem Peripheren, mit dem Ländlichen, mit den Produktivkräften der primären Wirtschaft, mit den sehr handgreiflichen und womöglich durchaus poetischen Wirk-Momenten des sogenannten Gewöhnlichen, des sogenannten Provinziellen.

Das wäre dann: Bauen für den Alltag, mit den Mitteln des Alltags, aber eben nicht in der gedankenlose Routine unreflektierter Konvention, und schon gar nicht in der platten Ideologie eines rückwärtsgewandten Traditionalismus ...

Riepl verwendet all das, was in der klassischen Architekturmoderne als rückschrittlich verpönt war: steiles Satteldach - statt dem Flachdach; große Dachvorsprünge - statt der gesimslosen, randlos kubischen Traufkante; massive Ziegelmauern mit Verputz und eingeschnittenen Fenstern und Türen - statt Skelettbauweise mit Bandfenstern oder vorgehängten Glasfassaden usw.

Franz Riepl, Haus Vierlinger, Gramastetten, 1977–83
Foto: Ali Schafler

Riepl verficht nicht die subjektive Kunstfreiheit des avantgardistischen Könners, er propagiert die gleichsam anonyme, objektivierbare Autorschaft; er will nicht die lauten Töne dichterisch / dramatischer Expression individueller Maniera oder kurzlebiger Mode, er sucht die leisen, die unaufgeregten, mehr landläufigen Tonarten bausprachlicher Prosa.

Nun, das ist durchaus kein allerneuestes Programm, es ist sogar ein ziemlich altes - und eben auch eine Facette -, die weniger bekannte Facette der klassischen Moderne. Dies weiterzuführen verlangt aber - nach den Kultur-Brüchen der ersten Hälfte des 20. Jahrhunderts - eine außergewöhnliche Portion pragmatischer Redlichkeit, unakademischer Unangepasstheit, charakterlicher Sturheit und geistiger Wachsamkeit - im Ungleichzeitigen.

Wir erinnern uns: Otto Wagner nahm sich Gottfried Sempers Wahlspruch als Leitbild: »Artis sola domina necessitas!« Die einzige Herrin der Kunst - ist die Notwendigkeit, die Nützlichkeit. Und Adolf Loos schrieb: »Ein architekt ist ein maurer, der latein gelernt hat« - und an anderer Stelle: »Fürchte nicht, unmodern gescholten zu werden. [...] Denn die wahrheit, und sei sie hunderte von jahren alt, hat mit uns mehr inneren zusammenhang als die lüge, die neben uns schreitet.« Und nochmals anders: »Ein ding soll so lange ästhetisch halten, als es physisch hält.« Und weiters: »Eine veränderung gegenüber dem althergekommenen ist nur dann erlaubt, wenn die veränderung eine verbesserung bedeutet.« - usw.

Bernard Rudofsky, Autor der legendären Ausstellung und des Buches *Architecture Without Architects* formulierte in den 1930er Jahren: »Nicht eine neue Bauweise, eine neue Lebensweise tut not.« Und Heinrich Tessenow prägte den wunderbaren Satz, mit dem als Leitfaden man auch Riepls Architektur analysieren könnte: »Das Einfache ist nicht immer das Beste - aber das Beste ist immer einfach.«

Nun, geschätzte Damen und Herren, das klingt alles so selbstverständlich, so logisch, so vernünftig - so problemlos, so einfach ist alles das aber nicht, ist es längst nicht mehr, war es schon damals nicht! Warum? Ich kann hier nur Andeutungen machen: In der europäischen Geschichte gab es in den letzten 250 Jahren radikale Wendepunkte, mit denen die in Generationen davor entwickelten Traditionen in Alltag und Hochkultur entkräftet wurden: Aufklärung und Säkularisierung; Französische Revolution; extensive Zerteilung, Rationalisierung aller Arbeitsprozesse, extensive Technisierung, Industrialisierung; die industrialisierte Massengesellschaft...

Gegen Ende des 19. Jahrhunderts kulminiert das in der Kunst und in der Baukunst in stürmischen Bewegungen, die einerseits veraltete Konventionen über Bord werfen, die andererseits – durchaus janusköpfig – die Zügelung der neuen Produktivkräfte fordern – im Sinne der Bewahrung ererbter landschaftlicher und baulicher Schönheit.

In Wien treten Wagner, Hoffmann, Loos auf den Plan, zugleich schaffen Riegl und Dvořák die Grundlagen der moderne Denkmalpflege.

In München artikulieren sich Sezession und Blauer Reiter, Worringer und Kandinsky, zugleich wird 1904 der Bund Heimatschutz gegründet, der die seit 1880 aufkommenden Aktivitäten in einem reichsweiten Verband eint; erster Vorsitzender war Architekt Paul Schultze-Naumburg, dessen neunbändiges Werk *Kulturarbeiten* ab 1901 fortlaufend ebenfalls in München erschien und enormen Einfluss ausübte. Ein didaktisches Mittel dieser vom Hausbau bis zur Landschaftsgestaltung reichenden Enzyklopädie war die Gegenüberstellung von ›traditionellen‹ und ›modernen‹ Gestaltungen, wobei erstere in ihren Qualitäten der Einschmiegung, der ›organischen Einfühlung‹ in natürliche Bedingungen, in alte Ensembles und Formtraditionen beschrieben wurden – während letztere in ihren technischen und ›abstrakten‹, die Natur oder das ›gewachsene Ortsbild‹ kontrastierenden Geometrien kritisiert wurden.

Einfühlung/Abstraktion, Heimatschutz/Moderne, Landschaft/Ortsbild – all diese Slogans wurden vor hundert Jahren im deutschsprachigen Kunst- und Kulturdiskurs geprägt, waren damals schon in sich widersprüchliche, teils retrospektiv romantisierende, teils prospektiv provozierende Konstrukte – bilden in Fragen des Bauens in unseren Städten und Regionen bis heute die Kampflinien der Auseinandersetzung.

Zu den Prominenten im Heimat-Bund zählten neben Schultze-Naumburg damals Paul Schmitthenner, Theodor Fischer, Heinrich Tessenow. Aus diesem Kreis – unter anderem – begründete sich 1907 der Deutsche Werkbund, der nach der nächsten tiefen Zäsur, dem Ersten Weltkrieg, die Ziele des Neuen Sachlichen Bauens verfocht, von dem sich aber 1928 mit dem »Block« unter Führung von Schultze-Naumburg eine Gruppe trennte, welche die Speerspitze des ›faschistischen Kulturkampfes‹ wurde: gegen die dann behauptete ›Entartung‹ der ganzen Moderne und für die nationalsozialistische Rassen- und Kulturideologie. Und auch diese war ja extrem doppelzüngig, indem die Nazis auf der einen Seite modernste Technik für Rüstung, Schwerindustrie forcierten – auf der anderen in Wohn- und Städtebau die inhaltlich entleerten, auf völkisch einheitliche Bildpropaganda reduzierten Schemata und verlogenen Idyllen vorschrieben.

Satteldach oder Krüppelwalm, handwerkliche Treue, landschaftsgerechtes, organisches, einfaches Bauen (und Leben) wurden nach der künstlichen Re-Konstruktion um 1900 nun im Faschismus abermals und diesmal tiefgreifender gebrochen, in perverser Weise re-konstruiert.

Dennoch, aus dem Kreis um Heimat- und Werkbund gab es Architekten wie Tessenow, Hans Döllgast, Franz Hart, Johannes Ludwig und andere, die nicht mit den Nazis kollaboriert hatten, die für eine – sagen wir – alltagsbezogene Moderne standen, aber scharfe Distanz hielten zur ideologiegetränkten Handwerks-Idylle von Schultze-Naumburg oder Schmitthenner, und die nach 1945, nach 1950 in Deutschland, in München weiterwirkten, nach neuer Orientierung suchten.

All die skizzierten Ansätze mussten nach der grauenvollen Hitlerei neu vermessen, von Grund auf revidiert werden – und da bot sich, in Deutschland wie in Österreich, das Vorbild der Skandinavier an, die ebenfalls eine pragmatische Facette der Modernität entwickelt hatten, die politisch und kulturell nicht vom Faschismus belastet waren, die demokratische, offene Gesellschaften geformt hatten – zwar nach wie vor mit Königshäusern als repräsentative Staffage, aber dann in allem viel egalitärer, ziviler, transparenter, praktischer, freier als die Länder Mitteleuropas. Und da sind wir nun im Umfeld und Interessenfeld jener Jahre in München bei und mit Arch. Prof. Johannes Ludwig, die wohl für Franz Riepl von 1958–67 prägend waren.

Vor diesen hier nur gerade skizzierbaren Hintergründen – und mit diesen Impulsen muss Riepls Lebensleistung, seine klare Haltung zum zeitgemäßen Bauen gesehen und verstanden werden. Ich komme auf den Satz von Tessenow zurück: »Das Einfache ist nicht immer das Beste, aber das Beste ist immer einfach …«

Was heißt das, vom Wortspiel abgesehen, nun wirklich? Ich versuche es kurz, weil es uns einen Schlüssel gibt, zu verstehen, was in Riepls einfacher, alltagsbezogener, angemessener Baukunst vor sich geht.

Der Satz meint sicher: Es ist in den meisten Fällen gut und richtig, vom Einfachen auszugehen, von den gegebenen Fakten, den zugänglichen Möglichkeiten und Techniken – als eine Grundlage, aber nicht als ein unreflektiertes Rezept! Das Beste ist nicht das so leicht vom sogenannten Hausverstand Gebotene, Geforderte, in dem sich zumeist ein gerüttelt Maß an Denkfaulheit und Bequemlichkeit versteckt. Das Einfachste wäre – ein Beispiel als Prinzip: die alten, wackelig gewordenen Holzfenster auszutauschen mit preiswerten, unproblematisch verfügbaren Kunststofffenstern, das wäre das Einfachste – fortsetzbar in vielen ähnlich gelagerten Fragen, Anlässen aller Maßstäbe. Das Einfache wäre andererseits auch – um beim Beispiel zu bleiben – die kaputten Fenster exakt neu zu kopieren, wenn man sich das leisten kann und will und wenn es dazu wirklich die authentische Handwerklichkeit gibt. Das wäre schon klüger – aber auch das wäre nicht das Beste, was heißt: das in jedem Fall Weiterzuverfolgende, das im Einklang mit unserer Kultur zu einer weiteren Evolution unserer Lebensumstände führen sollte – auch das ist nicht das ›Rezept‹.

Tessenow spricht es in der zweiten Satzhälfte aus: das Beste der evolutionären Lösung geht wohl vom Einfachen aus, es muss aber durch einen sehr komplexen Prozess zu einer ›Einfachheit auf nächster, auf zeitrichtiger Stufe‹ gelangen. Nur dann hat das Beste die Chance, ›weiterbildend ins Allgemeine‹ einzuwirken. So kann ich das verstehen …

Von da aus wäre die Lebensleistung von Franz Riepl zu sehen, das scheinbar Gewöhnliche, das dem sozusagen auf fesche, spannende Neuigkeiten versessenen Blick Unzugängliche seiner Architektur ›ohne Handschrift‹ in all ihren einfachen, aber komplex durchdachten, verfeinerten, in die Gegenwart transponierten Typologien, Formen, Techniken und Details.

Es hat eine Generation und mehr gebraucht, bis das Alltägliche in Form und Technik im Architekturdiskurs wieder unbelastet Raum erhielt: Venturi in Amerika, Rossi und die Tessiner, Michael Alder, Zumthor, Herzog & de Meuron bauten Ende der 1970er wieder Satteldachhäuser, mit Holz, Stein, Ziegel, Verputz, Sperrholz; Roland Rainer hatte immer schon die Qualität schlichter, alter Haustypologien studiert, ins Aktuelle propagiert, in der Form blieb er doch strenger Modernist.

In der akademischen Szene blieb das Lob des Gewöhnlichen freilich eine vorübergehende Sache, ein Trend innerhalb der Postmoderne, eine Mode wie andere. Nur in regionalen Enklaven kam es zu tiefergreifenden Entwicklungen, in Graubünden etwa, in Vorarlberg – unter sehr spezifischen, glücklichen Umständen, aber auch dort blieb manches an der Oberfläche, wie Riepl selbst da und dort bemerkte.

In seiner Werkentwicklung ist diese Arbeit am Alltagstauglichen jedenfalls Konstante – aufgefächert und durchgängig in allen möglichen Aufgaben und Maßstäben. Die Ausstellung im afo zeigt es, das große Buch von Paulhans Peters illustriert es wunderbar. Was wäre dem Jubilar noch zu wünschen?

Dass man seine Bauten intensiv besucht, studiert, analysiert, davon lernt, aber nicht, um bei seinen Lösungen stehenzubleiben. Denn trotz ihrer offenbaren Verbindlichkeit sind es ganz individuelle Lösungen. Und die wollen, können nicht bloß kopiert werden, sondern Anstoß geben, in ihrem Sinne weiterzugehen, die nächsten Schritte zu tun.

Wir haben heute eine im relativ freien Individualismus nivellierte Gesellschaft, ihre Entwicklung muss, wird weitergehen. Wir werden aber nie mehr eine in Alltäglichkeit und Normalität uniforme, geregelte Kultur haben, wie sie die traditionellen Gesellschaften der Vergangenheit waren …

Herzlichen Glückwunsch Architekt Riepl, Respekt und alle Anerkennung für Ihr Wirken, Ihre Lebensleistung gegen den Strom aller möglichen Moden – nicht im Dienst subjektiver Erfolge, sondern in der Arbeit daran, das Alltägliche zu verstehen, kritisch aufzunehmen, Schritt für Schritt weiterzubilden, qualitativ zu heben und damit den Boden einer allgemeinen Hebung unserer Lebensqualität mit und in Architektur zu bereiten.

Neue Architektur in Burgenland und Westungarn

Erschienen in Otto Kapfinger. *Neue Architektur in Burgenland und Westungarn*. Hg. Architektur Raum Burgenland. Gestaltung: Atelier Gassner (Salzburg 2004)

Das östlichste Bundesland der Alpenrepublik hat von der ›Wende‹ in den früheren Ostblockstaaten, von der Öffnung der Jahrzehnte ›toten‹ Grenze und auch vom EU-Beitritt Österreichs am meisten profitiert. Seit 1989 stieg die Zahl der Beschäftigten hier um 19,1%, österreichweit nur um 8,6%. Auch beim jährlichen Wachstum lag das Burgenland mit 3,7% klar über dem Bundesschnitt von 2,8%. Ein solcher Aufwärtstrend gilt auch für die benachbarten Komitate in Ungarn und wird sich mit Ungarns EU-Beitritt nun noch deutlicher abzeichnen. Diese Entwicklung gilt nicht nur für die Wirtschaftsdaten. In dieser Phase der politischen, geografischen und kulturellen Neuorientierung wird auch ein Zuwachs an qualitätvollen Neubauten sichtbar. 1993 konnte die vom damals gegründeten architektur raum burgenland organisierte Ausstellung *Positionen* gerade achtzehn Bauten als aktuelle »Beiträge zur modernen Architektur« vorweisen. Inzwischen sind aber weit über hundert Gebäude entstanden, die nicht nur den 1993 angelegten Maßstäben entsprechen, sondern darüber hinaus neue, weiterreichende Markierungen setzen.

Wie sehr diese Steigerung in allgemeine Veränderungen eingebettet ist, wurde schon angedeutet. Allein der Vergleich der 1989 unter dem Titel *Standort Burgenland* erstellten Szenarien – die Problematik der Peripherie, der Mangel an Arbeitsplätzen, an innovativen Betriebsgründungen, an Rezepten gegen die Pendlerwanderungen, die Suche nach Identität, nach künftiger Konkurrenzfähigkeit ›in Nischen‹ – allein der Vergleich der damals diskutierten Zahlen und Stimmungen mit den unter dem Titel *EuRegio West/Nyugat Pannonia* im Jahr 2003 publizierten Bilanzen und Projekten illustriert einen epochalen Umbruch: von einer isolierten Problemzone zu einer grenzübergreifenden Region mit Zukunft; aus einer stagnierenden Randlage in die Mitte eines sich neu konstituierenden, europäischen Zentralraums.

In den Jahrzehnten nach 1945 hatte das Land an Europas westlichstem Steppensee das Image eines rückständigen Grenzgebiets – ›romantisch‹ durch die Besonderheiten der Landschaft und der alten Dörfer, die unrettbar dem Strukturwandel in Wirtschaft und Gesellschaft und einer meist völlig unsensiblen Modernisierung ausgeliefert schienen.

Neue Bauten mit Qualitätsanspruch und Vorbildcharakter waren hier kaum zu finden. Im Zentrum stand das Problem der Erhaltung der historischen und landschaftsprägenden, sehr schlichten und auch sehr verletzlichen Bausubstanz.

Dabei hatten die 1960er Jahre ein gutes Dutzend hervorragender Neubauten hervorgebracht, von denen einige zum Kernbestand der Baukunst nach 1945 in Österreich zählen. 1970 zeigte ein Österreich-Heft des renommierten Magazins *l'architecture d'aujourd'hui* unter 24 vorgestellten Neubauten aus Österreich immerhin auch drei Beispiele aus der Region um den Neusiedlersee. Diese Pionierbauten – erratische Blöcke im Feld des ruralen Ensembles – stammten durchwegs von Architekten, die aus der Distanz, von Wien oder von Graz aus, hier aktiv werden konnten. Ihre Impulse wurden an Ort und Stelle nicht wirklich aufgenommen oder adäquat fortgesetzt. Vielmehr kamen in den 70er Jahren ausgesprochen provinzielle Modernismen zur Blüte. Andererseits führten simultan dazu Energiekrise, Systemkritik und Nostalgiewelle zur breiteren Beschäftigung mit der sanften Revitalisierung von Altbauten und zur formalen Anpassung neuer Bauten an die historischen Morphologien. In dieser Ära, die bis über die Mitte der 1980er Jahre reichte, waren die Arbeiten einer nächsten, lokal stärker verankerten Planergeneration prägend und lokaltypisch – die Revitalisierungsaktionen von Wolfgang Kaitna / Rüdiger Reichel / Kurt Smetana in Mörbisch, Donnerskirchen, Oggau oder in Rust, ferner die strukturell perfekt angepassten Neubauten von Othmar Sackmauer in Mörbisch oder die kontextuellen Arbeiten von Wolfgang Heinrich Gimbel in Mittel- und Südburgenland. All das war zuerst Anstoß und dann sogar konsensfähiges Credo der von höchster politischer Ebene ab 1987 geförderten ›Dorferneuerung‹, deren Kriterien und Rezepte aber fast zwangsläufig wieder in Äußerlichkeiten verflachten.

Die 1980er Jahre brachten aber auch eine Offensive der landesweiten Raumplanung, wo mit Teilbebauungsplänen bei Neubaugebieten und in Ortskernen zumindest im Hinblick auf Maßstäblichkeit und die Gestaltung des öffentlichen Raumes eine gewisse Steuerung erreicht werden konnte. Ein nächster Schritt, um auch die architektonische Qualität über das Behördenverfahren zu stimulieren, war 1991 die Koppelung der Wohnbauförderung mit einer unabhängigen Architekturjury und die Aufwertung des Beirats für Baukultur im Rahmen der Kulturpolitik des Landes. Waren deren Resultate zunächst nicht überwältigend, so unterstützte diese Konstellation klimatisch und personell ganz wesentlich die Entstehung des Forums architektur raum burgenland. Als erster Vorsitzender dieser neuen Schnittstelle zwischen Fachwelt, Bevölkerung, Medien und Politik agierte ab 1993 Rudolf Szedenik. Ab 1990 begann eben eine nächste Generation von ArchitektInnen im Land aktiv zu werden, die in Wien oder Graz studiert hatten, die aber jetzt in ihren Heimatgemeinden AuftraggeberInnen aus einer inzwischen ebenfalls nachgewachsenen, aufgeschlossenen Bauherrenschicht fanden. Österreichs EU-Beitritt 1995 und die Fördermittel für die Region als Zielgebiet 1 machten das latente Potential manifest – besonders über eine Reihe erfolgreicher Wettbewerbsverfahren, unter denen das Technologiezentrum Eisenstadt als Synergie zwischen Raumplanung, Stadtplanung, Betreibergesellschaft und Wettbewerbsdurchführung oder auch jenes zum Rathaus Eisenstadt beispielhaft zu erwähnen sind.

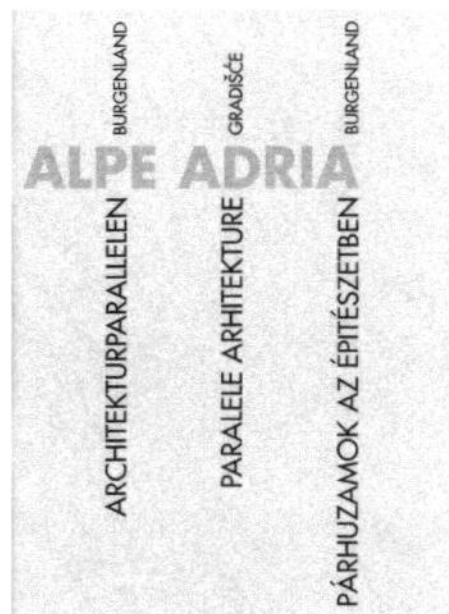

Architektur Raum Burgenland u.a. Hg. *Architekturparallelen Burgenland.* Text auf Deutsch, Kroatisch und Ungarisch. Gestaltung: Atelier Unterkircher Jankoschek (Wien 1996)

Die auffälligsten Nutznießer der Ziel-1-Mittel waren und sind sicherlich die Weingüter, wo eine grundlegende Reform der Produktion in Familien- und Mittelbetrieben die bauliche Innovation erforderte und wo neben der önologischen nun auch eine baukulturelle Reform ›von unten‹ inmitten der alten Dorfstrukturen entstand – ein Phänomen, das durchaus mit der ebenso regional verorteten und zugleich international orientierten Entwicklung der Sägereien, der Zimmereien und Tischlereien in Vorarlberg vor gut fünfzehn Jahren vergleichbar ist.

Was die ArchitektInnen schon immer behaupten – dass nämlich durch neue Materialien, durch neue funktionelle Anforderungen, neue Sozialstrukturen auch das Bauen neue Formen und Raumtypen verlange, so wie ein modernes Automobil selbstverständlich nicht mehr in Kutschenform auftreten könne –, das blieb und bleibt deshalb oft einseitiges Bemühen, weil gerade im Bauen die Gesellschaft aus verschiedenen Gründen (noch) nicht bereit war oder ist für solche folgerichtigen Kooperationen. Und das führte und führt zu Diskrepanzen zwischen Anspruch und Wirklichkeit, erzeugt Missverständnisse, Oberflächlichkeit, Ungleichzeitigkeit bis hin zur Schizophrenie, verhindert die mögliche Synergie aller beteiligten Faktoren, retardiert die kontinuierliche Evolution. Insofern bietet die Reform der Weingüter – auch in den Nachbarregionen Burgenlands – eine echte Pioniersituation, wo der Anspruch der Bauwerber und jener der Planer auf demselben Niveau liegt, und wo vor allem nicht nur ein isolierter Ausschnitt der Realität, sondern der ganze Kosmos von der Bewirtschaftung des Bodens bis zur Veredelung und Vermarktung der aus ihm gewonnenen Produkte erfasst wird – und zwar in einem Rahmen, der Leben und Arbeiten, Natur und Technik, Anstrengung und Genuss, Produktion und Reproduktion in ein und demselben Territorium verbindet.

Das heißt nun keineswegs, dass Burgenland über Nacht ein Architekturmekka geworden ist. Um die interessanten Bauten zu sehen, muss man sie, wie Klaus-Jürgen Bauer sagt, nach wie vor ›suchen gehen wie die Schwammerl‹. Es hat aber im Vergleich zur Situation vor zwanzig Jahren ein Quantensprung stattgefunden; noch vor zehn Jahren wäre es unmöglich gewesen, einen Architekturführer dieser Art zu publizieren. Und mit den Weingütern ist eine Kettenreaktion in Gang gekommen, die früher oder später auch andere Bereiche, etwa den nach wie vor darniederliegenden Wohnungsbau, mitreißen wird. Und im Gegensatz zu allen vorhin genannten Dezennien gilt heute, dass in allen Bezirken oder größeren Orten Büros und Teams arbeiten, die wohl noch längst keine ›Baulöwen‹ darstellen, doch als lokale Faktoren mit ihren Leistungen und Maßstäben nicht mehr übersehen werden können.

Im Raum Eisenstadt sind dies etwa Klaus-Jürgen Bauer, Fritz Brandlhofer und Johann Schandl. Seit 2004 wirkt in der Landeshauptstadt überdies ein unabhängiger Gestaltungsbeirat unter dem Vorsitz von Hans Puchhammer. Im Bezirk Neusiedl wurde in den letzten Jahren das Atelier von Herbert und Hans Peter Halbritter mit Heidemarie Hillerbrand tonangebend. Im Mittelburgenland, speziell im ›Blaufränkischland‹, spielt Anton Mayerhofer in der Szene der neuen Weingüter eine wichtige Rolle. Im Südburgenland, im Raum Güssing, wirkt einerseits Johann Traupmann seit einigen Jahren maßgeblich, andererseits haben sich mit Wagner / Pfandl oder Dietmar Gasser lokal nun weitere junge Teams mit einer Reihe von Bauten profiliert. Das Atelier Kaitna / Smetana betreut in bewährter Weise die aus Bundesmitteln geförderten Fassadenrevitalisierungen in den Ortskernen von Eisenstadt oder Stadtschlaining. Unter den von Graz aus Wirkenden liefert besonders Hans Gangoly immer wieder Modellhaftes: nach dem Markstein der Feuerwehr in Oberwart zuletzt das Mundartinstitut in Oberschützen. Über Wettbewerbe, Gutachten oder private Bauherrschaft können auch immer mehr jüngere Büros aus Wien, Linz und Graz vielbeachtete, im Rahmen der seit 2001 biennal vergebenen Landesbaupreise für Architektur prämierte Beiträge realisieren.

Schon vor zwei Jahren, als mit Susanne Schmall, Klaus-Jürgen Bauer und Rupert Schatovich erste Gespräche zu dieser Publikation geführt wurden, war klar, dass der im Land gegebenen Mehrsprachigkeit eine dreisprachige Ausgabe entsprechen sollte. Bald war ebenso klar, dass die Konsequenz darin liegt, auch aktuelle Bauten der ungarischen Nachbarregion vorzustellen, umso mehr, als sich zuletzt auch die Kontakte mit jungen Teams in Westungarn intensivierten. Flächenmäßig betrifft dies einen viel größeren Raum als Burgenland. Interessante Neubauten sind aber, wie die Befahrungen zeigten, dort noch dünn gesät. Die von mir getroffene Auswahl basiert aus vielen naheliegenden Gründen auf einem weniger umfassenden Einblick, als er für Burgenland dank der Hilfe vieler KollegInnen, dank der Gespräche mit Bauherrschaften, mit Fachleuten aus Verwaltung, Planung und Politik gegeben war. Dennoch ist auch der Einblick in Westungarns Szene mit der Hilfe von Prof. Gábor Winkler, des Architekturbüros 3h und aller dort genannten Architektinnen und Architekten aus meiner Sicht repräsentativ und zumindest ein Anstoß, sich auch mehr und mehr für das Geschehen im Nachbarland zu interessieren, Erfahrungen auszutauschen, Synergien zu finden, den Blick auf das ›Eigene‹ durch die Kenntnis des ›Fremden‹ zu schärfen, zu reflektieren.

Mittelburgenland: Bezirk Oberpullendorf

Erschienen in Otto Kapfinger. *Neue Architektur in Burgenland und Westungarn*. Hg. Architektur Raum Burgenland. (Salzburg 2004)

Durch die Grenzziehung von 1921, die nach 1948 zum »Eisernen Vorhang« wurde, verlor das Mittelburgenland seine historischen Verkehrsverbindungen, die vorher über Sopron / Ödenburg gegeben waren. Ein fünf Kilometer schmaler Flaschenhals verblieb als Zugang zum Nordburgenland. Hier treffen am Sattel von Sieggraben von Norden das Rosaliengebirge, von Osten das Ödenburger Gebirge, und nach Süden fortsetzend die Landseer Berge aufeinander. 30 km weiter südlich bildet das Günser Gebirge die ›untere‹ Begrenzung der Region, die somit auf drei Seiten gegen alpine Witterungseinflüsse abgeschirmt ist und sich nach Osten, zum pannonischen Klima hin öffnet. Der Stooberbach – und die begleitende Straße – zieht sozusagen diagonal durch das in weiten Linien nach Ungarn ausschwingende Hügelland. Neben den kulturell nach wie vor wichtigen Brennpunkten, den Schlössern Kobersdorf, Lackenbach, Deutschkreutz, dem Liszt-Museum in Raiding und dem Goldmark-Museum in Deutschkreutz – haben zuletzt die Weingüter des Verbandes ›Blaufränkischland‹ für internationale Beachtung und neue Prosperität gesorgt. Besonders im Raum von Lackendorf, Horitschon, Neckenmarkt bis Deutschkreutz – am Südhang des Ödenburger Gebirges – hat der Höhenflug der Weingüter auch eine spezielle baukulturelle Entwicklung bewirkt.

Der Weinskandal der 1980er Jahre erzwang eine Neuorientierung, eine Wende von der Quantität zur Qualität. Was vorher einzelne Pioniere begonnen hatten, wurde für die junge Winzergeneration zum allgemeinen Innovationsbedarf. Um national und international konkurrenzfähig zu werden, mussten die WinzerInnen das aktuelle Know-how in Frankreich, in Italien oder Kalifornien studieren, ihre Arbeitsweise entsprechend umstellen und die nötigen technischen und räumlichen Verhältnisse schaffen. Um kontinuierlich Spitzenweine aus individuellen Lagen herzustellen, ist heute ein wesentlich höheres Maß an Hygiene, an Präzision der Kontrolle von Temperatur und Luftfeuchtigkeit in den Kellern erforderlich und auch ein adäquates Umfeld der Präsentation, der Verkostung und des Verkaufs vor Ort im Weingut oder in gemeinschaftlichen Vinotheken. Zu dieser technischen Umstellung mit neuen

Gärtanks, neuen Abfüll- und Ausbaumethoden kam als Faktor hinzu, dass die alten, gemauerten Erdkeller für bestimmte Sorten oft zu starke Schwankungen von Luftfeuchte und Temperatur haben und – last but not least – dass diese ganze Umstellung bei den kleinen Familienbetrieben innerhalb der alten Höfe ein Niveau der Funktionsplanung verlangte, das nicht mehr mit lokalen Bau- und Maurermeistern zu leisten war. Ab 1995 kam mit den Fördermitteln im Zielgebiet 1 der EU auch der finanzielle Anreiz hinzu. So entstanden in kaum zehn Jahren allein im Blaufränkischland an die 30 auch architektonisch interessante Weingüter – eine regelrechte ›Architekturrevolution von unten‹, eine von der Kulturtechnik, ihren Anwendern und Nutzern selbst geforderte, gebrauchte Bauqualität. Lokaler Pionier war dabei Anton Mayerhofer aus Neckenmarkt, der 1984 sein Diplom bei Prof. Hiesmayr dem ›Weingut der Zukunft‹ gewidmet hatte; 1988/89 plante er dann mit Anton Iby in Horitschon das erste Presshaus der neuen Generation. Und diese Halle wurde für viele Kollegen der Gegend zum Studienmodell ihrer eigenen Bauprojekte.

Ortholuftfoto Landschaftsstruktur bei Großwarasdorf, Mittelburgenland. © BEV 2014, vervielfältigt mit Genehmigung des Bundesamtes für Eich- und Vermessungswesen in Wien T 2014/109976

Von: <otto kapfinger>
Datum: 13. Dezember 2013 10:26:51 GMT+01:00
An: <norbert lehner_orf>, <klaus jürgen bauer>
Betreff: Architekturgalerie / Burgenland heute vom 12. 12. 2013 um 19.00 Uhr

sehr geschätzte kolleginnen und kollegen!

herzlichen glückwunsch zum ›neustart‹ von architektur raum burgenland mit eigenem lokal im zentrum von eisenstadt, kompliment auch für das ambitionierte programm des nächsten und übernächsten jahres. die erste ausstellung am neuen ort ist symptomatisch und stellt hohe ansprüche. dazu aktuell einige gedanken:
heute vormittag gab es dank der initiative von euch, von norbert lehner und dem orf und dank dem entgegenkommen der jetzigen eigentümer für zwei stunden die möglichkeit, das haus dellacher von raimand abraham in oberwart auch innen zu sehen und entsprechend zu studieren. es ist ein spezifisches unikat, für den mit dem architekten befreundeten bauherrn maßgeschneidert, auf einem exklusiven, riesigen grundstück weitab vom stadtrand mit optisch ungestörtem blick rundum in die landschaft, akustisch allerdings (im freien, auf den terrassen) beeinträchtigt durch die nördlich vorbeiführende landesstraße A50, eine seit 1990 immer stärker frequentierte hauptverbindung auf der nord-süd-achse des landes.

der bau ist stofflich sehr einfach: massive ziegelwände, verputzt und weiß gefärbelt, dunkel gestrichene holzfenster und -türen; sohlbänke und parapetabdeckungen der freitreppen und terrassenbrüstungen mit dünnen steinplatten; lärchenriemenböden, viele gut erhaltene einbaumöbel und -schränke, speziell entworfen und von lokalen firmen gemacht; als türgriffe die typischen drehknöpfe, die wir aus amerikanischen häusern, hotels usw. kennen; lampen im wohnbereich nach entwurf des bauherrn; offener kamin mit klinkerziegeln gemauert; flachdächer mit im mauerwerk integrierten regenrinnen und attiken, waschbetonplatten auf den terrassen …
mit dieser einfachheit und mit anderen merkmalen bietet es einerseits eine neuinterpretation anonymer regionaler baukonzepte – mit dem eher introvertierten wohnen (wegen des speziellen klimas), mit der wichtigen präsenz von mauern und wänden (als schattengeber, windschutz, speichermasse), mit den motiven der in alten bürgerhäusern der region üblichen, zweistöckigen arkaden- oder laubengangerschließung, hier als ›hieratisches gesicht‹ und als front des hauses zur landschaft gedreht und in eine symmetrische aura stilisiert, aber auch als räumlich vieldeutige, relativ aufwendige schicht zwischen innen und außen dem hauskorpus vorgelagert.
andererseits vermittelt das haus in seiner distanzierten, dominierenden ›haltung‹ gegenüber der landschaft eine moderne variante palladianischer »villeggiatura« – und markiert es in abrahams œuvre diese phase der wendung von den eher modernistischen und maschinenhaften konzepten der frühen

sechziger jahre zu einer gleichsam zeitlosen, antimodernistischen und ›absoluten‹ architektur, die in scharfem gegensatz zum funktionalismus steht, auch zu allen ideen einer ›organischen‹ oder romantisch landschaftsbezogenen oder in sie ›eingebetteten‹ architektur.
interessant, dass die in der südansicht und in der baufigur so präsente symmetrieachse im innenraum keinerlei rolle spielt. die folge der räume der wohnetage (oben, vom überdachten eingang direkt erreichbar) ist ein strenges gefüge von jeweils wieder in sich zentrierten einzelräumen, wobei nur sporadisch der horizontale sicht- und raumbezug hinaus ins freie inszeniert ist, dafür im gegenteil die vertikale signatur der räume und des hausganzen an einigen stellen betont ist: es gibt zwei markante vertikale innere lichtachsen: die eine in der hauptachse als mit oberlicht versehene spindel der hölzernen wendeltreppe, die andere seitlich aus der hauptsymmetrie herausgerückt als oberlichtmilieu des essbereichs, welcher der landschaft den rücken zukehrt und fast ohne direkten sichtbezug nach außen ist, mit dem ostseitig gelegenen wohnraum aber diagonal interessant verbunden und zugleich davon abgeschirmt, mit einer schrank-umbauten sitzbank an der nordseite als innerste windung einer schneckenfigur im hauszentrum gelegen.
die haussubstanz ist trotz einiger mängel außen innen erstaunlich gut, böden und fenster gut in schuss, allerdings die alten heizkörper vor nicht allzu langer zeit durch neues, banales gerät ersetzt. die kinderzimmer ebenso wie bad und küche für heutige ansprüche sehr, sehr klein, dafür ein großzügiges untergeschoss (kein keller!), das sich in ganzer breite auf die nach süden abfallende wiese zum etwas abgerückten plateau des swimming-pools öffnet, mit zweitem bad auf dieser unteren ebene und einem dreiseitig verglasten, eingeschobenen ›salettl‹ unter der auskragenden terrasse der wohnebene …
es mag für den charakter des hauses symptomatisch sein, dass die am hang nordwärts abgesetzte, mit einem dach zum hauptbau verbundene autogarage – eine miniatur der kubischen formprinzipien des ganzen – auf den ersten blick wie eine kleine ›kapelle‹ anmutet.
wir sind uns darüber einig, dass es für die zeit, für die region ein sehr interessantes und sehr wichtiges, rares statement darstellt (es ist aber wohl nicht das ›beste haus‹ dieser ära im land, wie jetzt auch behauptet wird, und solche klassifizierungen sind immer umstritten).
wir sind skeptisch, ob sich zu dem verlangten preis angesichts der sehr peripheren lage neue nutzer und eigentümer finden werden. vermutlich müsste man innen adaptierungen für zeitgemäße ansprüche vornehmen. der denkmalschutz ist als zeichen der wertschätzung, aber auch durchaus ambivalent zu sehen. eine tiefergreifende analyse des hauses steht noch aus, wird im zuge des publikationsprojekts für 2014 gerade vorbereitet.
es müssten sich wirkliche liebhaber der architektur und der eigentümlichen lage finden, um dem haus ein weiteres, adäquates leben zu sichern – was möglich erscheint, unter den gegenwärtigen randbedingungen aber nicht sehr wahrscheinlich. wir wünschen dazu jedenfalls das allerbeste und unterstützen eure initiative!

mit herzlichen grüßen!
otto kapfinger, monika platzer

Die Besichtigung des Hauses erfolgte gemeinsam mit Monika Platzer, wissenschaftliche Mitarbeiterin am Architekturzentrum Wien, die im Archiv des AzW auch die Inventarisierung des Nachlasses von Architekt Abraham betreut.

Baustil der Region?

OK im Gespräch mit Nora Somlyódi und Zsolt Gunther*

Unpublizierte Abschrift. Interview in Irok Konyvesboltja, Budapest (Buchhandlung der Schriftsteller) anlässlich der Buchpräsentation *Neue Architektur in Burgenland und Westungarn*, Frühjahr 2005

NS: Wie entsteht eine Region im Sinne von Architektur? Wie erkennt eine Region ihre eigene Architektur?

OK: Schwierige Frage. Sie beschränkt sich nicht nur auf die Architektur. Architektur ist immer nur ein besonders sichtbarer Teil der Lebensform. Es hängt natürlich mit der Lebensform, mit der Wirtschaftsform zusammen, die dann zu Architekturform und zu Siedlungsform wird. Aber die klassische Abgrenzung von Regionen, oder auch von Kulturformen, ist ja heute nicht mehr möglich. Ich denke, dass es einerseits immer noch einen Bestand von bearbeiteter überkommener Landschaft gibt, von in Gebäude- und Siedlungsstrukturen transformierter Landschaft. Das ist immer noch eine Präsenz, mit der man sich in der Region konfrontiert, alles kann nicht ausgelöscht werden. Die Totenmaske der Vergangenheit ist immer noch da.

Gleichzeitig gibt es dieses globale Wissen, die globale Information. Ich denke, das Regionale in der Architektur kann sich nur definieren, indem man ganz präzise auf den Ort, auf das Terrain, auf das Programm am Ort reagiert. Das würde ich nicht als regionale Architektur bezeichnen, sondern als eine lokale Antwort. Was Kenneth Frampton mit dem Kritischen Regionalismus gemeint hat, war eigentlich ein Versuch, dem universellen Anspruch der Moderne eine Alternative entgegenzusetzen. Die Moderne, in einer gewissen Extremform, war ortsungebunden, dass heißt: international, universell, ortsunabhängig, befreit vom Ort. Theodor Adorno hat es etwa so gesagt: ›Die Häuser schauen jetzt alle so reisefertig aus‹, sie sind nicht mehr an den Ort gebunden.

Der Uniformität eines internationalen Vokabulars wollte man etwas entgegensetzen, indem man in den Raumformen, den Typologien, aber auch in der Materialität versuchte, das kritisch aufzugreifen und weiterzubilden, was in den Regionen noch an Substanz vorhanden ist. Ob das gelingt oder nicht, kann man immer nur an Ort und Stelle nachprüfen und wirklich beurteilen.

Ich denke, dass das Regionale nur dort zu spüren ist, wo der Zusammenhang zwischen der Bauindustrie, der Lokalpolitik, den AuftraggeberInnen, den Planungsteams nach wie vor gegeben ist. Das ist

* Nora Somlyódi, lebt und arbeitet in Budapest als Fachjournalistin im Bereich Architektur und Stadtentwicklung. Zsolt Gunther studierte in Budapest und Wien, Praxis in den Niederlanden und Österreich, führt seit 1994 in Budapest das Büro 3h office for architecture mit Katalin Csillag. Sie studierte in Budapest und Amsterdam, Praxis u. a. in Graz. Sie führten in diesen Jahren auch ein Büro in Györ und initiierten viele Kontakte und gemeinsame Veranstaltungen mit dem Architektur Raum Burgenland.

sozusagen das Netzwerk, aus dem heraus eine zeitrichtige und ortsrichtige Architektur entsteht, die aber gespeist ist und gespeist sein kann von einem überregionalen Denken. Das architektonische Wissen, das planerische Wissen, die Instrumente sind heute global. Aber die Architektur ist immer noch lokal. In der Überschneidung des globalen Wissens mit der lokalen Besonderheit entsteht das zeitrichtige und ortsspezifische, unverwechselbare räumliche Ereignis. Architektur ist für mich immer noch primär ein räumliches Ereignis, und das kann man vielleicht als das Regionale bezeichnen.

NS: Wie entsteht solcher Regionalismus, wie ist er zum Beispiel in Österreich entstanden?

OK: Erstens gibt es mehrere unterschiedliche Zentren der Ausbildung. In Wien haben wir drei Universitäten, in Graz, in Innsbruck und in Linz eine Fakultät, dazu die informelle Gegenuniversität der Baukünstler in Vorarlberg, es gibt eine Vielfalt der Ausbildungsstätten - einerseits. Andererseits gibt es die historisch und landschaftlich / wirtschaftlich bedingte Vielfalt - ob es das Gebirge ist, flaches Land, offenes Hügelland, eine zentrale Stadt oder die starken Mittelstädte - es gibt viele Mentalitätsunterschiede, die sich auch in Dialekten immer noch zeigen, Unterschiede in der Lebensauffassung, in der Sprache, in der Kochkultur, was immer noch spürbar ist. Die Topographie des Landes prägt immer noch diese kleinräumigen Differenzen, wobei im Gegensatz zu früher die Territorien überhaupt nicht mehr abgeschottet sind, sondern untereinander und überregional eng vernetzt.

Man macht auch oft den Irrtum zu denken, dass die traditionellen regionalen Kulturen nur in dieser Abschottung entstanden sind. Ein Gegenbeispiel dazu: die Tracht der Bregenzerwälder Bäuerinnen und Bauern - matt-schwarz glänzend, mit plissierten Röcken und speziellen Hüten -, die heute noch getragen wird. Diese Tracht ist aus dem 18. Jahrhundert von Vorarlberger Wanderarbeitern, die in den Sommersaisonen in Südfrankreich gearbeitet haben, aufgegriffen worden, weil dort die schwarze spanische Hoftracht Mode war. Und die haben diese Technik des Schwärzens und Fältelns der naturfarbenen Stoffe, zurücktransferiert in ihre Bergeinsamkeit, und dort wurde ihr ungefärbter grauer Loden, den sie ursprünglich hatten, in diese schwarze Tracht umgewandelt, die geradezu nobel ist, zeitlos abstrakt und schön. Auch die französischen Namen der Stücke wurden ins Deutsche bzw. in den Dialekt übernommen. Das sogenannte regionale Denken ist eines der Kunsthistoriker, der Vermarktungsexperten und der Landschaftsschützer oder sagen wir: der Kulturschützer – und ist eine Erfindung des späten 19. und beginnenden 20. Jahrhunderts.

NS: Wie beurteilen Sie Ihre Rolle in diesem Prozess, oder allgemein die Rolle von Publizisten, von Kritikern?

OK: Meine Rolle heißt immer: Türen aufmachen und keine Stile propagieren. Das große Problem von Kritikern, aber auch von Kunsthistorikern war immer, Stile zu definieren und zu propagieren. Das ist heute kein Thema mehr – war es vielleicht auch nie. Es geht vielmehr darum, die Unverwechselbarkeit und die Authentizität der Realisierungen jeweils als solche herauszufiltern, adäquat zur Sprache zu bringen. Mein Ziel ist eben nicht, verallgemeinernde Stilzuschreibungen zu präsentieren, vielmehr versuche ich möglichst das, was da ist, in seiner Eigenartigkeit und auch in der Modellhaftigkeit des Eigenen zu zeigen. Ich bin ein Vermittler, aber ich bin kein Charles Jencks, jemand, der stilistisch ›punziert‹ und sagt: du bist jetzt *Late Modern* und du bist *Dekonstruktivist* – das ist alles Irreführung.

NS: Aber auch in Ihrer Arbeit schaffen Sie doch neue Definitionen. Dieses Buch, das Sie heute vorgestellt haben, stellt doch irgendwie eine Verwandtschaft her zwischen Burgenland und Westungarn.

OK: Nein, nein. Das ist nur der Hintergrund. Ich versuche keine Verwandtschaft herzustellen. Die Verwandtschaft ist allein die Qualität. Die Bauten, die ich ausgesucht habe, mit meinem persönlichen Hintergrund und auch mit anderen Referenzen, sind einfach die der Qualität mit einem breiten Kriterienraster. Für mich ist nicht die Einordnung wichtig, die stilistische Typologie, sondern die Qualität. Wir leben im postmodernen Zeitalter, aber postmodern ist kein Stil, sondern jene allgemeine, sozusagen globale Kondition, in der es eigentlich keinen breit verbindlichen Stil mehr gibt.

NS: Dann stelle ich die Frage anders: Was ist der Grund, was ist die spezielle Motivation dafür, dass diese geographisch benachbarten, aber durch eine politische Grenze getrennten Gebiete in diesem Buch über Architektur zusammentreffen?

OK: Es sind beides Randzonen, denke ich. Der Ostrand von Österreich und der Westrand von Ungarn. Es gibt in beiden Ländern stark dominierende Zentren, das ist Budapest hier und Wien dort. Wenn man die Darstellung von ungarischer Architektur in aktuellen Büchern anschaut, dann ist Budapest ein eindeutiger Fokus von dem, was gezeigt wird und was diskutiert wird. Insofern versucht mein Buch – unter anderem – eine Art von Gegenbewegung, etwas vom Rand her zu sehen. Gleiches gilt übrigens auch für die österreichische Architekturpublizistik, vor allem für die einschlägigen Seiten der großen Wiener Tageszeitungen. Die schauen meiner Ansicht nach viel zu wenig auf das, was die Provinz, die Bundesländer an guten Sachen hervorbringen. Die Perspektive ist sehr zentralistisch und nicht wirklich pluralistisch. Insofern ist meine Arbeit für die Architekturführer der österreichischen Bundesländer so eine Art Gegenbewegung – ich beschäftige mich nicht mit Wien, sondern mit den ›Rändern‹. Und da war es bei einem Buch über das Burgenland völlig naheliegend, den ostösterreichischen Rand mit dem westungarischen Rand zu konfrontieren und daraus eine spezielle Perspektive zu finden. Ich bin kein Prophet, ob das besonders fruchtbar wird, aber ich finde es interessant, wenn die Ränder sich von den Zentren emanzipieren und ihre eigene Sache machen und sich darin vergleichen und stimulieren.

ZG: »Aufbruch der Peripherie« – das war doch der ursprüngliche Titel? Und es gab ja vom Herausgeber, dem architektur raum burgenland, von Anfang an dieses grenzübergreifende Interesse und viele Kontakte mit meinem Büro und auch anderen, die hier arbeiten.

NS: Und warum seid Ihr nicht bei dem Titel geblieben?

OK: Er war mir zu pathetisch.

ZG: Du hast ja eine publizistisch-aktionistische Biografie, die in die politisch in Österreich offeneren Verhältnisse am Beginn der 1970er Jahre zurückreicht. Architektur ist seit damals ein sehr öffentliches Thema geworden. Was ist deine Erfahrung, deine Vision in dem Zusammenhang?

OK: Heute ist Architektur eine öffentlich diskutierte und verhandelte Sache. Wir haben eine sogenannte Informationsgesellschaft. Die Medien spielen eine zentrale Rolle. Präziser gesagt: sie könnten eine viel bessere, hilfreichere Rolle spielen. Leider ist das Niveau und die Streuung der einschlägigen Berichterstattung und Kritik seit längerem rückläufig. Und gerade in den regionalen und lokalen Medien herrscht viel Ignoranz gegenüber der Bedeutung, die das Planen und Bauen für die qualitative Entwicklung des Alltags, der Alltagskultur bietet. Die besten Redaktionen bei den Zeitungen sind die Lokalredaktionen. Und dort könnte man, wenn es gut gemacht ist, Bauprojekte oder Entwicklungsprojekte wunderbar aufbereiten, dort könnte man den kritischen, fördernden Dialog pflegen. Es ist das aber ein ganz eigenartiges Feld. Ich war zum Beispiel fünf Jahre lang im Gestaltungsbeirat der Stadt Salzburg, in der dezidiert europäischen Stadt Salzburg. Wir hatten alle sechs Wochen zwei, drei Tage lang unsere öffentlichen Sitzungen, wo die aktuellen Projekte besprochen wurden, wo die Verfahrensart und die Rahmenbedingungen für große Neuplanungen diskutiert und ausgehandelt wurden usw., in Anwesenheit aller betroffenen MitspielerInnen. Das war öffentlich, wurde aber von den Medien überhaupt nicht genutzt und reflektiert…

Heute ist alles extrem disparat: die Sprache der Fachwelt, die Sprache der Massenmedien, die Sprache der Politiker, die Sprache der Bürger und Bürgerinnen, die Sprache der Wirtschaft, der Developer… Das sind Sprachebenen – und somit Kategorien des Denkens, der Wahrnehmung, des Bewusstseins, der Entscheidung –, die oft wenig miteinander zu tun haben. Auch da gibt es jede Menge Grenzen und Mauern, die abzubauen wären, die überwunden werden müssen, um zu mehr gemeinsamer, gemeinschaftlicher Qualität zu kommen. Und das wäre das Fundament für gelungene Stadtplanung, für gelungene Architektur.

NS: Wie sehen Sie das in Ungarn. Das war doch der erste und einzige Versuch, ein grenzüberschreitendes publizistisches Projekt zu machen – die Initiative ist von Österreich ausgegangen. Die Frage ist, wie es weitergeht, und was Sie über ungarische Architektur und die Möglichkeiten der Regionalität denken.

OK: Ich habe das Gefühl, dass bei den Beispielen, die ich in Westungarn ausgewählt habe, sehr viel Hintergrund da ist, viel Substanz in Hinblick auf jene Architekturdebatte, die in Ungarn seit den 80er Jahren läuft. Die erste interessante Präsentation neuer ungarischer Architektur war für mich 1995, als im Architekturzentrum Wien ausgewiesene Fachleute aus 22 europäischen Ländern die jeweiligen Trends präsentiert und analysiert haben, wo die Slowakei vertreten war, Slowenien, Tschechische Republik, Italien, Irland usw. Ákos Moravánszky hat Ungarn gezeigt und ich habe Bauten aus Österreich gezeigt. Es war sehr interessant, was Ákos gebracht hat, weil die tiefergehende Perspektive, aus der er die aktuelle Szene interpretierte, in dieser Form bei uns kaum gepflegt wird.

Was in Ungarn im Vergleich mit Österreich vielleicht abgeht: es müssten sich meiner Meinung nach auch in Ungarn öffentliche Plattformen, Foren für Architektur und Planung etablieren, welche die Regionen betreuen und reflektieren, die z. B. auch mit Burgenland den Austausch in den schon bestehenden grenzüberschreitenden Planungsforen weiterbringen.

NS: Wie stehen die Chancen dafür?

ZG: Schlecht, sehr schlecht. Es geht nicht, wir haben kaum einen Hintergrund. Wir hoffen auf die Studenten, die kommende Generation. Wir haben sehr viel von Österreich gelernt, können aber diese Art der Architekturzentren kaum übernehmen.

NS: Bleiben wir kurz bei diesem Thema. In Ungarn gibt es zur Zeit keine Infrastruktur für eine regionale Bewegung, wie hat das in Österreich funktioniert?

OK: Da hat es auch sehr lange gedauert. Ende der 80er Jahre war das Pilotprojekt das Haus der Architektur in Graz, und das ist wieder deshalb entstanden, weil es in der Steiermark einen Landeshauptmann gegeben hat, der ein Faible für Architektur hatte. Die Architekturszene hatte da die Chance, dass jemand im politischen Machtzentrum willens war, die avancierte Baukultur langfristig abgesichert zu fördern. So ist das Haus der Architektur entstanden, ›von oben‹. Aber auch von der Architekturfakultät der Universität Graz war schon seit Jahren eine starke Initiative da – eine außergewöhnliche Fusion von weltläufig Progressivem mit regional bewusster Individualität. Später ist auch in Wien so ein Forum entstanden, und man hat dann eine Architekturstiftung gegründet als Dachverband aller neun Bundesländer, wo der Bund sich bereit erklärte, solche Foren in den Ländern im finanziell selben Ausmaß zu fördern wie die einzelnen Bundesländer. So sind 1992–96 in allen übrigen Bundesländern diese Architekturzentren entstanden.

NS: Was denken Sie über die Architektur in Ungarn heute? – Die obligate Frage...

OK: Ungarn ist ein Kontinent. Budapest allein ist eine unglaublich interessante Stadt, aber alles was rundherum ist, ist nicht weniger spannend. Ich habe in Sopron sehr interessante Dinge gesehen, das ist im Buch zum Teil drinnen. Von Österreich aus hat man immer gemeint, hinter dem Eisernen Vorhang, da ist die Welt zu Ende. Aber für mich fängt dort die Welt wieder an. Wenn ich durch das Zentrum von Budapest gehe: Da sehe ich viel weltstädtische Struktur, ein sehr großzügiges Straßennetz etwa, viele Straßen mit einer Gehsteigbreite von sieben Metern. In Wien haben wir nicht einmal auf der Ringstraße so viel! Also das ist fast der berlinerische Maßstab. Auch dieses dichte, starke Gemenge von Bausubstanz aus verschiedensten Zeiten, bis zur Gegenwart... Letzte Woche war ich in Istanbul – das ist die nächste Welt, ein Brückenschlag zwischen Zeiten, Gesellschaften, Kulturen... Und dann: die Entdeckung der ungarischen Weltliteratur, die europäisch, global war und ist, gleichzeitig ganz spezifisch. Bei uns, vielleicht generell in Europa, hat man das erst nach 1989 so intensiv wiederentdeckt, und heute spricht man nicht sosehr über ›ungarische‹ Literatur als über europäische Literatur, die aus Ungarn kam und kommt.

NS: Und warum spricht man nicht über ungarische Architektur?

OK: Die Architektur ist ein ganz schwieriges Medium. Da braucht man so viele Leute und Umstände dazu, damit man eine Idee wirklich umsetzen kann, oder überhaupt, um eine Idee zu formulieren. Das ist das Faszinierende an der Architektur und gleichzeitig das Schwierige, dass sie so langsam ist und so viele Komponenten hat, die man unter einen Hut bringen muss. Aber auch da spielen die Medien wieder eine Schlüsselrolle. Die modernen Medien müssten dazu führen, die Vielfalt der Qualitäten aufzuzeigen, den Reichtum der Unterschiedlichkeit, die Originalität des Peripheren aufzuspüren. Die modernen, wegen der Marktmächtigkeit zu immer größeren Gesellschaften fusionierten Medien führen aber ins exakte Gegenteil: zu einer immer mehr zentralisierten Sicht. Und so wird es zunehmend eindimensional, vorurteilsbelastet, uninteressant, kontraproduktiv.

Es ist umgekehrt auch nicht sinnvoll und lustig, wenn die jungen Wiener jetzt alle die jungen Holländer kopieren. Das ist zum Teil passiert, aber ich finde den kritischen Dialog viel wichtiger als das bloße Kopieren von Äußerlichkeiten. Modelle so flink und unbewusst zu übernehmen und umzusetzen, das ist provinziell. Wenn die Provinz versucht, die Großstadt nachzumachen, *das* ist provinziell.

Nehmen wir zum Beispiel Südtirol. Da gab es jemanden wie Eduardo Gellner. Ein Architekt, der vor dreißig oder zwanzig Jahren bei uns kaum jemanden interessiert hat. Auf einmal sagt man, ja: Eduardo Gellner! Hochinteressant, sehr aktuell! Eine unglaublich selbständige Mixtur von Alpinem und Modernität. Oder ein anderes Beispiel: Sigurd Lewerentz in Schweden, ein Architekt ›am Rande‹, überhaupt nicht im Zentrum der Publizistik und Aufmerksamkeit, aber ein viel, viel interessanterer Architekt als hunderte, viel besser Publizierte. Für mich interessanter als Mies van der Rohe. Es ist meist eine Frage der Zeit …

Ihr habt in Ungarn dieses Problem der Superstars, die plötzlich rausgekommen sind. Imre Makovecz war so ein Superstar, eine Zeitlang. Das ist aber ein dünnes Brett, das ist für mich zu dünn gebohrt. Es gibt keine ›ungarische Architektur‹, schon gar nicht als ›Schule Makovecz‹, es gibt auch keine ›österreichische Architektur‹ … Ich denke, da hat sich etwas verselbständigt, wo andere Kulturtechniken und Reflexionsebenen einfach ausgeblendet waren – oder wurden. Architektur muss sich immer wieder auch an anderen Disziplinen messen und orientieren, etwa an der Stadt- und Raumwahrnehmung in Literatur, im Film und anderem. Und dann kann es nicht passieren, dass jemand mit einem solchen Personalstil stellvertretend wird für Ungarn. Aber es ist umgekehrt wieder die Chance, sich davon abzugrenzen. Moravánszky hat damals sehr interessante Architekturen gezeigt, die weder modernistisch noch regionalistisch waren, sondern andere Wege versuchten.

NS: Auch aus dieser Hinsicht ist das Burgenland-Westungarn-Buch ein Versuch ohne Beispiel. Sie wollen damit doch die Leute an die Orte führen, zur Einschätzung ›an Ort und Stelle‹.

OK: Es ist ein großer Unterschied, bestimmte Qualitäten eines Baus in einer Beschreibung zu lesen und auf einem Foto präsentiert zu bekommen – oder das an Ort und Stelle mit all den direkt und indirekt einwirkenden und wahrnehmbaren Relationen, der Atmosphäre innerhalb der Umgebung zu erleben. Im guten Fall ist es eben die Widerspiegelung jener gestalterischen Komplexität, die vom Ort und vom Thema aus in den Entwurf eingeflossen ist. Das neue Eingangsgebäude etwa zum Klosterbereich in Pannonhalma, da gibt es auch sehr subtile symbolische Inhalte zu erleben, wahrzunehmen, die mit bloßer Beschreibung absurd wirken würden oder im Foto überhaupt nicht abbildbar sind. Und da würden dann Aspekte sichtbar oder verständlich werden, die man etwa im Burgenland so nicht wagen würde… Oder bei den Bauten von dir, Zsolt, und Katalin, bei der Schule in Csorna etwa, da gibt es einen sehr konzeptionellen und zugleich materiell sehr einfachen Umgang mit traditionellen und modernen Elementen, in einer offenen, eben nicht ›harmonisierten‹ Ambivalenz, die es *so* in rezenten Bauten im Burgenland nicht gibt.

ZG: Für denn Diskurs in Ungarn sind unsere Sachen aber wieder ›zu puristisch‹!

OK: Gut, das sind eben die sehr verschiedenen Sprachregelungen. Aber letztlich wäre es nur eine Frage der Betrachtungsintensität, der Erweiterung der jeweils ›gängigen‹ Parameter. Interessant wäre, einmal eine europäische oder zentraleuropäische Biennale zu machen über Bauten, die nicht one-shot spektakulär sind, sondern eine mehrschichtige, hintergründigere und ›offenere‹ Architektur bringen. Aber gerade dieses weniger Plakative, in feineren und alltäglicheren Schichten Komponierte braucht Zeit, erfordert eine offeneres Sensorium, um es erkennen, zu genießen, richtig damit zu leben.

St. Pölten neu – Das Bild der Landeshauptstadt

Die letzte Bahnstation vor Wien. So kennt man außerhalb der Landesgrenzen, meist von Westen kommend, am ehesten diese Stadt. Und innerhalb Österreichs? Unter den zehn größten Kommunen, zu denen St. Pölten ja gehört, wird sich kaum eine finden, deren Namen im Volksmund mit weniger schmeichelhaften Assoziationen verbunden wäre. Oder besser gesagt: Die Attribute der grauen, glanzlosen Provinzialität reimen sich in beachtlicher Zahl gerade auf diese mit einer barocken Altstadt gezierte Industrieballung im Schatten der Donaumetropole.

All die Schüttelreime und Pointen zu St. Pölten haben einen wahren Kern. Und gerade die anfangs umstrittene Erhebung zur Landeshauptstadt hat den landläufigen Wortspielen noch zusätzliche Nahrung verschafft. Und dennoch ist dieser Ort auch noch viel mehr. Denn seine Vielschichtigkeit, seine genuinen Qualitäten wurden und werden immer noch unterschätzt. Zu Unrecht. Vermutlich hat man – auf der Schnellstrecke Wien–Linz–Salzburg und retour – kaum je Zeit gefunden, um einmal hier anzuhalten und die kolportierten Klischees vor Ort mit eigenen Augen zu prüfen.

Die Annäherung per Bahn folgt einer historisch geprägten Spur. Schon die antike Römerstraße hatte an dieser Stelle den ersten großen Fluss westlich des Wienerwalds überquert. Unter Kaiser Hadrian wurde die keltische Siedlung zur Zivilstadt Aelium Cetium ausgebaut. Auf ihren Resten entwickelte sich nach der Völkerwanderung eine Siedlung um das im 8. Jahrhundert dem hl. Hippolyt geweihte Kloster. 1159 erhielt der Ort vom Passauer Bischof das erste in Österreich bekannte Stadtrecht. Ab dem 13. Jahrhundert war die Stadt von wehrhaften Mauern umgeben; in der Barockzeit entstand die bis heute wirksame Prägung des Zentrums.

Doch der entscheidende Impuls kam 1856, als die Trasse der Eisenbahnlinie Wien–Salzburg–München über St. Pölten gezogen wurde. Denn dies bedeutete die Verlegung der alten Hauptreiseroute von der Donau südwärts ins Alpenvorland. So aktivierte erst das neue, künstlich geschaffene Verkehrsband die vorher latente, natürliche Lage des Ortes an einer Kreuzung vielfältiger Verbindungen inmitten

Erschienen in Otto Kapfinger und Michaela Steiner Hg. *St. Pölten neu. Das Bild der Landeshauptstadt.* Fotoessay von Richard Boulestreau. Gestaltung: Gabriele Lenz (Wien–New York 1997)

des österreichischen Kernlandes. St. Pölten wurde rasch zu einem Eisenbahnknotenpunkt. Das Tor zur Welt war damit in jeder Hinsicht aufgetan, stimulierte die ansässigen Betriebe und bot die Basis für die Niederlassung großer Fabriken. St. Pölten konnte dadurch in wirtschaftlicher Bedeutung das nahe Krems überflügeln und wurde von 1870 bis 1970 zu dem am schnellsten expandierenden Ort in Niederösterreich.

Genau ein Jahrhundert nach der ›Nord-Tangente‹ der Westbahn erhielt der Stadtkern die ›Süd-Tangente‹ der Westautobahn. Als 1958 dieser Streckenabschnitt eröffnet wurde, war hier der Rand der Bebauung noch einen Kilometer vom Fahrdamm entfernt – abgesehen von der weitläufigen Kopal-Kaserne und einigen Streuhöfen des Ortsteils Spratzern. Inzwischen ist dieses Glacis weitgehend aufgefüllt. Das südliche Längenwachstum ist in den landschaftlichen Fakten des ganzen Areals ja bevorzugt angelegt. Schon im 18. Jahrhundert hatte sich die erste große Fabrik – eine Kattunmanufaktur – südlich der Stadtmauern am linksseitigen Mühlbach der Traisen angesiedelt. Die Trasse der Leobersdorfer Bahn sowie an ihr nach 1900 anknüpfend die Hauptwerkstatt der k.k. Staatsbahnen und die Voith-Maschinenfabrik bestimmten die nächste, kräftige Süderweiterung. Darauf folgte in den 20er Jahren die rege Wohnbautätigkeit zwischen Mariazellerstraße und Traisenau, mit einem anschließenden neuerlichen Schub von Schul-, Wohn- und Gewerbebauten seit den späten 50er Jahren.

Eine wenig auffällige, für die Entwicklung des Gebiets seit dem 12. Jahrhundert wesentliche Strukturlinie ist der rechtsufrige Mühlbach der Traisen. Auf die mittelalterlichen Mühlen, Hammerwerke und Schleifereien folgten im 16. Jahrhundert die ersten Papiererzeugungen. Das traditionsreiche Werk der Familie Salzer wuchs im 19. Jahrhundert zu einer der größten Papierfabriken Österreichs und prosperiert heute noch. Vier Kilometer südlich, in Harland, entstand aus einer alten Mühle mit der Salcher'schen Spinnerei ein Betrieb, der vor 1914 zum größten und modernsten Unternehmen der Region expandierte und der die Wasserkraft flussaufwärts durch eine Kette kleiner E-Werke optimal zu nutzen verstand. Mit Schulbauten, Arbeitersiedlungen, dem Gesellschaftshaus samt Werksrestaurant, Bibliothek, Bad und regem Vereinsleben entwickelte Harland ein Modellbeispiel der klassischen Industriekultur und Arbeitswelt, eine über mehrere Generationen gewachsene Sozietät, die bis in die Zeit nach dem Zweiten Weltkrieg weiterwirkte.

Es waren unter anderem die Salzers und Salchers, die auch sonst im Wirtschaftsleben St. Pöltens Impulse gesetzt hatten, zum Beispiel die Gründung einer eigenen Straßenbahn. Als Industriebahn geplant, verknüpfte sie ab 1911 die Werke in Harland und Stattersdorf sowie die Glanzstoff-Fabrik mit der Westbahn, wurde aber bald auch zum beliebten Personenverkehrsmittel und war bis in die 60er Jahre aktiv. Seit der Zwischenkriegszeit in englischem Besitz musste die Harlander Coats, die in Spitzenjahren über 1.100 ArbeitnehmerInnen beschäftigt hatte, in den 80er Jahren wegen Unrentabilität schließen. Die Arbeiterhäuser gingen zu günstigen Bedingungen ins Eigentum der Mieter über. Der Ort konnte die Rezession auch sonst recht gut abfangen.

Struktur zum Bild

St. Pölten neu soll eine kompakte Stadt werden. An diesem Leitbild orientierten sich ab 1989 alle Hauptstadtprojekte. ›Kompakte Stadt‹ bedeutet: statt weiterem Ausfransen der Bebauung nach allen Richtungen, statt weiterem Landverbrauch bei exponentiell wachsenden Erschließungskosten und Verkehrswegen – Verdichtung der zentrumsnahen Freiflächen, zugleich Optimierung der Grünräume, Ausnutzung der neuzuschaffenden institutionellen Bauten zur inneren Strukturverbesserung des bestehenden Stadtgefüges, Straffung der Wege –, auf den Punkt gebracht also: Regierungsbauten nicht als zweites Zentrum auf Distanz, sondern als Erweiterung und Stärkung des vorhandenen Stadtkerns.

Scharfe Szenenwechsel, abrupte Schnitte zwischen Zentrum und Hinterland sind in dieser Stadt an der Tagesordnung. Es gibt eine ganz kleine, mäßig dichte Altstadt, an die völlig unstädtische, offene Zonen direkt heranreichen. Es gibt einerseits ein kaum kontrolliertes Auswuchern der Siedlungstätigkeit bandartig in Nord–Süd-Richtung, aber auch schräg und quer dazu, und es gibt andererseits untergenutzte, hochwertige zentrale Lagen beiderseits des Flusses. ›Kompakte Stadt‹ bedeutet nun nicht eine Rückwendung zur ummauerten Eingeschlossenheit des Mittelalters oder zur spekulativen Übernutzung des Bodens in der Gründerzeit. ›Kompakte Stadt‹ meint eine Alternative zur Verhüttelung des Landes und zur komplementär dazu stattfindenden Fragmentierung von Stadt, meint einen neuen Ausgleich von Stadt und Land, von Bebauung und Freiraum. Das Leitbild von *St. Pölten neu* bringt in diesem Sinne eine Revision des bisherigen Stadtregulierungsplanes, der auf Vorschlägen des Stadtbaureferenten Rudolf Wondracek beruhte.

Wondracek, ein Schüler Otto Wagners und der führende Architekt St. Pöltens in der Zwischenkriegszeit, hatte das Entwicklungspotential der natürlichen und gebauten Charakteristika des Stadtraums klar erfasst: die bandartige Nord–Süd-Erstreckung des Flussbettes mit den begleitenden Auen innen und den rahmenden Hangstufen der Schotterterrassen außen, unterstrichen durch die den Strom begleitenden Werkskanäle, überlagert von den Kreuzfiguren der in die vier Himmelsrichtungen ausstrahlenden Hauptstraßen bzw. Bahnlinien. Als Wondracek 1928 erstmals sein Konzept vorlegte, erlebte die Stadt nach den Krisenjahren in der Folge von 1918 ein wirtschaftliches Zwischenhoch. Die Ära der großen Fabriksgründungen von 1904–07 hatte mit der Maschinenfabrik J. M. Voith, mit der Hauptwerkstätte der Staatsbahnen und der ersten österreichischen Glanzstoff-Fabrik AG eine ruckartige Nord- und Süderweiterung der Stadt in Gang gesetzt. Ihre Areale übertrafen – zusammengefasst – die Fläche der Altstadt und zusammen beschäftigten sie über 7000 ArbeitnehmerInnen. Die Ansiedlung dieser Betriebe kam zustande, weil ein rühriger, liberaler Bürgermeister sehr billige Gründe in Verbindung mit den Bahnlinien anbot und weil er private Unternehmer dazu gebracht hatte, 1903 den Umbau des alten Hammerwerks am Mühlbach »Stadtgang« in ein städtisches Elektrizitätswerk zu finanzieren, wodurch die Stadt auch eine günstige Energieversorgung bereitstellen konnte.

Die wiedererstarkte Dynamik dieser Großbetriebe – der zweite Schornstein der Glanzstoff, 1928 errichtet und mit 104 Metern höchster Bau der Stadt, markiert diese kurze Konjunkturphase der 20er Jahre – stimulierte auch den privaten und genossenschaftlichen Wohnungsbau. Wondracek widmete dafür Flächen an den östlich, westlich und nördlich ausstrahlenden Überlandstraßen und legte das Schwergewicht südwärts entlang der neuen Achse der Josefstraße und der Mariazeller Straße bis Spratzern. In diesen Bereichen sollten niedrige Gartensiedlungen entstehen, mit maßvoller Verdichtung an den Hauptstraßen – in der Art, wie Wondracek selbst es im Bereich Josefstraße / Stoßgasse / Birkengasse 1928–30 realisieren konnte.

Für die Entwicklung der Industriegebiete wollte er die Trasse der Harlander Straßenbahn zur Vollbahn ausbauen, sie südlich von Spratzern über die Traisen verbinden zur Leobersdorfer Bahn. So wäre ein den Flussraum übergreifender Verkehrsring entstanden. Seine Ostseite, zwischen Traisendamm und dem neuen Schienenstrang, war als bandartige Betriebsbauzone ausgewiesen, hätte also die punktuelle Folge der alten Werke am Reutgang zu einem durchgehenden, hochrangigen Streifen intensiviert. Breite Grüngürtel entlang des Flusses, an den Hochterrassen und an den Hauptstraßen sollten mit großzügigen, die Wohngebiete durchquerenden Grünräumen verbunden werden.

Wondracek hat dieses Konzept mit dem Stadtbaudirektor Hermann Richter weiterbearbeitet, 1936 wurde der Plan auch im Gemeinderat beschlossen. Doch er kam nur mehr fragmentarisch zur Anwendung. Die rechtsufrige Bahnlinie wurde nicht gebaut. So konzentrierte sich die Betriebsbautätigkeit entlang der Bahn und der Mariazeller Straße nach Süden. Auch die Grünbereiche wurden nicht in dieser Konsequenz gestaltet. Lediglich die Eisberg-Siedlung, das Kernstück der Josefstraße und die Siedlungsstruktur in Wagram, wo Wondracek 1937 auch die Kirche baute, folgten seiner Vorstellung von durchgrünten, klar begrenzten Siedlungsräumen. Und in den 60er Jahren wurde seine Vision der Gartenstadt dann mit zahlreichen, eher willkürlich verstreuten Wohnhochhäusern überlagert.

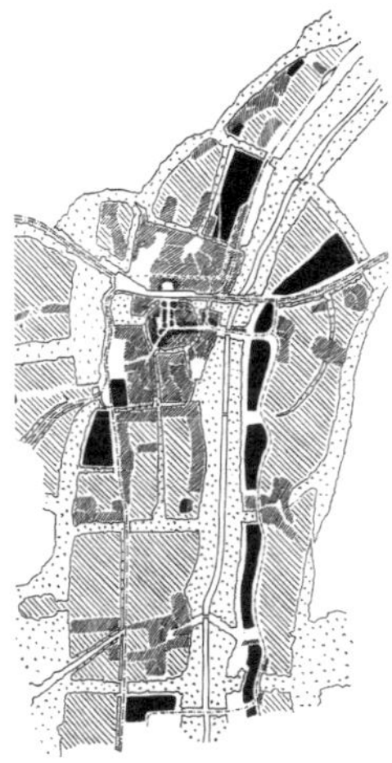

Rudolf Wondracek, Hermann Richter, Entwicklungskonzept St. Pölten, 1936

Das urbanistische Leitbild der Hauptstadtprojekte modifiziert diese Überlegungen. Auch hier ist das Ostufer der Traisen ein zentrales Entwicklungsgebiet, soll ein neues Verkehrsgerüst die Flussufer intensiver als bisher verknüpfen. Alternativ zu Wondraceks großflächiger Trennung von Funktionen sollte allerdings eine viel kleinräumigere Mischung von Wohn- und Arbeitsstätten entstehen, sollten die Reserveräume im vorhandenen Baubestand nachverdichtet bzw. untergenutzte Bereiche optimiert werden können. Schwerpunkte der hochrangigen Funktionsmischung bilden neben dem zentralen Regierungsbezirk die Bereiche St. Pölten-Nord – mit der neuen Querspange der Dr. Adolf Schärf-Straße und dem Einkaufszentrum Traisenpark als Magnet – sowie St. Pölten-Süd um die Landsbergerstraße mit dem Veranstaltungszentrum VAZ als Messegelände und Endpunkt an der Autobahn. In diesen Zonen hat seit den späten 80er Jahren eine intensive Bautätigkeit eingesetzt. Doch zumeist konnte weder mit den zahlreichen neuen Geschoßwohnbauten noch mit den Betriebsbauten die Chance für eine zeitgemäße Qualität auf ›Hauptstadtniveau‹ genutzt werden.

Hauptstadtwerdung – Regierungsviertel

Ab dem Jahr 1921 lag Niederösterreichs Regierungssitz exterritorial in Wien. Die alte Kaiserresidenz – im niederösterreichischen Landtag vorher im Rang einer Bezirksstadt – wurde damals eigenes Bundesland. Die Trennung zwischen Niederösterreich und seinem historisch gewachsenen Zentrum erfolgte zugunsten eines ausgewogenen Föderalismus im neuen Bundesstaat und aus politischer Räson zwischen dem christlichsozial orientierten Agrarland und der sozialdemokratisch eingestellten Großstadt. Niederösterreich behielt die traditionsreichen Bauten des Landtags in Wien, erfuhr durch diese Situation aber erhebliche wirtschaftliche Nachteile. Die 1984 begonnene Kampagne des damaligen Landeshauptmanns Siegfried Ludwig zur Gründung einer eigenen Landeshauptstadt argumentierte dementsprechend mit wirtschaftlichen Vorteilen. Sein Werbefeldzug, begleitet von heftigen Auseinandersetzungen, brachte aber auch ganz emotionale, populistische Slogans – und er war erfolgreich. Die Volksbefragung im März 1986 bestätigte Ludwigs Vision. Detaillierte Standortuntersuchungen ermittelten schließlich St. Pölten als geeignetsten Sitz der Landesverwaltung. Nachdem man übereingekommen war, in den nächsten Jahrzehnten die gleichen Beträge an Zusatz-Förderungen wie in der Landeshauptstadt auch zur Förderung der Regionen bereitzustellen, wurde St. Pölten am 10. Juli 1986 im Landtag einstimmig zur neuen Hauptstadt erhoben.

Zehn Jahre später sollten die Bauarbeiten für ein Verwaltungszentrum mit über 3000 Beamten, für einen Kulturbezirk mit Festspielhaus, Landesbibliothek und Archiv und Ausstellungshalle soweit fertiggestellt sein, dass ein Drittel davon in Betrieb gehen konnte und der Rest mit einem Fest für 140.000 Besucher provisorisch eröffnet wurde. Dazwischen lag ein zweistufiger, internationaler Architekturwettbewerb, eine für hiesige Verhältnisse sensationell kurze Phase des Planungs- und Behördenverfahrens, ein weiterer geladener, internationaler Wettbewerb für die Konzeption des Kulturbezirks und das sichtlich effiziente Management von Österreichs größter Baustelle durch die eigens geschaffene NÖ Landeshauptstadt Planungsgesellschaft (NÖ-Plan) mit zeitweise über 1000 Beschäftigten am Ort. Die Finanzierung – Gesamtkosten an die sieben Milliarden Schilling – erfolgte, ohne das Budget zu belasten, durch den Verkauf der Landtagsgebäude in Wien, durch die Erlöse aus der Privatisierung des Landes-Energiekonzerns EVN und aus dem Abverkauf von Grundstücken.

In der Fachwelt hat besonders das Ergebnis der ersten Wettbewerbsstufe Enttäuschung hervorgerufen: Dem Anlass adäquate, visionäre Projekte wären ausgeblieben bzw. durchgefallen, die elf zur zweiten Stufe ausgewählten Projekte seien zu konventionell. Auch das letztlich nach einer abschließenden Überarbeitung von drei Entwürfen fixierte Siegerprojekt von Ernst Hoffmann wurde zwiespältig aufgenommen.

Eine Schwäche des Verfahrens war sicherlich, dass in der ersten Phase nicht klar genug zwischen den primären, städtebaulichen Fragestellungen und dem architektonischen Ansatz unterschieden worden war. So hatte beispielsweise der spätere Sieger Ernst Hoffmann anfangs das Regierungsviertel am Ostufer der Traisen vorgeschlagen, im Widerspruch zu den von der Jury deklarierten Kriterien. Hoffmanns endgültiger Entwurf entsprach jedenfalls am besten den von Stadt, Land, NÖ-Plan und der Jury schrittweise formulierten Maximen, die dann doch auf Realismus und Pragmatismus hinausliefen. Man wollte kein zweites Zentrum schaffen, sondern die Neubauten – auf einer Fläche von 12,5 Hektar – möglichst nahe zur Altstadt und zum Bahnhof situieren. Die St. Pöltener Altstadt sollte nicht konkurrenziert, sondern aufgewertet und damit neu definiert werden. Auch die schon 1988 von Wilfried Wang vorgeschlagene Verteilung der Neubauten auf verschiedene Grundstücke im Zentrumsbereich – im Sinne einer Ergänzung zur ›kompakten Stadt‹ – wurde vonseiten der Nutzer nicht gewünscht. Man wollte die neuen Verwaltungs- und Kultureinrichtungen auch in Zeiten der Dezentralisierungstendenz durch die neuen Medien in möglichst engem örtlichen Zusammenhang sehen.

Das erst für die zweite Wettbewerbsstufe vom Auslober klar bestimmte Leitbild imaginierte also ein »offenes, demokratisches und landschaftsbezogenes Regierungsviertel«, das den Flussraum der Traisen einbindet und mit der östlichen Altstadt verbindet, ein »multifunktionales, innerstädtisches neues Stadtquartier an der Traisen«, das auch die weitere Stadtentwicklung jenseits des Flusses stimuliert.

Unter den in der zweiten Runde Angetretenen hat Hoffmann diese Vorstellungen zweifellos am besten erfüllt. Er hat in der Gliederung der Höhen, der Räume und der Verkehrswege den adäquaten Maßstab zur Altstadt gefunden; er hat als Alternative zum Phantom der ›Beamtenburg‹ die Struktur eines Dienstleistungszentrums mit urbanem Charakter aufgezeigt, »ein Ensemble überschaubarer, individuell zugänglicher Amtshäuser, die im Erdgeschoß vielfältige Nutzungen besitzen und Bezug zum Außenraum, zu Plätzen, Straßen und Grundflächen aufweisen«; und er hat mit der exponierten Lage des Landtags am Fluss einen Ansatz zur Neudefinition des Traisenufers geleistet. Die großräumige Flusslandschaft ist das primäre Element der St. Pöltener Stadtentwicklung, sie ist auch gleichsam ein Symbol für die ganze Region. Durch die Verknüpfung mit diesem Landschaftselement kommunizieren die Hauptstadtbauten nun auch symbolisch mit dem gesamten Territorium.

Im Hintergrund solcher Überlegungen spielt noch mit, dass im Heranrücken der Stadt an den durch seine reißenden Hochwässer sehr gefährlichen, durch die Industrialisierung in seiner Ökologie aber schwer geschädigten Strom auch die technisch-ökologische Herausforderung und Verpflichtung auf den Punkt gebracht wurde.

Neustadt an der Altstadt

Städtebau im konventionellen Sinn hat heute nicht mehr die Mittel, um ›urbanes Leben‹ a priori zu garantieren. Es genügt nicht mehr, einen ›Platz‹ gut zu komponieren, wenn niemand dort hingeht, weil das, was einmal Plätze konstituierte, heute ganz woanders und auf ganz andere Weise stattfindet. Das Bild des St. Pöltener Regierungsviertels illustriert genau dieses Dilemma. Es zeigt uns bekannte Muster: Straße, Anger, Passage, Platz, Turm, Tor, Brücke usw. Die Rhetorik dieser Räume schafft eine gewisse spontane Vertrautheit, und doch bleibt das Bild bloß Metapher, verweist dieser Städtebau mehr auf eine abwesende als auf eine tatsächliche Urbanität. Es liegt weniger an den architektonischen Details, obwohl dazu einiges zu sagen wäre. Denn, so perfekt Hoffmanns Städtebau planlich die vorgestellten Leitbilder erfüllte, so medioker blieb in vielen Punkten seine Umsetzung. Aber wichtiger als die Frage, ob der Klangturm in der Mittelachse des Straßenraums richtig platziert ist, ob die Kragkonstruktion des Landtags-Schiffes nicht zu derb geraten ist oder ob die Neue Herrengasse (mit den Rückseiten der Geschäfte!) nicht der viel angenehmere Flanierraum ist als der kompromisshaft überdachte Landhausboulevard –, wichtiger als das sind andere Fragen.

Beispielsweise jene, warum nicht mehr Wohnungen im und neben dem ganzen Komplex vorgesehen wurden, um hier ein echtes Viertel mit Leben rund um die Uhr zu schaffen. So naheliegend eine solche Mischung wäre, die sicherheits- und betriebstechnischen Anforderungen an hochrangige Verwaltungszentren schließen das heutzutage offenbar aus. Aber auch das privatwirtschaftlich finanzierte »Tor zum Landhaus«, ein großer Neubau zwischen dem Landhauspark und der Ostecke der Altstadt, wird vorwiegend als betriebliche Monostruktur genutzt werden. Es bleibt also abzuwarten, ob sich wenigstens in den Erdgeschoßzonen des Regierungsviertels attraktive Lokale, Restaurants, Klubs und Cafés etablieren können, die sowohl die Klientel des Kulturbezirks wie die Anwohner der Altstadt auch nach Büroschluss anziehen können. Und es bleibt abzuwarten, wieweit wenigstens die direkt gegenüber an der Traisen geplanten Wohnquartiere hier noch belebend wirken werden.

Die architektonischen Highlights des Gesamten bietet fraglos der Kulturbezirk. Hoffmann hatte das NÖ-Landesmuseum mit Ausstellungshalle, Landesbibliothek und Festhalle als Bindeglied zwischen Landhausviertel und der südöstlichen Ecke der Altstadt vorgesehen. Um diesen Bereich städtebaulich weiter zu präzisieren und auch architektonische Kontrapunkte zum Landhaus zu setzen, wurde 1992 dafür ein eigenes Gutachterverfahren mit internationalen Zuladungen abgewickelt. Im ersten Durchgang prämierte die Jury Hans Hollein, Klaus Kada und Paul Katzberger, wobei für die zweite Runde Holleins städtebaulicher Ansatz als Masterplan selektiert wurde und Kada für die weitere Arbeit am Festspielhaus den Zuschlag erhielt. Bily / Katzberger / Loudon wurde die Planung für Landesbibliothek und Archiv übertragen, und Hollein jene für das Landesmuseum samt Ausstellungshalle. Das Resultat bietet ein in Österreich einmaliges Ensemble, gestaltet von Baukünstlern aus drei verschiedenen Generationen: Kadas ›leuchtender Kristall‹ als Glanzpunkt und Signal zur Altstadt; die strengen, kontemplativen Trakte des Lesens, Forschens und Archivierens von Bily / Katzberger / Loudon und Holleins dekorativer ›Computerabsturz‹ als Entree zur Ausstellungshalle – sein Hauptstück des anschließenden Museums wurde terminlich noch zurückgestellt –, versammelt um einen zum Landhauspark abfallenden Platz mit darunter eingefügter Tiefgarage; ein Ensemble, in dem jeder Baukörper seine eigene Sprache spricht, in dem die perfekte Balance, der gemeinsame Raum-Klang der heterogenen Teile aber doch nicht gefunden wurde. Doch bleibt auch hier noch abzuwarten, wie Holleins Museumstrakt, Gustav Peichls anschließende ORF-Studios und die gärtnerische Fertigstellung des neuen Grünzugs vom Hammerpark bis zum Landhaus-Tor dieses Bild noch verändern werden.

Baukultur und Öffentlichkeit

Unpubliziertes Typoskript. Referat zum Thema »Baukultur und Öffentlichkeit« anlässlich der Veranstaltung *Gestaltung als Standortfaktor – Zur Arbeit des Gestaltungsbeirates in Krems*, veranstaltet von der Stadt Krems, Kunsthalle Krems, 10. Juni 1997

In meinem Impuls-Referat stehen zwei Begriffe zur Debatte, zwei Begriffe, die gerade auch im Zusammenhang mit Architekturfragen und Architekturdiskussionen immer in aller Munde sind, zwei Begriffe aber, die oft sehr missverständlich gebraucht werden.

Ich möchte – wie gesagt, in aller Kürze – zur Problematik dieser Begriffe sprechen, und ich möchte Ihnen als Diskussionsanreiz schließlich eine mögliche Gegenseitigkeit, eine fruchtbare Synthese dieser Begriffe vorschlagen.

Parallel zu meinem Text zeige ich Ihnen zwei Diaserien, in Doppelprojektion nebeneinander – ohne viel Kommentar. Es sind jeweils gegenübergestellt Bilder aus historischen Baukulturen und aus unserer gegenwärtigen Baukultur. Die neuen Beispiele stammen aus einer großen Fotoserie von Harald Saiko und Janos Kárász, die in ganz Europa neue Einfamilienhäuser systematisch fotografiert haben, ergänzt durch ein paar Immobilien-Seiten aus dem Magazin *profil*. Die historischen Beispiele sind aus den Büchern von Bernard Rudofsky, Roland Rainer und Johann Kräftner.

Die Bilder stehen jeweils nebeneinander – sind aber nicht mit dem Etikett ›positiv‹ und ›negativ‹ versehen! Bitte dies nicht im üblichen Sinne vordergründig aufzufassen! Ich möchte diese Gegenüberstellung einmal anders verstanden wissen, in einer Dialektik von ›einst‹ und ›jetzt‹.

Wie jede Esskultur, Trinkkultur, Kleidungskultur oder Sprachkultur ist auch die *Baukultur* eine Sache der Übereinkunft. Sie ist eine Konvention in dem Sinne, dass sich eine durch ihre Anzahl oder durch ihre Position ausschlaggebende Gruppe darüber klar und einig ist, was zu solcher Kultur gehört und was nicht. Kultur entsteht in der Übereinkunft der Formen, entsteht und vollzieht sich in der Setzung und im Gebrauch von Regeln, wie Menschen mit sich, miteinander und mit den Dingen umgehen.

Übereinkunft oder Konvention kann nun auf verschiedene Weise entstehen. Eine mögliche Voraussetzung dafür liegt in sehr eng gefassten Randbedingungen, etwa in einem Mangel an Mitteln und

Materialien. Je eingeschränkter die natürlich oder künstlich gegebenen Möglichkeiten sind, umso eher wird sich eine Übereinkunft herstellen, da ja von vornherein nur sehr wenige Faktoren im Spiel sind. Not macht Kultur, könnte man sagen, und kritische Historiker werden aus ihrer Sicht ergänzen: Die Not der Vielen machte und macht auch die (Hoch-) Kultur der Wenigen.

Wenn beispielsweise nur Holz oder nur Stein als Baumaterial zur Verfügung steht, wenn das Material kostbar und schwierig zu gewinnen ist, genauso wie das urbare Land, dann entsteht Baukultur. Sämtliche ›anonymen‹ Baukulturen, bäuerliche oder städtische Lehm-, Holz- oder Steinarchitekturen sind, vereinfacht gesagt, unter den Bedingungen des Mangels entstanden, die zur Komplexität in der Überlegung und Planung gezwungen haben und zu Rationalität, Rücksichtnahme und Einfachheit – nicht Primitivität! – im Resultat führten.

Ein kluger Baugeschichtler hat diesen Umstand einmal resignativ – oder zynisch, wie man es eben sehen will – so beschrieben: »Baukultur, vielmehr ihre Reste, gibt es heute nur noch in Entwicklungsländern.« Mangelnde Prosperität war auch einer der Gründe, warum eben in Teilen des Waldviertels oder des Burgenlandes große anonyme Ensembles lange erhalten geblieben sind.

Baukultur kann auch sozialhierarchisch von oben nach unten durch Reglementierung entstehen, wenn diese von entsprechend klaren Vorstellungen geprägt ist und als Abdruck der Zeit und der Verhältnisse wirkt. Es ist vielleicht zuwenig bekannt, dass etwa das so hoch geschätzte barocke Antlitz der Wiener Altstadt durch eine streng geregelte Überarbeitung des Hausbestands entstanden ist, dass da – wie auch in anderen Städten – ein eigener Hofkommissär für die Durchführung der Baubestimmungen sorgte. Es war dies eine höfisch-absolutistische Regelung, die eine ›moderne‹, dynamische Umwandlung der alten Stadt bezweckte und ihr einen der Zeit gemäßen, neuen Ausdruck geben sollte.

Unsere gegenwärtige zivilisatorische Situation ist freilich geprägt von den Merkmalen des Überflusses an Materialien, Mitteln und Informationen, von der Vielfalt und scheinbaren Grenzenlosigkeit der technischen Verfahren, von einer relativ großen Freiheit des sozialen und auch formalen Vermögens. Es entspricht der statistischen Wahrscheinlichkeit und der täglichen Erfahrung, dass sich durch eine Vermehrung der möglichen Faktoren die Bandbreite aller Übereinkunft verringert, noch dazu, wenn geistige oder kultische Momente als Stimulanz und Instanzen in den Hintergrund treten.

Baukultur im klassischen Sinne einer klaren, allgemein verbindlichen Übereinkunft ist unter heutigen Bedingungen nicht mehr möglich. Ein Wiener Kunsthistoriker hat analog dazu kürzlich gesagt: »Es gibt keine objektive, verbindliche Kunstgeschichte mehr. Es gibt nur mehr viele verschiedene Kunstgeschichten, wobei die objektive Aussagekraft jeder spezifischen Geschichte an die Offenlegung, an die Vermittelbarkeit der jeweils vorausgesetzten Parameter gebunden ist.«

Das gilt, modifiziert, heute auch für die Architektur. Allen einschlägigen Deutungsversuchen und Kodifizierungsanstrengungen zum Trotz, auch allen gut gemeinten Reformbemühungen zum Trotz: Es gibt im 20. Jahrhundert keinen verbindlichen, epochalen Baustil mehr.

Es gibt eine immer breiter aufgefächerte Palette von konkurrierenden, widersprüchlichen Strömungen, es gibt eine immer klarer erkennbare Fülle von Personalstilen der großen Baukünstler, die, je näher man sich mit ihnen befasst, umso klarer aus allen normativen Einteilungen herausfallen. Die relative Verbindlichkeit historischer Epochen hat ihr Äquivalent nur mehr in der Objektivierbarkeit von subjektiv formulierbaren Qualitäten.

Genau da liegt auch das Problem. Wir haben heute ein fantastisches Bukett von architektonischen Einzelleistungen, wir haben daneben eine völlig heterogenisierte Kultur des anonymen Bauens, wir haben ein ganzes Panorama hochinteressanter theoretischer und technologischer Ansätze zur Baukunst, die aber einer breiteren Schicht von Betroffenen, von Auftraggebern, Bauherren oder mit dem Bauen befassten Instanzen nicht wirklich zugänglich sind.

Ich bin kein Kulturpessimist, im Gegenteil. Ich meine, wir erleben heute eine Hochblüte der Architektur – aber eben nicht mehr im Sinne eines Epochalstils. Und zugleich erleben wir eine Phase von ungeheuerlichen, weitreichenden Banalisierungen und Fehlplanungen, weil eben so viel gebaut wird wie nie zuvor, ohne dass es adäquate, steuernde Konventionen dafür gäbe.

Industrialisierung und Demokratisierung haben eine Entwicklung in Gang gesetzt, die unumkehrbar ist. Machen wir uns keine Illusionen. Aus den verschiedensten Schichten und mit unterschiedlichsten Motiven beklagt man heute den Verlust von Baukultur und man sieht die Unübersichtlichkeit der zeitgenössischen Produktion meist nur durch die nostalgische Brille der Vergangenheitsverklärung.

Es ist völlig absurd, die Harmonie alter Bautypologien, alter Bauensembles heute zu beschwören – Qualitäten, die nicht zuletzt ja erzwungene waren –, wenn wir uns doch zu einem gesellschaftlichen System bekennen, das den Individuen mehr Freiheit als jedes andere politische System zuvor verspricht und auch ermöglicht. Es ist eigentlich paradox, wenn wir als Kulturkritiker und Architekten das ›Chaos‹ der baulichen und städtebaulichen Erscheinungen der Gegenwart kritisieren, wo diese doch auch ein genuiner Ausdruck exakt jener kulturellen Entwicklung sind, der auch wir unseren spezifischen Freiheitsbegriff für künstlerische Qualität verdanken.

Es kann nicht mehr so werden wie im Barock oder im Biedermeier. Wenn wir die Kohärenz historischer Baukultur für heute einklagen, wenn alles so bleiben soll oder wieder werden soll, wie es damals war – wenn es überhaupt so war, wie wir es gemeinhin heute sehen –, dann müsste sich alles, aber wirklich alles ändern. Und das wäre eine absolut regressive Utopie. Wir sollten aber wissen: Zeit und Evolution sind unumkehrbar.

In einer industrialisierten Demokratie kann Baukultur nicht mehr per Hofdekret verordnet werden. In einer Überflussgesellschaft ist Mangel als kultureller Homogenisierungsfaktor nicht mehr nachvollziehbar. In einer arbeitsteiligen Welt werden die bestgemeinten Regelwerke von Bauordnungen und Baunormen in der babylonischen Vielschichtigkeit des Alltäglichen in ihren Auswirkungen zwangsläufig zur Karikatur ihrer Absichten.

Diese offenkundigen kulturellen Paradoxien unserer Demokratie sind den Begriffen der Aufklärung – Toleranz, Gleichheit, Freiheit – bereits von vornherein eingeschrieben. Und das heißt weiters, dass die individuelle Freiheit, wie sie unsere Gesellschaft anstrebt, sich ins Gegenteil verkehrt, wenn sie nicht auf einer höheren Ebene die Spielregeln des Gemeinsinns in entsprechend neuen Konventionen mitdefiniert. Freiheit wird nur dann eine nachhaltige Errungenschaft, wenn sie zugleich auch ihre Grenzen aktiv mitformuliert.

Auf das Bauwesen umgemünzt: Freiheit wird nur dort langfristig zielführend wirksam werden, wo sie das Kriterium der Angemessenheit wesentlich in ihr Programm einbindet. In einer industriellen Demokratie müssen baukünstlerische Entscheidungen von öffentlicher Relevanz in meinungsbildenden Prozessen, in öffentlichen Verfahren immer wieder neu als Konsens zwischen unumgänglichen Widersprüchen gefunden und getroffen werden.

Hier kommt nun die Rolle der *Öffentlichkeit* ins Spiel, die heute so zentrale Rolle, die hierzulande oft noch unterschätzte Rolle der qualifizierten Information, der sachlich fundierten Auseinandersetzung, an der sich baukulturelle und damit auch kulturpolitische Vorgangsweisen ständig justieren sollten. Um eine konstruktive Auseinandersetzung führen zu können, müssen die Beteiligten zunächst einander verstehen.

Bildung und Kultur beginnen mit dem Artikulieren und mit dem Zuhören, mit dem gegenseitigen, kritischen Verstehen. Gerade in der Welt des Bauwesens gibt es heute so viele verschiedene, meist nicht-kompatible Teilwelten von Spezialisten, von konkurrierenden Ideologien und ganz ungleichzeitigen Niveaus, sodass eine wesentliche Aufgabe des öffentlichen Diskurses bloß darin bestünde, Missverständnisse abzubauen und gegenseitiges Verständnis aufzubauen.

Architektur-Fachbeiräte sind dabei eines der Instrumente, bauliche Entscheidungen in einem Gemeinwesen aus der amtlichen Behandlung herauszulösen und zur Qualitätsfindung im Bauen beizutragen. Ihre Aufgabe ist mehrdeutig:

1. die öffentlichen Institutionen in konkreten Baufragen fachlich unabhängig zu beraten,
2. die allgemeine Qualität von Projekten im Hinblick auf Angemessenheit im jeweiligen baulichen und landschaftlichen Kontext zu fordern bzw. zu stimulieren,
3. das qualitativ anspruchsvolle Projekt, das die normativen Kriterien naturgemäß übersteigt, in seiner Realisierbarkeit argumentativ zu unterstützen.

Die periodisch erneuerten Beiräte sind also Anwalt – nicht von schematischen Regeln, sondern einer von Fall zu Fall fachlich spezifisch zu definierenden, zu optimierenden Bauqualität. Die Erfahrung zeigt übrigens heute, dass das nichtschematische, qualitative Projekt auf Unverständnis stößt, weil es eine Veränderung bedeutet, weil es eine Weiterentwicklung bedeutet. Jede Weiterentwicklung ist natürlich mit Schmerzen verbunden, weil sie alte Gewohnheiten überschreitet, weil wir Gewohntes aufgeben müssen und uns auf Neues einstellen müssen. Das ist anstrengend, aber es hilft nichts. Die Evolution – als ständige Weiterentwicklung – ist nun einmal so.

Beiräte sind also in den vielfach konfligierenden Interessen so etwas wie ein kleines, von lokalen Interessen freies Forum, das diese genannte Anstrengung immer lustvoll fördern, erleichtern, nachvollziehbar begründen, unbelastet weitertreiben sollte. Die Arbeit von Beiräten wäre im Idealfall ergänzt durch eine mediale Reflexion und

Diskussion. Also durch eine kritische Öffentlichkeit, die Medien nicht zum Lobbyismus oder zur Ruhigstellung des ›gesunden Volksempfindens‹ missbraucht, sondern die ihrer Verpflichtung nachkommt, die Öffentlichkeit auf dem höchstmöglichen jeweiligen Niveau mit den zeitgenössischen Fragen und Entwicklungen zu konfrontieren.

In den vielfältigen Bemühungen um eine zeitgemäße, lebenswerte Umwelt sind Beiräte vermittelnde Instanzen zwischen den heute eben – wie skizziert – enorm widersprüchlichen Interessenlagen im Bauwesen demokratischer Gemeinwesen. Ihr logischer Konterpart als Vermittler wäre gerade dieser Bereich der Medien, wenn diese sich ihrerseits als Anwalt einer aufgeklärten, kritischen Öffentlichkeit begreifen würden.

Das Ziel von Beiräten wäre erreicht, wenn nicht irgendein Stil als lokale Baukultur sich etablieren würde, sondern im Gegenteil, wenn das Gemeinwesen sich kulturell soweit emanzipiert hätte, dass Bauherren und Bauträger, Private und Öffentliche, Genossenschaften und Industrie von sich aus ihre Interessen auf dem jeweils höchstmöglichen Niveau angemessen lancieren würden. Das Ziel von Architekturbeiräten wäre erreicht – und das ist jetzt vielleicht eine progressive Utopie –, wenn Beiräte nicht mehr notwendig sind.

Anton Schweighofer zum 80er

Unpubliziertes Typoskript. Rede anlässlich der Ausstellungseröffnung *Die andere Seite des Anton Schweighofer*, Galerie Göttlicher, Krems-Stein, 28. Jänner 2011

Verehrter Professor Anton Schweighofer, geschätzte Damen und Herren! Innerhalb von zehn Tagen ist dies die dritte Rede, die ich zu ähnlichen Anlässen halten kann – und sie ist eindeutig für mich die schwierigste, anspruchsvollste und ehrenvollste. Sie stellt mich – und Sie – vor die Frage: Wie kann man innerhalb von 20 Minuten Sprechzeit dem riesigen Lebenswerk eines nun 80-jährigen Architekten und Universitätslehrers gerecht werden?

Die von der Galerie Göttlicher ausgesandte Einladung zeigt auf einem Blatt rund 280 Namen, Begriffe: eine *Autobiografie in Stichworten*, von Schweighofer selbst vor zehn Jahren zusammengestellt – eine Enzyklopädie der Persönlichkeiten, Orte, Themen, der Begegnungen, der Bauten, die sein Leben, seine Arbeit mitgeprägt, inspiriert haben.

Auch hier in der Galerie ist diese ›Lebens-Partitur‹ sehr effektvoll vergrößert auf eine ganze Wand appliziert zu sehen. Hätte ich die Stimme z. B. von Erika Pluhar oder von Thomas Quasthoff, würde es vielleicht genügen, mit durchdachter Feinmodulation der Worte – und der Intervalle zwischen den Namen, diese Matrix vorzutragen. Der Raum und unsere Köpfe wären erfüllt mit einer orchestralen, symphonischen Schwingung von Assoziationen und Assoziationsmöglichkeiten, es wäre wie ein in Worten pointilistisch konstruiertes Porträt des Jubilars und seines Wirkens. Doch diese Aufzählung allein bliebe letztlich so unverbindlich, so virtuell wie ein – grandioses – Kochrezept.

Sie, geschätzte Damen und Herren, würden aber gerne wissen, bei aller Faszination über den Reichtum, die Vielfältigkeit dieser Wort-Palette – was hat Anton Schweighofer aus diesen Ingredienzien dann gekocht, was ist die Kreation, das spezifische Resultat, das schöpferische Produkt auf der Basis dieser Material- und Ideensammlung? Oder zumindest – was ist der ganz und gar essentielle, unverwechselbare Geschmack der Schweighofer-Suppe, die mit diesen Gewürzen und Verweisen und Vorstellungen und Leitbildern gemacht wurde?

Diese ›Autobiografie in Stichworten‹ bildet auch eine schöne Schlussseite in dem Buch, das Christian Kühn vor zehn Jahren im Springer-Verlag über Anton Schweighofer herausgegeben hat, grafisch gestaltet nach einem Grundkonzept von Walter Chramosta durch Roswitha Peintner.

Es ist dies eine der besten, informativsten, auch in der Buch-Gestalt treffendsten Architekten-Monografien, die ich kenne – und wer das Buch nicht kennt, dem sei empfohlen, es zu erwerben, und wer es hat und vor Jahren darin geblättert hat, auch dem ist geraten, es wieder zur Hand zu nehmen und es ganz zu lesen. Sie werden viele Stunden oder einige Tage dazu brauchen, so inhaltsreich ist es – sie werden ziemlich weit und tief in den gedanklichen und baulichen Kosmos Anton Schweighofer eintauchen und sogar dann, wenn Sie Schweighofer-Bauten schon kennen, noch jede Menge dazulernen und sich aufmachen wollen, den einen oder anderen Bau nochmals zu besuchen, mit informierteren Augen zu sehen – und Sie werden meine Skrupel noch mehr verstehen, in einer kurzen Laudatio all dem irgendwie gerecht werden zu wollen.

In dem Buch gibt es übrigens ein ganzseitiges Foto, das den Architekten in einem seiner wichtigsten Bauten ablichtet – und ich benutze diese wunderbare Fotografie von Barbara Pflaum, um aus einer Bildanalyse heraus Ihnen ein ›Bild‹ der Persönlichkeit und der damit verbundenen baulichen Sprache dieses Architekten zu entwerfen:

Anton Schweighofer, Stadt des Kindes, Wien, 1970–74
Foto: IMAGNO/Barbara Pflaum

Ganz im Vordergrund rechts ein Mädchen, halb mit dem Rücken zur Kamera, Körper und linker Arm einem Puppenkinderwagen zugewendet, den Kopf von dieser Beschäftigung halb weggedreht und aus dem Bild heraus flüchtig zur Fotografin (zu uns) hingedreht; im Mittelgrund ganz links im Bild der Architekt, in leichter Körperwendung über die Bilddiagonale auf das Mädchen hin ausgerichtet, die Hände vor dem Körper unter der Brust zusammengeführt, Oberkörper und Kopf in leichter Neigung nach vorne, dem Mädchen und dessen Beschäftigung zugewendet – dessen Körperhaltung gleichsam spiegelnd. Blickt das Mädchen direkt, geradeaus in die Kamera, schaut der Mann eher leicht schräg nach unten, die Augenachse zeigt nach unten auf den Kinderwagen, der vielleicht im Moment vor der Aufnahme noch Zentrum des Geschehens – der Aufmerksamkeit des Kindes, eines Wortwechsels zwischen den Personen – gewesen war.

Die Haltung des Mannes – die ihn kennen, werden sagen: ganz typisch!! – verdeutlicht konzentrierte Aufmerksamkeit auf sein Gegenüber; es ist keine fotografische Pose von Selbstdarstellung, sondern Ausdruck intensiver Kommunikationsbereitschaft mit seinem (in diesem Fall kindlichen) Gegenüber, zugleich verrät seine Körperspannung auch eine nach innen gerichtete Zentrierung – man sieht förmlich, wie dieser

Mann etwas beobachtet und aufnimmt und innerlich verarbeitet, wie ›es in ihm über diese Situation gerade denkt‹ und wie er im nächsten Moment wohl auch etwas sagen wird.

Auch seine Kleidung spricht: ein leicht sportiver, noch etwas neuer, aber legerer Anzug, die Füße in Gummistiefeln mit deutlichen Erdspuren – vermutlich gingen sie davor über unfertige Grünanlagen oder kamen aus dem Schmutz einer anderen Baustelle, was auch das halb aufgestülpte oder in der Eile nicht mehr ganz heruntergestülpte linke Hosenbein andeutet.

Zwischenresümee: Wir sehen im Freien, im Sonnenlicht, auf einer mit einfachem Gitter begrenzten Terrasse zwei Personen dargestellt – vielleicht sogar *ge*stellt, aber es wirkt überhaupt nicht so – in einer räumlichen, visuellen und potentiell sprachlichen Kommunikation, wobei der eigentlich Porträtierte – der Mann – im Mittelgrund steht und nicht auf uns – die Betrachter – sich orientiert, sondern auf das eher en passant im Schnappschuss aus einer eigenen Beschäftigung ›abgelenkte‹ Mädchen.

Zwischen beiden ist ein offener, *inter*dependenter, diagonaler Bild- und Handlungsraum – eine offene Mitte, wobei dem Mädchen mehr Bewegung eingeräumt ist als dem abwartend, statisch postierten Mann.

Der Kinderwagen in der Mitte nahe unten ist ein erster räumlicher Nukleus, mit dem aufgeklappten Schirm ein Miniatur-Binnenraum – für eine weitere, nicht sichtbare, aber wahrscheinliche Person – die Puppe; darüber erzeugt der Körper des Mädchens ein größeres, zweites Raumfeld und Aktionsfeld, eine schützende, agierende Geste über dem Wagen; ein dritter, nächstgrößerer Raumvektor besteht dann zwischen der Gruppe Mädchen / Kinderwagen / Puppe und dem Mann …

Wir schauen nun weiter von dieser Terrasse in die Tiefe des Bildes, wo zwischen den Personen, in der offenen Mitte, im Hintergrund die Architektur des Ortes sich erst zeigt und weiter entfaltet. Und deren Strukturen setzen die im Vordergrund beschriebenen Beziehungsfolgen und kumulativen Raumbeziehungen fort: Wir sehen, wie der Bau sich mit Öffnungen, mit teilweise überdeckten Balkonen, Terrassen nach außen wendet; wir sehen im Zentrum Glasschrägen, die auf eine große Baumgruppe – ganz links im Bild – hinschauen bzw. vice versa: wie die große Kastanie über die Glasdächer ins Haus hinein›winkt‹; wir sehen massiv-glatte, weiß verputze Flächen, aber auch skeletthaft aufgelöste, gelenkige Partien; man kann stellenweise weit durch den Bau hindurchsehen – eine Schicht hinter der anderen gestaffelt; es gibt die klassische, pure Strenge der Moderne – Horizontale versus Vertikale, wie bei Mondrian –, aber es gibt auch wichtige Schrägen und auch Rundungen, Kreise; die stark präsenten Balkon-, Terrassen- und Stiegengeländer sind feingliedrig, sind aber ganz gewöhnliche, alltägliche, industrielle Drahtgitter …

Geschätzte Damen und Herren, wir haben die Litanei der autobiografischen Stichworte gar nicht gelesen – und doch haben wir durch Betrachtung einer einzigen, meisterhaften Fotografie Wesentliches über den Architekten und seine Bauphilosophie erfahren können – weil eben eine Fotografin so genau hingeschaut hat und weil wir uns die Zeit nahmen, ihre Bildkomposition mit adäquater Aufmerksamkeit zu lesen. Ich übertreibe die Signifikanz dieses Bildes gewiss nicht, steht es doch in dem erwähnten Buch exakt in der Mitte des Buch-Körpers – Seite 103 von 205 des Hauptteils – und markiert es ein Hauptwerk von Schweighofer, die Stadt des Kindes in Wien; das Jahr ist 1974 – ebenfalls die Mitte und sicher ein Höhepunkt in der von 1951 bis 2000 reichenden Werkspanne des Architekten.

Nota bene: Es gibt in der Architekturpublizistik wenige Baubilder mit Menschen – und fast keine, wo der Architekt mit drauf ist, ganz zu schweigen von dieser kleinen, aber wie wir sehen konnten, vielsagenden Szene, in der er sich hier stellte, stellen ließ.

Mit dem inhaltlichen Repertoire, in dem Bild konzentriert gespeichert, könnten wir Schweighofers Bautenliste durchkämmen und wir würden überall auf die Variationen, Steigerungen, Mutationen, Weiter-Entwicklungen der hier sichtbaren Merkmale stoßen. Ich komme darauf noch zurück.

Zuvor möchte ich, in der Mitte meines Referats, aber kurz eine der vielen für Schweighofer wichtigen, personellen Referenzen ansprechen: den niederländischen Architekten, politischen Aktivisten und Querdenker Aldo van Eyck. Die beiden lernten einander 1959 im Rahmen einer Jury kennen. Daraus entstand eine lebenslange Freundschaft, gegenseitige Wertschätzung und für den zwölf Jahre jüngeren Schweighofer wohl auch eine bestärkende, vorbildhafte Inspiration.

Van Eyck bildete mit den Smithsons aus England, mit Bakema aus Holland, mit Utzon aus Dänemark, mit Woods, Candilis, Kahn, Friedman u. a. in den 1950er Jahren die ›dritte‹ Generation der Moderne, die sich abrupt vom formalen Rationalismus, vom schematischen

Funktionalismus, vom eurozentrischen Tabula-rasa-Pathos der klassischen Moderne abwandte. Van Eyck und Kollegen suchten eine humanistische Erneuerung und Öffnung der Planungsmethodik – durch Studien anonymer, auch außereuropäischer Siedlungs- und Bauweisen, durch Neudeutung traditioneller Raumgeometrien, durch viel offenere, polyvalente Raum-Cluster, die den eindimensionalen Nachkriegs-Funktionalismus ersetzen sollten, die Städtebau und Architektur primär als raumgebende, ortsbildende Resonanz verstanden – für die Komplexität individueller und gemeinschaftlicher Lebensmuster.

Am Beginn seiner Karriere hatte van Eyck in Amsterdam unzählige öffentliche Spielplätze gestaltet, sich mit den Lebensfragen von Randgruppen befasst, aber auch mit außereuropäischen Hausformen. Seine Interessen, seine Analysen avantgardistischer wie uralter Lebens- und Geisteswelten erfassten ein enorm breites Feld, jedoch immer zentriert um die humane Konstante, um die Freiheit, Spontaneität und das Recht des Individuums auf Unorthodoxie. »Labyrinthische Klarheit« war eine seiner Wort-Prägungen, das Städtische Waisenhaus in Amsterdam von 1959/60 sein weitbeachtetes Opus magnum dieser Ära.

Schon vor 1960 formulierte van Eyck: »Cities can only be human if they are also designed for children. If they are not meant for children, they are not meant for citizens either. If they are not meant for citizens – ourselves – they are not cities. A house is like a small city, if it's to be a real house – a city is a large house, if it's to be a real city. Space is *behind* and *beyond* the eyes.« Raum – ist die Erfahrung davon ... Solche Sätze treffen auch präzise die Qualitäten und die Haltung, die wir gerade am Beispiel der Fotografie aus Schweighofers Stadt des Kindes gesehen haben – die Stadt des Kindes als ein großes, auch für die Umgebung zentrale Dienste anbietendes Heim für elternlose oder schwer integrierbare Jugendliche, das – leider – und signifikant für den Status unserer heutigen Stadtkultur – jetzt weitgehend abgebrochen wurde – gegen viele Proteste, gegen die Intentionen und Bereitschaft des Architekten zur schonenden Adaptierung für neue Nutzungen.

Ob bei seinen Kindergärten, Wohnanlagen, Krankenhäusern, Bildungsbauten, Altenheimen – Schweighofers Ansatz basiert immer auf den verhaltenspsychologisch kleinsten bzw. adäquaten Einheiten, grundsätzlich ausgehend vom gegenseitigen Raumgeben in einer individuellen Begegnung, einer informellen oder konkreten Dialogsituation – wie auf dem beschriebenen Foto. Im Gegensatz zu dem an maschinellen Abläufen orientierten Reihungen von ›Flächen-Minimierungen‹ im orthodoxen Funktionalismus ist dies eine anthropozentrische, raumgerichtete Methode, entwickelt von der Spannung des einfachen Gegenübers, über die offene Handlungsmitte kleiner Gruppensituationen bis zu den öffentliche Platzräume umfassenden und generierenden Clustern großer Baugruppierungen.

Schweighofers genetisches Bauprinzip ist das Muster ›Raum im Raum im Raum im Raum‹ – wie bei den russischen Puppen – und nicht nur in der Fläche, horizontal gedacht, sondern auch in der dritten Dimension, vertikal-räumlich: Stadt als Haus, Haus als Stadt, ›Haus als Weg und Platz‹, Wohnung als Haus-Körper mit Zellen, Wegen, Übergängen, Plätzen, Licht von oben… Vom Kleinen bis zum ganz Großen bietet seine Architektur immer potentielle Räume der handelnden, kommunizierenden Gemeinschaft – durch gestaltete Gemeinschaft der Räume. Es ist eine auf die Handlungsmuster des Individuellen bzw. der Gruppen gerichtete Baukunst, eine handlungsorientierte, das Zueinander nicht als Zwang, sondern als angebotene Freiheit fördernde Raumstrategie, die auch das Einzelne sorgsam sichert, es aber immer in dosierte, leicht konkretisierbare Beziehung zu größeren Einheiten setzt.

Das SOS Kinderdorf in Indien hat Einzelhäuser aus lokalem Stein für je neun Kinder und ihre Betreuerin, mit Raumzellen um einen Spiel-Ess-Kochbereich, der sich zu dem gemeinsamen Innenhof hin öffnet, der seinerseits als gegliederte, mit Bäumen beschattete Mitte und Spielhof von den fünf Häusern gerahmt wird…

Die Stadt des Kindes am Stadtrand hat mehrgeschossige, sehr großzügige Vertikalerschließungen ummantelnde Hausblöcke – und gruppiert diese um eine pointiert städtisch gestaltete, interne Straße mit differenzierten, kollektiven und öffentlichen Raumfunktionen…

Das Krankenhaus in Zwettl entsteht aus der damals und heute revolutionären Auffassung, eine optimal-minimale Anzahl von Betten mit direktem Tageslicht- und Sichtbezug ins Freie und zugleich mit Übersicht schaffender Zentrierung auf einen gemeinsamen Verteiler-Vorraum zu schaffen: Je 18 solcher Betten-Orte, in je vier Räumen immer gleichrangig zueinander gerichtet, nicht wie üblich nebeneinander aufgereiht, bilden also jeweils einen Pavillon – vier solcher Pavillons umfassen dann wie ein Stern als Station einen gemeinsamen Hauptplatz, als öffentliche Mitte des Schwesternstützpunkts und des Aufenthaltsbereichs und zwei solcher Stationen umfassen schließlich auf der Dachterrasse der darunterliegenden Behandlungsetage einen geschützten Freiluft-Hof mit weitem Ausblick über Stadt und Landschaft.

Bei einem großen Mietwohnhaus in Berlin sind Flur und Stiegenhaus als polyvalente Halle aufgefasst, die als Verlängerung der Wohnbereiche ein kommunikatives Hauszentrum bietet, das mit den Wohnungen durch Fenster und überbreite Podestflächen in optischer und funktionaler Beziehung steht: Wie das Stiegenhaus zum ganzen Bau, so verhält sich dort im nächsten Maßstab jeweils die Küche zur Wohnung, bildet als ›Werkstattküche‹ das vielfältig nutzbare, offene Zentrum der übrigen, peripheren Raumteile.

Blenden wir ins Allgemeine zurück: Es gibt – grob formuliert – Architektur, deren Schönheit sich primär in ihr selbst darstellt; sie ist gegenüber dem Gebrauch eher misstrauisch; das meiste, was die Leute darin und damit tun, stört ihre Harmonie – wir denken an das bekannte Wort von Adolf Loos über die perfekten Villen von Hoffmann. Und es gibt Architektur, die den Gebrauch eindeutig liebt, auch den unordentlichen – eine Baukunst, deren Schönheit nicht allein im Objekthaften liegt, sondern im erfahrenen und genutzten Raum und in dem Ausmaß, in dem der Raum körperliche und soziale Ereignisse stimulieren kann, begünstigen kann, zulassen kann.

Bruno Taut sagte: »Wie die Räume ohne den Menschen aussehen, ist unwichtig. Wichtig ist nur, wie die Menschen darin aussehen.«

Und zwei Wiener, kontemporäre Geistesverwandte Schweighofers, Ottokar Uhl und Herbert Muck, erklärten sinngemäß vor Jahren: »Räume, Formen bedeuten das, was in Bezug auf sie gemacht werden kann. [...] Die Ästhetik der wahren Moderne ist handlungsorientiert. Die Vorform, die Wirkungsform der Raumgestalt ist die soziale Gestalt, also jene Handlungsmuster von Gruppen oder Einzelnen, welche Räume und Raumfolgen strukturieren, bedeutsam machen.«

Man hat Schweighofer den »stillen Radikalen« genannt – wie auch immer –, ich würde eher sagen: Radikal ist er, weil er immer an die Radix geht, an die Wurzel, an die handlungsorientierte, soziale Wurzel jeder Bauaufgabe; und still ist seine Baukunst nur insofern, als sie nicht laut nur von sich selbst spricht, sondern die Menschen eher anregt, im Raum selbst zu sprechen, sich einzurichten. Bei all dem gibt Schweighofer aber die gestalterischen Zügel nicht aus der Hand, im Gegenteil, er schafft die soziale Dimension, die Berührbarkeit und Freiheit seiner Räume mittels der rationalen Sinnlichkeit ihrer Formgebung. Und wie bewältigt er dieses Paradoxon, einerseits räumliche Freiheit, Zwanglosigkeit zu eröffnen, andererseits doch die klar dosierte, geformte Präsenz der Baustruktur? Es liegt wohl, wie er selbst oft anmerkte, auch darin, dass er praktisch jeden Raum im Grunde auch als eine ›Werkstatt‹ versteht – ob Wohnraum, Küche, Kindergarten, Hörsaal, Festsaal, Pflegeraum.

Bevor ich zum Schluss komme, ein letzter Hinweis: Wir haben kurz von van Eyck gehört: Bei ihm ist es doch so, meine ich, dass mehr denn je sein Frühwerk fasziniert und heute wiederentdeckt wird. Bei Schweighofer ist es anders, er sucht und findet auch in seinem Spätwerk den Kraftschluss mit dem ganz Gegenwärtigen, geht da nochmals in eine neue Dimension, wird noch ›radikaler‹ – nehmen wir nur das Projekt für die Arktis-Station, das Studentenheim und das Geriatriezentrum in Wien, sein eigenes Haus in Wördern, ein höchst bemerkenswertes Haus, das der Summe seiner Bau- und Lebenserfahrung Form gibt, oder das Projekt für die Landeshauptstadt St. Pölten.

Als geborener St. Pöltner, erlaube ich mir noch ein Wort zum Regierungsviertel St. Pölten. Schweighofer hat dort mit seinem damals sofort ausgeschiedenen Wettbewerbsbeitrag den Nerv der Stadt und der Zeit getroffen – er hätte das neue Regierungsviertel in Verlängerung des Bahnhofs direkt an die Bahntrasse gesetzt mit großer Öffnung des Landhauses nach Süden zur Stadt, zum existierenden Park und zum Flussraum.

St. Pölten war und ist doch durch den Bahnknoten die große Industrie- und Arbeitsstadt geworden – die ›graue Stadt am Schienenstrang‹. Und die einzigen Anflüge von Jahrhundertwende-Städtebau finden sich in den Bauten gegenüber dem Bahnhof: einer immerhin von Olbrich, einer vom Wagner-Schüler Rudolf Frass.

Dazu hatten und haben die niederösterreichischen Landesfürsten ›naturgemäß‹, wie Thomas Bernhard sagen würde, keinen Bezug, ihnen schwebte mehr was richtig Residenzhaftes vor, vielleicht hätte ihnen der von Hans Hollein vorgeschlagene Beamten-Hofrats-Escorial gegenüber der Gottesburg Stift Melk am allerbesten gefallen. Was dem Genius loci ungleich stimmiger und der organischen Stadtentwicklung von St. Pölten ungleich förderlicher gewesen wäre, diese Schweighofer'sche Königsidee, wurde einfach nicht gesehen, nicht verstanden, man kann es vielleicht sogar nachvollziehen.

Der Galerie Göttlicher ist zu danken, dass sie mit der Ausstellung dem Jubilar, leicht verspätet, eine Freude macht und dass sie einer breiten Öffentlichkeit die Gelegenheit gibt, Schweighofers Werk wieder zu studieren und dabei zu entdecken, dass da jede Menge aktueller Botschaften für die Gegenwart und Zukunft humaner Bau- und Stadtentwicklung zu finden sind.

Vom Körperraum zum Raumkörper

Zum Bau der Sammlung Essl von Heinz Tesar

Erschienen in *Heinz Tesar. Vorform Sammlung Essl* (Wien 1999)

In der Mitte der 80er Jahre erreichte der Museums-Bauboom in Europa und den USA einen Höhepunkt. Speziell die neuen Kunstmuseen wurden zu den populären Kultbauten der Epoche. Die spektakulären Werke von Isozaki, Stirling, Meier, Hollein oder Gehry etablierten sich als die Raumbühnen der postmodernen Seitenblicke-Kultur, als erfolgreiche Magneten der Massentouristik und als starke Atouts im Wirtschaftskampf der interkommunalen Konkurrenz.

Markus Lüpertz formulierte damals das Unbehagen der KünstlerInnen mit einem beißenden, unmissverständlichen Kommentar. Lüpertz meinte: »Mit künstlerischem Anspruch vernebeln heute Architekten meistens die Tatsache, ihre Notwendigkeit verloren zu haben. Das klassische Museum ist längst gebaut: vier Wände, Oberlicht, zwei Türen. Dieses einfache Prinzip musste leider der Kunst weichen, der Architekturkunst. All diese neuen Museen sind oft schöne, bemerkenswerte Bauwerke, aber wie jede Kunst der anderen Kunst feindlich gegenüberstehend. Sie geben dem einfachen Bild, der einfachen Plastik keine Chance, nein, sie gebären eine eigene, laute Raumfüllmaschinerie, die im Dekorativen wie im Pädagogischen ihre Heimat hat.«*

Diese Architektenschelte kam von einem exzellenten Vertreter jener Künstlergeneration, die nach der institutionskritischen Phase der 60er und frühen 70er Jahre wieder die Autonomie des Kunstobjekts und des genialen Künstler-Subjekts behauptete und die sich paradoxerweise nun von der – genau in dieselbe Kerbe schlagenden – Szene der Baukünstler übervorteilt fand. Pointiert gesagt: die Kunst der 80er Jahre forcierte im Pendelschlag auf die offenen Positionen von Minimal-, Fluxus- und Concept-Art wieder die geschlossene, klassische Aura von Tafelbild und Skulptur, wollte jedoch nicht vom inszenierten Raum, wollte nicht von der ›ästhetischen Kirche‹, wollte nicht von der ›Überkunst‹ postmoderner Architektur vereinnahmt werden.

Seither hat die Kunstszene parallel mit der Krise des einschlägigen Marktes ihre Perspektiven neuerlich gewechselt, verstehen sich die KünstlerInnen der 90er Jahre nicht mehr als Bedeutungsmagier mit dem Sehnsuchtsmotiv des introvertierten Musentempels. Radikaler noch als

* in Volker Albus: *Design. Texte zur Theorie und Praxis* (Stuttgart 1996): 36

durch Lüpertz und andere wird heute der White Cube jeglicher Museumsarchitektur in Frage gestellt, sucht die aktuelle Kunst wieder die außerästhetische, direkte Auseinandersetzung mit den sozialen, ökonomischen und massenmedialen Wirkungsfeldern.

Auch die Architektur – als ein deutlich langsameres Medium – reagierte. Die neuen Museen der 90er Jahre sind entweder wesentlich sachlicher, minimalistischer als ihre Vorgänger – die Beispiele von Zumthor, Gigon / Guyer, Piano, Herzog & de Meuron, Ortner & Ortner, Jabornegg & Pálffy etc. sind bekannt – oder sie sind noch eindeutiger als touristischer Blickfang und kulturbetrieblicher Symbolbau hochstilisiert – Stichwort Bilbao. Konnte Johannes Cladders vor fünfzehn Jahren noch behaupten, »das Museum ist der Ort der Kunst«, so ist dieser Anspruch seither durch die budgetäre Ausdünnung der öffentlichen Betreiber und die szeneninterne, verschärfte Institutionskritik äußerst fragil geworden. Dagegen hat die Legitimität privater Sammlungen und nichtstaatlicher Referenzrahmen wieder Bedeutung gewonnen.

In diesem Spannungsfeld – in Wien speziell gewürzt durch die langwierige Diskussion um das Museumsquartier und das Museum Moderner Kunst – setzt die Sammlung Essl mit dem Neubau von Heinz Tesar in Klosterneuburg ein autarkes Zeichen, formiert sich da an der Peripherie der lokalen Querelen ein eigenständiger, gewichtiger Akzent. Tesars Gebäude illustriert die Position eines Architekten, dessen Œuvre sich der Einordnung in die diversen stilistischen Schubladen entzieht. Schon das in der Nachbarschaft situierte Schömer-Haus, das 1985–87 ebenfalls nach Tesars Entwurf entstand, interpretierte die Typologie der Firmenzentrale auf ungewöhnliche Weise. Die Büroräume umfassen dort als profaner Mantel eine auratische Kunst-Halle: einen mehrgeschossigen, elliptischen, durch Oberlichte erhellten Raum, der von Ferne an die Galeriespirale des Guggenheim-Museums erinnert. Die inhaltliche und räumliche Überhöhung von rationalistischer Ökonomie mit repräsentativer Kunstsphäre spiegelte perfekt das Selbstverständnis der Essl-Familie, die subjektives, öffentlich dargestelltes Mäzenatentum mit der expansiven Wirtschaftskompetenz ihres patriarchal geführten Unternehmens vereint.

Der Bau für die Sammlung Essl, rund 400 m nördlich vom Schömer-Haus, entwickelte sich zunächst aus dem Bedarf, für die inzwischen zum größten privaten Fundus neuerer österreichischer und europäischer Kunst gewachsene Sammlung Depots anzulegen und diese eventuell mit Künstlerateliers zu verbinden. Nachdem im Umfeld keine geeigneten Räume zu finden waren und auch Essls Kooperationsangebote mit dem Wiener Museumsquartier und dem Künstlerhaus scheiterten, war ein Neubau sowie die Expansion vom Depot zum vielfältig nutzbaren, eigenen Kunsthaus die logische Konsequenz.

Das Grundstück ist im Vergleich zu anderen Museumsneubauten keineswegs prominent. Im Gegenteil. Es ist ein dreieckiges Stück Wiese zwischen dem Bahndamm und einem künstlich geschaffenen Nebenarm des Donaustroms. Das Areal liegt neben dem lokalen Strandbad und anderen Freizeitanlagen kaum 500 m westlich der Donau, eine Restfläche zwischen der dispersen, die Bahn begleitenden Gewerbezone, zwischen der Donau-Au mit ihren aufgestelzten Strandhütten und dem Südende des Stadtkerns von Klosterneuburg. Der Platz wird im Fall eines ›30-jährigen Hochwassers‹ sogar überflutet, bietet aber einen freien Blick auf die kuppelbekrönte Südfront des barocken Stiftes sowie auf die mächtigen Baumgruppen des Auwaldes. In diese gefährdete und sehr informelle Situation ein hochrangiges Kunstzentrum einzupflanzen, war und ist wohl ein Wagnis, bezeichnet auf einer Metaebene aber auch die ambivalente Lage heutiger Kunst und ihren ausgesetzten, diffusen Status in der Gesellschaft.

Tesar verwandelt die Bedingungen dieses Un-Ortes in eine starke, in sich ruhende ›Raumfigur‹ und schafft dem Profil und Programm der Sammlung den maßgeschneiderten, funktionalen Hintergrund.

Der Bau bedeckt in Dreiecksform die maximale, rechtlich nutzbare Grundfläche. Das Erdgeschoß enthält den Eingangsbereich und hauptsächlich die Depots: sechs Meter hohe, fensterlose Räume um einen Mittelgang, der durch den Luftraum der über ihm hochsteigenden Erschließungsrampe viel Tageslicht erhält; es sind enorme, nüchterne Fluchten von ägyptischer Dimension in Beton, versehen lediglich mit den fahrbaren Packungen der verzinkten Metallroste und den Blechgedärmen der Kabeltrassen und Klimaanlagen. Das Fußbodenniveau liegt hier einen Meter über der Wiese und ist damit auch gegen ein ›tausendjähriges‹ Hochwasser gesichert. Das Herausheben dieses Trockendocks wird außen dadurch sichtbar, dass der Gebäudesockel ringsum hinter die Außenwand zurückspringt und eine ›Schattenfuge‹ bildet, die den Bau auch optisch von der Erde distanziert, ihn gleichsam schwebend erscheinen lässt.

Im Hauptgeschoß – das Niveau liegt hier sieben Meter über der Wiese – öffnen sich die Räume nach oben und nach innen auf einen begrünten Hof. An der Südwestseite, parallel zur Bahn, staffeln sich sieben

Galerieräume für die permanente Sammlung, überragt von den verglasten Oberlicht-Laternen. Die Nordostseite entlang streift die große Halle für Wechselausstellungen. Sie enthält Seitenlicht vom Hof und durch das Fensterband der Ostfassade. Nach unten ist sie mit den Depotbereichen durch den monumentalen Luft- und Lichtschlitz unter der vom Hof hochsteigenden Rampe verklammert. Nach oben verbindet eine Rotunde mit tangentialer Treppe zu dem darüberliegenden Saal. Dieser oberste Raum wird von beiden Längsseiten und einer mit Lichtkuppeln perforierten Decke belichtet und sein Querschnitt wölbt sich in einem langgezogenen Schwung nach Norden zum Scheitel des ganzen Gebäudes hoch. Diese Wölbung gibt einerseits dem Innenraum dynamisches Profil, andererseits antwortet der Bau damit den gegenüber aufragenden Baumkronen und den hinter ihnen spürbaren Hügelkonturen jenseits der Donau.

An der kurzen, südlichen Basisseite des Gebäudedreiecks liegen Foyer, Stiegenhalle, Besucherlift und die Bibliothek; Zwischenetagen unter und über dem Hofniveau enthalten hier noch Büros und andere Nebenräume. Der Haupteingang liegt völlig undramatisch an der Südostecke, gleicht eher einem Betriebs-Entree, markiert durch ein fein gegliedertes Vordach, den massiven Aufzugsturm und die senkrechten Fensterschlitze der Treppenhalle. Die über fünf Geschosse reichende Stiegenanlage bietet nach dem eher profanen Eintritt eine überraschende, dichte Packung von Raumeffekten. Sie ist im Gegensatz zu vielen postmodernen Museen - Stuttgart, Frankfurt, Atlanta etc. - auffallend kompakt, ja sparsam inszeniert. Durch Versetzen der Treppenläufe und das abwechselnde Rechts- bzw. Linksdrehen der Gehrichtung entsteht aber trotz relativer Enge eine komplex aufgelockerte Vertikalstruktur - eine über die voll verglaste Hofseite, die ausgeklinkten Brücken zum Lift und die senkrechten Schlitze in der Südwand reich und differenziert belichtete Halle. Vergleichbare Effekte, wiewohl ungleich düsterer, finden sich in Piranesis visionären Stiegenfluchten.

An den drei Ecken gibt es Sonderfunktionen: über dem Eingang ein doppelgeschossiges Studio moderner Musik; an der Südwestecke in den oberen Etagen eine Suite mit Blick auf das Schömer-Haus, auf den Leopoldsberg und über die Dächer der Sammlung hinweg nach Klosterneuburg; die Nordecke ist plastisch reicher differenziert. Hier liegen verschiedene Besprechungsräume mit direkter Sicht zum Stift. Das Raumgefüge endet da in einem kanzelartigen Bauteil, der sich wie gespreiztes Gefieder in fünf Mauerscheiben auffächert und eine als Rosengarten angelegte, ebenerdige Terrasse beschirmt.

Am intensivsten hat Tesar an den Ausstellungsräumen selbst gearbeitet. Bei den Galerien benützt er den tradierten Typus der Oberlichträume. Weit geschwungene Hohlkehlen leiten von den Wänden zu den zentralen Lichtfeldern. Tesar hat jedoch auf die üblichen horizontalen ›Staubdecken‹ aus Glas verzichtet und exponiert über dem weißen ›Bildraum‹ jeweils den offenen ›Lichtraum‹ der vertikal verglasten, drei Meter hohen Laternen. Anders als bei den opaken Blindfeldern klassischer Oberlichtsäle ergibt diese Lösung eine räumliche Steigerung und vertikale Transparenz, integrieren die hellweißen Höhlen auch das zenitale ›Bild‹ der wechselnden Farben und Formen von Himmel und Wolken.

Bei der 1811 erbauten Dulwich Picture Gallery in London hatte der große Klassizist und Exzentriker John Soane dasselbe Prinzip angewandt. Diese Galerie zählte zu den ersten funktionellen Ausstellungshäusern überhaupt, und Tesar beruft sich explizit auf dieses Vorbild, dessen suggestive Räumlichkeit bei den späteren Museumsbauten eben verlorenging. Im Gegensatz zu den ausschließlich von oben belichteten Räumen von Soane öffnet Tesar in Klosterneuburg jedoch mit bis zum Boden verglasten, vertikalen Wandschlitzen für jeden Raum auch die Blick- und Lichtbeziehung zum Hof. Eine weitere, moderne Brechung der klassischen Oberlicht-Enfilade entsteht durch die schrägen Anschnitte der westlichen Stirnwände und die dazu parallelen Schrägschnitte der Oberlichtprismen – sowie durch die nichtaxiale Sequenz der Verbindungstüren. Der Weg durch die permanente Sammlung vollzieht mäandrierende Wendungen und pendelt teilweise gegen die grundrissliche Schichtung der Säle, wobei die von Saal zu Saal wechselnde Länge bei gleichbleibender Laternenhöhe noch eine lebhafte Variation der Raumproportionen mit sich bringt. Der Vergleich mit dem schematischen Galeriegeschoß der Stuttgarter Staatsgalerie etwa zeigt den Unterschied: dort ein ironisches, funktionell verschlechtertes Zitat des historischen Typus, und hier dessen kreative, spannende und gesteigerte Aktualisierung für unser zeitgenössisches Empfinden.

Die Lichtqualität kann in Klosterneuburg zudem mannigfach moduliert werden. Als äußerste Haut der Laternen fungieren Metalljalousien, die je nach Sonnenstand bzw. Ausstellungsart eingestellt werden können. Eine zusätzliche Dosierung des Oberlichts erlauben weiße Stoff-Screens, die an den Innenseiten der zweischaligen Verglasung von der Decke ausfahrbar sind. Bei künstlicher Beleuchtung strahlen im Laternensockel verdeckt montierte Lichtbänder auf die reflektierende, weiße Laternendecke, sie können aber auch bei heruntergelassenen

Screens den Luftraum zwischen den Gläsern erhellen und ein indirektes Leuchten der Laternenwände erzeugen. Eine Stromschiene im Laternensockel gibt mittels Spots auch die Möglichkeit von partieller Punkt- oder Objektbeleuchtung.

Alvar Aalto, ein Meister der vielfältigen Führung des Tageslichts über Laternen, Sheddächer, perforierte Decken oder gewellte Raumquerschnitte hat einmal festgestellt: »Das Licht hat für ein Kunstmuseum die gleiche Bedeutung wie die Akustik für einen Konzertsaal.« Bei seinem Museum in Aalborg etwa hat auch er unten offene, räumlich mitwirkende Oberlichte verwendet, hat allerdings deren Zentrum besetzt durch tischartig eingehängte, asymmetrisch gekurvte Reflektorenkörper. Die Qualität von Aaltos Architektur liegt zum Großteil in seiner Kunst, das immaterielle Licht im materiell geformten Raum zu fassen und zu modulieren, wodurch die materielle Wirkung des Gebäudes eigentlich sekundär wird – und das gefasste, geführte, gestaltete Licht zur primären Substanz der Baukunst wird.

Auch das Œuvre von Heinz Tesar ist von solchen Aspekten geprägt, am deutlichsten natürlich bei entsprechenden Anlässen wie dem Keltenmuseum und dem Stadttheater in Hallein und seinen diversen Kirchenbauten. Die Sammlung Essl ist im besonderen Maß ein Tageslichtmuseum mit unterschiedlichsten, exakt kontrollierbaren Lichtsituationen, auch bei den großen Hallen für Wechselausstellungen, wobei gerade nicht die sogenannte neutrale, um nicht zu sagen sterile Lichtkonstanz der klassischen White Cubes als Grundlage gewählt wurde. Und es zeigt sich, dass solche spannungsreiche, auch von den Künstlerinnen und Künstler gewünschte Elastizität von Stimmungen ohne allzu großen technologischen Aufwand mit konventionellen baulichen Mitteln erreicht werden kann.

An einem einzigen, freilich markanten Punkt geht Tesar auch konstruktiv über die Grenzen des Alltäglichen hinaus. Die große schräge Rampe, die vom Hof zur oberen Halle, zur Skulpturenterrasse und Cafeteria führt, ist über sechzig Meter weit stützenlos, frei gespannt. Als ein zentraler Vektor im Raum- und Lichtfluss des Gebäudes ist sie in Position und Wirkung jener viel kleineren in Le Corbusiers Villa Savoye sehr verwandt und bildet hier die moderne, puristische Schnittstelle, man könnte auch sagen – das Rückgrat – zwischen dem eher konventionellen, nur auf einer Ebene ausgebreiteten Flügel der Galerien und dem pointiert in Tesar-individueller Manier geformten Flügel der Ausstellungssäle, wo drei sehr unterschiedliche Ebenen weiträumig ineinander übergehen.

Von Beginn seiner Karriere an hat Tesar räumliche Phänomene und Visionen als Reflexe der körperhaften Bedingungen des Menschen interpretiert. Unsere spezielle Körperhaftigkeit ist die ›Vorform‹ unserer Aktivität, unserer Triebe, unserer Leidenschaften, ist die ›Vorform‹, die Bedingung unserer Architektur. Tesars mit rosa Wasserfarben getönte Skizzen bilden inspirative Meditationen und Vergewisserungen im Verlauf seiner Formfindungsprozesse und sie sind das autonome, bildhafte Reservoir seiner anthropomorphen Sicht von Baukunst. Insofern könnte man zur Raumfigur der Sammlung Essl auch sagen: Das Rückgrat der Rampe, begleitet von der senkrechten Achse des siebzig Meter langen Wasserbeckens, entfaltet nach links die Rippen und den Brustkorb der Galerien, verknüpft nach rechts den gewölbten Leib und Bauch der großen Säle. Und dieser, das offene Herz des Hofes bergende Körper sitzt auf den untergeschlagenen Gliedern des funktionellen Südtrakts, während sein Kopfende sich in die Figur der Hand transformiert, die mit dem Daumen des Erkers und den Fingern der Kanzel den Rosengarten umgreift und darüberhinaus auf die hier vor Augen liegende ›Landmark‹ hinweist – die aus üppiger Natur aufragende Stiftsilhouette.

Wer einer solchen, riskanten Deutung nicht folgen mag, könnte freilich auf einer sachlicheren Metaphernebene ganz analoge Schlüsse ziehen. Denn es fällt auf, dass hier zu den Strukturen der Stadt hin die rationale, additive Geometrie der Galerien und ihre industriehaften Laternen stehen, während zur Wald- und Flussseite die biomorphe Geste der großen Säle erscheint wie ein gestrandeter, weißer Leviathan. Man könnte aber auch ganz nüchtern sagen, dass in diesem Bau verschiedene räumliche Archetypen aus verschiedenen Epochen nach funktionalen Anforderungen differenziert zusammengeschweißt und zu einer kohärenten, heutigen Form gebracht sind – zu einer Form, in der Subjektives und Objektives einander gut die Waage halten: die Galerieflucht der klassizistischen Romantik, der zeitlose Mäander, die Rampe der puristisch-rationalistischen Moderne, die expressive Form der organhaften-kristallinen und surrealen Moderne, die komplexe Stiegenhalle des Übergangs vom Barock zur Aufklärung etc.

Wie auch immer, die Gestaltsuche, mit der Tesar die funktionelle Abklärung seiner Räume überlagert, geht jedenfalls vom Körperraum zum Raumkörper. Nun ist am Ende des 20. Jahrhunderts aber selbstverständlich geworden, dass die Einheit von Körper und Raum nicht mehr existiert, dass durch enorme mediale, technische Ausweitungen sowohl unser Körper als auch unser Bewusstsein nicht mehr kongruent sind, sondern einen Status weitgehender Dislokation erreicht haben. Aus diesem Befund versuchen auch Architekten, neue dislozierte Raumkonzepte zu entwickeln und die Gerüste der Körperhaftigkeit hinter sich zu lassen, eine Tendenz, die schon mit De Stijl und den Suprematisten begann.

Tesar geht einen anderen Weg. Wohl ist die Welt nicht mehr anthropozentrisch wie im Bild von Renaissance und Neuzeit. Doch selbst die rasante Dislokation des Seins im Datenraum digitaler Netzwerke formiert ihre Differenzen letztlich immer gegenüber dem Maßstab unserer Leibhaftigkeit in einem jeweils konkreten, fühlbaren Umraum. Die Fluchtgeschwindigkeit der Glasfaserkabel und Gigabyte-Rechner wird uns viele imaginäre Räume eröffnen, doch niemals wirklich aus dem physischen Raum und seiner besseren oder eben auch schlechteren Qualität erlösen. Das Paradoxe ist, dass der imaginäre, virtuelle Raum sich nur innerhalb von unserem Körper / Bewusstsein abspielt, abgekoppelt von den äußeren Sinnesdaten – es ist eine sinnliche Involution. Während die Architektur nach wie vor und immer nur daran arbeiten kann, die Qualität der äußeren Sinnesdaten zu optimieren.

Das Haus einer Kunstsammlung ist heute nicht mehr ein metaphysischer Ort. Der Präsentation von Malerei, Plastik, modernem Klang und medialen Ereignissen ein adäquates Gehäuse zu geben, ist aber nach wie vor eine architektonische Herausforderung. Der Bau der Sammlung Essl meistert dies in der wiedergewonnenen sinnlichen Sachlichkeit der 90er Jahre. Der Architekt schafft hier der Kunst einen Rahmen, der dient und zugleich eindeutig prägt, ohne zu dominieren.

Heinz Tesar, Museum Essl.
Modell für die Hosentasche

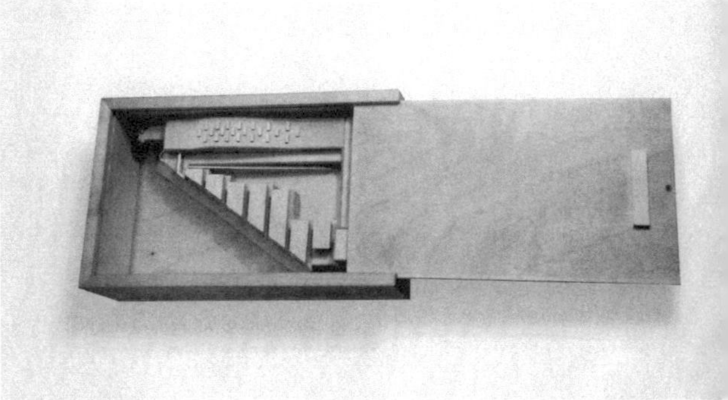

Terra incognita

Das Nordbahnhofareal im Rahmen der Wiener Stadtstruktur

Erschienen in *Wiener Architekturseminar*, Hg. Stadtplanung Wien (Berlin 1992)

Man hat gesagt, das Nordbahnhofareal wäre in Wien jene ideale Reservefläche, auf der schon bald eine ›Stadt der Zukunft‹ entstehen könnte. Man sollte es aber noch schärfer formulieren. Die künftige Entwicklung dieses Gebietes ist für Wien wichtiger und entscheidender als die gegenwärtigen Planungen vor dem UNO-City-Gelände. Eine Planung für die ›Stadt der Zukunft‹ kann man aber sinnvollerweise nicht beginnen, ohne sich über ein Gesamtkonzept der Stadt im Klaren zu sein – mit allen einer solchen Fiktion gegenüber gebotenen Vorbehalten. Im Übrigen gefällt mir der Begriff ›Stadt der Zukunft‹ nicht besonders gut. Ich würde lieber von einer ›Stadt der Gegenwart‹ sprechen, gerade in Wien, das doch eher eine ›Stadt der Vergangenheit‹ ist, und wo die Gegenwart – ich meine die zeitgenössischen Entwicklungen, Anforderungen und Defizite einer europäischen Kommune mit Großstadtanspruch am Ende des 20. Jahrhunderts –, wo also solche Gegenwart bereits genug utopische, das heißt hier längst nicht bewältigte oder auch nur wahrgenommene Aspekte aufweist.

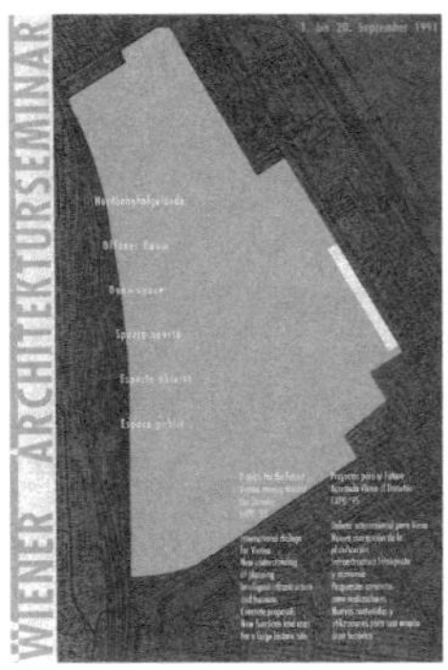

Plakat zum Seminar

Zentralität I

Wien war eine Großstadt des späten 19. und beginnenden 20. Jahrhunderts, ein europäisches Zentrum, Machtzentrum, Kulturzentrum. Obwohl sich wesentliche Grundbedingungen seither geändert haben, spricht das Bild des Stadtkörpers immer noch von dieser Großstadt der Vergangenheit. Ich möchte im Folgenden vor allem erläutern, wie sich diese heute noch prägenden spezifischen geographischen, urbanistischen und gesellschaftlichen Parameter der Wiener Stadtstruktur entwickelt haben. Das Bild der Gegenwart ist ein Produkt der Entwicklungen, Planungen und Visionen der Vergangenheit. Dieses Bild ist in den unterschiedlichsten Stadien der Verwirklichung, Ablagerung oder Fragmentierung präsent, und diese fragmentarische Präsenz der Stadtidentität wird auch in die Zukunft hinein weiterwirken.

Ein Grundzug der Wiener Stadtidentität ist die ›Zentralität‹. Die Schwerkraft des Zentrums, das monozentrische System der Stadt, seine Geschichte und seine Permanenz bis heute – sehr gerafft dargestellt –, all das ist also gleichsam mein Hauptthema. Mit ihm zwangsläufig verknüpft ist ein Subthema; es ist im Titel bereits angesprochen und es betrifft den Umgang dieser Stadt mit dem Umgestalten, mit den sogenannten Entwicklungsräumen, mit ›Terra incognita‹ eben. In den jeweiligen geschichtlichen Phasen war die unregulierte Donaulandschaft als Ganzes eine Terra incognita, ebenso wie das riesige Feld des Glacis oder wie ›Wien links der Donau‹ nach dem Zweiten Weltkrieg, oder das Inundationsgebiet der Donau in den 30er und 50er Jahren, und jetzt also die Flächen der aufzulassenden Bahnhöfe – ganz besondere ›weiße Flecken‹ auf der Landkarte dieser Stadt.

Ich möchte noch etwas vorausschicken. Ganz allgemein zu diesem Seminar. Ich nehme an, dass Sie alle in der Zeit, seit Sie hier arbeiten, sich mit Wien und dem Nordbahnhof bereits ausführlich beschäftigt haben und sehr vieles von dem, was ich Ihnen vermitteln möchte, bereits wissen. Die besondere Qualität solcher exterritorialer Entwurfsseminare bleibt aber doch, dass die Beteiligten keine Insider sind, sondern Fremde, kurzzeitige Gäste, dass sie die hiesigen Verhältnisse mit dem unbelasteten ›Blick des Fremden‹ sehen können, aus gewisser Distanz. Sie werden sich über viele Dinge hinwegsetzen, die dem Einheimischen, dem Insider sakrosankt sind, und das soll bei solchen Sommerakademien auch so sein; Sie werden vielleicht aber auch manches sehen, für das wir Einheimischen längst blind geworden sind.

Das wäre ja der Witz und das Spannende solcher Unternehmen. Man könnte hinzufügen, in der ›Terra incognita‹ sind wir alle mehr oder weniger Fremde. Indem ich dieses Referat in einer mir nicht gerade fremden, aber doch nicht alltäglichen Sprache vortrage, agiere ich ebenfalls gleichsam verfremdet. In einer Fremdsprache [auf Englisch] mit Fremden über eine ›Terra incognita‹ zu sprechen – eine durchaus zeitgenössische Situation, keine Frage …

Der römische Nukleus

Die großräumige geographische Grundlage für die Ausbildung einer europäischen Metropole an diesem Ort bildete ein Nord-Süd-Ost-West-Achsenkreuz alter kontinentaler Verkehrswege. Ost-West die Donau, Nord-Süd die Bruchlinie zwischen Alpen und Karpaten, der die alte Bernsteinstraße von der Ostsee zum Mittelmeer folgte. Dieses übergeordnete Achsenkreuz wurde ergänzt durch die örtliche Topographie:

- durch den nach Osten offenen Halbbogen der Wienerwaldberge
- durch die zur Donau abfallende Terrassentreppe, auf deren vorletzter Stufe, 15 Meter über dem Wasserspiegel, ein kleines Plateau direkt an

den äußeren Flussarm heranreichte, das an einer Seite zusätzlich vom Einschnitt eines hier einmündenden Zuflusses begrenzt war – also eine fast ideale strategische Position darstellte. Die Kante dieses Terrassenrandes (Steilrand) zur Donau ist übrigens an etlichen weiteren markanten Punkten der Wiener Topographie spürbar. Sie reicht vom Nussberg, von der Hohen Warte, der Strudelhofstiege, Berggasse, über Salzgries, Fischerstiege, Rasumofskygasse, Kundmanngasse und Alt-Erdberg bis zum Schloss Neugebäude.

Durch die fächerartige Struktur von Höhenrücken und Flusstälern, die vom Wienerwald der Donau zustreben, war eine natürliche radiale Struktur für Weg- und Siedlungsachsen in dieser Halbschüssel am rechten Donauufer vorgegeben.

Auf dem erwähnten Plateau wurde im 1. Jahrhundert n. Chr. das römische Militärlager angelegt. Es hatte ein Ausmaß von ca. 500 × 500 m. Eine Lagervorstadt befand sich im Raum des heutigen Schottentors, die römische Zivilstadt befand sich im Bereich Rennweg–St. Marx. Das Kastell war intern definiert durch das bei den Römern übliche Achsenkreuz der Hauptstraße, hier des *decumanus* Richtung Nord–Süd, und des *cardo*, der *via principalis*, in Richtung Ost–West. Lagervorstadt und Zivilstadt waren durch die ›Hochstraße‹ – ein Teil des Weges von der Wiener Pforte nach Carnuntum – verbunden.

Die Topographie der Natur formte also das Potential, in das dieser römische Nukleus eingepflanzt wurde; er wurde zum Generator für alle späteren Schritte der räumlichen Entwicklung im Wiener Raum. Man könnte also durchaus behaupten, die natürlichen Gegebenheiten trugen das Potential der Zentralität auf ganz hervorragende Weise schon in sich.

Im 4. und 5. Jahrhundert wurden die Römer durch Markomannen und Quaden von der Donau verdrängt. In der Völkerwanderungszeit verfiel das Lager bis auf die Festungsmauern und eine Restbesiedlung, die sich in den stärksten Mauerresten der römischen Anlage, den Thermen, konzentrierte und den sogenannten Berghof bildete. Innerhalb der Römerwälle formierten im frühen Mittelalter dann die drei ältesten Kirchen der Stadt – St. Ruprecht, Maria am Gestade und St. Peter – ein neues Kräftedreieck, im frühen 12. Jahrhundert ergänzt durch die von Klosterneuburg hierher verlegte Residenz der Babenberger – Am Hof.

Im 12. Jahrhundert entstanden als weitere wichtige Knotenpunkte für das neuerliche Aufblühen der Stadt das Schottenkloster (an der Hochstraße), die Michaelerkirche (an der Kreuzung der Hochstraße mit dem verlängerten Decumanus) und St. Stephan mit dem Domviertel.

Die Stadt des 12. Jahrhunderts gliederte sich sozialräumlich in die Bürgerstadt (Burgsiedlung und Kaufleute), den Babenbergerhof, und die Judenstadt – links und rechts vom Cardo, der heutigen Wipplingerstraße, um den Judenplatz. Um 1206 war ein Jude der erste Münzmeister der Babenberger in Wien – an der Achse Wipplingerstraße liegt auch heute noch das Börseviertel. (Auf das Geschick der Ansiedlung bzw. Vertreibung der Juden, die auch für das Schicksal des 2. Bezirks in Zusammenhang mit dem Nordbahnhof von Belang ist, werde ich später noch eingehen.)

Erste Stadterweiterung

Im 13. Jahrhundert erfolgte die erste Stadterweiterung, bei der alle bis dahin entstandenen Vorstadtsiedlungen durch eine 4.500 m lange Stadtmauer umschlossen wurden. Damit war für weitere 700 Jahre der Umfang der Stadt festgelegt, ebenso die leergelassene Distanzzone zu den Vorstädten, das Glacis; dies war das zweidimensionale, rund 500 m breite Blickfeld vor dem dreidimensionalen, gepanzerten Stadtkörper. Das römische Achsenkreuz erhielt parallelverschoben ein zweites Koordinatenkreuz durch die Osttangente des Römerlagers (Rotenturmstraße–Kärntnerstraße) und die Südtangente entlang des Grabens. Der Stock-im-Eisen-Platz wurde zur neuen Hauptkreuzung. Auch die Hochstraße zwischen Schottentor und Kärntnertor lag nun gesichert innerhalb der Mauern. Die Neue Burg – der Habsburger – wurde in der Verlängerung des Decumanus an der Hochstraßen-Außenseite angelegt – an dem strategisch exponiertesten Platz des Plateaus. Alle Belagerungen der Stadt, von Matthias Corvinus über Soliman und Kara Mustafa bis zu Napoleon und Windischgrätz haben an diesem Befestigungsabschnitt zum Sturm angesetzt. An der Achse vom Schottenhof zur Neuen Burg siedelten die Hofwürdenträger, entstand das Adelsviertel, die Herrengasse. Die vorhin erwähnte Sozialgliederung des Raumes verschob sich zu dem Kräftedreieck Hof – Adel – Kirche.

Die Panoramen des Barock

Mit der Abwehr der Türken 1683 und deren Zurückdrängung aus Ungarn und Siebenbürgen war die Funktion Wiens als Grenzstadt und Festung beendet und begann der barocke Umbau zur glanzvollen Residenzstadt des Habsburgerreiches. Als zusätzlicher Schutz wurde dennoch 1704 vor den Vorstädten der Linienwall errichtet – die Struktur asymmetrischer Ringe wuchs damit weiter ins Umland. Kernstadt und Vorstädte nahmen im Barock isolierte Entwicklungen – bis auf zwei Ausnahmen: Der

Decumanus wurde auf den inneren Rand der Vorstadt weiterprojiziert: Fischer von Erlach richtete die Hofstallungen auf diese Achse – die künftige Hofburgachse – aus. Die Richtung der Hochstraße wurde jenseits des Glacis ebenfalls von Fischer mit der Karlskirche aufgenommen, so dass die Hofburg nun einen beherrschenden Sehkegel über das Herzstück des Glacis hinweg definierte: So transformierte sich das militärische Blickfeld zum ästhetischen barocken Panorama der Landschaft.

Im Prater, dem kaiserlichen Jagdgebiet, vollzog sich eine analoge Entwicklung. Die 4,5 km lange Hauptallee wurde allerdings schon im 16. Jahrhundert, in der Renaissance, angelegt, zuerst nur als Waldschneise, die den stadtnächsten Flussübergang auf die Praterinsel mit deren stadtfernsten Endpunkt verband, wo spätestens seit 1566 ein Lusthaus (*casa verde*) bestand. Über die Richtung dieser Achse lässt sich weiter wenig sagen, außer dass sie exakt auf die höchste Erhebung des Wienerwaldrandes – den Hermannskogel – zuläuft. Diese Blickrichtung wurde im 19. Jahrhundert reflektiert, als auf dem Hermannskogel eine Aussichtswarte gebaut wurde. Eine Allee vom Anfang des »Langen Ganges« zur einzigen Brücke über den stadtseitigen Donauarm, die gleichzeitig in Richtung Stephansturm weist, existierte spätestens seit dem frühen 17. Jahrhundert, ihr Ausbau zur Jägerzeile erfolgte am Ende des 17. Jahrhunderts, nach der Türkenbelagerung, unter demselben Kaiser Leopold, der 1670 die Juden aus dem Ghetto auf der Donauinsel vertrieb. 1670 wurde die Synagoge hier zerstört und stattdessen die Leopoldskirche gebaut, die Vorstadt wurde in Leopoldstadt umbenannt. Es war dies die zweite Vertreibung der Juden aus Wien, die erste, aus der Kernstadt selbst, war 1420/21 geschehen. Dem permanenten Hass der christlichen Gemeinde auf die Juden stand durch all die Jahrhunderte die Tatsache gegenüber, dass sie dem Hof, Babenbergern wie Habsburgern, als Financiers und Kreditgeber mehr oder weniger unentbehrlich waren.

In der ersten Hälfte des 18. Jahrhunderts formieren sich in den Vorstädten die großen Adelspaläste, deren Schaufronten am äußeren Rand des Glacis sich der inneren Stadt zuwenden. Schloss Schönbrunn entsteht mit der Gloriette, mit einer Hauptachse auf die Schmelz, den späteren Paradeplatz des Heeres, mit einer diagonalen Nebenachse der Parkgestaltung von der Gloriette auf die Karlskirche. Die Öffnung der Landschaft vollendet dann gleichsam Joseph II im Zeitalter Rousseaus. Er gibt den Prater zur allgemeinen Benutzung frei, dann auch den Augarten. Die Hauptallee wird bis zum Augarten verlängert und dort, als Schlusspunkt das Jägerhaus errichtet. Damit verbunden ist die Anlage des

Sternplatzes am Kreuzungspunkt zwischen Praterstraße (Jägerzeile) und Hauptallee. Der Sternplatz ist Grenzpunkt zwischen der Stadt, die nun bis hierher vorgedrungen ist, und der rohen Natur, dem Land der Donauauen. Der Praterstern markiert sozusagen das Ende der damaligen ›Terra firma‹, die Grenze zwischen dem sicheren Land und dem Überschwemmungsbereich. Die Blickachsen über die Donau hinweg haben noch keinerlei konkrete Bedeutung; sie sind primär ästhetischer Natur. Der Praterstern ist in dieser Zeit eine Art Bellevue – hier realisiert sich die Herrschaft des Panoramablickes über die Donaulandschaft. Auch im Augarten entsteht diese Blickverlängerung über die Donau, andere Alleen zielen auf den Leopoldsberg und nach Sievering. Der eigentliche Verkehrsweg über die Donau verlief dagegen immer über die Taborstraße und die Insel Zwischenbrücken und überquerte die Donau bei Floridsdorf. Zum Abschluss der Barock-Phase zeige ich den Blick aus der Sala Terrena von Prinz Eugens Belvedere, den beherrschenden Blick von der Höhe seines architektonisch transformierten ›Heer- und Siegeslagers‹ über die Stadt. Die Architektur als Sehmaschine erfasst von links nach rechts: die Karlskirche, die Hofburg, St. Stephan, die Salesianerkirche, die Rochuskirche.

Die 1837 gegründete Nordbahnstrecke war die erste Eisenbahnlinie in Wien und Österreich. 1841 folgte die Südbahn, 1845 die Ostbahn. Wenig später wird der Nordbahnhof von Floridsdorf ins Augelände an den Praterstern und die Leopoldstadt herangelegt. Von allen insgesamt sieben Wiener Kopfbahnhöfen liegt der Nordbahnhof der Stadtmitte, dem Stephansturm, am nächsten. Das Aufkommen der Eisenbahn bedeutete einerseits einen großen Impuls für die Industrialisierung, andererseits war die Eisenbahn ein wichtiger Schrittmacher zur Beseitigung überholter Sozialordnungen und Wirtschaftsweisen. 1848 hat Wien seine bürgerliche Revolution. Nach der Wiedereinnahme der Stadt durch das Herrscherhaus und nach zehn Jahren Neuabsolutismus fallen die Stadtmauern, beginnt die Ringstraßenzeit und der Durchbruch des Liberalismus.

Ringstraße – Der Parcours des Liberalismus

In der Gesamtkonzeption der Ringstraße kam erneut die in den Merkmalen der Topographie wurzelnde asymmetrisch-zentrische Entwicklung der Stadt zum Tragen – d.h. die Tatsache, dass Wien nicht wie Budapest als Brückenstadt an der Donau gewachsen ist, sondern stets seine Rückseite dem Strom zugewandt hat. In ihrer Komposition hat die Ringstraße die Terra incognita des Glacis nicht in einem dynamischen

»Alt-Wien und Umgebung«, aus: Karte des Erz-Herzogthums Österreich ob- und unter-der Enns (um 1850)

Stadtschema, Bahnlinien, aus: Gianni Fabbri: Vienna citta capitale del XIX secolo (Roma 1986)

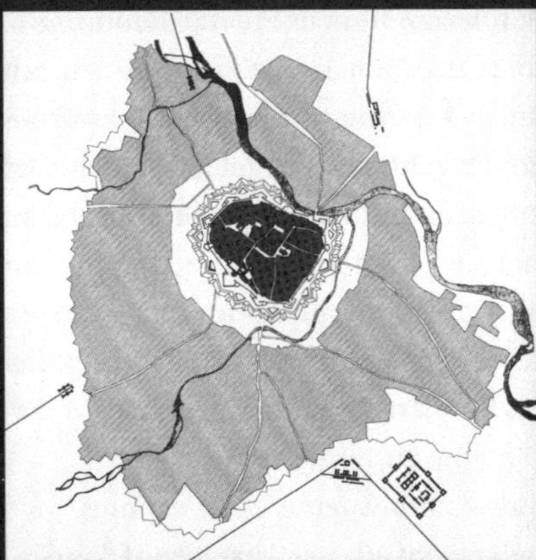

»Die Donauregulierung 1873«, aus: Öst. Ingenieur- und Architekten-Verein (Hg.): Wien am Anfang des XX. Jahrhunderts, Bd. 1 (Wien 1905)

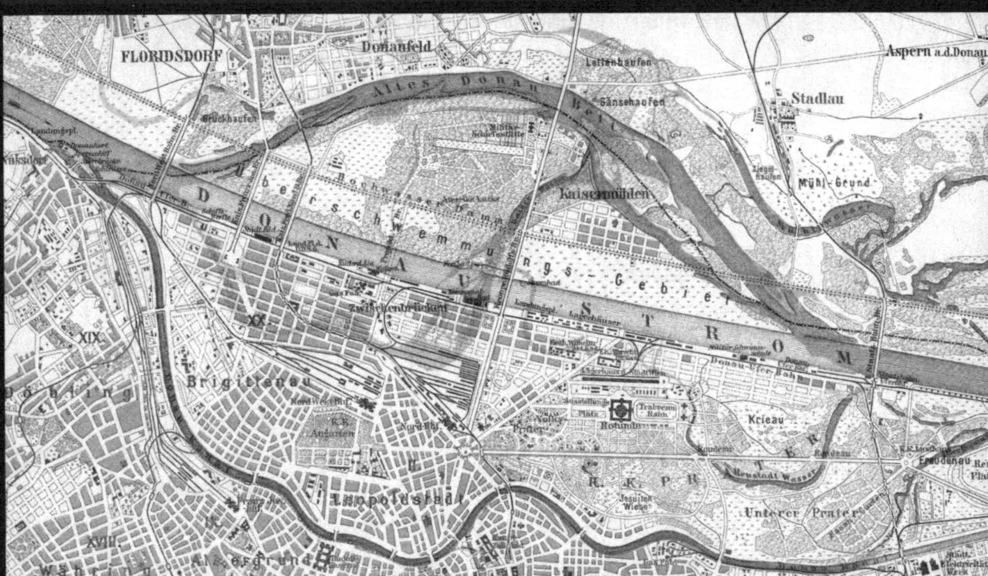

Ausgleich zwischen den Schwerkräften der Kernstadt und der Vorstädte umgewandelt. Die Ringstraße war von vornherein auf die halbkreisförmige Leitschiene einer Repräsentativstraße und eine am Vorstadtrand entlanggleitende Lastenstraße festgelegt. Die radiale Verklammerung zwischen Altstadt und Vorstädten war in diesem Konzept zweitrangig. Nur drei Radialstraßen wurden über das Glacis hinweggezogen: Kärntnerstraße, Landstraße und Schottengasse. Man kann sogar sagen, dass die Ringzone eine neuerliche Abschirmung des Zentrums bedeutete, nun aber mit anderen Mitteln. Dafür waren nicht zuletzt militärische Erwägungen maßgeblich. Die Übergänge am Donauarm wurden mit zwei nun gegen die Stadt gerichteten Kasernen besetzt, an den Kreuzungen der wenigen Radialen sollten Wachhäuser angelegt werden. Der Burgbereich wurde mit einem hohen Zaun umgeben, die Mariahilfer Straße, die direkt vom Westbahnhof zur Burg führte, lief sich an diesem Zaun hier tot. Beiderseits der Ringstraßenfahrbahn wurden Reitalleen zum raschen Einsatz der Kavallerie vorgesehen. Das alles, um »den Boulevard zu beherrschen« und das Eindringen »aufrührerischer Volksmassen« aus den Vorstädten ins Zentrum zu verhindern.

Die Ringstraße ist eine äußerst ambivalente Angelegenheit. Sie bedeutet eine Ausdehnung der Oberschicht aus der Altstadt auf das Glacis. Sie bedeutet wohl auch eine Aufwertung der Vorstädte: der Mittelstand nimmt hier zu. Dennoch ist die soziale Grenze zwischen Altstadt plus Ringzone und den Vorstädten viel schärfer als jene zwischen den Vorstädten und den Vororten. Ein Drittel der Berufstätigen der Innenstadt waren Hauspersonal und Dienstboten!

Der Ring ist nicht mehr die feudale axiale Inszenierung von Bau und Umraum, sondern er ist die auf sich selbst zentrierte Panoramastraße des neuen großbürgerlichen Finanz- und Wirtschaftsadels. Der Ring ist ein Parcours der ästhetisch-geschichtlichen Legitimation einer aufsteigenden Bourgeoisie: Er zeigt nicht mehr das alte formal gebundene System, sondern die ökonomisch portionierte, blockweise Präsentation des Zugriffs auf Kultur und Geschichte – Historismus. Sowohl von außen als auch von innen zeigt der Ring eher zufällige, überraschende Rückseiten, sein Zentrum ist die Straße selbst, aber eben nicht mehr die Straße als perspektivische Annäherung, sondern als ein Ausrollen des Fluchtpunktes in eine zyklotronische, fluchtpunktlose Bewegung. Die gesellschaftliche Bewegung – der Spazierweg des Ringstraßenkorso – verlief nicht zentrisch (Kärntnerstraße), sondern tangential, von der Opernecke zum Schwarzenbergplatz und zurück.

Das Kaiserforum von Semper und Hasenauer war der letzte Versuch der feudalen Zeit und des Hofes, über diese rationale Panoramastraße noch einmal eine große Bau- und Sehachse hinwegzuschlagen, den Ring zu dominieren. Das blieb Fragment. Das Kaiserforum war aber kein öffentlicher Platz mehr im Sinne des antiken Forums, sondern nur mehr abstrakter Ort kaiserlicher Repräsentanz über Kunst und Kultur. Analog dazu war auch die Ringstraße nicht imstande, Plätze im bürgerlichen Sinne des Marktes zu schaffen. Die Ringzone wurde primär nach dem Rasterschema aufgeschlossen. Das Schachbrett-Gitter widerspiegelte die profitorientierte Ökonomie und die potentielle Gleichrangigkeit aller Punkte der Fläche und des Raumes. Richard Sennett nennt das Gitter die protestantische Sprache des Selbst und des Raumes. Das Gitter organisiert Macht dadurch, dass es einem Ort seinen Charakter raubt, die Topographie neutralisiert.

Camillo Sittes berühmte Kritik richtete sich explizit gegen diese unkünstlerische, kapitalistische Art des Städtebaus, gegen die Negierung des Geländes und der psychologischen Wirkung des gebauten Raumes. Gegen die isolierte Aufreihung von Monumenten. Adolf Loos sollte hier fortsetzen.

Otto Wagner – Unendlichkeit und Tod des Zentrums

Im Gegensatz zu Sitte transponierte Otto Wagner das ökonomische Kalkül des Gitters in die Dimension praktischer Ästhetik: Die Gerade ist praktisch, schnell, modern – und deshalb auch ästhetisch. Wagners Idealvorstellung einer städtebaulichen Planung manifestiert sich 1910/11 in dem Entwurf für die *Unbegrenzte Großstadt*. Wagner extrapoliert die natürliche zentrische Grundstruktur der Stadt zu einer künstlerischen Unendlichkeit des kreisförmig ausstrahlenden Wachstums. Wagner setzt voraus, dass die Großstadtbewohner es vorziehen, »in der Menge als Nummer zu verschwinden«. In der Großstadt leben bedeutet, so frei wie möglich von jeder aufgezwungenen Gemeinschaft zu sein. Wagners Stadt ist homogen. Die City bleibt im Schwerpunkt.

Das System greift unterschiedslos auf die Ebene links der Donau und über die steilen Hügel des Wienerwaldes hinweg. Ring- und Radialstraßen erzeugen Bezirke von 500 bis 1000 Hektar bzw. 100.000 bis 150.000 Einwohnern. Eugen Faßbender hat schon 1893 ein ähnliches System der konzentrischen Ausdehnung vorgeschlagen, allerdings mit einem breiten Grüngürtel, dem sogenannten »Volksring«. 1905 wird dieser Wald- und Wiesengürtel um die Stadt zum Schutz des Wienerwaldes auch vom

Gemeinderat beschlossen. Wagner ist gegen diese Pause im System. Jeder Bezirk soll dafür sein eigenes Luftzentrum, einen zentralen Park erhalten. Wagners Großstadt ist zugleich ihre eigene Umgebung. Sie ist eine neue Landschaft, eine neue Natur über dem vorher offenen Land. Die Zentralität und Uniformität des Systems und der Typus der gründerzeitlichen Großstadt werden zur Monumentalität gesteigert. Wie stark müsste dieses Zentrum sein, um diese gewaltige allseitige Explosion zu kontrollieren!

Wagner schlägt als Verkehrssystem längs der Radial- und der Zonenstraßen kreuzungsfreie Schnellbahnen als Tief- und Hochbahnen vor, so dass tatsächlich jeder beliebige Punkt mit einmaligem Umsteigen erreicht werden könnte. Straßenbahnen bilden weitere Verteiler auf der Oberfläche, ansonsten gibt es durchgehend 23 m breite Straßen – die Dimension der Lastenstraße, der heutigen ›2er-Linie‹. Wagners Großstadt ist eine Glorifizierung des »Zwanges der Lebensökonomie«, wie er selbst sagt, rational, pragmatisch, unsentimental, auf des Messers Schneide zwischen Idealismus und Zynismus. In Wagners Stadt gibt es übrigens keine Hinweise auf Industriegebiete.

Davon abgesehen ist Wagner bei der Gestaltung der Stadtbahn mit jener Technologie konfrontiert, welche die Städte des 19. Jahrhunderts tiefgreifend verändert hat. Mit der Eisenbahn dringt in Raum und Zeit der Stadt ein ganz neuer Maßstab ein. Eine neue Geschwindigkeit, neue Radien: eine Nivelette, die sich mit Tunnels und Brücken in der dritten Dimension von der Oberfläche der Stadt, loslöst. Die Eisenbahn steht für die Industrialisierung, für die Öffnung der Horizonte, für Egalisierung und damit auch Demokratisierung. Wagner muss sich hier mit der Kombination von Gebäuden und riesigen Stahlbrücken auseinandersetzen, mit der Organisation von Bauwerken, die ganz verschiedene Geschwindigkeiten, räumliche und zeitliche Ebenen miteinander verknüpfen. Ich meine, ohne die Konfrontation mit dem Eisenbahnbau quer durch die Wiener Stadttopographie, ohne die Konfrontation mit dem ingenieurmäßigen Stahlbau etc. wäre Wagner nur ein etwas modernerer Ringstraßenarchitekt geblieben und eben nicht ein Wegbereiter zur Neuen Architektur geworden. Wagners Stadtbahn verdankt Wien einige der wenigen Orte mit metropolitanischem Baucharakter und einer sozusagen utopischen Dimension, z. B. jene Stelle der Gürteltrasse, wo die Stahlträger der Brücke im dritten Stock ganz knapp am Baublock vorbeischneiden; ein anderer Punkt ist die Kreuzung von Wienfluss, Stadtbahn und Zollamtssteg (von Hackhofer / Ohmann), die imposanteste Stelle ist sicher die Wienflussquerung, wo Stromregulierung, Straßentrasse und Bahnbrücke zu einer Einheit verklammert sind und ein technisch ästhetisches Stadttor bilden. Der Ausbau des Gürtels begann 1894 nach der Demolierung der Linienwälle. Das Stadtbahnbauwerk als technisch repetitive Struktur hat diese dritte große Ringlinie um die Stadt hervorragend geprägt. Einen vierten, erst kürzlich wieder aktivierten Ring bildete die gleichzeitig mit der Stadtbahn angelegte Vorortelinie.

Adolf Loos – Eine retrospektive Utopie

Zwei Jahre nach Wagners *Unbegrenzter Großstadt*, 1912/13, legt Adolf Loos seinen Plan von Wien vor. Es ist eine retrospektive Utopie. Loos legt die Ringstraße viel weiter nach außen, an den inneren Rand der Vorstädte. Hier entlang wären sämtliche kommunale Verwaltungsgebäude, kulturelle und sportliche Zentren, Vergnügungsstätten, Fernverkehrs- und Finanzzentren gelegen. Sein zweites Prinzip ist die Verlängerung der wichtigsten Radialstraßen bis zum Zentrum und die präzise Anknüpfung an vorhandene topographische und urbanistische Achsen. So z.B. die im Barock schon vorhandene Idee der Sichtachse von der Praterstraße bis zum Stephansplatz; die Mariahilfer Straße führt er tangential am Zentrum vorbei, sie überquert den neuen Kärntnertor-Platz anstelle der Oper und läuft von dort bis zum neuen Hauptbahnhof auf dem Weißgerbergrund (früher das Hafenbecken, heute Bahnhof Wien Mitte). Den Stadtpark säumen Hotels.

Der Kärntnertor-Platz aktiviert die alte Achse Herrengasse–Burg–Karlskirche. Oper und Burgtheater sind neu situiert und gegenübergestellt, ebenso Technische Universität und Akademie, zusätzlich zwei kleine Künstlerhäuser (die Secession verschwindet). Das Kaiserforum bleibt, aber verändert – d.h. die Semper'sche Querachse wird geschwächt und die radiale Achse noch stärker betont (Vorbauten vor Fischers Stallungen zur Winkelkorrektur!).

Eine dritte Achsenrichtung tangential zum Stadtkern bildet die neue Verbindung Alserstraße–Salzgries. Beachtlich auch die starke Artikulierung des Stock-im-Eisen-Platzes.

Welche Wirkung auf die Identität einer Stadt vergleichsweise minimale ›Eingriffe‹ haben könnten, zeigt hier am deutlichsten Loos' Vorschlag, Parlament und Rathaus um 180 Grad zu drehen, so dass sie nicht mehr wie bisher dem Zentrum vis-à-vis stünden, sondern ihre Hauptfront nach außen – den Vorstädten und Vororten zuwendeten!

Loos' Devise ist das Zusammenwachsen von Vorstadt und Altstadt, ein neues Vernetzen – räumlich, gesellschaftlich, politisch. Um die

Ringstraße nicht ähnlich einschneidend um die Altstadt zu legen – der Ring als ein dekoratives Kollier der neureichen Parvenues um die Perle des aristokratischen Kerns –, lässt Loos sie an mehreren Stellen von großen Platzanlagen übergreifen, die in ihrer Hauptachse Gebäude innerhalb und außerhalb der Ringstraße vereinigen. Loos' Ringstraße ist also mehr eine Verbindung der die Altstadt umgebenden Plätze und weniger eine ums Zentrum herumführende Verkehrsachse. Auch den römischen Kern hat er an einigen Punkten wieder deutlicher herausgeschält.

Loos' Vorstellung einer modernen Urbs und ihrer Civitas ist eben eine grundsätzlich andere als jene der Ringstraßengesellschaft der Makart-Zeit. Davon spricht nicht zuletzt der Ausdruck dieses fiktiven Stadtkörpers, der eben kein Panoramakarussell um ein nach wie vor hermetisches Zentrum ist, sondern von außen und innen das Zentrum mit neuen Zentren und Kraftfeldern umgibt, aktiviert.

Donauregulierung – Natur im Korsett

Die Regulierung der Donau geschah parallel mit dem Aufbau der Wiener Weltausstellung 1868–73. Sie war gleichzeitig auch ein wichtiges Exponat der Weltausstellung. Zwei Varianten standen zur Wahl. Die eine sollte den Hauptstrom über die Alte Donau ableiten, das Kaiserwasser wäre zum Hafen umgebaut worden. Die andere plante den in einer langen Kurve angelegten Durchstich in ein neues Bett, parallel dazu das Überschwemmungsgebiet. Die Donau rückte bei der zweiten Variante zwar etwas näher an die Stadt. Das Augebiet, bei den Wienern sehr beliebt, ging jedoch verloren. Die Begradigung des Flussbettes erhöhte die Fließgeschwindigkeit, beschleunigte die Erosion des Flussbettes und damit das Absinken des Grundwasserspiegels in den Donauauen und im Marchfeld – Probleme, die schon damals erkannt und kritisiert wurden und heute aktueller sind denn je.

Die Entscheidung für den Durchstich ermöglichte vor allem das Zuschütten des Kaiserwassers und damit auch den Ausbau des Nordbahnhofes als Hauptstelle für die Kohleversorgung von Wien. Auch für die Anlieferung zur Weltausstellung hatte der Nordbahnhof große Bedeutung. Das Plateau der großen Gleisharfe wurde mit 1,5 Millionen Kubikmeter Schotter aus dem Donaudurchstich aufgeschüttet. Auf der gewonnenen Fläche wurden 66 km Gleise verlegt.

Die Nordbahn ist wie gesagt die älteste Eisenbahn in Österreich; sie führte von Wien bis Krakau, mit Abzweigungen nach Brünn, Olmütz, Troppau und an die preußisch-russische Grenze. Auf dieser Strecke kam der Hauptstrom der Zuwanderer in der Gründerzeit von Böhmen, Mähren und Schlesien. Nach dem Ersten Weltkrieg kamen hier vor allem die Ostjuden nach Wien, in die Leopoldstadt. In der Halle des Nordbahnhofs (im maurisch-romanischen Stil) empfing sie unter anderem die Statue des Freiherrn v. Rothschild, des ersten Eigentümers der Nordbahngesellschaft.

Mit Rücksicht auf die früheren Hochwasserverhältnisse wurde der Bahnhof 4,5 m über dem Straßenniveau errichtet. Er hat insgesamt 80 Hektar Fläche. An Wintertagen wurden hier bis zu 8000 Tonnen Steinkohle abgeladen und mit 2.500 Wagen in die Stadt verteilt. Das Relief von Dämmen und tiefergelegenen Zufahrtsstraßen ist einer Waschrumpel vergleichbar, heute in weiten Teilen bereits von beachtlicher Vegetation überwuchert. Die hinter dem Donaudamm nun gewonnenen Flächen wurden rasterförmig parzelliert und der Handelskai vor allem als Industriegelände gewidmet und auch ausgebaut. Statt die Gelegenheit zu benützen, die Stadt an den Strom heranzubringen und seine Ufer landschaftlich und zugleich großstädtisch in die Stadtentwicklung einzubeziehen, wurden bei der Donauregulierung nur wirtschaftliche Gesichtspunkte berücksichtigt. Durch die Front der Industrie- und Handelsanlagen am Ufer und die vergrößerten Barrieren der Bahnhöfe wurde die Stadt weitgehend gegen den Strom abgeriegelt. Es hat dies auch damit zu tun, dass das Augebiet immer unsicheres Land, bedrohliche Natur war und sich das im Unterbewusstsein der Stadt wohl festgeschrieben hat. Auch nach der Regulierung konnte das Gebiet das Image eines deklassierten Stadtteils nicht überwinden. Noch dazu wurde die Leopoldstadt im späten 19. Jahrhundert und im ersten Viertel des 20. Jahrhunderts zum überwiegend jüdischen Stadtteil. Die besondere Charakteristik dieser ehemaligen Insellandschaft sind auch heute noch ihr Durchgangsimage und die in keinem anderen Stadtteil Wiens gegebene Spannweite von Nutzung und räumlich-landschaftlichen Typologien: vom ganz dichten Stadtgebiet direkt am Zentrum und am urbanen Ufer des Donaukanals zur Weite und Romantik des Pratergebiets bis zur riesigen Industriezone und dem völlig anderen Maßstab des Donaustroms selbst.

Der Wiener Donauraum wurde entgegen den Vorstellungen der Hochgründerzeit aber weder zum europäischen Hafen- und Industrieort noch zur städtischen Landschaft. Die Industrie konzentrierte sich im 19. Jahrhundert im Wiener Becken, im Süden; und die Gemeinden jenseits der Donau wurden erst 1905 in die Stadt integriert, als die wirtschaftliche Kraft der Gründerzeit schon wieder im Sinken begriffen war.

Nordbahnhof I

Das Nordbahnhofgelände ist also von drei Hauptrichtungen begrenzt, von der Richtung des alten Donauübergangs am Tabor, von der Achse der feudalen, ästhetischen Herrschaft über die Donauauen, und von der Achse der technisch-ökonomischen Herrschaft über die Donau, von der Richtung der Donauregulierung. Es ist eine künstliche Insel im Bereich ehemals natürlicher Inseln, eine technische lineare Struktur, geformt aus dem Material des Flussbettes. Die alte Blickachse hat sich mit dem Bau der großen Donaubrücke bei der Regulierung durch das Anwachsen der Motorisierung zur Hauptverkehrsachse über die Donau entwickelt. Für eine konkrete bauliche Substanz dieser Achse über die Donau hinweg hatte die Stadt nicht die Kraft. Visionen unter dem Slogan »Wien an die Donau« wurden erst wieder nach der Einverleibung Österreichs in Hitlers Nazi-Deutschland aktuell. Man träumte 1938/39 davon, dass Wien zur zweiten Führerstadt ausgebaut werde. Die entsprechenden städtebaulichen Pläne beschworen das gigantische Hinausgreifen des Zentrums über die Donau zum linken Ufer vorwiegend mit Partei- und Repräsentationsgebäuden, aber auch Messe- und Ausstellungsbauten. Der jüdische Bezirk der Leopoldstadt, schon immer vielen ein Dorn im Auge, übervölkert, ungesund, chaotisch etc., wäre dabei vollkommen ausradiert worden, ebenso der Nordbahnhof. In anderen Plänen wollte man den Nordbahnhof zum neuen Zentralbahnhof der Stadt umbauen.

Sofort nach 1945 war das Thema im Rahmen der Überlegungen zum Wiederaufbau der Stadt neuerlich am Tisch. Der Plan von Josef Strzygowski von 1947 unterscheidet sich von denen von 1938 kaum, nur die Funktionen sind ausgetauscht und nun vorwiegend als Messegelände und Hafen gedacht. Auch das blieb Vision. Als Le Corbusier 1948 anlässlich einer Ausstellung über französische Architektur in Wien war und nach seiner Meinung über die künftige Stadtentwicklung gefragt wurde, wies er mit einer weitausholenden Geste nicht aufs linke Donauufer, sondern weit über die Donau in Richtung Marchfeld …

Roland Rainer – Bandstadt versus Zentralität I

Das Bild der konzentrischen, gleichmäßigen Stadtentwicklung hat als erster Roland Rainer in den späten 50er Jahren aufgegeben. Von der Nutzungsintensität und dem Verkehrsaufkommen und allen anderen Parametern war die pyramidenförmige Figur der Stadt, diese extreme Zentralität asymmetrisch neben der Donau nach wie vor gegeben, funktionell stieß sie jedoch nun an quantitative Grenzen. Rainer sah die natürliche Weiterentwicklung der Stadt in einer Überlagerung des alten Organismus mit jener linearen Stadt-Bandstruktur, die sich am Abhang der Thermenlinie südlich ins Wiener Becken bereits entfaltet hatte und in den nordöstlichen Entwicklungsraum von Wien jenseits der Donau fortgesetzt werden sollte. Rainer propagierte um 1960 eine gegliederte, aufgelockerte Stadt, ein Aufbrechen des alten Raster-Straßen-Baublock-Systems, eine Stärkung der Nebenzentren und die Schaffung neuer äußerer Zentren, besonders jenseits der Donau. Von einem am Siedlungsbau der Moderne geprägten Leitbild ausgehend, plante er die kleinräumige Entmischung und die tendenzielle Dezentralisierung des Stadtkörpers. Rainer hat speziell auf die Problematik der Bahnhofsareale als Barrieren hingewiesen. Er hat neuerlich die Absiedelung des Nordbahnhofs gefordert und dieses Areal als Geschäftszentrum vorgeschlagen, als wichtiges City-Erweiterungsgebiet. In Rainers Plan ist außerdem schon die Idee der Donauinsel zur Verbesserung des Hochwasserschutzes einkalkuliert. Das damit gewonnene Land und der Bereich am linken Brückenkopf der Reichsbrücke sind jedoch als Grünraum vorgesehen.

arbeitsgruppe 4 – Vision der Doppelstadt

Eine zu Rainer konträre Position vertrat Anfang der 60er Jahre die arbeitsgruppe 4 (Holzbauer / Kurrent / Spalt). Ihrer Ansicht nach wäre es verfehlt, die natürliche und historische ringförmige Struktur von Wien zu negieren. Auch habe die Stadt nicht die Potenz, nach zwei Richtungen gleichzeitig (Süden und Nordosten) auszustrahlen, außerdem könnten sich jenseits der Donau niemals, wie Rainer dachte, drei mittlere Zentren wirklich entwickeln, sondern man sollte das Potential auf ein Zentrum jenseits der Donau – und zwar am äußeren Rand der Alten Donau – konzentrieren und so zu einem Modell der ›Doppelstadt‹ kommen. Nur die Bündelung von neuer Urbanität in einem zweiten Schwerpunkt mit genügendem Abstand vom alten Kern, aber doch noch im Spannungsfeld mit ihm, könnte die Ausdehnung in die Terra incognita jenseits der Donau sinnvoll initiieren und tragen. Das Äquivalent zum Gürtel wäre dann der Uferboulevard an der Alten Donau, das neue Zentrum sollte speziell auch eine Hochschulstadt enthalten. Der Donauraum wäre als grüne Mitte freizuhalten, auch als Gelände für große temporäre Ereignisse wie Olympische Spiele, Großausstellungen etc.

Die arbeitsgruppe 4 regte aber auch eine Verdichtung und gezielte Erweiterung der Kernstadt an und zwar in der Vertikalen. Entgegen den damaligen Projekten, direkt im Ringstraßenbereich neue, große

Bauvolumen einzuführen (Intercont, Ringturm, Versicherungen, Gartenbau etc. bis Hilton), die das historische Stadtgefüge unqualifiziert überformten, schlugen sie vor, die funktionslos gewordenen Flaktürme aus dem Zweiten Weltkrieg als Podest für richtige Hochhäuser zu nutzen. Friedrich Tamms hatte die Flaktürme ganz präzise in einem trigonometrischen Dreieck um das Zentrum platziert und dabei auch historische Achsen beachtet. Der Turm in der Stiftskaserne, der stadtnächste, sitzt genau auf der Hofburgachse, an dem Platz, an dem Fischer von Erlach einst eine Kuppelkirche als Blickpunkt gedacht hatte. Auch die Türme im Augarten nehmen die Parkachse auf. Hat die Kernstadt etwa einen Radius von einem Kilometer, so hat der das Flakturmdreieck umschreibende Kreis fast genau den doppelten Radius, der Stephansturm liegt exakt im Schwerpunkt dieses Dreiecks. Als Nutzung der typologisch prägnant unterschiedenen Hochhäuseraufbauten waren UNO-Organisationen, Konzernbüros, Hotels, Behörden des Staates und z. T. auch Wohnungen gedacht. So wären signifikante Zeichen unserer Zeit im Stadtkörper entstanden und die konservierte Silhouette der Altstadt hätte eine ganz neue, die alte Zentralität betonende, sie aber in eine neue Dimension transformierende Akzentuierung und Rahmung erhalten. Ein Projekt, Lissitzkys und Mart Stams Wolkenbügel für Moskau durchaus ebenbürtig.

Die Wiener Stadterweiterung in den 60er Jahren hat weder Rainers Ideen und schon gar nicht die von der arbeitsgruppe 4 gewiesenen Wege verfolgt. Die Stadt hat sich gestaltlos nach Nordosten ausgedehnt, mit einigen Großsiedlungen; die UNO hat räumlich und architektonisch zweitklassig den Raum des linken Brückenkopfes der Reichsbrücke besetzt. 1968 wurde die Durchführung des Baus der Neuen Donau und der Donauinsel beschlossen und damit die Terra incognita des Wiener proletarischen Strandlebens der Zwischenkriegszeit und der 50er Jahre in die manikürte, wohlgeordnete Freizeitlandschaft der Gegenwart verwandelt.

Wilhelm Kainrath – Bandstadt versus Zentralität II

In den 70er Jahren, nach Ölschock und Energiekrise, begann in Wien die Arbeit an einem neuen Stadtentwicklungsplan. Einer der wichtigsten Theoretiker in dem 1985 mit Gemeinderatsbeschluss vorerst abgeschlossenen Verfahren war Wilhelm Kainrath. Er knüpfte wieder bei einigen Grundgedanken von Rainer an, verlieh seinem Konzept aber wesentlich schärfere analytische, gesellschafts- und wirtschaftspolitische Konturen. Er war sich darüber im Klaren, dass die Städte trotz aller Trendumkehr weiter wachsen werden, allein durch das qualitative Wachstum des Wohnflächenbedarfs. Für dieses Wachstum und die damit mögliche künftige Neuorganisation der Städte brachte auch Kainrath eine Alternative zur zentrischen Struktur und zur pyramidenförmig ansteigenden Nutzungsintensität eines einzigen Zentrums. Das Modell basierte auf drei Hauptfaktoren der planerischen Steuerung:

Die Siedlungsentwicklung sollte sich hauptsächlich entlang von leistungsfähigen öffentlichen Verkehrsmitteln ausbreiten.

Naturräumliche Qualitäten sollten (im Gegensatz zur Rasterstadt) präzise aufgenommen werden, um Freiräume tief ins Herz der heutigen Stadt vordringen zu lassen und dort die Lebensqualität zu verbessern.

Eine engere Verflechtung sollte zwischen jenen Arbeitsbereichen entstehen, die heute wegen der Profitlogik bei der Standortverteilung immer weiter auseinanderrücken. Insbesondere die Landwirtschaft sollte räumlich enger mit den anderen Wirtschaftsbereichen verflochten sein.

Kainrath griff hier natürlich auf das Bandstadtmodell von Soria y Mata zurück, auch auf den daraus entwickelten demokratischen Ansatz der Bandstadtmodelle der 20er Jahre in der Sowjetunion und das damit verbundene Ziel der Auflösung des alten Gegensatzes und Ungleichgewichtes Stadt-Land.

Er meinte, mittel- und langfristig würden die Städte in Europa untereinander zusammenwachsen und sich dabei nach diesem Modell gleichzeitig auflösen. Eine Durchdringung von heute ländlichen mit heute städtischen Elementen vollziehe sich. Die Freiräume würden in die Stadt fließen, und die Stadt würde auf das Land ziehen. Ein Haupthindernis dafür – beginnend schon bei der Planung – sind freilich die politischen Grenzen und die Frage, wie die Bündelung der Infrastruktur durchgesetzt werden kann und ob es möglich ist, das kurzsichtige ökonomische Kalkül der Städtebaurealität durch gesamtgesellschaftlich argumentierte Übereinkommen zu ersetzen.

Kainrath dachte beispielsweise daran, die Eisenbahnareale im Wiener Stadtgebiet in Grünflächen umzuwandeln, ebenso sollte die Donau-Praterlandschaft wieder stärker ins Zentrum fließen, die landwirtschaftlichen Böden vor allem im Südwesten und Nordosten sollten nicht weiter zugebaut werden.

Wie Wagners Großstadt ist auch diese Vision eine ›Unbegrenzte Stadt‹, aber eben eine ganz andere – Homogenität und Monozentrismus sind ersetzt durch rasche streifenartige Identitätswechsel und linearen Polyzentrismus.

Kainrath sah die Form der heute konzentrisch ausgebreiteten Peripherie als eine Folge der rein autogerechten Planung. Außerdem sei gerade beim U-Bahnbau der Fehler gemacht worden, die Zentralität der Stadt weiter zu forcieren – die City wurde sozusagen überbedient und als Standort und Imageträger noch mehr aufgewertet. Es sei versäumt worden, rechtzeitig starke Nebenzentren aufzubauen. So bleibt die Altstadt das dominierende kulturelle und bürokratische Zentrum, das durch die neue Infrastruktur nur etwas schneller mit den peripheren, entmischten und provinziellen Schlafstädten oder Arbeitsstätten verbunden ist. Dies führt gegenwärtig genau dazu, dass in einer Neo-Gründerzeit der Bebauungsdruck imagebewusster Investoren erneut auf das Zentrum wirkt und in der Folge auch genau jene Freiräume bedroht, die in Kainraths Modell als ›Land‹ offen gelassen werden sollten (Bahnhofsgelände, Donauraum, Donauufer etc.).

Nordbahnhof II

Wir sehen am Ende der 80er Jahre im Zeichen der ›Städtekonkurrenz‹ und der Neo-Gründerzeit also ein Comeback der Zentralität, zumindest solche Symptome, die die Vorstellung von der Stadt als ganze betreffen. Dem steht kurioserweise gegenüber, dass sich aktuelle Architekturkonzepte besonders von der Ästhetik der Peripherie anregen lassen. Man hat aber gesehen, wie schnell auch hier ein Umschwenken auf neue ›starke Zeichen‹ – siehe die plötzliche Hochhausdiskussion, nicht nur in Wien – stattfinden kann. Die Frage für das Nordbahngelände ist nun konkret: Von welchem Grundkonzept geht man aus? Soll hier eine ›Stadt der Zukunft‹, besser ›Stadt der Gegenwart‹ entstehen? Ich habe versucht, die für diese Frage in Wien historisch entwickelten und im Stadtkörper mehr oder weniger intensiv gegenwärtigen Leitbilder als Rahmen zu erläutern. Wird der Nordbahnhof künftig eher eine Landschaft? Kann man das gerippte Inselplateau der Gleise auslöschen und hier wieder ›Donauau‹ inszenieren? Oder wird hier die neue zweite City entstehen, hochurban – nachdem die richtige zweite City jenseits der Donau in den 60er Jahren eben nicht gebaut wurde? Wird es ein Gemisch von beidem?

Ich kann mir Wasserflächen und / oder parkartige Natur hier segmenthaft durchaus vorstellen, doch bestimmt nicht in der romantischen Art der ›Als-ob-Donauau‹, wie es in etlichen Projekten der kurz zurückliegenden Wettbewerbe vorgeschlagen wurde. Ich kann mir auch nicht vorstellen, dieses Areal im Sinn einer Peripherie collageartig zu behandeln, auch das wäre vordergründige Romantik. Von ihren

Randbedingungen ist diese Terra incognita nicht irgendein Hinterhof, sondern das höchstrangige innerstädtische Erweiterungsgebiet der Stadt. Das Relief dieses Plateaus ist strukturell geprägt von jenen großräumigen ingenieurmäßigen Eingriffen in die Stadttopographie, die heute bereits mit zur Geschichte und zur Identität der Stadt gehören.

Zentralität II

Wir haben gesehen, wie sich die spezielle Wiener Zentralität auf dem Topos entwickelt hat, welches Beharrungsvermögen diese Qualität hier hat, wie sehr sie zentrifugale Ansätze (Ringstraße) umgebogen und zur Statik umgeformt hat oder wie sie keine wirklich ernst gemeinten Investitionen ihrer Vitalität an die Ränder, jenseits der Donau, an die Donau selbst hinausgelassen hat. Die Zentralität ist auch im kleineren Maßstab ein lokales Phänomen. Friedrich Achleitner hat in den späten 60er Jahren ein Panorama der Grundrisse der besten Bauten der Wiener Architektur nach dem Krieg zusammengestellt und auf das unübersehbare Paradox verwiesen, dass die Moderne sich hier des zentralen, tendenziell geschlossenen Typus bedient. Schon Wagner war ein Architekt des Zentralismus und der Zentralität par excellence. Manfredo Tafuri hat die Kirche am Steinhof ein Monument der Darstellung von Zentralität genannt, einer ›Darstellung‹ freilich, die sich auf kein reales Zentrum mehr beziehen kann. Auch Steinhof sei in diesem Sinn wie ein Ausrufungszeichen über der Stadt – aber ohne einen Satz davor.

Wien war eine Stadt des Hofes. Die Wiener Gesellschaft war immer eine höfisch zentrierte. Das Zentrum heute bildet eben die Bürokratie. Die Dominanz der höfisch-aristokratischen Gesellschaft, die Dominanz des Luxusgewerbes, von Textil- und Kunsthandwerk und der Mangel an erfolgreichen industriellen und bürgerlichen Unternehmerschichten führten zu einem spezifischen Wiener Kulturbewusstsein: der Priorität des Ausdrucks, des Stils gegenüber dem Inhalt, der Leistung. Wir haben deshalb hier auch heute noch eine hochentwickelte dekorative und formale Fähigkeit – nicht nur in der Architektur – und wenig strukturelles, inhaltlich argumentatives Denken.

Wir verkleiden beispielsweise ein riesiges Heizwerk mit der sündteuren Maskerade eines zwar weltbekannten, aber dennoch drittklassigen Malers. Wir haben im Zentrum der Stadt einen zeitgenössischen Neubau mit einer höchstwertigen Karosserie und gleichzeitig die Debatte, ein Jahr nach Fertigstellung, wie es mit dem Inhalt dieses Hauses überhaupt weitergehen wird.

Der andere Maßstab

Das künftige Schicksal des Nordbahnhofareals wird nicht in Wien allein entschieden werden, obwohl die Stadt hier als interessiertester und potentester Grundkäufer auftritt. Mit der heute gegebenen internationalen Kapitalbewegung und -verflechtung wird das Aussehen dieses City-Erweiterungsgebiets auch von internationalen Kräften mitbestimmt werden. Dass die Stadt Wien sich dessen bewusst ist und die Stadtplanung zu diesem Thema nun bereits das zweite internationale Entwurfsseminar sicherlich spielerisch veranstaltet, zeigt, dass man sich dieser Zusammenhänge und dieser Chance bewusst ist – und das berechtigt zum Optimismus. Das setzt aber auch voraus, dass mögliche Entwicklungen hier nicht von vornherein durch kleinmütige Vorgaben am falschen Platz ihrer Stoßkraft beraubt werden.

Das Spezifische und Fundamentale dieses Geländes ist eben der Identitäts- und Maßstabssprung im Topos, wie er exakt am Praterstern manifest wird. Praterstern und Mexikoplatz zählen übrigens zu den wenigen urbanen und vitalen Orten der ›Weltstadt‹ Wien, in all ihrer Hässlichkeit, ihrer sozialen, kulturellen Heterogenität und Dichte, in ihrem primär transitorischen Charakter – da Verkehrsknoten, dort Warenumschlagplatz. Diese für die Sicht des Nordbahnhofgeländes (und für alle Planungen ›jenseits‹ des Pratersterns!) entscheidenden Dimensionswechsel hat bisher ein Dichter am klarsten gesehen: Heimito von Doderer. Nicht in der *Strudelhofstiege*, sondern in den *Dämonen*: »Der Wienerwald ist eine nicht unbedenkliche Landschaft. Alles leichtgeschwungen und duftig enteilend. Aber dahinter lauert eine gewisse Schwere, die Schwere der Wehmut, eine Gefahr auch für sehr gesunde Menschen; ja, für die erst recht. Es ist eigentlich schon der Abschied von Berg und Hügel, von villenbesetzten Lehnen, die sich in die Waldtäler schieben; es ist der Abschied von all' dieser freundlich anheimelnden westlichen Detailliertheit und den kleinen Landmaßen; ja, es ist wie der Abschied von der Kleinheit Griechenlands, hart vor dem Eintritt in den Osten, den unmäßig hingedehnten: nicht weit von hier beginnt die Tiefebene und flieht dahin und enteilt; gegen Ungarn zu. Alles wird größer und weniger in's einzelne gehend; und mit dem wachsenden Landmaße wächst auch das Zeitmaß.«

Am Zweiten Wiener Architekturseminar arbeiteten zum Thema Nordbahnhof internationale Studiengruppen unter der Leitung von Boris Podrecca, Jaume Bach & Gabriel Mora, David Chipperfield, Rodolfo Machado & Jorge Silvetti, Juan Navarro Baldeweg, Gigetta Semerani Tamaro.

Die Stadt Wien lud dann 1991/92 sieben nationale und internationale Teams zu einem konkreten Workshop. Daraus wurden die Ansätze von Podrecca und Tesar ausgewählt und in der Folge zu einem gemeinsamen städtebaulichen Leitbild kombiniert. Es bildet den Rahmen der seit einigen Jahren dort laufenden Bauvorhaben, wobei die einzelnen Abschnitte mit neuerlichen Planungsverfahren weiterentwickelt und teilweise neu definiert wurden.

Landeplatz fürs Christkindl

Hans Holleins Haus am Wiener Stephansplatz

Erschienen in *Die Presse / Spectrum*, 15./16. September 1990

Wie kaum ein anderer Bau wurde das ›Eckhaus der Nation‹ in der Wiener Öffentlichkeit während der Planungs- und Bauzeit diskutiert, verdammt und bejubelt. Die einen beschworen den Untergang des Abendlandes, die anderen feierten den späten Einzug des 20. Jahrhunderts in die verstaubte Donaumetropole.

Jetzt ist das Haus fertig, und das Ergebnis lässt sich zunächst in fünf Sätzen umreißen. Das Haas-Haus neu zu bauen war notwendig, unbedingt, doch seine Bedeutung wird, trotz aller zivilen Aufregung und medialen Ausschlachtung, überschätzt. Die an den Neubau geknüpften städtebaulichen Hoffnungen haben sich nicht erfüllt – diese Chance wurde vergeben. Touristisch und wirtschaftlich gesehen hat die City unbestreitbar ein maßgeschneidertes Highlight gewonnen. Architektonisch bietet dieses glitzernde, den begehrlichen Blicken auf das Panorama der Stadt und der Waren gewidmete Okular eine opulent verpackte Enttäuschung. In ihrer Essenz, der Darbietung einer zeitgemäßen Phantasmagorie – hier von ›Lebenskultur‹, dort von ›Baukunst‹ –, sind Inhalt und Form, Warenhaus und Hülle nahtlos zur Deckung gebracht.

Im Verlauf der Polemik rund um dieses Projekt standen immer wieder ›kulturelle‹ Einwände im Vordergrund: Es sei ein profaner ›Konsumtempel‹, eine ›Luxusboutique‹, die da dem Stephansdom schamlos an den Leib rücke – eine eher lächerliche, bigotte Entrüstung. Als Wien noch Großstadt war und der Dom für die katholische Monarchie und Dynastie ungleich mehr Symbolkraft hatte, prangten direkt vor dem Riesentor drei Stockwerke hoch die Schaufensterfronten der Rothbergerschen Warenhäuser. Das ökonomische Kalkül war damals kein anderes als heute. Wo sonst sollten die exklusiven Modeläden zu finden sein als an den teuersten, prominentesten Plätzen im Zentrum? Grundstückspreis und Rendite sind bekanntlich zwei Seiten derselben Münze. Im Unterschied zur Gründerzeit ist heute der Stephansplatz überdies neben dem Karlsplatz der wichtigste U-Bahn-Knoten der Stadt – und funktioniert die zur Fußgängerzone aufgerüstete Kärntner Straße mehr denn je als Aufmarschschneise für schau- und kauflustiges Volk.

Die Verkehrsfreimachung, die Dekorierung der Kärntner Straße sowie die Anlage der U-Bahn-Stationen unter dem Stephansplatz waren urbanistische Fehlentscheidungen, die heute aber niemand mehr missen will. In den Szenarien dieser beiden Fakten setzt das neue Haas-Haus einerseits den logischen Schlussstein und schuldet ihnen eben andererseits das Kompromisshafte des Ganzen, die Tragik eines Baukörpers, der vergeblich versucht, in einen optisch sakrosankten, auch technisch offenbar nicht mehr bebaubaren Stadtraum einzugreifen.

Jacob Rothbergers Kaufhäuser (Architekten: Fellner & Helmer) geben auch dem zweiten populistischen Hauptvorwurf: »Glasmonster im Altbauensemble« eine delikate, weil historische Antwort: Seine 13 Meter hohen, insgesamt über 40 Meter langen Portale bestanden aus durchgehenden, proto-modernen Glastafelrastern, die in der Art der späteren ›curtain-walls‹ den Stockwerken vorgehängt waren. Hätten diese beachtlichen Glasfronten (in den oberen Geschossen von Neorenaissance-Formen kontrastiert) den Krieg überlebt, stünden sie heute garantiert unter Denkmalschutz.

Ist das Programm des Hauses also der Kommerzialisierung und Touristifizierung des Zentrums bruchlos eingefügt, so sind die städtebaulichen Argumente des Architekten leere Versprechungen geblieben. Schon im Projektstadium war absehbar, dass mit einem gegenüber dem alten Haas-Haus marginal größeren Volumen keine überzeugende räumliche Fassung des Stock-im-Eisen-Platzes gelingen kann. Noch dazu wirken die optischen Effekte der vom Ende der Kärntner Straße aus wirksamen Hauptansicht durch die formale Heterogenität und die abrupten Maßstabswechsel nicht raum*bildend*, sondern regelrecht raum*sprengend*.

Es beginnt bei der zu stark forcierten Rundung zum Graben hin, wodurch die ominöse Ecke nicht räumlich gerichtet, sondern richtig ›schnell‹ gemacht ist, setzt sich fort in den Widersprüchen zwischen der grob proportionierten, abgetreppten Lochblende, dem kleingliedrigen, kraftlosen Gebäudesockel darunter und den an sich perfekten, zu den anderen Fassadenteilen aber hermetisch abgesetzten Spiegelglasflächen – und mündet in die asymmetrische Wirkung des Erkers, der den Platzhorizont mit dem verglasten Oberteil plötzlich in die Höhe reißt, während der untere Teil den heiklen, bodennahen Bereich der Auskragung mit allerlei Schrägen und Kanten traktiert.

Gerade diese Ansicht, die wichtigste, ist sowohl für sich als auch im Verhältnis zum Stadtraum die schwächste. Der Bau wirkt da wie eine

Die Presse
Unabhängige Tageszeitung für Österreich
Samstag/Sonntag, 15./16. September 1990
SPECTRUM

Landeplatz fürs Christkindl

Hans Holleins Haus am Wiener Stephansplatz

Von Otto Kapfinger

Wie kaum ein anderer Bau wurde das „Eckhaus der Nation" in der Wiener Öffentlichkeit während der Planungs- und Bauzeit diskutiert, verdammt und bejubelt. Die einen beschworen den Untergang des Abendlandes, die anderen feierten den späten Einzug des 20. Jahrhunderts in die verstaubte Donaumetropole.

Jetzt ist das Haus fertig, und das Ergebnis läßt sich zunächst in fünf Sätzen umreißen. Das Haas-Haus neu zu bauen war notwendig, unbedingt, doch seine Bedeutung wird, trotz aller zivilen Aufregung und medialen Ausschlachtung, überschätzt. Die an den Neubau geknüpften städtebaulichen Hoffnungen haben sich nicht erfüllt – diese Chance wurde vergeben. Touristisch und wirtschaftlich gesehen hat die City unbestreitbar ein maßgeschneidertes Highlight gewonnen. Architektonisch bietet dieses glitzernde, den begehrlichen Blicken auf das Panorama der Stadt und der Waren gewidmete Okular eine opulent verpackte Enttäuschung. In ihrer Essenz, der Darbietung einer zeitgemäßen Phantasmagorie – hier von „Lebenskultur", dort von „Baukunst" –, sind Inhalt und Form, Warenhaus und Hülle nahtlos zur Deckung gebracht.

Im Verlauf der Polemik rund um dieses Projekt standen immer wieder „kulturelle" Einwände im Vordergrund: Es sei ein profaner „Konsumtempel", eine „Luxusboutique", die da dem Stephansdom schamlos an den Leib rücke – eine eher lächerliche, bigotte Entrüstung. Als Wien noch Großstadt war und der Dom für die katholische Monarchie und Dynastie ungleich mehr Symbolkraft hatte, prangten direkt vor dem Riesentor drei Stockwerke hoch die Schaufersterfronten der Rothbergerschen Warenhäuser. Das ökonomische Kalkül war damals kein anderes als heute. Wo sonst sollten die exklusiven Modeläden zu finden sein als an den teuersten, prominentesten Plätzen im Zentrum? Grundstückspreis und Rendite sind bekanntlich zwei Seiten derselben Münze. Im Unterschied zur Gründerzeit ist heute der Stephansplatz überdies neben dem Karlsplatz der wichtigste U-Bahn-Knoten der Stadt – und funktioniert die zur Fußgängerzone aufgerüstete Kärntner Straße mehr denn je als Aufmarschschneise für schau- und kauflustiges Volk.

Die Verkehrsfreimachung, die Dekorierung der Kärntner Straße sowie die Anlage der U-Bahn-Stationen unter dem Stephansplatz waren urbanistische Fehlentscheidungen, die heute aber niemand mehr missen will. In den Szenarien dieser beiden Fakten setzt das neue Haas-Haus einerseits den logischen Schlußstein und schuldet ihnen eben andererseits das Kompromißhafte des Ganzen, die Tragik eines Baukörpers, der vergeblich versucht, in einen optisch sakrosankten, auch technisch offenbar nicht mehr bebaubaren Stadtraum einzugreifen.

Jacob Rothbergers Kaufhäuser (Architekten: Fellner & Helmer) geben auch dem zweiten populistischen Hauptvorwurf – „Glasmonster im Altbauensemble" – eine delikate, weil historische Antwort: Seine 13 Meter hohen, insgesamt über 40 Meter langen Portale bestanden aus durchgehenden, proto-modernen Glastafelrastern, die in der Art der späteren „curtain-walls" den Stockwerken vorgehängt waren. Hätten diese beachtliche Glasfronten (in den oberen Geschossen von Neorenaissance-Formen kontrastiert) den Krieg überlebt, stünden sie heute garantiert unter Denkmalschutz.

Ist das Programm des Hauses also der Kommerzialisierung und Touristifizierung des Zentrums bruchlos eingefügt, so sind die städtebaulichen Argumente des Architekten leere Versprechungen geblieben. Schon im Projektstadium war absehbar, daß mit einem gegenüber dem alten Haas-Haus marginal größeren Volumen keine überzeugende räumliche Fassung das Stock-im-Eisen-Platzes gelingen kann. Noch dazu wirken die optischen Effekte der vom Ende der Kärntner Straße aus wirksamen Hauptansicht durch die formale Heterogenität und die abrupten Maßstabswechsel nicht raum*bildend*, sondern regelrecht raum*sprengend*.

Es beginnt bei der zu stark forcierten Rundung zum Graben hin, wodurch die ominöse Ecke nicht räumlich gerichtet, sondern richtig „schnell" gemacht ist, setzt sich fort in den Widersprüchen zwischen der grob proportionierten, abgetreppten Lochblende, dem kleingliedrigen, kraftlosen Gebäudesockel darunter und den an sich perfekten, zu den anderen Fassadenteilen aber hermetisch abgesetzten Spiegelglasflächen – und mündet in die asymmetrische Wirkung des Erkers, der den Platzhorizont mit dem verglasten Oberteil plötzlich in die Höhe reißt, während der untere Teil den heiklen, bodennahen Bereich der Auskragung mit allerlei Schrägen und Kanten traktiert.

Gerade diese Ansicht, die wichtigste, ist sowohl für sich als auch im Verhältnis zum Stadtraum die schwächste. Der Bau wirkt da wie eine gläserne Eruption, die auf halbem Weg in einer steinernen Eierschale steckenblieb. Ungleich besser ist der Anblick vom Platz vor dem Churhaus, wo sich das überfrachtete Volumen in der Verkürzung strafft und als Kopf des gesamten Baublocks zwischen Graben und Goldschmiedgasse erscheint. Auch die Auskragung ist da durch die Frontalsicht „entschärft", wogegen sie vom anderen Ende des Stephansplatzes her gesehen gleichsam aus dem Nichts in den Raum hereinragt.

DIE HALLE – PHOTOGRAPHIERT VON MICHAELA SEIDLER

Eckhaus der Nation, verdammt und bejubelt

Man muß Hans Hollein zugestehen, daß er das virulente Äußere des Gehäuses zumindest in der Farbgebung (hellgrüner Quarzit, Aluminium, Glas) recht gut zusammenhält, ja die aus allen Nähten platzenden Formkollisionen damit geschickt, beinahe nobel zurücknimmt. Dennoch: Unter der perfekten Oberfläche erweisen sich etliche Einzelelemente als ungelöst.

Besonders das abgetreppte Stück zum Graben mit der aufwendig verarbeiteten Steinbekleidung erinnert fatal an einen hochgeklappten Fußbodenbelag und zitiert ein reichlich verbrauchtes Motiv. Auf diese untektonische Außenhaut bezogen, wurde wiederholt an Gottfried Sempers „Bekleidungstheorie" und ihre Interpretation durch Otto Wagner (Majolikahaus) und seinen Umkreis (Fabiani, Plečnik) erinnert. So naheliegend solche Referenzen sein mögen, einer näheren Prüfung halten sie nicht stand. Ein Blick etwa auf Fabianis Fassade für Portois & Fix in der Ungargasse genügt, um die Spanne zwischen der subtilen Klasse, der Grandezza der Jahrhundertwende, und den bemühten Formalismen der Gegenwart zu verdeutlichen.

Hollein verhüllt einen im Grundriß nicht übermäßig klar aufgeteilten Skelettbau zum Graben hin mit einer schweren Steinhaut, zum Stock im Eisen hin mit einer richtungslosen Glashaut, im Sockelbereich durchgängig mit einer nichttragenden Skeletthaut. Der irritierende äußere Eindruck seines Hauses kommt nicht zuletzt dadurch zustande, daß der tragende Aufbau von den Oberflächen beliebig überspielt und verdrängt wird und daß die äußere Membran mit den Innenräumen keine eindeutig lesbare Wechselwirkung herstellt. Gleichwertige Räume liegen beispielsweise hinter ganz verschiedenen Fassadenelementen, verschiedene Konstruktionsarten dafür hinter gleichen Oberflächen.

So unruhig und plakativ das Gebäude dasteht, so komplex ist tatsächlich seine Innenwelt. Das Kernstück bildet ein fünfgeschossiges Atrium, von einem Kunstlicht-Himmel überwölbt. Um auf dem seichten, verzwickten Bauplatz den Innenraum virtuell zu vergrößern, hat Hollein die Halle als Kreisbogenfragment angelegt – unter anderem deshalb, weil auch ein unvollständiger Kreis vom Auge unwillkürlich ergänzt wird und die Raumgrenzen verwischt; ein bekanntes Phänomen, das Hollein bereits beim Siemens-Casino in München und beim Beckschen Laden in New York benützte. Ein weiteres kniffliges Problem betraf die attraktive Einbeziehung des Untergeschosses (mit zusätzlichen Läden und dem Café Haas) in die Halle, was vorzüglich gelungen ist. Man hat im immer noch „prominenteren" Erdgeschoß nie das Gefühl, sozusagen am Nullniveau zu stehen.

Mit offenen, galerieartigen Gängen umfaßt dieser Binnenraum im Dreiviertelkreis ein ausgeklügeltes Erschließungssystem, eine mit Rolltreppen, Stiegen und Brücken großzügig instrumentierte Bewegungs- und Schaumaschine, die das Publikum via „Erlebnisarchitektur" zum Flanieren über alle fünf Ladengeschosse anregen soll. Dieser zurückgestaffelte, nach oben zu reicher und reicher ausgestattete Treppenberg präsentiert sich im Gegensatz zu den technoid gehaltenen Galerien als archaisches, an Piranesische Visionen gemahnendes Bühnenwerk.

Hollein hat hier keine Ecke in Ruhe gelassen, reiht Detail an Detail, Blickpunkt an Blickpunkt, fügt Material an Material, Bodenmuster an Bodenmuster, stößt roten Stein an grauen Stuccolustro, beigen Stein an grünen Stein, schwarzen Stein an Lippenstift-grelles Blech, häuft konvexe Bögen über konkave Bögen, knüpft Durchblicke an Tiefblicke, dramatisiert weite Spiegeleffekte mit engen Passagen und Wendungen. Dieser säkularisierte Kalvarienberg kulminiert in einer Art-deco-Aussichtskanzel vor einer fragilen Seufzerbrücke in leuchtendem Rot, ehe die Wegspirale entlang einer mit blauer Bemalung entstofflichten Wand abwärts sinkt.

Walter Benjamin hat die legendären Pariser Passagen und Warenhäuser als die Stätten der kommerziellen Verführung, der sinnlichen Überwältigung des Publikums gedeutet. Die Stimmung ihrer märchenhaften Innenraum-Inszenierungen, welche den Tauschwert der Waren in eine pseudosakrale Aura erheben, hat Hollein bei seinen bekannten Juwelierläden ins Mikrokosmische transponiert. Ähnliches versuchte er nun am Haas-Haus im großen Maßstab. Was im intimen Format der Laden-Etuis, auch noch beim demolierten Verkehrsbüro adäquat war und durch das Miniaturhafte sogar ironische Distanz, den Balanceakt am Kitsch entlang zuließ, kippt in der öffentlichen, städtischen Haas-Haus-Halle ins Übermaß.

Ironie? Hier ist alles blutiger Ernst!

Ironie und Selbstreflexion, von einem Avantgarde-Baukünstler und einem deklarierten Manieristen beim Flirt mit dem Symbolischen, dem Banalen oder dem Populären im Sinne von Umberto Eco gefordert, sind am Haas-Haus, Punkte ausgenommen, nicht mehr spürbar. Hier ist alles blutiger Ernst. Die ganze äußere und innere Verpackungsvirtuosität über belanglosen Unterkonstruktionen geriert sich zu gravitätisch. Die Boutique schmeckt zu sehr nach Museum. Da ist zuwenig Schmiß, zuwenig großstädtische Lockerheit oder zuwenig echte Noblesse, je nachdem. Ereignet sich da, mit höchstem Einsatz erkämpft, auf E-Niveau, was bisher Hundertwasser im U-Sektor bot?

Holleins Haus ist verspätet, insofern dieses Spiel mit den Oberflächen, den Ikonographien, Bedeutungen und Wirkungen – für die siebziger Jahre brisant und signifikant – inzwischen zur Genüge strapaziert wurde. Man hat sich daran sattgesehen.

Daß Holleins Stärke nicht in einer räumlich-konstruktiv entwickelten Architektur liegt, sondern in der zelebrierten Symbiose kontroversieller bildhafter Wirkungen, ist nicht erst seit dem Haas-Haus klar, zeigt sich aber genau da in ihren Grenzen. Wie anfällig eine nicht-strukturelle, metaphorische Architektur in dieser Dimension für unkontrollierbare Störungen ist, illustrieren verschiedene Ladeneinrichtungen anderer Designer, deren zweit- bis drittklassige Postmodernität dem vorgegebenen Rahmen in den Rükken fällt.

Wer nun behauptet, ein neues Haas-Haus hätte man in den späten achtziger Jahren cooler und struktureller, technisch brillanter, konstruktiv kühner und transzendenter, im Detail knapper und rauher realisieren können, mag im Licht der aktuellen Entwicklung der Szene rundum recht behalten. Dem steht jedoch das Faktum gegenüber, daß der Coup des Bürgermeisters und der Bauherrschaft bei den damals herrschenden Randbedingungen in Wien nur mit Hans Hollein – 1985 auf dem Höhepunkt seiner internationalen Reputation – durchzustehen war. Und angesichts der hiesigen baubürokratischen Verkalkung konnte vermutlich nur Hollein so viel aus der Sache herausholen.

Die Boutique schmeckt nach Museum

Den Höhepunkt dieses gebauten Parcours der Schaulust bietet das Dach-Café. Es ist tatsächlich so präzise dimensioniert, daß von allen Sitzplätzen der Dom samt Südturm vollständig gesehen werden kann. Von dieser hohen Warte aus wird einem aber auch schockartig bewußt, wie sehr der städtebauliche Kahlschlag des 19. Jahrhunderts den Dom isoliert hat und wie mickrig ihn der kleinkarierte Plattensee über den U-Bahn-Decken umflutet. Da werden auch Holleins Eingriffe am Stock-im-Eisen-Platz, die zu Recht kritisierten Säulen und die Fortsetzung der räumlichen Drangsal des Hauses im neuen Bodenmuster, nichts verbessern.

Sosehr sie den öffentlichen Aufruhr provozierte – die Dachlandschaft zählt zu den Stärken des Hauses. Und zwar deshalb, und das soll nicht zynisch verstanden werden, weil in dieser rein dekorativen, '„zweckfreien" Architektur Holleins Inszenierungskunst wieder ihre eigene Autonomie findet: Ein Flugdach, das schon als Laufsteg für potentielle Selbstmörder prognostiziert wird; ein Tempelchen auf den höchsten, auch vom Platz noch sichtbaren Punkt als Krone hinaufgehoben, unter der ein funktionsloser Sockelraum gleicher Größe übrig blieb, ein poetisches Zeichen über entrückter Leere, nächtens gleißend ausgeleuchtet . . . „Landeplatz fürs Christkindl" nannten es die mit dem Finish dort oben beschäftigten Spengler und Schlosser.

Hat nicht Hans Sedlmayer daran erinnert, Rudolf IV. hätte seinen „Dom" wohl mit dem „Kristallmantel einer Kathedrale" bekleidet, doch unter diesem Königskleid sei St. Stephan die bloß äußerlich aufgewertete Hallenkirche einer Bürgergemeinde geblieben? Wäre der von Sedlmayer behaupete „taumelige Schwindel der Innenraumwirkung", in den die Kathedralräume den mittelalterlichen Besucher versetzten, vergleichbar mit den illusionistischen und irritierenden Effekten, die das neue Haas-Haus innen und außen hervorruft?

Die Baukunst des Mittelalters erstrebte ein Abbild des Himmels, die massenlose Raumwirkung unendlicher Höhe. Der Geschmack des 19. Jahrhunderts wollte diese Himmelsarchitektur als isoliertes Monument mit musealem Blick betrachten. Das späte 20. Jahrhundert will anderes: die städtebauliche Lücke verkleinern und das Ganze den Augen der Gäste und der Parvenus vollendet aufbereiten.

So schlägt der glanzvolle neue Konsumtempel sein postmodernes Pfauenrad, so weit er kann. Und er veredelt den früheren Blick von der Straße zur Apotheose des Photoblicks unter dem kecken Baldachin. Jetzt kann man von unten diejenigen photographieren, die von dort oben ihre Schnappschüsse nach noch weiter oben tätigen. Der Schluß bleibt Christian Morgenstern: „Die alle blickt hinwiederum / ein Gott von fern an, mild und stumm." ◆

AUS DEM INHALT DIESER WOCHENENDBEILAGE: „Glaubst du, brauchen wir die Kommunisten noch?" Neue Zeit in Bosnien-Herzegowina – „Werden die Menschen durch Roboter ersetzt?" Ein Gespräch mit Marvin Minsky, dem Vater der „Künstlichen Intelligenz" – Alles rund: Gerda Fassel gestaltet Frauenkörper – Keine Segenshand frei: Christlichkeit, Kirche, Freundesliebe in Peter Turrinis neuem Stück „Tod und Teufel" gläserne Eruption, die auf halbem Weg in einer steinernen Eierschale steckenblieb. Ungleich besser ist der Anblick vom Platz vor dem Churhaus, wo sich das überfrachtete Volumen in der Verkürzung strafft und als Kopf des gesamten Baublocks zwischen Graben und Goldschmiedgasse erscheint. Auch die Auskragung ist da durch die Frontalsicht ›entschärft‹, wogegen sie vom anderen Ende des Stephansplatzes her gesehen gleichsam aus dem Nichts in den Raum hereinragt.

Man muss Hans Hollein zugestehen, dass er das virulente Äußere des Gehäuses zumindest in der Farbgebung (hellgrüner Quarzit, Aluminium, Glas) recht gut zusammenhält, ja die aus allen Nähten platzenden Formkollisionen damit geschickt, beinahe nobel zurücknimmt. Dennoch: Unter der perfekten Oberfläche erweisen sich etliche Einzelelemente als ungelöst.

Besonders das abgetreppte Stück zum Graben mit der aufwendig verarbeiteten Steinbekleidung erinnert fatal an einen hochgeklappten Fußbodenbelag und zitiert ein reichlich verbrauchtes Motiv. Auf diese untektonische Außenhaut bezogen, wurde wiederholt an Gottfried Sempers »Bekleidungstheorie« und ihre Interpretation durch Otto Wagner (Majolikahaus) und seinen Umkreis (Fabiani, Plečnik) erinnert. So naheliegend solche Referenzen sein mögen, einer näheren Prüfung halten sie nicht stand. Ein Blick etwa auf Fabianis Fassade für Portois & Fix in der Ungargasse genügt, um die Spanne zwischen der subtilen Klasse, der Grandezza der Jahrhundertwende, und den bemühten Formalismen der Gegenwart zu verdeutlichen.

Hollein verhüllt einen im Grundriss nicht übermäßig klar aufgeteilten Skelettbau zum Graben hin mit einer schweren Steinhaut, zum Stock im Eisen hin mit einer richtungslosen Glashaut, im Sockelbereich durchgängig mit einer nichttragenden Skeletthaut. Der irritierende äußere Eindruck seines Hauses kommt nicht zuletzt dadurch zustande, dass der tragende Aufbau von den Oberflächen beliebig überspielt und verdrängt wird und dass die äußere Membran mit den Innenräumen keine eindeutig lesbare Wechselwirkung herstellt. Gleichwertige Räume liegen beispielsweise hinter ganz verschiedenen Fassadenelementen, verschiedene Konstruktionsarten dafür hinter gleichen Oberflächen.

So unruhig und plakativ das Gebäude dasteht, so komplex ist tatsächlich seine Innenwelt. Das Kernstück bildet ein fünfgeschossiges Atrium, von einem Kunstlicht-Himmel überwölbt. Um auf dem seichten, verzwickten Bauplatz den Innenraum virtuell zu vergrößern, hat Hollein die Halle als Kreisbogenfragment angelegt – unter anderem deshalb, weil auch ein unvollständiger Kreis vom Auge unwillkürlich ergänzt wird und die Raumgrenzen verwischt; ein bekanntes Phänomen, das Hollein bereits beim Siemens-Casino in München und beim Beck'schen Laden in New York benützte. Ein weiteres kniffliges Problem betraf die attraktive Einbeziehung des Untergeschosses (mit zusätzlichen Läden und dem Café Haas) in die Halle, was vorzüglich gelungen ist. Man hat im immer noch ›prominenteren‹ Erdgeschoß nie das Gefühl, sozusagen am Nullniveau zu stehen.

Mit offenen, galerieartigen Gängen umfasst dieser Binnenraum im Dreiviertelkreis ein ausgeklügeltes Erschließungssystem, eine mit Rolltreppen, Stiegen und Brücken großzügig instrumentierte Bewegungs- und Schaumaschine, die das Publikum via ›Erlebnisarchitektur‹ zum Flanieren über alle fünf Ladengeschosse anregen soll. Dieser zurückgestaffelte, nach oben zu reicher und reicher ausgestattete Treppenberg präsentiert sich im Gegensatz zu den technoid gehaltenen Galerien als archaisches, an Piranesi'sche Visionen gemahnendes Bühnenwerk.

Hollein hat hier keine Ecke in Ruhe gelassen, reiht Detail an Detail, Blickpunkt an Blickpunkt, fügt Material an Material, Bodenmuster an Bodenmuster, stößt roten Stein an grauen Stuccolustro, beigen Stein an grünen Stein, schwarzen Stein an Lippenstift-grelles Blech, häuft konvexe Bögen über konkave Bögen, knüpft Durchblicke an Tiefblicke, dramatisiert weite Spiegeleffekte mit engen Passagen und Wendungen. Dieser säkularisierte Kalvarienberg kulminiert in einer Art-deco-Aussichtskanzel vor einer fragilen Seufzerbrücke in leuchtendem Rot, ehe die Wegspirale entlang einer mit blauer Bemalung entstofflichten Wand abwärts sinkt.

Walter Benjamin hat die legendären Pariser Passagen und Warenhäuser als die Stätten der kommerziellen Verführung, der sinnlichen Überwältigung des Publikums gedeutet. Die Stimmung ihrer märchenhaften Innenraum-Inszenierungen, welche den Tauschwert der Waren in eine pseudosakrale Aura erheben, hat Hollein bei seinen bekannten Juwelierläden ins Mikrokosmische transportiert. Ähnliches versuchte er nun am Haas-Haus im großen Maßstab. Was im intimen Format der Laden-Etuis, auch noch beim demolierten Verkehrsbüro adäquat war und durch das Miniaturhafte sogar ironische Distanz, den Balanceakt am Kitsch entlang zuließ, kippt in der öffentlichen, städtischen Haas-Haus-Halle ins Übermaß.

Ironie und Selbstreflexion, von einem Avantgarde-Baukünstler und einem deklarierten Manieristen beim Flirt mit dem Symbolischen, dem Banalen oder dem Populären im Sinne von Umberto Eco gefordert, sind am Haas-Haus, Punkte ausgenommen, nicht mehr spürbar. Hier ist alles blutiger Ernst. Die ganze äußere und innere Verpackungsvirtuosität über belanglosen Unterkonstruktionen geriert sich zu gravitätisch. Die Boutique schmeckt zu sehr nach Museum. Da ist zuwenig Schmiss, zuwenig großstädtische Lockerheit oder zuwenig echte Noblesse, je nachdem. Ereignet sich da, mit höchstem Einsatz erkämpft, auf E-Niveau, was bisher Hundertwasser im U-Sektor bot?

Holleins Haus ist verspätet, insofern dieses Spiel mit den Oberflächen, den Ikonographien, Bedeutungen und Wirkungen – für die 70er Jahre brisant und signifikant – inzwischen zur Genüge strapaziert wurde. Man hat sich daran sattgesehen.

Dass Holleins Stärke nicht in einer räumlich-konstruktiv entwickelten Architektur liegt, sondern in der zelebrierten Symbiose kontroversieller bildhafter Wirkungen, ist nicht erst seit dem Haas-Haus klar, zeigt sich aber genau da in ihren Grenzen. Wie anfällig eine nicht-strukturelle, metaphorische Architektur in dieser Dimension für unkontrollierbare Störungen ist, illustrieren verschiedene Ladeneinrichtungen anderer Designer, deren zweit- bis drittklassige Postmodernität dem vorgegebenen Rahmen in den Rücken fällt.

Wer nun behauptet, ein neues Haas-Haus hätte man in den späten 80er Jahren cooler und struktureller, technisch brillanter, konstruktiv kühner und transzendenter, im Detail knapper und rauer realisieren können, mag im Licht der aktuellen Entwicklung der Szene rundum recht behalten. Dem steht jedoch das Faktum gegenüber, dass der Coup des Bürgermeisters und der Bauherrschaft bei den damals herrschenden Randbedingungen in Wien nur mit Hans Hollein – 1985 auf dem Höhepunkt seiner internationalen Reputation – durchzustehen war. Und angesichts der hiesigen baubürokratischen Verkalkung konnte vermutlich nur Hollein so viel aus der Sache herausholen.

Den Höhepunkt dieses gebauten Parcours der Schaulust bietet das Dach-Café. Es ist tatsächlich so präzise dimensioniert, dass von allen Sitzplätzen der Dom samt Südturm vollständig gesehen werden kann. Von dieser hohen Warte aus wird einem aber auch schockartig bewusst, wie sehr der städtebauliche Kahlschlag des 19. Jahrhunderts den Dom isoliert hat und wie mickrig ihn der kleinkarierte Plattensee über den U-Bahn-Decken umflutet. Da werden auch Holleins Eingriffe am Stock-im-Eisen-Platz, die zu Recht kritisierten Säulen und die Fortsetzung der räumlichen Drangsal des Hauses im neuen Bodenmuster, nichts verbessern.

Sosehr sie den öffentlichen Aufruhr provozierte – die Dachlandschaft zählt zu den Stärken des Hauses. Und zwar deshalb, und das soll nicht zynisch verstanden werden, weil in dieser rein dekorativen, ›zweckfreien‹ Architektur Holleins Inszenierungskunst wieder ihre eigene Autonomie findet: Ein Flugdach, das schon als Laufsteg für potentielle Selbstmörder prognostiziert wird; ein Tempelchen auf den höchsten, auch vom Platz noch sichtbaren Punkt als Krone hinaufgehoben, unter der ein funktionsloser Sockelraum gleicher Größe übrig blieb, ein poetisches Zeichen über entrückter Leere, nächtens gleißend ausgeleuchtet ... »Landeplatz fürs Christkindl« nannten es die mit dem Finish dort oben beschäftigten Spengler und Schlosser.

Hat nicht Hans Sedlmayr daran erinnert, Rudolf IV. hätte seinen ›Dom‹ wohl mit dem »Kristallmantel einer Kathedrale« bekleidet, doch unter diesem Königskleid sei St. Stephan die bloß äußerlich aufgewertete Hallenkirche einer Bürgergemeinde geblieben? Wäre der von Sedlmayr behauptete »taumelige Schwindel der Innenraumwirkung«, in den die Kathedralräume den mittelalterlichen Besucher versetzten, vergleichbar mit den illusionistischen und irritierenden Effekten, die das neue Haas-Haus innen und außen hervorruft?

Die Baukunst des Mittelalters erstrebte ein Abbild des Himmels, die massenlose Raumwirkung unendlicher Höhe. Der Geschmack des 19. Jahrhunderts wollte diese Himmelsarchitektur als isoliertes Monument mit musealem Blick betrachten. Das späte 20. Jahrhundert will anderes: die städtebauliche Lücke verkleinern und das Ganze den Augen der Gäste und der Parvenus vollendet aufbereiten.

So schlägt der glanzvolle neue Konsumtempel sein postmodernes Pfauenrad, so weit er kann. Und er veredelt den früheren Blick von der Straße zur Apotheose des Fotoblicks unter dem kecken Baldachin. Jetzt kann man von unten diejenigen fotografieren, die von dort oben ihre Schnappschüsse nach noch weiter oben tätigen. Der Schluss bleibt Christian Morgenstern: Sie alle »blickt hinwiederum / ein Gott von fern an, mild und stumm«.

Form ist nichts, Handlung ist alles

Ottokar Uhl zum 70er

Text für Radiosendung, *ORF Ö1*, 2. März 2001

Unter den Architektenpersönlichkeiten seiner Generation ist Ottokar Uhl ein Außenseiter. Entwerfen bedeutet für ihn nicht das Entwickeln der Form, der schönen Gestalt für ein Nutzungsprogramm. Im Gegenteil. Seine Praxis, noch mehr seine Theorie, distanzierte sich von der üblichen baukünstlerischen Formfindung.

Der Wille zur materialgebundenen Ästhetik – gleich welcher Spielart – war ihm suspekt, war für ihn mit überlebten Traditionen und Hierarchien belastet.

Uhl gründete sein Selbstverständnis als Bau-Experte auf dem Ideal einer Gesellschaft, die dem Einzelnen und der Gruppe ein Höchstmaß an Selbstbestimmung zugesteht. Modernes Bauen für eine solche nach 1945 neu zu gründende Gesellschaft sollte jede symbolhafte Attitüde unterlassen.

Modernes Entwerfen war für Uhl die radikale Zurücknahme des semantisch-gestalterischen Anspruchs. Der Architekt sollte vielmehr als Moderator wirken – für die so oft beschworene, aber so selten eingelöste Humanisierung des industriellen Bauens: ein Moderator für alle am Bauprozess Beteiligten und vor allem für die von ihm Betroffenen; ein Kommunikator, der die baulichen Instrumente so elastisch und so offen wie möglich macht, sodass damit subjektives und kollektives Handeln sich erst vollziehen und entfalten kann.

Architektur war und ist für Uhl nicht definierte Form, oder – um ein Schlagwort zu gebrauchen – gefrorene Musik. Die eigentliche Gestalt des Bauens ist nicht die leblose, die mehr oder weniger schöne Schale, sondern – um es mit Joseph Beuys zu sagen – die soziale Plastik der in ihr entstehenden und vergehenden Ereignisse.

Der von Uhl als Vorbild geschätzte deutsche Kirchenbaumeister Emil Steffan hat diese Haltung so definiert: »Form ist nichts, Handlung ist alles.«

In diesem Wort steckt natürlich ein Paradox. Doch ohne die Dynamik solcher Paradoxien wären ja die meisten der großen geistigen Konzepte platte Rezepte geblieben.

Nach Steffans Maxime hat Uhl jedenfalls gearbeitet.

Sein gebautes Œuvre ist schmal. Eine Handvoll Kapellen und Kirchen, vor allem in den 60er Jahren in Wien entstanden, wo Uhl progressive Gemeinden fand, die den katholischen Bilder- und Ritualpomp ablegten und in einfachsten, konzentrierten Räumen sich zur teilnehmenden Eucharistie versammelten; eine Handvoll Wohnbauten, wo er im Rahmen unserer so schwerfälligen Wohnbautechnik für die Mitbestimmung der Nutzer wegweisende, strukturelle Methoden entwickelte.

In den 80er Jahren – die formgeile Postmoderne hatte den alten Funktionalismus auf den Kopf gestellt –, da fiel Uhls Anti-Ästhetik vollends aus den Zeitgeistrastern. »Mitbestimmung im Wohnbau« – so ein prominenter Professorenkollege – »das heißt ja, dem Affen Zucker geben!«

Nun, die 90er Jahre brachten das Comeback des Minimalismus – aber eben meist als Formsystem, nicht im Sinne Uhls als geistige Haltung. Wenn aber heute von nomadischer Architektur, vom nutzungsneutralen, nachhaltigen Bauen so gern die Rede ist, dann könnte man vielleicht wieder schätzen lernen, was Uhl in dieser Richtung seit Jahrzehnten konsequent versucht und realisiert hat – zuletzt 1990 die Kirche mit Gemeindezentrum in Karlsruhe-Neureuth: Friedrich Achleitner nennt sie ein Meisterstück, ein räumliches Ensemble, in dem Uhl eine neue Qualität erreichte – in der so paradoxen wie sinnreichen Balance zwischen Präzision und Offenheit, zwischen Festlegung und Andeutung. Form ist hier ›nur‹ das, was die Menschen zum Agieren im Raum stimuliert: nicht mehr, nicht weniger.

Ottokar Uhl, Wohnen mit Kindern, Wien 21, 1981–84
Foto: Margherita Spiluttini

Fröhliche Guerilla

Zur Friedrich Kiesler-Schule von Heidulf Gerngross / Werkstatt Wien

Erschienen in *Architektur aktuell* 10 (Wien 1999)

Im *Standard* wurde Gerngross kürzlich zum »Don Quijote der Architektur« gestempelt: wie gut gemeint, doch welch ein haarsträubendes Missverständnis! Der Mann von La Mancha war ein tragikomischer Wirklichkeitsflüchtling, lebte in idealisierter Vergangenheit und erlitt groteske Fiaskos durch die Kollision seiner Traumwelt mit der ihm unverständlichen Gegenwart. Was uns an Don Quijote rührt, ist die aufrichtige, stoische Unverdrossenheit seiner katastrophalen Verblendung. In seinem absurden Scheitern bleibt er konsequent und erreicht damit sogar eine gewisse Respektabilität. Doch sein Kampf gegen die von ihm als ›Riesen‹ imaginierten Windmühlen war eine Verweigerung der technisch-instrumentellen Zeit durch Rückprojektion in die Traumata einer autistischen Fabelwelt.

Gerngross teilt mit dem tragischen Ritter die Absurdität verschiedener Niederlagen, die das herrschende (Bau)System ihm, der sich an dessen Regeln vorbeiturnen wollte, gnadenlos zufügte. Insofern ist sein ungebrochenes Überleben trotz amtlicher Deklassierungen der ironischen Grandezza von Cervantes' Helden vielleicht verwandt. Doch in schärfstem Kontrast zu rückwärtsgewandter Romantik besitzt Gerngross einen in der Branche seltenen Durchblick auf die absurden Eigengesetzlichkeiten der Windmühlen unserer heutigen (Wohn)Baupraxis und -ideologien. Sein Kampf gegen diese Strukturen ist nicht irrationaler Naivität geschuldet, er agiert vielmehr mit hellwacher, postmoderner Rationalität. Gerngross bewegt sich in der Architekturszene gleichsam als ›fröhliche Guerilla‹. Er trifft das übermächtige System zielsicher an den wundesten Punkten und zeigt mit intelligentem Minimalismus innerhalb der schlechten Wirklichkeit die konkreten Schlupflöcher für ebenso einfache wie umwälzende Verbesserungen. Sein visionärer Realismus krankt eben nicht an jener eitlen Behauptung der Dichotomie von Traum und Wirklichkeit bzw. von Kunst und Leben, welche die meisten Architekten daran hindert, ihren anachronistischen Genie-Status aufzugeben und sich vom symptombehandelnden Dekorateur (oder Ingenieur) zum kritischen Anwalt einer alltagstauglichen Evolution zu wandeln.

Mit den »Wiener Lofts« setzte Gerngross eines der ganz wenigen innovativen Exempel im hiesigen Wohnbau. Weshalb davon kaum zwei Dutzend und nicht hunderte Einheiten gebaut wurden, ist sonnenklar: Die heutigen Genossenschaften arbeiten offenbar nicht mehr zum Wohl der Wohnungssuchenden, sondern primär für den eigenen Profit. Bei den Wiener Lofts realisierte Gerngross mit Förderungsmitteln für 90 qm-Typen Wohneinheiten von 130 qm! Der enorme Raum-Profit, ausschließlich der gewieften Strategie des Architekten zu danken, kommt da voll den Wohnungswerbern zugute, und das geht natürlich den Geschäftsinteressen der Bauträger gegen den Strich. Letztlich zahlt aber nur der Architekt dabei drauf. In jeder anderen Branche würde ein solcher Coup mit Erfolgsprämien gewürdigt. Doch im landläufigen Wohnbau reduziert ein solcher Quantensprung im Preis-Leistungsverhältnis nur die anteiligen Baukosten und damit das prozentuell danach bemessene Planerhonorar. Soweit die Logik in diesem speziellen Sektor der freien, ›bedarfsorientierten‹ Marktwirtschaft ...

Die Friedrich Kiesler-Schule in Wien-Leopoldstadt ist ein neuer Handstreich aus der Gerngross-Werkstatt. Der Straßenhof in der Kleinen Sperlgasse mit zwei alten Schulbauten aus der Gründerzeit atmet zumindest baulich immer noch die Dichte und Enge, die Vielfalt und das vorstädtische Milieu der ›Mazzesinsel‹ – zwei Steinwürfe hinter dem Donaukanal, fünf Gehminuten vom Stephansplatz. Die neue Hauptschule ist wie eine feine, durchaus elegante Zahnspange in das massive Gebiss des alten Baublocks eingepasst. Vor die südostseitigen Feuermauern der bestehenden Volksschule und des parallel situierten Gymnasiums legt sie eine 40 m lange Gangzone. An diese schließen in mehreren vertikalen Packungen die Klassenbereiche an. Durch breite Abstände zwischen diesen Packungen erhält die verglaste Gangzone sehr viel Licht und wird der neue Trakt zu einem leichten, transparenten Filter, der den Hofraum nun eindeutig fasst, doch den Durchblick zu den pittoresken Hoffassaden der Nachbarschaft weiterhin zulässt.

Unter den vier Hauptgeschossen ist der Turnsaal mit allen Nebenräumen ins Erdreich gesenkt, durch südlich vorgelegte Lichtgräben aber gut belichtet. Da die neuen Räume auf allen Etagen niveaugleich an die alte Volksschule anschließen, entstehen Deckenhöhen und Proportionen, welche die heutigen Normen weit übertreffen, und werden die engen Gänge des Altbaus in den offenen, hellen Raumfluss der Zubauten integriert. Leichte, fast unmerkliche Knicke der Baulinie und der Dachkontur relativieren die Rastergeometrie des Neuen, schaffen den

Gangbereichen zusätzliche Spannung und spiegeln die subtile Resonanz des Ganzen auf die ›Irregularität‹ des Kontextes.

Über dieses Grundgerüst legt Gerngross mit einer Summe von Detailentscheidungen noch eine gestalterische Feinschicht, gibt er dem Rhythmus der Struktur synkopischen Swing und Groove. Da sind etwa die vorgehängten Glasfassaden am Eingangstrakt sowohl gegen die Achsen der inneren Tragstruktur verschoben als auch in sich asymmetrisch aufgeteilt; aus dem neutralen Grau der Profile leuchtet die rot markierte Vertikale der Dehnfuge; die undurchsichtigen Paneele vor den Deckenbereichen wechseln sporadisch ins Weiß, und einige Putzflügel zitieren inmitten der filigranen Glasraster ungeniert die Fensterkreuze der Nachbarbauten. Zudem ist dem Curtain-wall in Bodennähe eine weitere Inkonsequenz gestattet. Denn rund um den Eingang, wo Gebrauch und Abnutzung am stärksten zugreifen, hat Gerngross massive Sockel gezogen. Auch der Windfang selbst bricht die abstrakte Syntax der Metall-Glasfassade. Er hat massive Seitenwände und ganz einfache, robuste Blech-, Vordach- und Türdetails. Schließlich sind auch – erst auf den zweiten Blick erkennbar – die Glassorten differenziert; einige Lüftungsflügel haben gerippte Gläser, die Fixverglasung ist stellenweise mit farbigen Punktrastern versehen.

Hinter dieser Membran des Eingangstraktes leuchtet das Weiß des Betonskeletts heraus – und dieses wird wieder überstrahlt vom intensiven Gelb, das die südseitigen Flanken der Klassen-Türme von der anderen Hofseite durch die Gangzone hindurch nach Norden reflektieren.

So umständlich dies zu beschreiben ist, so simpel sind diese Maßnahmen in Wirklichkeit, so angenehm ist ihre Wirkung: eine unaufdringliche, emotionale Lockerung der Architektur, erzielt durch eine Choreografie minimaler Eingriffe. Analog gab der Architekt auch den nüchternen Klassenfronten außen und innen Stimmung und Nuancierung, indem die Sonnenmarkisen die ganze gut sortierte Farbpalette des Erzeugers präsentieren, wobei die Töne von den oberen Etagen nach unten immer heller werden. Auch das Farb- und Materialkonzept der Innenräume spiegelt Gerngross' Fähigkeit, Standardlösungen durch kleine Tricks aus der Banalität herauszudrehen und so ein Milieu herzustellen, das die coole Ästhetik urbaner Gegenwart und die leere Zeichenhaftigkeit heutiger Logokultur als ›Hintergrundrauschen‹ in den schulischen Alltag einbringt. Nur noch ein Beispiel: die Lifttüren rahmt jenes Rotorange, das auch Polizeiautos und Straßenarbeiter markiert, der Schriftzug am Dach benützt die Technik der Autobahnschilder.

Gerngross, mit sechzig noch quecksilbriger Großstadtnomade, zollt Kiesler Tribut, transformiert dessen Traum von der ›endlosen‹ Kunst aus der modernistischen Totalität in die lakonische, nachmoderne Didaktik; er hat seinen Duchamp, seinen Beuys, seinen Rockenschaub, aber auch seinen Czech studiert und verstanden. Wie in der Kunst muss auch in der Baukunst der Gestalter nicht mehr den genialischen Demiurgen mimen. Die Gestaltung, endlos und offen, high und low symmetrisch ansprechend, schärft vielmehr mit homöopathischen Montagen und Collagen unsere Sinne für die Wirkungsweise von Ästhetik an sich, bringt die Sprachlosigkeit des Alltags, die Schönheit des Unvermeidlichen zur Sprache. Diese Kiesler-Schule zeigt also keine Architekten-Architektur, sondern eine frische, unaufgeregte Bühne des Lernens, wie man aus *allem* lernen kann.

Modern ist nicht das Bild

Unpubliziertes Typoskript, 2007

Reden wir nicht gleich über die Technologie, über das neue Glasdetail. Sicher, Aneta Bulant und Klaus Wailzer zählen zu den international beachteten Pionieren im Glasbau. Vor fünf Jahren erhielten sie für einen Anbau in Salzburg den DuPont Benedictus Award, und dem folgt heuer für die Erweiterung von Haus D. in Wien die Auszeichnung mit dem Solutia Design Award, der zuletzt Santiago Calatrava und Eric Owen Moss schmückte. Die Technologie der zauberhaften Glaspavillons von Bulant / Wailzer, entwickelt für innovationsfreudige, private Bauherren, ist zweifellos faszinierend. Ihre Brillanz sollte aber nicht davon ablenken, worum es eigentlich geht. Der Sinn einer Innovation ist nicht das ›Wie‹, sondern das ›Was, Warum, Wozu‹ – die visionäre Absicht, die konkrete Wirkung. Es ist jedenfalls nicht vordergründiger Technizismus, wenn dieses unorthodoxe Architektur-Duo so hartnäckig versucht, das Glas – Sinnbild der Zerbrechlichkeit schlechthin – zum konstruktiven Baustoff zu machen, und wenn sie dabei etwa so weit gehen, ein Grundmotiv aller Tektonik, die Verbindung von Stütze und Balken, in ein abstraktes Nichts aus unsichtbar geklebten Glasteilen aufzulösen. Demnächst werden sie am Wiener Gürtel etwas bauen, was es bisher nur im Märchen gab: eine ganze große Brücke, nur aus Glas!

Die Architektur von Bulant & Wailzer verfolgt eine spezifische Linie von Modernität: die Grundsatzfrage der Beziehung zwischen Baukunst und Natur, zwischen Künstlichkeit und Natürlichkeit, Subjekt und Objekt. Die Kunst in der traditionellen Baukunst, war immer eine gestalterische Reflexion von Natur – Architektur als bio- oder anthropomorphe Allegorie. Gerade am Übergang vom historisierenden zum industriellen Bauen zeigte sich dieser mimetische Charakter nochmals deutlich, indem er aus der Objektivität der historischen Konvention bewusst ins Subjektive gewendet wurde. Louis Sullivan, Erfinder einer individuellen Ornamentik nicht nach, sondern parallel zur Natur, schrieb an einen Bauherrn: »Ich verbringe den ganzen Frühling damit, im Freien die wechselnden Farbeffekte des Grases, des Himmels am frühen Morgen und des Wassers zu studieren – zum Nutzen ihrer Bankräume, die ich, wenn ich es zustande bringe, als ›Außenraum im Innenraum‹ darstellen möchte« – durch plastische Ornamentik und vielfarbige Schablonenmalerei. Art Nouveau und vegetabiler Jugendstil wollten dasselbe mit noch expressiveren Mitteln – Rückbindung bzw. erneuerte Einbindung des mit den industriellen Baustoffen ingenieurmäßig gewordenen Bauens in ›das Natürliche‹. Was auch die Malerei im späten 19. Jahrhundert schon begonnen hatte, die Lösung von der Mimesis der sichtbaren Welt, diese Abstraktion vollzog die Baukunst erst in der nächsten Generation, in der De Stijl-Bewegung, im Konstruktivismus, in der ›Sachlichkeit‹ des Neuen Bauens. Den Zustand unserer modernen Zivilisation, die brutal von der Natur abgespalten ist, in der nun Technologie vollends zur ›ersten Natur‹ der Menschheit wird – das thematisierte dann wohl keiner so klar wie Ludwig Mies van der Rohe. Seine Architektur akzeptierte die der technischen Kultur immanente, kalte Logik des Bauens mit Stahlskeletten und Glasfassaden, verdichtete diese ›Objektivität‹ aber formal so konsequent, dass gleichsam eine kritische Mimesis des neuen, technokratischen Zustandes sichtbar werden konnte.

Das auf pure Glaswände, gehalten von minimalen Stahlrahmen reduzierte Farnsworth House von Mies sagte nichts anderes: Natur ist heute völlig transparent geworden. Wir haben die Wissenschaft und die Mittel, ein Haus so zu bauen, dass wir alle Schutzmechanismen des Bauens gegen äußere Unbill in ein vertrauenswürdiges, entwaffnetes Bild dieser Natur verwandeln können. In diesem Glashaus ist der Mensch behütet vor der Natur und zwar auf so unsichtbar gewordene Weise, dass das pure, totale Bild von Natur nun zur eigentlichen Hülle des Hauses werden kann. Mies war sich freilich der Ambivalenz dieses ästhetischen Zustands sehr bewusst, wenn er meinte: »Auch die Natur sollte ihr eigenes Leben leben, […] wenn Sie die Natur durch die Glaswände dieses Hauses sehen, bekommt sie eine tiefere Bedeutung, als wenn Sie außen stehen.« Ein uralter Traum war wahr geworden, der paradiesische Zustand wiedergekehrt, innen und außen kein Gegensatz mehr, das Mühselige des Materiellen überwunden, der Weg von der archaischen Massivität von Gebäuden zu einer reinen ›Architektur aus Licht und Schatten‹ vollendet. Die zum autonomen Element purifizierte Glaswand, die all das ermöglichte, demonstrierte aber auch, und das ist die Metaebene von Mies' Kommentar: Die Glasmembran hebt offensichtlich alle alten Grenzen zwischen Mensch und Natur auf, zugleich zieht sie damit eine neue, diesmal absolute. Was sie präsentiert, ist nicht mehr ›natürliche, naive‹ Natur, sondern die durch Zivilisation entscheidend mitgeformte, prädisponierte.

Bulant & Wailzer, Haus Sailer, Salzburg, 1997
Foto: Rupert Steiner

Für Bulant & Wailzer ist solche Mies'sche Sensibilität gewiss eine Referenz, gedacht jedoch mit einem weicheren Horizont und ohne das ganze Pathos des »less is more«. Bulants Ideal vom Bauen ohne suggestive Elemente, changierend zwischen Existenz und Nicht-Existenz, entstand mit dem Hintergrund ihrer südosteuropäischen Herkunft und der Wertschätzung östlicher Sichtweisen des Seins – und das verschränkte sich mit Wailzers konstruktivem Querdenken gegen einen Konstruktivismus, der eindimensional auf Formen, Objekte und Leistung fixiert ist. In der Verabsolutierung des prismatischen Raumes gehen sie nicht so weit wie Mies; ihre breite Öffnung eines Biedermeierhauses zum Garten bildet eine komplexe Schichtung ineinandergreifender und graduell unterschiedlich geschützter Raumzonen; der Glasanbau wird von einer beschattenden Pergola überlagert und durch das Boden- und Terrassenplateau unterschnitten. Wo Mies noch die Spannung zwischen dem Stahltragwerk, den Glasflächen und der Dachplatte auskostete, entspannt sich hier solche, immer noch ›Klassik‹ andeutende Dialektik: das Glas, abstraktester und sprödester Baustoff, wird selbst konstruktiv, entstofflicht und egalisiert die üblichen tektonischen Differenzierungen, ohne aber beliebig zu werden. Die Formen werden so ›einfach‹, dass die Hightech-Technologie gleichsam optisch verschwindet. Bulant & Wailzer leiten so vom Bild, von der Sicht der reinen Konstruktion zur Konstruktion der reinen Sicht! Ihr Glashaus – diametral zu Scheerbart'scher Glasvision – erzeugt einen zwischen Innen und Außen vexierenden Raum, der es den Benutzern erlaubt, aus der Welt herauszutreten und dennoch in ihr zu bleiben. Es ist sozusagen ein Aggregat zur Schärfung der Sinne, eine Bühne für die Metamorphosen des Gartens im Wechsel von Tages- und Jahreszeiten, aber auch für die realen wie illusionären Wirkungen der Glashülle selbst. Der I-Träger, bei Mies noch Synonym der zur Kunstform gehöhten Industrienorm, ist kein Thema mehr, die Segelbootmasten der Pergola sind für die Bewegung mit Naturkräften optimierte Standardprofile, die eben nicht mehr Statik, sondern Dynamik, Transitorisches und Temporales in sich tragen. Bulant & Wailzer machen Architektur so wie Stefan Gmünder die Literatur von Paul Nizon charakterisierte, »... auf der Suche nach einer Sprache, die das Leben nicht erzählen, sondern es sagen kann und so dessen Ereignis und Vergänglichkeit zelebriert«.

Von: <otto kapfinger>
Datum: 13. Jänner 2012 09:16:55 GMT+01:00
An: <christian kühn>, <zv_aaf> und 13 weitere
Betreff: vorschlag akut

Geschätzte Fachleute! Guten Morgen!
Im Rahmen der Vortragsreihe der Zentralvereinigung sprach gestern abend in Wien im überfüllten Saal des Bene-Forums der Raumplaner Reinhard Seiß über den Stand der Dinge der Stadtplanung. Die von Franziska Leeb moderierte Diskussion dauerte im Anschluss viel länger als der Vortrag, auch informell ging es dann engagiert weiter, die Letzten gingen lange nach 23h 00. Als Resümee kristallisierte sich folgendes heraus, das ich in einem Vorschlag an alle einschlägigen Vermittlungsinstitutionen speziell in Wien und darüberhinaus formulieren und kommunizieren möchte.

Seiß zeigt seit einigen Jahren – als fast Einziger – diese Missstände auf und analysiert auch die Hintergründe, die Ursachen – aber niemand reagiert wirklich, und wie sich gestern auch zeigte, ist ein engagiertes Fachpublikum auch nicht (mehr) in der Lage, diese Fragen angemessen zu diskutieren, aufzugreifen, in weiterführende kollektive Aktionen umzusetzen … – all das müsste wieder gelernt und breiter organisiert werden, – und es ist natürlich auch schon »fünf nach zwölf!« Ein konstruktiver Vorschlag, dem zu begegnen, wäre z. B.: dass ab sofort die einschlägigen Vermittlungs- und Diskussionsforen speziell in Wien ein, zwei Jahre lang ihre Veranstaltungen, Vortragsabende usw. als Fortsetzung und Intensivierung der von Seiß angestoßenen planerischen, stadtpolitischen, lebensraumgestalterischen Symptome und Strukturprobleme ausrichten (und auch koordinieren). Nur so könnte eine kritische Masse und Qualität der Diskussion, der Analyse und der Alternativkonzepte erzeugt werden, – sodass sozusagen eine konstruktive fachlich-zivilgesellschaftliche Unruhe und Kraft entsteht, die über wirkungslose Einzelaktionen oder bloß sporadische Erregungen hinaus die Thematik in der Fachwelt, in den Medien und in den Netzwerken zu Politik und Wirtschaft wieder brisant macht.

Es braucht in Wien jede Woche – die nächsten Monate und Jahre – einen Gesprächs- und Arbeits-Abend wie gestern abend im Bene-Forum, selbstverständlich nicht immer dort, sondern verstreut, wechselnd, variiert – und die Architektenschaft muss dazu auf die kritischen Fachleute anderer Disziplinen zugehen, Best-Practice-Beispiele von anderswo studieren, diskutieren, bekannt machen usw.

Ich ersuche dringend, dies als grundsätzlichen Aufruf zu verstehen und besser heute als morgen in den jeweiligen Foren und insgesamt vernetzt aufzugreifen und Programme zu entwickeln.

Mit herzlichen Grüßen!
Otto Kapfinger

Datum: 22. August 2012 09:00:11 GMT+02:00
An: <henke schreieck architekten> und 13 weitere
Betreff: initiative otto wagner spital – dringend

An sehr geehrte
Architektin DI Marta Schreieck, Präsidentin Zentralvereinigung der ArchitektInnen Österreichs
Univ.Prof. DI Maria Auböck, Vizepräsidentin Zentralvereinigung der ArchitektInnen Österreichs
Univ. Prof. Dr. DI Christian Kühn, Vorsitzender Architekturstiftung Österreich
Direktor Mag. Dietmar Steiner, Architekturzentrum Wien
Univ. Prof. Dr. Friedrich Achleitner
Direktor Dr. Wolfgang Kos, WienMuseum
Architekt DI Andreas Vass, Vorsitzender Österreichische Gesellschaft für Architektur
Dr. Andreas Nierhaus, Kurator WienMuseum
Univ. Prof. Dr. Sabine Plakolm, Technische Universität Wien
Dr. Norbert Mayr, Vorsitzender ICOMOS Austria
Univ. Doz. Dr. Mara Reissberger
DI Reinhard Seiss, Raumplaner
Christine Muchsel, Sprecherin Bürgerinitiave OWS

Aufgrund einer persönlichen Aufforderung und Vermittlung durch Frau Dr. Mara Reissberger hatte ich gestern nachmittag die Gelegenheit, an einer Mediations-Sitzung im Otto Wagner Spital teilzunehmen und in einem 30-min. Referat meine Analyse der baukünstlerischen und landschaftsräumlichen Komposition des gesamten Areals vorzustellen und anschließend im Verlauf einer längeren, 90-minütigen Diskussion meine Einschätzung der dort – speziell im Ostteil (»Wirtschaftshof«) angelaufenen Bautätigkeiten und Bauplanungen darzulegen.

Anwesend ca. zwei Dutzend Personen, darunter VertreterInnen der GESIBA, der MA 21, der Bezirkspolitik, der Bürgerinitiative, das Ganze moderiert von professionellen Mediatoren. Diese Mediation läuft – von Bürgermeister Dr. Michael Häupl auf Druck der Bürgerintiative persönlich zugestanden und als »ergebnisoffener« Nachdenkprozess angeordnet – seit November 2011, hat nun Ende August 2012 als Deadline, mit einem Bericht abzuschließen. Bis dahin steht sozusagen die GESIBA »Gewehr bei Fuss«, wenn dann keine gegenteilige Entscheidung kommt, wird mit der Umsetzung der Wohnbauplanung (Architekt Albert Wimmer) umgehend begonnen.
Mit vielen der dort gegeben Fakten bin ich erst seit kurzem vertraut, zusätzlich machte ich gestern Nachmittag auch einen persönlichen Lokalaugenschein mit Rundgang speziell im Ostteil – u. a. steht jetzt im Ostteil bereits der riesige Rohbau eines Rehab-Zentrums der VAMED, geplant von Arch. Kober (?, offenbar freihändige Vergabe !); als Grundlagen lagen mir weiters vor:

Stellungnahme des Bundesdenkmalamtes, Landeskonservatoriat Wien an die BI, welche den Ostteil (»Wirtschaftshof«) als baukünstlerisch nicht wertvoll einstuft und zur Neubebauung freigibt; Lageplan der GESIBA für neue Wohnbauten zwischen und anstelle von Bestandsbauten im Ostteil.

Hauptrichtung meines Referats war:

1. Widerlegung der Aussage des BDA bezüglich Ostteil und grundsätzliche Vorlage einer gesamtkompositorischen Analyse der nach einem Masterplan von Otto Wagner, auf Basis des Lageplans von Carlo v. Boog und mit Integration marginaler Ergänzungen durch Stadtbaudirektor Goldemund 1907 fertiggestellten Gesamtanlage;
2. Aufzeigen der in solchen Fällen adäquaten Planungsverfahren.

Ich habe mich bisher mit dieser ganzen Sache nicht befasst und habe auch nicht die Zeit und nötige Energie, um da in welcher Weise auch immer weiter mich voll zu engagieren. Ich bin aber entsetzt über die Fahrlässigkeit, wie mit diesem europaweit einmaligen Gesamtensemble umgegangen wird, wie auch die wichtige und engagierte Bürgerinitiative, die natürlich mit z.T. harscher Wortwahl agiert (die aber weitaus, weitaus übertroffen wird von der konkreten Brachialität der dort anlaufenden Planungen) in der Fachwelt bisher kaum wahrgenommen wurde.

Dazu folgende Zusatzaspekte:
Erst vor kurzem wurde das gesamte historische Plankonvolut zu »Steinhof« »entdeckt« und wird derzeit von Dr. Sabine Plakolm und Dr. Carola Jäger am Institut für Kunstgeschichte und Bauforschung der TU Wien aufgearbeitet und analysiert – über 6000 Pläne! – bis ins Möbeldetail!
2009 zeigte das WienMuseum eine große Ausstellung zum Thema »Kunst und Wahn in Wien um 1900« mit neuen, grundlegenden Analysen zur stadt-, sozial- und kulturgeschichtlichen Schlüsselrolle der Anlagen von Steinhof (Otto Wagner, Carlo v. Boog, Franz Berger) und Sanatorium Purkersdorf (Josef Hoffmann, Koloman Moser) für den sogenannten Gesamtkomplex »Wien um 1900«.

Ich wusste auch nicht, dass das gesamte Areal seit Jahren – inklusive der innenliegenden Grünbereiche – als Bauland gewidmet ist (!!), Bauklasse III für die von Wagner präzise mitkomponierten großen Freiflächen!! … es ist eigentlich unfassbar. Ich dachte, nachdem 1981 die großflächigen Verbauungspläne der »Steinhofgründe« hinter der Kirche von Wagner durch eine breite Bürgerinitiative und deutliche Kritik auch in der Fachwelt (Stellungnahme der ÖGFA u. a.) gestoppt worden waren (ich hatte damals zwei Artikel dazu in »Die Presse« geschrieben), dass ein solcher Umgang damit längst vom Tisch wäre …

Akut notwenig deshalb:
Ein kurzes, präzises Memorandum jetzt, in den nächsten Tagen, von den einschlägigen Fachinstitutionen an den Herrn Bürgermeister zu richten, entweder gleichlautend und von allen Angesprochenen solidarisch unterzeichnet oder aber durchaus auch jeweils separat formuliert –

Mit der Forderung nach Fristerstreckung der Mediation bis Jahresende 2012 und einer raschen Beauftragung einer unabhängigen Expertise, welche die im Rahmen der Mediation und von der Bürgerinitiative erarbeiteten Konzepte der künftigen Nutzung des Gesamtareals und speziell des Ostteils aufgreift und einen Alternativplan in funktionaler, architektonischer und freiraumgestalterischer / stadtökologischer Hinsicht vorlegt – zu der derzeit gegebenen Wohnbauplanung der GESIBA.

Es war zu sehen, dass die GESIBA (anwesend der Generaldirektor anfangs und dann weiter auch Sachbearbeiter) einer solchen Erstreckung und zusätzlichen Expertise zustimmen würde, Häupl hat ebenfalls zugesagt, dass die Mediation »ergebnisoffen« angelegt ist, also auch etwas anderes herauskommen kann, als die Wohnbauplanung der GESIBA, der er in dem Fall ein Ersatzgrundstück zuweisen würde.

Noch dazu wird seit kurzem kolportiert, dass bis 2020 alle Spitalsfunktionen dort abgesiedelt werden sollen (inkl. der erst vor wenigen Jahren mit enormem, adäquatem Aufwand durchgeführten, vorbildlichen modernen Adaptierungen einiger Pavillons durch die Architekten Beneder-Fischer, Runser-Prantl und Sarnitz) … und was passiert dort dann dort weiter …?
Seitens der GESIBA wurden wohl vor Jahren Arch. Auböck und Runser-Prantl in Studien zur Analyse der Bestandssituation im Oststeil herangezogen – diese sind nun aber nicht in die großen neuen Wohnbauplanungen dort von Arch. Wimmer integriert – ein eklatanter, auch nicht untypischer Widerspruch …

Es ist extrem wichtig und unverzichtbar, dass sich jetzt sofort die großen Architektur- und Stadtgeschichts-Institutionen der Stadt, des Landes zu Wort melden und die alternativen Ansätze, bisher von der Bürgerintiative vorgetragen (die nur z. T. auch einschlägige Fachleute aufweist) – auf das der Sache adäquate Niveau zu bringen – als Kontra zu der bisherigen, mir persönlich unbegreiflichen Vorgangsweise des BDA, der Stadtplanung … MA 19, Fachbeirat, VAMED etc.

Mit herzlichem Gruß
Otto Kapfinger

Die angesprochenen Institutionen traten ein Monat später mit gemeinsamer Resolution an die Frau Stadträtin heran. Eine unabhängige Fachkommission wurde gebildet, die GESIBA zog ihre Planung zurück, eine Fachgruppe mit vier Architektenteams unter der Leitung von Christoph Luchsinger erstellte eine alternative Planung, deren Grundsatzvorschläge wurden von der Stadtpolitik aufgegriffen, die Weichen ganz neu gestellt. Obwohl in alle Phasen konstruktiv eingebunden, blieb die Bürgerinitiative am Ende bei ihrer Fundamentalopposition.

Von: <otto kapfinger>
Datum: 07. März 2013 10:35:32 GMT+01:00
An: <armin thurnher_falter>
Kopie: <maria vassilakou> und 11 weitere
Betreff: Offener Brief zu Falter 9/13 – Zukunft InterCont-WEV-Konzerthaus

Sehr geehrte Damen und Herren!
Es ist schon sehr erstaunlich, gerade im Falter eine Eloge auf diese Ausstellung und dieses Ergebnis eines Planungsverfahrens zu lesen! Der Falter bleibt eben nicht immer der Falter, aber Wien bleibt auf jeden Fall Wien. In diesem Fall gehen offenbar wieder einmal Stadtpolitik und Architektenschaft in unverständlicher, unnötiger Art vor einem Investor in die Knie. Weltkulturerbe hin oder her – aber wie kann die kritische Fachwelt, wie kann eine aufgeklärte Öffentlichkeit es gutheißen, dass man ein 24-stöckiges Hochhaus für Luxuswohnungen an diese sensible Stelle hinknallt, dem Hotel InterCont – wie immer es aussehen wird, denn es muss wohl neu oder tiefgreifend umgebaut werden – dominant vor die Nase gesetzt, und dem Konzerthaus noch dazu.
Mit diesem Luxus-Turm erpresst gleichsam Michael Tojner die Experten und die Stadtplanung, wenn nämlich behauptet wird, nur mit dieser Rendite wären jene Umbauten und Zubauten finanzierbar, die das WEV-Gelände als multifunktional hochwertigen, öffentlichen Spiel-Fest-Sport-Kulturplatz aufrüsten sollen – was auch dem Hotel wie dem Konzerthaus attraktive Möglichkeiten eröffnen würde, an diesem Standort noch viel mehr aus ihren Ressourcen zu machen: Kongresse, Freiluftkonzerte, Feste, adäquate Gastronomie, adäquate Infrastruktur.
Die Ausstellung im Konzerthausfoyer brachte zu der tatsächlich komplexen Sachlage keinerlei seriöse Information: es gab keine Grundrisse oder Schnitte, keine Perspektiven aus dem umgebenden Stadtraum oder aus dem berühmten Belvedere-Blick. Ein interessant angesetztes, kooperatives Planungsverfahren wurde völlig intransparent dargeboten, »vermarktet« ja!
Das favorisierte Ergebnis ist die schlechtestmögliche Variante, wie etliche der Beteiligten selbst einräumen. Es gibt planerisch intelligentere und für den Stadtraum bessere, verträglichere Varianten, mit denen der Investor immer noch auf seine Kosten käme.

Frau Stadtrat Vassilakou ist ganz falsch beraten, sich so vor diesen Karren spannen zu lassen. Nichts gegen modernste Hochhäuser mit bester Energie-Performance für Sozialwohnungen an geeigneten Orten der Nachverdichtung – Hauptbahnhofareal, Nordbahnhof usw. Nichts gegen ein modernstes, funkelnagelneues Hotel samt endlich multifunktional aufgewertetem WEV – aber alles gegen die vordergründige Sucht nach einem architektonischen »Meilenstein«, nach einem »Signalbau« (der haargenau in der Belvedere-Haupt- und Sichtachse herausragen würde), mit dem sich die Superreichen ihr Geld anlegen, und dann dort nicht wohnen werden – wie bei vielen der zuletzt in der Innenstadt rein zur Immobilienanlage und -spekulation ausgebauten Dachzonen, Umbauten ganzer Altbauten.

Auch der Vergleich mit dem Ringturm ist sowohl inhaltlich wie in der Wirkung in der Stadtsilhouette völlig unangebracht. Sind die Wiener Grünen da von allen guten Geistern verlassen?
Für den Leseturm damals im Museumsquartier musste man kämpfen – gegen die »Denkmalschützer«! Denn das wäre eine inhaltlich fundierte »landmark« gewesen. Aber für Luxuswohnungen in dieser Form an diesem Standort muss man nicht kämpfen. Im Gegenteil.

Mit freundlichen Grüßen und allerbesten Wünschen!
Otto Kapfinger

Aufgrund einer von OK mit der ÖGFA, der ZV, mit Hans Puchhammer und Gunther Wawrik betriebenen Initiative kam auch hier eine gemeinsame, kritische Resolution der unabhängigen Fach-Institutionen zustande einschließlich der Kammer für Ingenieure und Architekten.
Es gab Gesprächsrunden dieser Plattform mit Frau Stadträtin Vassilakou. Für die Ausschreibung des Bewerbungsverfahren (mit gesetzten TeilnehmerInnen) zu dem dann durchgeführten Architekturwettbewerb konnten nur marginale Korrekturen erreicht werden. Das Wettbewerbsergebnis und das Siegerprojekt von Isay Weinfeld brachte neuerlich ein Hochhaus für Luxus-Apartments – wurde in der Fachwelt scharf kritisiert, als Enttäuschung und stadtpolitisch verfehlt gewertet. Es folgten groß angelegte Werbekampagnen des Investors in den Medien und weitere Debatten, auch mit AnrainerInnen und der Bezirkspolitik. Das Verfahren – Stand September 2014 – ist nicht abgeschlossen.

Von: <otto kapfinger>
Datum: 07. September 2013 08:57:58 GMT+02:00
An: <dietmar steiner> und 9 weitere
Betreff: 20 jahre AzW

guten morgen allseits
und sehr herzliche gratulation dem AzW zum 20. geburtstag!
es spiegelt die allgemeinen zeichen der zeit, dass das AzW ausgerechnet zu diesem »jubiläum«, oder sagen wir: am beginn seiner wirklichen »volljährigkeit« (!), diese schwere krise offenbaren muss.
wir wissen alle, dass die krise immer schon permanent war, aber in all den jahren war sie immer mit der grandiosen vorwärtsbewegung verbunden, mit einem schwung, der (wider besseres wissen oder: wider die sogenannte »vernunft«) einfach »koste es was es wolle« nach vorne in die expansion trieb und drängte.
alle beteiligten und sympathisanten waren dabei vollkommen zu recht von der überzeugung bestärkt, dass die essentielle alltägliche bedeutung der baukunst dieses bedenkenlose, zum großteil selbstausbeuterische engagement und alle damit verbundenen forderungen nach anderen, nach entsprechenden randbedingungen für eine solche zentrale vermittlungs- und bildungsplattform rechtfertigte und früher oder später zwingend einlösen würde.
jetzt entpuppt sich all das als scheinbar naiver zweckoptimismus, und zusätzlich zeigt sich gnadenlos die simple wahrheit, dass die so heftig angesprochene politik in einer noch viel größeren, in einer wirklich krassen krise steckt – denn: es gibt seit zehn jahren eben keine solchen paktfähigen und substanziell interessierten partner mehr, wie es ursula pasterk, rudolf scholten und hannes swoboda waren!
rückblickend gesehen war gerade das wohl eine einzigartige konstellation, ein historischer glücksfall – wie es ihn z.b. im vergleich in fast allen bundesländern nicht gab; es war tatsächlich ein »window of opportunity«, das eben von dietmar steiner und johannes pflaum und ihren mitbegründern optimal genutzt wurde!
was mir gestern abend als bemerkung von dietmar hängenblieb, war die feststellung: es gibt in wien vier (!) große staatlich gut geförderte museen, die sich der kunst der gegenwart widmen, – aber es rückt in weite ferne, hier auch für die viel umfassendere kunst der lebensraumgestaltung ein adäquates institut zu schaffen …
dennoch: die schöne große veranstaltung gestern war für meinen geschmack zu larmoyant, viel zu sentimental – denn 95 % jener, die da unten vor der bühne saßen und sitzen, sind jeder und jede subjektiv in der absolut gleichen traurigen lage, wenn nicht noch prekärer situiert.
und da möchte man das nicht wirklich von oben her bei dem anlass nochmals so beifallheischend gespiegelt bekommen, ein wenig schon, keine frage, aber über zwei stunden hinweg – das irritiert, und der psychische apparat des selbstschutzes wird da unruhig und will die verdrängungsleistung der je eigenen problematik nicht unnötig so vorgeführt und strapaziert bekommen.

wenn ich meine eigene lebensbilanz ziehe, dann frage ich mich, warum die da so ein tamtam machen, zu dem ich subjektiv noch viel mehr anlass und berechtigung hätte. und da saßen links und rechts und vor und hinter mir lauter leute, denen es ganz sicher auch nicht anders geht …!
ich könnte jetzt zu einem noch viel grandioseren subjektiven lamento ansetzen als dietmar steiner – das bei mir aber an den lebensexistenziellen nerv ging und geht!
und das könnten viele, viele andere mindestens genauso!!
wie auch immer, – etwas verzichtbar dann noch die fast herablassende, fast gönnerhafte wortspende von dietmar eberle … es war für ihn, für den anderen dietmar und für den grandios bemühten conferencier sigi loos diese szene fast entwürdigend, fast possenhaft.
trotzdem: was bleibt ist diese überwältigende bilanz der 20 jahre arbeit – auf gut wienerisch könnte man jetzt fast sagen: »ins leere gesprochen« – aber das war und ist es eben genau nicht, im gegenteil.
dass die aktuelle politik in stadt und bund das nicht würdigt oder zumindest erkennt – faktum!
– niemand muss sich vorwerfen, der wunderbare präsident am allerwenigsten, dass man nicht alles getan hätte, um hier das adäquate verständnis zu erreichen. alles übrige liegt außerhalb der wirkungsmacht und verantwortung des AzW.
ich kann mir aber schon auch vorstellen, wie man mit sparbudgets zumindest auf wien bezogen das AzW mindestens genauso brisant wenn nicht noch mehr in seiner rolle als plattform weiterführen und sogar noch wichtiger machen könnte.
ich kann mir mindestens genausogut vorstellen, dass es in wien (und den bundesländern) etliche in der szene gibt, die jetzt sagen: na die sollen jetzt einmal ordentlich auf die nase fallen!!!
das ist aus meiner sicht der krebsschaden in der architektonischen szene hier, dass es so schwierig ist, eine breitere solidarität aufzubauen … wir wissen alle, was gemeint ist, auch darüber könnte man stundenlang referieren …

genug für den moment!
kompliment und dank und gratulation für alles geleistete!!!
mit herzlichem gruß,
otto kapfinger

Von: <otto kapfinger>
Datum: 17. Jänner 2014 03:44:48 GMT+01:00
An: <gaupenraub +/-> und 10 weitere
Betreff: zum vortrag bei BENE im Rahmen von sprechen über architektur

liebe ulrike, lieber alex,
selten gibt es bei architekturvorträgen und generell bei der konfrontation mit neuen bauten ein solches aha-erlebnis: dass die festgefahrenen maximen, die verselbständigten strukturen und normen unserer gesellschaft so offensichtlich werden – und zwar anhand von ideen und konzepten und eingriffen, die punktgenau, mit chirurgischer trennschärfe darangehen, diese hermetik und geschlossenheit unserer scheinbaren kultur wieder aufzumachen, ansatzweise aus ihrer zwanghaften irrgleisigkeit zu befreien.
das ende, die klimax eures vortrags gestern mit dem kampf um die behördliche zulässigkeit der »grenzüberscheitung« der fussabstreifer vor den eingängen zum haus »vinzirast« war in mehrfacher hinsicht symptomatisch:
wo andere architekturteams um sozusagen rein akademisch-stilistische oder formal-subjektive »freiheiten« streiten, macht ihr das schuhputzgitter (!!!) im asphalt des »öffentlichen« gehsteigs zum symbolischen angelpunkt eines gesellschaftlich, sozial unumgänglich nötigen wertewandels.
ähnlich sehe ich auch eure berechtigte kritik an bloss symptom-kämpferischen auffassungen von nachhaltigkeit, denen ihr eine elementare umkehr des berufs- und entwurfsethos zur »inhaltlichkeit« entgegensetzt …
ich sagte beim verabschieden zu ulrike: mir kommt vor, euch kann man nach china, tibet, kalkutta, somalia oder kosovo schicken, ihr werdet dort jeweils von selbst jene aufgaben, jene projekte finden, die global / lokal die wirklich dringlichen, mit äußerster intelligenz und empathie zu bestellenden problem- und therapiefelder darstellen – und die leute und mittel dazu.
ihr arbeitet unglaublich eng an jener scheidelinie entlang, an jener archimedischen, die welt aus den angeln heben könnenden hebelfläche entlang, die man im sinne von lampedusas paradoxem, oft missverstandenem satz beherzigen müsste: wenn alles bleiben soll wie es ist, muss sich alles grundlegend ändern – das berufs- und sozialethos der architektur, die entwurfsmethodik, das lemminghaft absurde wettbewerbssystem usw., usw …
es war ein hochgenuss, ehemalige schüler so prägnanter und konträrer lehrer wie spalt und prix zu hören und zu sehen, die von solchen lehren aus (und über sie hinaus) zu ganz eigenständigen und wegweisenden berufs- und lebenshaltungen vorgestoßen sind.
als ehemals sehr bescheiden assistierender »mit-lehrer« macht es mich froh zu erleben, dass heute ich von ehemaligen »schülerinnen« etwas grundlegendes und global relevantes lernen kann.

herzlichen dank und allerbeste wünsche weiterhin,
otto kapfinger

PASTICCIO

ICCIO

Die Swiss Connexion

Brief zur Buchvorstellung von *Frei & Ehrensperger*, mit Essay von OK, Luzern 2009, und zugleich 20-Jahr-Feier des Teams im Architekturforum Zürich, 11. Dezember 2009

Der festliche Anlass inspiriert mich zu einer kurzen, subjektiven Bilanz des Zwiegesprächs der Architekturszenen von Schweiz und Österreich: Es war um 1977, als Adolf Krischanitz, Dietmar Steiner und ich in den Arbeitsausschuss der Österreichischen Gesellschaft für Architektur kooptiert wurden. Mit etwas Mühe gelang es uns ›Jungen‹ damals, auch Fritz Achleitner soweit zu animieren, dass er aus ›innerer Emigration‹ wieder in den aktuellen Diskurs eingriff und ebenfalls im Vorstand der ÖGFA mitmachte – und auch die Kontinuität zu den länderübergreifenden Beziehungen aus den 1950er und 60er Jahren einbrachte.

FSAI und Verlag Artur Niggli Hg. *archithese* 9, Niederteufen 1974

Kurz davor war der Katalog zur Tessiner Tendenza erschienen und unter dem Spitznamen ›die Blaue Bibel‹ auch in Wien sehr beachtet worden. Die kleinen Hefte der *archithese* zirkulierten bei den engagierteren Studenten an der Akademie und auch bei uns. Ich glaube, es war 1978, als die Architekturgesellschaft eine große Tessin-Exkursion organisierte. Ab da waren in dem winzigen Lokal der ÖGFA in Wien-Alsergrund regelmäßig Vortragende aus der Schweiz zu Gast: zuerst Bruno Reichlin, Fabio Reinhart, Eraldo Consolascio, Livio Vacchini ... dann Martin Steinmann, Herzog / de Meuron, Michael Alder, Marques / Zurkirchen, Ulrike Jehle, Franz Romero, Miroslav Šik, die Haussmanns, Burkhalter / Sumi, Peter Märkli usw. Wir hatten im Dezember 1979 die Zeitschrift *UM BAU* gegründet – inhaltlich nach der Art der *archithese*, aber farblich und typografisch nach dem scharfen Rot der Karl-Kraus-*Fackel*. Heft 1 hatte unter anderem einen Essay von Reichlin, Heft 3 einen Text von Steinmann über neue Schweizer Bauten; im Rekurs brachte Anfang 1982 *Werk, Bauen + Wohnen* ein Österreich-Heft unter dem Titel »Hauptstadt und Provinz« (sprich: Wien und Vorarlberg).

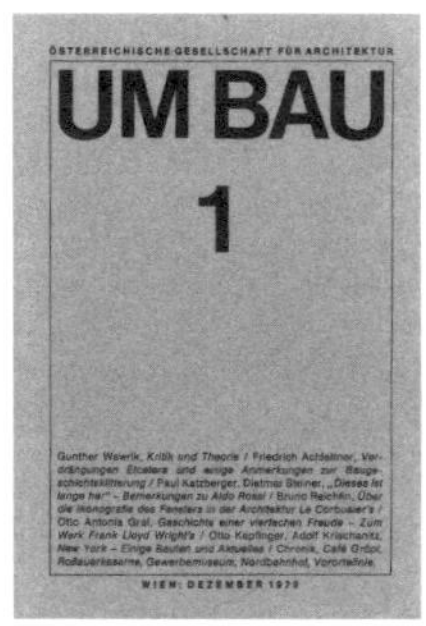

ÖGFA Hg. *UM BAU* 1, 1979. Redaktion und Gestaltung: Achleitner, Cufer, Kapfinger, Krischanitz, Riedling, Orsini-Rosenberg, Steiner, Stiller, Wawrik

In der Folge konnten Schweizer auch einiges in Österreich bewirken, bauen und umgekehrt. Achleitner und Krischanitz waren Juroren beim Wettbewerb Kunsthaus Bregenz – Zumthor realisierte den Beton-Glas-Schrein am See; Snozzi, Achleitner und Krischanitz waren ab 1986 im 2. Salzburger Gestaltungsbeirat – Diener & Diener gewannen den geladenen Wettbewerb zum Hans-Sachs-Hof; Dietmar Steiner konnte Herzog / deMeuron in die Wiener Siedlungsbauszene einbinden; reziprok wurden Heinz Tesar oder Krischanitz in der Schweiz zu Verfahren geladen; 1988 präsidierte Steinmann die Jury des internationalen Wettbewerbs zum Projekt der Weltausstellung in Wien; ab 1990 kamen in Vorarlberg sporadisch auch jüngere Schweizer Büros zum Zug (und da sind wir schon in der Nähe meiner speziellen Beziehung zu Frei & Ehrensperger).

Ab 1989 blätterten wir mit Bewunderung in den schönen Broschüren, herausgegeben von der Architekturgalerie Luzern zu diversen Ausstellungen, später dann in den umfangreicheren, nicht minder sorgfältig gemachten Monografien *de aedibus* – und hätten uns für Wien oder Österreich immer eine ähnliche Systematik und Präzision der publizistischen, analytischen Begleitung der jungen Baukunst gewünscht; ebenfalls ab 1988/89 hatten wir in der Wiener Publizistik und im Vorstand der ÖGFA mit dem ›eingewanderten‹ Walter Zschokke einen versierten Vermittler zwischen Ost- und Westalpen direkt vor Ort. Für mich war und ist das Niveau der Schweizer Architekturpublizistik, der zeitgenössischen wie der historisch-kritischen, immer eine Vorgabe, ein Maßstab – auch in der interdisziplinären Sicht, wie sie unter anderem Adolf Max Vogt pflegte oder etwa Martin Steinmann, der uns mehr als einmal mit Querverweisen aus der österreichischen Gegenwartsliteratur auf die Schweizer Architekturpoetik verblüffte, überraschte. Es war mir deshalb stets eine große Herausforderung, wenn ich da und dort in Schweizer Fachmagazinen und -büchern publizieren konnte, und nun die Arbeit für Frei & Ehrensperger im Format von Heinz Wirz hat auch für mich einen besonderen Stellenwert.

Meine erste Begegnung mit Frei & Ehrensperger bzw. einem ihrer Bauten war 1997 im Rahmen der Recherche für den Architekturführer Vorarlberg. Das Sozialzentrum in Altach – hervorgegangen aus einem Wettbewerb, war gerade fertiggestellt, noch nicht möbliert, ich bin damals allein vorbeigefahren und rasch einmal durch- und herumgegangen, und dieses Altenwohnheim (das erste von ihnen) wurde wie 249 andere Bauten im Buch mit einer Seite dokumentiert. Ich weiß nicht mehr, ob auch da Markus Koch irgendwie mit dabei war, Frei & Ehrensperger haben jedenfalls davor und danach mit ihm auch andere Projekte in Vorarlberg entwickelt.

Eine konkrete, zweite Realisierung im ›Ländle‹ war 1998 die Filiale der Bank für Tirol und Vorarlberg in Götzis, ebenfalls Siegerprojekt aus einem geladenen Wettbewerb. Ich erhielt damals einen Anruf aus Zürich, Roland Frei am Apparat, mit der Einladung, das mit ihm zu besichtigen und für eine kleine Broschüre, die sie herausgeben wollten, einen Text zu verfassen. So fuhr ich mit der Bahn nach Götzis, stieg dort um 9 Uhr früh bei der Bank aus dem Taxi – und gegenüber am Gehsteig wartete jemand, den ich sofort als den Architekten erkennen konnte.

Wir gingen dann zunächst mehrmals um den Bau außen rundherum und dann durchs Haus hindurch – zwei Stunden oder mehr, ich hatte manchmal ein bisschen Mühe mit dem Schwyzer-Dütsch, war aber trotzdem dann vollkommen orientiert. In meinem Text versuchte ich unter anderem hervorzuheben, was diesen Bau vom sonstigen Duktus der neuen Vorarlberger Baukunst unterschied: es war wohl ein ebenso kompaktes, klar geschnittenes Volumen wie die Sachen von Baumschlager Eberle, Dietrich|Untertrifaller, Hermann Kaufmann und wie sie alle heißen – doch dieses Prisma im Beton-Tafel-Kleid konnte rund um sich herum ein ganzes, subtiles Spektrum unterschiedlicher Außenräume mitgestalten, es erzeugte mit den umgebenden Bauten- und Landschaftsvektoren ein differenziertes, neues Gefüge von Raumqualitäten – und auch in der Tektonik der Bauhülle wie in den Aspekten der Innenraumgestaltung empfand ich, dass hier ein, zwei Schichten mehr an syntaktischer, auch stimmungsmäßiger Durcharbeitung zu spüren war als in den meist ›straight-forward‹ konzipierten Werken der Vorarlberger, die ja einmal selbst gemeint hatten, sie würden ›einfach bauen‹, und eben nicht ›Architektur machen‹.

Die BTV-Götzis-Broschüre wurde 1999 gedruckt, das Honorar kam prompt, ich hatte die Sache abgehakt – aber dann, zehn Jahre später, kam wieder eine Nachricht aus Zürich – diesmal von Lisa: sie würden jetzt ein Buch in der Reihe *de aedibus* machen und ob ich nicht Lust hätte, wieder mit einem Text dabei zu sein. Nun – das Resultat haben Sie heute in Händen und können dort lesen, wie meine zweite Begegnung mit den Architekten und ihrem inzwischen angewachsenen Werk verlief. Heinz Wirz musste mir einen Riesenstapel der Bücher seiner Reihe nach Wien senden, ergänzend zu den Ausgaben, die ich schon hatte, weil ich alles lesen und sehen musste vom publizistischen Kontext dieses neuen Bandes – und dann fand mein Text mit der Überschrift »Gute Architektur ist nicht zu sehen« zunächst die spezielle Wendung, um in diesem dichten Umfeld eine weitere, eine neue und der Sache adäquate Perspektive aufzumachen. Und zugleich war ich auch mit dieser Titel-Provokation elegant ›aus dem Schneider‹, denn es ist ein Zitat von Roland Frei selbst…

Ergänzend zu den Qualitäten des baulichen Œuvres – die in dem Buch wohl bildlich, planlich, textlich angesprochen, aber längst nicht erschöpfend behandelt sind – wären mir noch zwei Dinge wichtig zu sagen.

Zum einen: Lisa und Roland haben in diesen zwanzig Jahren eben nicht nur die eigene Karriere gepflegt, haben nicht nur auf das eigene Œuvre geschaut, sondern sich sehr profiliert für das Fortkommen der ganzen Branche engagiert – Roland als langjähriger Obmann der regionalen Ortsgruppe des BSA und Lisa als Mentorin und unermüdliche Frontfrau des Architekturforums hier in Zürich.

Und zum anderen: Lisa Ehrensperger / Roland Frei – ein Team – Mann / Frau. Es gibt in der neueren Architekturgeschichte etliche solcher Konstellationen: von Aino und Alvar Aalto in Finnland, Ray und Charles Eames in Kalifornien, Denise Scott Brown und Robert Venturi in Pennsylvania, Margarete Lihotzky und Wilhelm Schütte in Frankfurt, Traude und Wolfgang Windbrechtinger in Wien usw. bis herauf in die Gegenwart, und ich behaupte einmal, dass die Arbeiten aus solchen Konstellationen einen eigenen Klang haben, der die große Palette der Baukunst um wesentliche Dimensionen bereichert.

Mit herzlichem Dank für die Gastfreundschaft, dass ich an dieser Publikation mitwirken konnte, und den allerbesten Wünschen für die nächsten 20 Jahre Arbeit – im Leben!

Von: <otto kapfinger>
Datum: 17. August 2011 10:53:23 GMT+02:00
An: <hubertus adam>
Betreff: archithese

Der ARCHITHESE herzlichen Glückwunsch zum halben Jahrhundert hervorragender Publizistik – kritisch, informativ, reflexiv, prospektiv, transnational. Zu den interessanten Interviews in der schönen Jubiläumsnummer möchte ich aus Wiener Sicht etwas hinzufügen. Es war um 1975, als die Hefte der »kleinen Reihe« von den Wiener Akademiestudenten und -diplomanden – Michael Loudon, Dietmar Steiner, Paul Katzberger, Adolph Stiller, Sonja Gasparin, Gretl Cufer u. a. – entdeckt wurden. Ich denke, dass aus dieser informellen Gruppierung kurz danach auch Adolf Krischanitz und ich im Rahmen der sich neu formierenden Gesellschaft für Architektur mit diesen erstaunlichen Botschaften aus der Schweiz konfrontiert waren. Die legendären Hefte über Monotonie, Realismus, Metropolis, Las Vegas, Spontane Architektur usw. eröffneten uns nach Jahren der radikalen Abkehr von der konventionellen Architekturszene einen erfrischenden, neuen Zugang zum Diskurs und zur Praxis des Planens und Bauens. Die wichtige, konkrete Ergänzung bildete der ebenso legendäre ›blaue‹ Katalog der Tessiner Tendenza.

Es war schließlich das Konzept und das Niveau dieser Reihe von ARCHITHESE, das uns 1978/79 im neugebildeten Vorstand der Architekturgesellschaft dazu stimulierte, nicht nur die jungen Schweizer Teams und Theoretiker der Reihe nach zu Vorträgen nach Wien einzuladen, sondern auch ein eigenes Magazin zu gründen – UM BAU – das für Österreich das leisten sollte, was die ARCHITHESE für die Schweiz offensichtlich bedeutete. UM BAU hatte noch einen zweiten, lokalen Paten, was sich sich damals im dunkelroten Cover, in der Papierqualität und im klassischen A5-Format darstellte: die Hefte der »Fackel« von Karl Kraus …

Als Vereinszeitschrift, ein bis zweimal jährlich bis 1990 von uns Volontären redigiert, gelayoutet und versandt, hatte UM BAU wohl andere Voraussetzungen, konnte sich über die Jahre aber gut halten und – seit einigen Jahren in Kooperation mit der Abteilung für Architekturtheorie der TU Wien – weiterentwickeln, ohne an inhaltlicher Brisanz nachzugeben.

Man könnte fast sagen, was diese kleine ARCHITHESE im Zeitfenster der »schwierigen« 70er Jahre für die Schweiz und den zentraleuropäischen Diskurs punktgenau leistete, unmittelbar und nachhaltig aktivierte, hat mit leichter Zeitverschiebung UM BAU im kleineren Rahmen Österreichs versucht und zumindest teilweise auch erreicht.

Mit herzlichem Dank für Ihr in all den Zeitläuften seither ungebrochenes Engagement und mit den allerbesten Wünschen für die Zukunft!

Architekturlandschaften Ost- und Südosteuropas

Zur Ausstellungsreihe im Wiener Ringturm

Erschienen unter dem Titel »Terra Incognita« in *Werk, Bauen + Wohnen* 1 (Zürich 2008)

Seit zehn Jahren nutzt die Wiener Städtische Versicherung das 400 qm große Foyer ihrer Wiener Zentrale für Architekturausstellungen. Kurator Adolph Stiller ist es gelungen, *Architektur im Ringturm* neben dem ungleich größer angelegten Az W als lokal und international geschätztes Fachforum zu etablieren. Sein Ausstellungskonzept war von Anfang an mit einer vom Büro Haller & Haller gestalteten Publikationsreihe gekoppelt. Im handlichen Format, mit rauem Cover in französischer Broschur, leicht im Papiergewicht und zugleich inhaltlich profund – so zeigen die fünfzehn bisher erschienenen Bände inhaltliches Profil jenseits von Tagestrends. Die aktuelle Schau samt Band XV *Bulgarien – Architektonische Fragmente* spiegelt die mit den EU-Beitritten der ›Ost-Länder‹ parallel entwickelte Fokussierung des Ausstellungsprogramms (und auch die entsprechende Expansion der Städtischen Versicherung, ihre wachsende Kooperation mit Ost-Partnern). Bulgarien ist die vierte (eigentlich fünfte) Station systematischer Recherche durch zentraleuropäische Architekturlandschaften, die in unseren einschlägigen Diskursen jahrzehntelang als ›Terra incognita‹ galten.

Die Baukunst des 20. Jahrhunderts in der Slowakei etwa, 2003 im Ringturm unter dem Titel *Slowakei Architektur – Impulse und Reflexion* vorgestellt, war dem bei Prestel verlegten *Lexikon der Weltarchitektur* noch in seiner Ausgabe von 1992 nicht eine einzige Zeile wert: Unter dem Stichwort Tschechoslowakei fand sich wohl einiges über die Leistungen des 20. Jahrhunderts. Kommentiert wurden aber ausschließlich Prager und Brünner Beispiele, und auch die waren erst in den 1970er Jahren von westeuropäischen Fachmedien ›wiederentdeckt‹ worden; 1980 vermerkte Kenneth Frampton in seinem Standardwerk *Modern Architecture. A Critical History* mit einem kurzen Absatz, dass es da eine faszinierende, breit entfaltete Moderne gebe, deren Geschichte erst noch geschrieben werden müsste … Vladimir Šlapeta, Marco Pozzetto, Ákos Moravánsky, François Burckhardt und andere zeigten dann in den 1980er Jahren, dass dieser zentraleuropäische Raum ›hinter dem Eisernen Vorhang‹ ein Spektrum baukünstlerischer Strömungen entwickelt hatte, die in der Debatte zwischen traditionell / modern, funktional / formal, regional / universell, rational / emotional höchst beachtenswerte Leistungen darstellen, die für die verschiedenen Aufbrüche ›nach der Wende‹ als Orientierung, Maßstab, Referenzpunkt weiterwirken können.

Für die 1993 autonomer Staat gewordene Slowakei brachte erst die von Stiller mit Štefan Šlachta – Akademieprofessor, Vorsitzender der Slowakischen Architektenvereinigung und Chefarchitekt der Hauptstadt Bratislava – gemeinsam betreute Ausstellung den Überblick über spezifische Phasen und bauliche Ereignisse des vergangenen Jahrhunderts: neben dem aus der ›nationalen Stildebatte‹ vor und nach 1914 bekannten Dušan Jurkovič die in der Zwischenkriegszeit wesentlichen Werke eines Fridrich Weinwurm und Ignác Većsei, Emil Bellus oder Christian Ludwig; in den besonders interessanten 1960er Jahren jene von Ivan Matušik und Ferdinand Milučký, in den letzten Jahrzehnten Ján Bahna, Martin Kusý, Pavol Paňák – um nur einige Namen zu nennen.

Der Dialog Wien–Bratislava mit Szene-Kennern wie Henrietta Moravčiková oder Štefan Šlachta hat sich über diesen Impuls hinaus entwickelt: 2006 fanden die Events der österreichischen *Architekturtage* in Kooperation mit Bratislava statt; die Ringturm-Slowakei-Schau hat weitere Stationen erreicht: München, Dresden, Zürich, Venedig, Rom; Nancy und Lyon stehen demnächst am Programm.

Im Gegensatz zur Slowakei konnte bei der Bulgarien-Ausstellung kaum auf staatliche oder institutionelle Archive zurückgegriffen werden. Auch in den politischen, kulturgeschichtlichen Wandlungen des 20. Jahrhunderts zeigt sich ein ganz anders geartetes Profil. Dafür hatte Stiller mit Aneta Bulant-Kamenova, die seit Jahrzehnten in Wien lebt und arbeitet, eine hervorragende Architektin und Landesexpertin zur Seite, über die sich auch spezielle Kontakte eröffneten. Die bulgarische Szene orientierte sich nach 1918 zunächst sehr stark an München und Dresden, wo die wichtigsten Protagonisten ihre Ausbildung bei Fischer, Bestelmeyer oder Dülfer erhalten hatten; nach der wirtschaftlichen Konsolidierung um 1933 folgte eine kurze Phase der Referenz auf die radikale Moderne Westeuropas – vor allem bei Hotelbauten, Schulen, Heilanstalten, Apartmenthäusern von Krum Plakunov, Radoslav Radoslavov oder Christo Berberov. Mit der politischen Bindung an Deutschland und Italien schwenkte die Formdebatte ab 1936/37 in die neoklassizistische Richtung. Nach 1948 dominiert das ›sowjetische Modell‹ stalinistischer Prägung unter der Devise ›Architektur mit nationaler Form und sozialistischem Inhalt‹.

Nach Stalins Tod öffneten sich die Spielräume und speziell bei Hotelanlagen und Großbauten für internationale Sportereignisse entstanden in den 1960er Jahren großartige, auch konstruktiv avancierte Bauten. Die 1970er und frühen 80er Jahre bringen dann bei Repräsentativbauten, Rathäusern, Parteizentralen interessante Synthesen altbulgarischer Bauprinzipien mit Motiven aus dem Spätwerk Le Corbusiers. Nach 1989 divergiert die Entwicklung quantitativ und qualitativ, populistische Retro-Strömungen konfligieren mit anti-kontextuellen Modernismen, in privaten Nischen entstehen aber auch schöne selbständige Leistungen wie etwa das Apartment-Hofhaus von Ognjan Simeonov oder die Wohnbauten von Georgi Stanischev in Sofia. Die Textbeiträge Stanischevs »Der diskrete Charme der Peripherie« und »Architektur der ewigen Gegenwart?« im zweisprachigen Katalog (Bulgarisch in kyrillischer Schrift!) belegen das intellektuelle Niveau der aktuellen Debatte.

Rumänien – 2006 im Ringturm präsent – startete seine nach dem Zerfall der Donaumonarchie auch baukünstlerische Selbständigkeit von einer ganz anderen Basis aus. In allen Kulturbereichen gab es längst vielfältige Verbindungen nach Paris, zu den französischen und niederländischen Avantgarden. So entfaltete auch die Architektur bis zum Ende der 1930er Jahre eine regional temperierten Variante radikal westeuropäisch inspirierter Modernität: Bukarest stilisierte sich mit enormem Wachstum zum ›Paris des Ostens‹. Ende der 1930er Jahre erstarkte aber auch hier der Neoklassizismus, und nach 1948 prägte die stalinistische Ära das Land wie alle übrigen Nachbarn. Nach Stalins Tod und am Beginn des mehr autonomen ›rumänischen Weges‹ kam bei repräsentativen Großbauten erneut eine an der internationalen Szene inspirierte Modernität zur Geltung. Die Hallenbauten und Kulturanlagen der 1960er Jahre von Mircea Enescu, N. Porumbescu oder E. P. Popescu nahmen mit beachtlicher Verve Maß an Nervi, an Niemeyer, Reidy und anderen – ehe die Diktatur Ceaucescus das Land schließlich in die Krise trieb ...

Die Baukunst des 20. Jahrhunderts in Kroatien, unter der Devise *Avantgarde & Kontinuiät* 2006/07 im Ringturm präsentiert, spiegelt eine nochmals ganz andere geschichtliche Topografie. Die von Zagreb (1918–1931 um 100% auf 185.000 Einwohner wachsend) ausgehende Entwicklung wurde von Persönlichkeiten getragen, die nach Studien in Wien, Graz, Dresden, Paris aus dem Umkreis von Loos, Hoffmann, Behrens, Corbusier ins Land zurückkamen: Victor Kovačić, Hugo Ehrlich, Zlatko

Neumann, Juraj Neidhardt, Anton Ulrich, Drago Ibler, Ernest Weissmann und andere. Um Drago Ibler, Stjepan Planić und Josip Pičman entstand eine »Zagreber Schule« in engem Kontakt mit den CIAM und zugleich durch die Distanz ihrer peripheren Situation undogmatisch auf einen ›ästhetischen Funktionalismus‹ ausgerichtet.

Diese kritische, regionale Moderne erlitt durch den Neoklassizismus keinen Rückschlag, auch nach 1945 blieb sie von Stalins Doktrinen im blockfreien Jugoslawien Titos verschont, lieferte in den 1950er und 60er Jahren vitale Leistungen in allen Bausparten, wie sie in dieser Freiheit und Breite zum Beispiel im Nachkriegsösterreich nicht zu finden sind. Und auch die besten aktuellen Bauten der Gegenwart sind frei von modischen Allerweltsmotiven und verbinden avancierte Konzepte mit starken Interpretationen örtlicher Stimmungen.

Adolph Stiller – aus familiärem Hintergrund mit slawischen Sprachen vertraut, schon beim Studium in Wien Kontakte zu Brünn, Prag, Ljubljana pflegend, fachlich und sprachlich eloquent im Aufbau persönlicher Netzwerke, war aus der Lehrtätigkeit bei Bruno Reichlin und Arthur Rüegg um 1990 mit ersten wissenschaftlichen Sondierungen ›im Osten‹ unterwegs. Aus seiner Sicht steht demnächst eine Synopsis all dieser reich differenzierten, ungleichzeitigen Regionalentwicklungen an. Als Problem sieht er die rapide Ausbreitung qualitätsloser Investorenarchitektur aus dem Westen sowie die teilweise Orientierungslosigkeit in der Übernahme internationaler Formtendenzen, gegen die eben jene Regionen am meisten resistent blieben – Slowenien, Kroatien –, die ihre eigenständigen Wege zur Moderne ohne große Zäsuren über Kriegs- und Nachkriegszeit weiterbilden konnten.

Der Gott, der Eisen wachsen ließ*

Mutmaßungen über ein Sprachproblem der Moderne

Erschienen in proHolz Austria Hg. *Zuschnitt 16* (Wien 2004)

B: Es ist doch ganz einfach. Das 19. Jahrhundert sah die gewaltige industrielle Entwicklung von Gusseisen, Stahl, Glas – und schließlich die Verbindung von zwei künstlichen Baustoffen, Eisen und Beton, zu einem ganz neuartigen Hybrid. Brücken, Ingenieurbauten, Fabriken, Markthallen, Schiffe, Eisenbahn, Glühbirne und Otto-Motor – alles das provozierte auch in der Baukunst den Bruch mit den aus Holz- und Steinbauten überlieferten Formensprachen.

A: Dieselbe Zeit brachte aber doch auch den Siegeszug industriell gefertigter Holzmöbel, denk nur an Thonet: bis 1918 wurden allein vom Bugholzsessel Nr. 14 fast 50 Millionen Stück verkauft! Und die Vorläufer der Moderne, die Arts & Crafts-Leute, und dann der gekurvte Jugendstil – da spielte doch Holz in kühnen Bearbeitungen eine wesentliche Rolle! Und auch die ersten Flugzeuge waren Holzkonstruktionen. Der natürliche Werkstoff und die technische Innovation waren da doch absolut im Gleichklang, ohne jedes Sprachproblem!

B: Stimmt schon auch, in begrenztem Maßstab. Vor dem Ersten Weltkrieg gab es in der europäischen Kultur aber so etwas wie einen Epochenbruch. Die Nachahmung der Natur, die Schlüssigkeit zwischen Wirklichkeit und Abbildung – das wurde im bildnerischen und literarischen Bereich plötzlich völlig fragwürdig. Die Repräsentation ›nach der Natur‹ landete in allen Künsten auf dem Scherbenhaufen des Traditionalismus. Die Abstraktion wurde zur neuen Bild-Sprache …

A: Die ›Stahlbäder‹ des Krieges haben doch nicht nur eine Epoche beendet, sie hätten gerade auch bei den sensibleren Denkern und Gestaltern eine kritische Distanz zu diesen ›Triumphen‹ der industriellen Technologien auslösen müssen …

B: … natürlich, aber die Verstörung war nur kurz. Du erinnerst dich, das erste Bauwerk, welches das später so berühmte und wichtige, von Walter Gropius geleitete Bauhaus errichtete, das war 1920 ein archaisierender Holzbau, eine Blockhaus-Villa, mit Schnitzerei sogar und künstlerisch integrierten Verzierungen, im Stil expressionistisch angehaucht – also mit den Sprachmustern der Diagonalen, der Rauten, der Strahlen, Sterne, Kristalle etc.

* Josef Frank. *Architektur als Symbol*, 1931. Frank bezieht sich dabei auf eine Zeile aus dem nach 1918 sehr populären, deutschnational-martialischen Lied mit der Anfangszeile: »Der Gott, der Eisen wachsen ließ, der wollte keine Knechte …« Er polemisierte damit gegen die Verwendung von ›Stahl nicht als Material, sondern als Weltanschauung‹ in den Interieurs des Bauhauses, speziell gegen die kubischen, entgegen der Körperform gestalteteten Stahlrohrmöbel Marcel Breuers.

A: Richtig, erstaunlich – aber damit war dann wieder ganz schnell Schluss. Die Leute von De Stijl in Holland, die Konstruktivisten in der revolutionären Sowjetunion formulierten die Bausprachen der Zukunft: eine Umwertung aller Werte! Und dafür waren ganz andere Baustoffe, ganz andere Konstruktionsformen und Materialien prädestiniert. Holz, Stein und Ziegel standen für die alten Hierarchien, für die klassische Lastabtragung, für kleine Spannweiten, traditionelles Handwerk. Stahl, Beton, Glas waren dagegen die Leitstoffe der industriellen Revolution, die auch zur gesellschaftlichen Revolution führte. Stahl und speziell der stahlarmierte Beton setzte die Syntax der alten Baukunst außer Kraft, erlaubte ganz neue Spannweiten, freie Auskragungen, monolithische Flächen, die fast schwebend erscheinen konnten.

B: Eines verstehe ich immer noch nicht: zu den großen Pionieren der Moderne zählte doch auch ein Mann wie Gerrit Rietveld, ein Tischlermeister mit einer Werkstatt für Möbelbau. Und sein berühmter Sessel ist doch eine Inkunabel der klassischen Avantgarde, ebenso sein Haus für Madame Schröder in Utrecht!

A: Rietveld, sicherlich, der Mann mit den Handwerkerpranken, dem Arbeitskittel, im Zentrum der heißen Jahre 1918 bis 25! Aber schau', der Rot-Blau-Stuhl ist genau genommen so etwas wie ein Neanderthaler in der Evolution der Moderne; eine hochinteressante Sache, die aber nicht weiterführt. Dieser geniale Tischler wollte einfach nicht mehr mit den alten Methoden weitermachen. Er wollte die industriell produzierten Holzquerschnitte nicht mehr handwerksmäßig weiterbearbeiten, sondern ›industriell‹ verbinden. Und so legte er die puren Holzprofile im Winkel als Knoten stumpf aneinander und steckte einfach Dübel durch. Und auf das streng orthogonale Gestell legte er die beiden zur Körperhaltung gehörenden Schrägen – ebenfalls als pure, nicht über den minimalen Schnitt hinaus behandelte Platten.

B: Ich weiß schon, worauf du hinauswillst: Wenn man das mit einem Thonetsessel vergleicht, ist das technologisch, gewichtsmäßig, volumensmäßig und auch formal eigentlich unglaublich primitiv. Es sieht eher wie ein Do-it-yourself-Ding aus, wie es dann viel später erst IKEA anbieten sollte: ein paar Leisten und Platten, mit ein paar Schrauben zusammengehalten …

A: Das ist der Punkt! Es war für das mechanistisch-maschinelle Pathos der Moderne, das sich nach 1920 übermächtig durchsetzte, als Sprach-Bild, als Image nicht industriell genug! Der Rietveld-Sessel ist außerdem überhaupt nicht ›holzig‹. Holz tritt optisch nicht in Erscheinung. Die

Latten sind mit Mondrians kosmisch-mystischen Primärfarben lackiert – rot, gelb, blau, dazu schwarz, für das orthogonale Liniennetz. Rietvelds Sessel ist als Design wohl ›primitiv‹ – und damit eben ganz klar antikonventionell. Als Form ist er trotzdem am Puls der Zeit, ein Markstein der Sprachverschiebung der Moderne, die jeden Naturalismus ausgrenzt, stattdessen die pure Abstraktion, die ›reine‹, gegenstandslose Form propagiert – auf der Linie von Mondrian, Malewitsch. Zwei Jahre später ersetzten dann Marcel Breuer, Mart Stam u.a. die Holzleisten durch Stahlrohre, und erst damit begann die optisch und haptisch ›kalte‹, technoide Möbel-Sprache, die heute noch paradigmatisch für die Epoche steht – mit dem ›hinterbeinlosen, dynamischen Freischwinger‹.

B: Und wie war das mit dem Haus Schröder?

A: Da war alles da, was die Moderne wollte: die aufgelöste Ecke, das freie, scheinbar gewichtslose ›Schweben‹ von Scheiben und Platten, die frechen Auskragungen, das Flachdach ohne Vorsprung usw. Die ganze alte Grammatik von Stützen und Balken, von Friesen und Gesimsen, Fugen und Teilungen ist verschwunden, man könnte fast sagen – alle alten tektonischen Satzbausteine sind ins Gegenteil verkehrt. Aber das Haus des Tischlers Rietveld ist aus Stahl, Beton und glatt verputzten Ziegelmauern, und obwohl es Holzböden und Holzfenster gibt, ist alles deckend lackiert, ist kein Quadratzentimeter Naturholz sichtbar.

B: Könnte es sein, dass das Form-Ideal, die Neu-Sprache der Moderne im fundamentalen Gegensatz zu allen Holzqualitäten stand? Die Moderne orientierte sich an den glatten, profillosen Flächen der stählernen Schiffsrümpfe, an den genieteten und geschweißten Diagonalen der Stahlbrücken, an den detaillosen Knotenpunkten der Eisenbeton-Skelettbauten, an der klinischen, aseptischen, weißen Lichtfülle der Sanatorien, die gegen die damals grassierende Tuberkulose entstanden, an den fugenlosen, geweißten Putzflächen mediterraner Bauten. Die spurlose, fugenlose, ornamentlose, optisch gewichtslose Fläche maschineller Produktion war das Formideal der Moderne. Und im Holzbau ist (oder war) das Gegenteil wesentlich. Da musste jede Fläche zusammengesetzt werden und hat so in sich schon Richtungen. Die Holz-Syntax von Stütze, Balken, Fläche, Teilung, Fuge, Rahmen, Verkleidung, die thermische Beweglichkeit usw. – das läuft immer auf einen ›zusammengesetzten‹ Charakter hinaus, der in der alten Tradition eben organisch zum Ornament führte. Und das stand im krassen Gegensatz zur Ideologie der Moderne. Erst Jahrzehnte später sollte der Holzbau sich technologisch so weit entwickeln, dass auch damit große, monolithische

Flächen gebaut werden konnten, große Auskragungen entstehen konnten, das ›freie Spiel‹ von optisch homogenen horizontalen und vertikalen Scheiben usw.

A: Du merkst schon an diesem kurzen Gespräch, dass das ein unendliches Thema wäre. Und vergessen wir eines nicht: mit ihrer ideologiegesättigten Neu-Sprache hat die Moderne doch etliche Dinge gebaut, die technisch, thermisch etc. überhaupt nicht ausgereift waren, zu permanenten Bauschäden geführt haben, und die – wenn man hinter die puren, rationalen Oberflächen sieht – meist ganz andere, äußerst vertrackte Konstruktionen gebraucht haben. Und noch etwas: einige der faszinierendsten Schöpfungen der Moderne waren sehr wohl Holzbauten, aber eben Provisorien oder Ausstellungspavillons, z. B. das legendäre große Modell von Tatlins Turm für die III. Internationale von 1919, oder der tolle Pavillon von Konstantin Melnikow auf der großen Kunstgewerbeausstellung in Paris 1925 – wunderbare, unkonventionelle Holzbauten.

B: Es waren in Europa vor allem die Finnen, und da vor allem Alvar und Aino Aalto, die Mitte der 30er Jahre, als die Hochzeit von Bauhaus & Co. vorbei war, mit Holz in neue Dimensionen vorgestoßen sind: mit den Finnischen Pavillons in Paris 1937 und dann in New York, mit einigen großen Villenbauten etwas früher, mit der Möbelserie »Artek«, wo zehn Jahre nach Breuer nun ›Freischwinger‹ aus verleimten Holzteilen entstanden, und Thonet seine moderne Fortsetzung fand. Die Ironie dabei: Aalto wollte für sein großes, epochales und keimfrei ›weißes‹ Sanatorium in Paimio zuerst auch Stahlrohrmöbel entwickeln. Dann zeigte sich, dass die Patienten und Rekonvaleszenten mit Metallmöbeln nicht glücklich werden wollten. Und so intensivierten die Aaltos ihre Recherche zum Holz hin: eine Wende, die für das weitere Œuvre der Aaltos, weg vom Maschinen-Jargon, entscheidend war.

A: Und noch dazu: Ende der 1930er Jahre – Weltwirtschaftskrise, Aufrüstung, Kriegsbeginn – wird Stahl zu teuer, wird für die Rüstungsindustrie reserviert. Viele Protagonisten der weißen, silbernen Moderne schwenken notgedrungen zum Holz. Richard Neutra baut plötzlich mit sichtbaren Holzrahmen und Stein, was Rudolf Schindler wegen der kleinen Budgets seiner Kunden schon längst getan hatte – weswegen er auch in der Moderne damals immer als Außenseiter galt. Gropius muss in die USA emigrieren, wird in den 40er Jahren Konsulent einer der größten Holz-Prefab-Hausfabriken in Amerika, dann kommt Konrad Wachsmann dazu …, aber das wird schon wieder eine ganz andere Geschichte.

Not, Naht und Zimmerei

Erschienen in proHolz Austria | Jg. *Zuschnitt 36*. Gestaltung Atelier Gassner (Wien 2009)

Krisen, Notfälle setzen überkommene Muster – die Normalität – außer Kraft, erzwingen Improvisation, erfordern Innovation. Das Bauen und Werken mit Holz, das Fügen schützender Wände, Schirme, Dächer stand am Beginn unserer Kultur, und jene Zeiten und Epochen, wo rasches Reagieren auf Elementarereignisse, auf gefährdete oder krass veränderte Lebensbedingungen geboten war, brachten prompt die Qualitäten des Holzbaus zur Geltung: Schnelligkeit, Einfachheit, Verfügbarkeit, Leichtigkeit, Beweglichkeit – und Behaglichkeit sogar im Provisorischen.

Die bewährte Lösungskapazität in Problemlagen – Pölzungen für fragile Decken, Gewölbe; Gerüste zur Reparatur bröckelnder Gesimse; Baracken als temporäre, billige Wohnstätten – all das und mehr formt einerseits das traditionell positive Bild von Holz als Nothelfer, enthält andererseits auch die Kehrseite der Medaille: die historisch verfestigte Konnotation mit Zwangslagen, Provisorien, Mangelwirtschaft. Im semantischen Profil des Begriffs ›Baracke‹ ist diese Doppeldeutigkeit klar. Noch im 19. Jahrhundert eher positiv besetzt, ist der Begriff durch die Erfahrungen der Kriegswirtschaft, der rassischen und politischen Vernichtungslager des 20. Jahrhunderts heute eindeutig negativ. Wenn mit ökologisch handfester Begründung und mit aktuellen Beispielen eine Revision jener Klischees ansteht, die Holz-Siedlungsbau generell als Filigran- und Mangeltechnologie einstufen, kann eine Besinnung auf alternative Bedeutungsstränge und innovative geschichtliche Beispiele hilfreich sein.

Ein lokales, immer noch faszinierendes Vorbild sind die revolutionären Jahre der Wiener Siedlerbewegung nach 1918: Hungersnot in Wien, Mangel an allem führte zur massenhaften ›Landnahme‹ in vorher feudalen Grünräumen, zur Anlage von Nutzgärten für Selbstversorgung, zur Entwicklung neuer städtebaulicher und bautypologischer Siedlungskonzepte: Modellanwendungen ›wachsender Häuser‹; neue Kombinationen von Holz- mit Massivtechniken, von professioneller Ingenieurplanung mit handwerklicher Eigenleistung; Schaffung robuster Systeme zur Selbsthilfe und Nachbarschaftshilfe, zur sozialen und wirtschaftlichen Autonomie von Lebensräumen.

Das legendäre Beispiel war Adolf Loos' Patent »Haus mit einer Mauer«, 1921 in Rahmen seiner Arbeit für das Siedlungsamt konzipiert, damals nur sporadisch realisiert, Jahrzehnte später eine zentrale Referenz der Pionierphase der Vorarlberger Baukünstler und ihrer Holzbauprojekte für junge, unangepasste Leute, die sich die üblichen Angebote der Wohnbauträger und des Baumarktes nicht leisten konnten. Loos' Patent war und ist richtungweisend, weil es keine normierte Groß- oder Hochtechnologie braucht, sondern eine Mischung von primären und sekundären, von harten und weichen Komponenten darstellt, weil es kein fixfertiges Produkt liefert, sondern ein System mit Potentialen der lokalen Selbstbestimmung, der individuellen Variation, der leichten Veränderbarkeit in der Zeit.

Loos fusionierte rationalistische Ingenieurtechnik mit praktischer Bricoleur-Weisheit. Und diese gewitzte, offene Konzeption verschwägerte das Haus mit einer Mauer mit den altjapanischen Haustypen – filigrane, in mehrfacher Hinsicht elastische Holzstrukturen, die aus der Not der Erdbebenhäufigkeit und des feucht-kalten Klimas eine Tugend machten und eine geistig/gestalterische Hochkultur in ›barackenartigen‹ Pavillons behausten, welche die Großmeister der klassischen Moderne, von Wright, Mies und Schindler bis zu Taut, Wachsmann, Frank, Plischke und Rainer faszinierte und inspirierte.

Seit Jahrzehnten hat der ISO-Metallcontainer das Feld des behelfsmäßigen, nomadischen, parasitären Behausens okkupiert. Werkstofflich und logistisch ist das ein großindustrielles, hoch determiniertes Produkt und kein systemischer Ansatz. In Erinnerung sind z. B. noch die letztlich gescheiterten Versuche von Heidulf Gerngross – einziges Resultat der nach dem Balkankrieg in Wien 1993 initiierten Ausstellung *SOS Aufbau-Wohnen* – die ISO-Container gegen den Strich zu bürsten und für billige, Lowtech-/Highend-Adaptionen von Wohn-, Büro-, Läden-Clustern zu individualisieren.

Holzbauvisionäre wie Wolfgang Pöschl oder Hubert Rieß betonen dagegen, dass das Potential und die Herausforderung moderner Prefab- und Modultechnik in Holz darin liege, nicht das Endprodukt ›Haus‹ zu denken – in all seinen populärkulturell versteinerten und konsumistisch gesteuerten Sehnsuchts- und Wunschfixierungen. Rieß: »Ich habe im Kosovo bei den Einsätzen der Hilfskorps und anderswo gesehen, wie falsch die technisch normativen, rationalistischen Maßnahmen und Konzepte sind. Für die Zukunft des leistbaren, ökologischen Bauens nicht nur für Randschichten oder Temporärlösungen dürfen wir nicht

›in Häusern‹ denken, sondern müssen Systeme kreieren, bei denen die technische Infrastruktur das langfristige, auch sozial-räumliche Rückgrat bildet und die andockenden Ausbauten möglichst wenig normiert und maximal elastisch sind – mit modernen Holzwerkstoffen ideal zu machen.«

In diesem Sinne wäre jetzt zu fragen: Hat die kürzlich groß angelegte Wettbewerbsserie »Neue Siedlerbewegung« in Wien Optimales erbracht? Oder: Wo sind die Nachfolgeprojekte für Spöttlgasse, Mühlweg usw.? Vielleicht hilft dazu, auch breiteren Kreisen in Erinnerung zu rufen, dass Architektur wörtlich und historisch von der Holzbaukunst, der Zimmerei stammt. Der ›architekton‹ der Griechen war der oberste, der Erz-Zimmerer. Und aus dieser Einsicht formulierte Gottfried Semper, der wichtigste Exponent einer soziokulturell und werktechnisch begründeten Architekturtheorie: Die archaische Zimmerei war die Kunst, Stäbe oder aus Gittern gebildete Flächen konstruktiv zu verbinden, zu vernähen. Und er setzte die Begriffe ›Noth‹ und ›Nath‹ an den Ursprung der technisch über den Mauerbau hinausführenden Zimmerei. Könnte dieses Bild nicht auch für unsere globale Notzeit des Klimawandels, der Ressourcenproblematik, der aufschnellenden Schere zwischen Arm und Reich als Leitstern dienen?

Was ist Wesen, was ist Schein?

Nachdenkhilfen zur ›Natürlichkeit‹

Erschienen in proHolz Austria Hg. *Zuschnitt 32* (Wien 2008)

Je mehr Anteile am Neubauvolumen der Werkstoff Holz erobert, je mehr sich auch die Holztechnologie einer industriellen Künstlichkeit annähert, umso mehr wird über Aspekte der Nachhaltigkeit diskutiert, über praktische und ästhetische Grundfragen. Die Positionen pendeln, grob gesagt, zwischen mehreren Polen. Es gibt die konventionelle Haltung, die Holzoberflächen generell pflegeleicht mit deckenden Lackierungen veredelt oder mit Imprägnierungen aller Art konserviert haben will; es gibt die puristische Haltung, die chemische Schutzschichten und Bekleidungen ablehnt und Holz innen wie außen möglichst ›natur‹ anwendet; und es gibt eine libertinäre Haltung, die den ›Trend zur Natur‹ kommerziell und emotional am besten mit preiswerten Laminaten, mit Imitationen aus künstlichen Werkstoffen bedienen möchte.

Im Spektrum aller Haltungen steckt neben unterschiedlichen pragmatischen Motiven ein hohes Maß an Ideologien, und diese beruhen auf einer stattlichen Geschichte einschlägiger Debatten. Im Zentrum solcher Auseinandersetzungen stand und steht die philosophische, kulturelle Orientierung. Es geht um soziale Werthaltungen, es geht um die Trennschärfe kultureller Übereinkünfte, um die Positionierung innerhalb fundamentaler Begriffsraster: Was ist Wahrheit, was ist Lüge – und kann vielleicht eine sogenannte Lüge wahrer sein als eine sogenannte Wahrheit (siehe u. a. das Epimenides-Paradoxon). Was ist Echtheit, Authentizität, und was ist Imitat, Täuschung? Was ist substanzielles Wesen und was äußerliche Erscheinung – und wie ist die Beziehung, die Hierarchie zwischen beiden (siehe u. a. Platons Höhlengleichnis)? Was ist Natürlichkeit, was ist Künstlichkeit – und in welchem Werteverhältnis stehen sie zueinander? Was ist wirklicher Stil und was flüchtige Mode – und welche Rollen spielen die beiden Sphären im Selbstverständnis einer Zeit, einer Gesellschaft? Wie ist das Verhältnis zwischen dem bloßen Körper und seinen Applikationen mit Schmuck, mit Ornament, mit Hülle und Bekleidung? Wie halten wir es mit der Vergänglichkeit, mit dem Altern, mit dem Tod und mit dem Begehren nach ewiger Dauer, nach ›ewiger Jugend‹…?

Die heutigen Standpunkte spiegeln vielfach immer noch den Streit um die Moderne vor gut hundert Jahren. »Nuda veritas!«, hieß der

Schlachtruf der künstlerischen, kulturellen Secessionen in Europa um 1900. Die Schmuck-, Bemalungs-, Verkleidungs- und Dekorationswut des Historismus wurde als ›Lüge‹, als nicht authentische Maske verdammt, und die Nacktheit der Körperlichkeit, der natürlichen Materialien, der praktisch-rational minimierten Gestaltungen wurde als Stil der neuen Zeit propagiert. Aber schon damals spalteten sich die Proponenten des ›wahren Zeitstils‹, der neuen ›Natürlichkeit‹ in gegensätzliche Lager. Die einen trauten sich sehr wohl zu, neue Bekleidungen, neue Schmuckformen, neue Tapeten, neue Ornamente und Farben für Bauten, Möbel und Alltagsgegenstände zu schaffen – das ganze Lager von Jugendstil, Art Nouveau und später Art Deco. Die anderen lehnten genau das als reaktionären Modernismus ab und proklamierten einen radikalen Purismus: Marmor sei die billigste Tapete, Ornament sei mit Pathologie und Primitivität gleichzusetzen, weiße Wände sollten es werden, keusch und rein ... so und ähnlich lauteten die Zitate von Loos, Le Corbusier und anderen, und deren Ansätze haben sich mit dem Internationalen Stil in der akademischen Lehre und im vergröberten baulichen Alltag dann bis zur sogenannten Postmoderne weitgehend durchgesetzt.

Das Paradigma der klassischen Moderne resultiert aus einem epochalen Bruch mit jeder Tradition, was Friedrich Nietzsche mit dem (paradoxen) Satz »Gott ist tot« ausgesprochen hatte. Jede Form von humaner Kultur davor hatte sich aus der Bewusstwerdung des leiblichen Todes und aus der Frage nach einem darüber hinausgehenden Sinn, nach einer Instanz jenseits des Todes, jenseits von Zeit und Raum, nach Transzendenz und dergleichen entwickelt. Und alle baulichen, künstlerischen, alltagsbezogenen Stile, Ausdrucksformen waren in die immateriellen Bedeutungsfelder der Religionen und der auf sie weiter begründeten sozialen Hierarchien eingebettet. Das Materielle – vergänglich – war selbst in kleinsten Aspekten in die fiktionalen, geistigen, emotionalen Konstrukte des Immateriellen verstrickt. Jede Maske hatte konkrete Bedeutung, und ›Natur‹ wurde erst in künstlichen, jahreszeitlichen Ritualen verstanden, bewältigt, begriffen.

Mit der Säkularisierung der europäischen, naturwissenschaftlich-industriell begründeten Gesellschaft, mit der Zerschlagung feudaler Hierarchien sind sämtliche alten Referenzebenen der Alltagsgestaltung entwertet und bleiben tatsächlich (scheinbar!) nur nackter Materialismus und Utilitarismus. Denn das humane Lustprinzip ist lebendiger, aufgeregter, zielloser, hungriger denn je. Wirtschaft und Politik geben sich rational, gründen aber auf extremen Fiktionen, nicht mehr im Glauben an Kirche und Kaiser und Moral und dergleichen, sondern im Glauben an die Macht des Wachstums, des endlosen Begehrens, an die Gerechtigkeit des freien Marktes und die Dynamik des Kapitals. Wie irrational ihrerseits diese säkularen Glaubenssysteme sind, zeigt sich gegenwärtig an der weltweiten ›Finanzkrise‹.

In den bildenden Künsten, die mit der Baukunst engstens verknüpft waren, führte dieser Bruch zur Trennung und zur Freisetzung der künstlerischen Mittel vom direkten Verweis auf Natur, auf Übernatur und ewige Dauer. Die bildenden Künste wurden autonom, selbstreferentiell, abstrakt. Die Kunst seither denkt nicht mehr im Referenzrahmen transzendenter Wahrheiten, sie denkt über sich selbst nach und über die Systeme dieses Nachdenkens, über die Projektions- und Behauptungsweisen von Wirklichkeit, über die Spielregeln von Logik, von Wahrheit …

Der Traditionsbruch in Kunst und Baukunst war untergründig von einer gar nicht neutralen, gar nicht so rationalen Ideologie gespeist. Die Emphase für ›weiße Wände‹, für pures industrielles Material, für den Verzicht auf Ornament und Schmuck war durchaus auch männlich-mechanistisch-machistisch unterfüttert; alles Ornamentale, Kleidhafte, Schmuckhafte, Modische, Emotionale wurde als feminin, primitiv triebhaft, unhygienisch und bedrohlich (im Zeitalter der venerischen Krankheiten und der aufkommenden Emanzipation der Frauen!) kodiert und qualifiziert (siehe u. a. Otto Weiningers Bestseller *Geschlecht und Charakter* von 1903 und die Folgen). Joseph Olbrich wollte sein Haus der Wiener Secession in naturfarbenem Putz haben, »rein und keusch«, dann wurde der Bau doch geweißelt, weil der Naturputz zu fleckig war, und seither wurde dieses weiße Kleid ein Dutzendmal erneuert. Die auf Otto Wagners Ziegelbauten aufgenagelten Marmorplattenkleider und Steinplattenrüstungen, seiner Obsession für leichte Abwaschbarkeit und ewige Dauer entsprungen, haben sich praktisch etwas besser gehalten, ästhetisch sind auch sie schon Geschichte …

Zurück zum Holz, das unter den Baustoffen der lebhafteste, der organischste und dem Humanen am nächsten ist: Gerade dieses Naturell, diese Organik, dieses Leben und Atmen des Materials setzt es nach wie vor in die unausweichliche Spannung zwischen diametralen Werthaltungen: Wie halten wir es mit den Prozessen der Natur, mit der Vergänglichkeit, mit der Endlichkeit (von allem), wie mit der Begierde nach ewiger Dauer, ewiger Jugend, mit dem Verhältnis zwischen Schein und Sein? Wie echt ist heute noch ›das Echte‹, das in den militanten Ideologien des 20. Jahrhunderts tausendfach desavouiert, missbraucht, verfälscht worden ist? Oder bleibt als Motto eher übrig, was Lucius Burckhardt am Dilemma zwischen ›echtem und falschem Schmuck‹ meisterhaft beschrieben hat, dass nämlich »nur der Schein nicht trügt, nicht täuscht, weil das Echte nichts mehr bedeutet, und der Schein, der Glamour hingegen immerhin der kulturellen und subkulturellen Unterscheidung dient«?

All das kann beim Nachdenken über die Natur des Holzes helfen – nicht zur Legitimierung von weiteren Hekatomben Sondermüll an Chemie, an Ersatz- und an ›echtem‹ Kunststoff, sondern zum Nachdenken über das Problem, warum es so schwierig ist, in einer Gesellschaft des scheinbaren Überflusses und der endlosen Begehrlichkeit eine aus den Verhältnissen des Mangels geborene Ästhetik des Rauen, des Rohen, Ungekochten, Ungeschönten, des ›Natürlichen‹ zu etablieren.

Poetik der Baukunst

Erschienen in Franziska Ullmann. *Basics. Architektur und Dynamik* (Wien–New York 2010[2])

Eine der elegantesten Maximen des Ästhetischen propagierte der große Baukünstler Ludwig Mies van der Rohe: »Schönheit ist der Glanz der Wahrheit.« So schlüssig und klar – fast für die Ewigkeit – dieser vom Theologen und Kirchenvater Aurelius Augustinus übernommene Satz erscheint, so problematisch ist er, als Ganzes und in jedem seiner Teile. Denn nichts ist heute und lange schon umstrittener als das ›Schöne‹; nichts ist unsicherer als ein Konsens darüber, was ›wahr‹ ist, und mit dem Wort ›Glanz‹ verbinden wir eher die Effekte materieller Brillanz und vordergründigen Glamours als den Vorschein oder das Aufleuchten einer harmonisch vollendeten, transzendenten Wirklichkeit.

In all den spirituell orientierten, alten Kulturen, speziell in der griechischen Antike, an die ja Augustinus seinerseits erinnerte, galt Schönheit in irdischen Belangen, in Musik, Skulptur oder Architektur, als Abbild himmlischer, göttlicher Ordnung. Mit der Kopernikanischen Wende und im Verlauf der Aufklärung verblasste in Europa die Ausrichtung und Begründung aller Kunst auf die mythisch-objektive Dimension. William Shakespeare ließ um 1600 seinen Hamlet sagen: »An sich ist nichts weder gut noch böse; das Denken macht es erst dazu.« Und in der Mitte des 18. Jahrhunderts formulierte David Hume: »Schönheit ist keine Eigenschaft, die den Dingen an ihnen selbst zukommt; sie existiert lediglich im Geist dessen, der die Dinge betrachtet.« Mit dieser Wendung der ästhetischen und moralischen Matrix vom Kosmischen zum Subjektiven erweiterten sich die Kriterien des Schönen sozusagen in einen unendlichen Zwiespalt. Was vordem hässlich, grotesk, abschreckend war, konnte – wie Edmund Burke darlegte – nun als ›Erhabenes‹ mit dem Genuss des entlastenden Schauders gesehen werden. Die deutsche Romantik vertiefte noch diese Faszination von der ›anderen Seite‹ der schönen Medaille. Der Klassizismus versuchte wohl eine Rückkehr zu den aristotelischen und neuplatonischen Idealen. Doch das ganze restliche 19. Jahrhundert kreiste um die verzweifelte Frage: »In welchem Style sollen wir bauen?« Karl Friedrich Schinkel – Romantiker und Klassiker in Personalunion – zeichnete für ein und dieselbe Kirche eine neo-romanische und eine neo-gotische Fassung. Wahrheit?

Erst durch die sogenannte klassische Moderne des 20. Jahrhunderts schien eine neue Orientierung am Rationalen, am eindeutig Messbaren und gesellschaftlich Nützlichen gewonnen. Allein, auch die Thesen eines Mondrian oder Malewitsch, eines Kandinsky oder Klee, eines Mies oder Corbusier trugen unter ihrer logisch-verbindlichen, aller historischen, spirituellen und naturbezogenen Mimesis entkleideten Argumentation immer noch den Pulsschlag des Transzendentalen, des Irrationalen in sich. Das ›Denken‹ und das Empirische waren nun wohl absolut gesetzt, doch vom Metaphysischen immer noch nicht gelöst. Und so wurde in der Post-Moderne – als kulturelle Verfassung, nicht als Stil verstanden – dieses unlösbare Dilemma schließlich zum befreienden Grundsatz: »Anything goes!?« Die Trauerarbeit um die Vergeblichkeit, eine ›große, einheitliche Diktion‹ des Schönen zu etablieren und durchzusetzen, wird uns aber versüßt durch die Lust an der unendlichen Differenziertheit des heute Möglichen, am grenzenlosen Spektrum subjektiv abschattierter Wahrheiten, Lebensqualitäten und baukünstlerischer Haltungen. Diese wirkliche Freiheit mündet nicht zwangsläufig in die Beliebigkeit, im Gegenteil. Es werden bloß die simplen, generalisierenden Messlatten, wie sie noch die Dogmen des Internationalen Stils behauptet hatten, durch ein viel feineres, offeneres und zugleich kontextuell genaueres elastisches Netz von Kriterien, Sehweisen formaler und inhaltlicher Poetiken zu ersetzen sein.

Schlicht davon handelt das vorliegende Buch: als eine Enzyklopädie gestalterischer Elemente, Wirkungen, Bedeutungsschichten – zunächst für die Lehre an der Architekturfakultät in Stuttgart entwickelt, aber auch als ein Wegweiser für alle an Architekturqualität Interessierten. Franziska Ullmann nimmt dazu als Kompass die berühmte formtheoretische Trias von Wassily Kandinsky – *Punkt und Linie zu Fläche* – nicht sosehr als Mittel der Begründung und Erklärung von Abstraktionen, sondern als kleines, logistisches ›Einmaleins‹, um in einem geographisch und zeitlich umfassenden Spektrum baulicher Setzungen die Wirkungsweisen räumlicher Ereignisse zu analysieren, lesbar zu machen. Es ist eine enzyklopädische Reflexion über die Choreografien des Handelns und Empfindens, welche durch bauliche Gesten provoziert und evoziert werden; es zeigt uns das Kaleidoskop der architektonischen ›Sprachen‹ und Inhalte jenseits der rein pragmatischen Fakten von Material, Konstruktion, Volumen und auch jenseits von Stilfixierungen. Man könnte sagen, was eine Enzyklopädie des Hochbaus auf der materiellen EBENE mitteilt, das bietet uns dieses Buch als

Grundlagenwissen im immateriellen RAUM – der Wirkungen zwischen Mensch, Gesellschaft und der raumbildenden Kunst Architektur.

So gesehen steht *Basics* von Franziska Ullmann in der Folge bedeutender älterer Werke – ich nenne nur *Logik der Baukunst* von Christian Norberg-Schulz oder *Mensch und Raum* von Otto Friedrich Bollnow, beide geschrieben am Beginn der 1960er Jahre und am Ende der Ära des Internationalen Stils; weiters *Complexity and Contradiction in Architecture* von Robert Venturi oder die einschlägigen Werke von Rudolph Arnheim, Christopher Alexander, Joseph Rykwert aus den 1970er Jahren – und wie alle diese Texte ist es ein weiterer Anlauf, die Wirkungskraft gebauter Formen nicht allein aus akademisch innerarchitektonischer Perspektive zu formalisieren, sondern in aller Vielfalt die anthropozentrische Funktion von Baukunst aufzuzeigen und einzufordern.

Franziska Ullmann stammt aus Wien und schöpft einerseits aus den in Wien notorisch formbewussten Potentialen des modernen Bauens wie auch aus der hier gepflegten Skepsis gegen die ›reinen Lehren und absoluten Wahrheiten‹ jeglicher Art – und Ullmann war in Stuttgart andererseits konfrontiert mit der vorhandenen, bedeutenden architekturtheoretischen Tradition, die lokal wesentlich auf Jürgen Joedicke zurückgeht. In diesem Zusammenhang und im Rekurs auf die eingangs angesprochenen rituellen Quellen von Baukunst und Schönheit ist an zwei Wiener zu erinnern, die wichtige bauphilosophische Beiträge im deutschsprachigen, mitteleuropäischen Diskurs nach 1945 geleistet haben: Ottokar Uhl und Herbert Muck waren beide ausgewiesene Experten des modernen Kirchenbaus, und es verbindet sie die formkritische, anthropozentrische Sichtweise der Gestaltung und Wirkung von Räumen. Eine stark vereinfachte Synthese ihrer beider Standpunkte könnte so lauten: »Die Ästhetik der Moderne ist handlungsorientiert; die Vorform und Wirkungsform der Raumgestalt ist die soziale Plastik – jene Handlungsmuster von Gruppen oder Einzelnen, welche Räume und Raumfolgen generieren, strukturieren, bedeutsam machen.« Es ist diese Sichtweise, die Ullmann den abstrakten Argumenten von Kandinsky und Klee zu- und überordnet und an Beispielen aus Geschichte und Gegenwart verdeutlicht. Sichtlich weitgereist, erläutert die Autorin durchwegs Bauten und Situationen aus eigener Anschauung, zum Großteil mit eigenem Fotomaterial.

Ein alter Spruch meint: »Wir sehen nur, was wir wissen.« In einer zunehmend bild-, schrift- und signalorientierten Informationsgesellschaft verengt sich auch das Verständnis gebauter Botschaft auf plakative Kürzel und formal auffallende, rein visuelle Reize. Das Medium der Baukunst verlangt und regelt aber vielmehr nichtsprachliche, vorsprachliche, körperliche, raumdynamische Wirkungsweisen: »Formen bedeuten das, was in Bezug auf sie *gemacht* werden kann« - ja, und das heißt immer noch etwas ganz anderes, als bloß Passanten zu Kunden zu machen oder zu reizhungrigen Architekturtouristen ...

Diesem Anspruch, dieser Botschaft ist dieses Buch kompetent und leidenschaftlich auf der Spur, und es ist ihm zum wünschen, dass eine möglichst breite Leserschaft dieses Angebot nützt, um mit solchem Wissen, mit solchen Grundlagen und Kriterien in Alltag und Fachbereich selbständig wirksam zu werden - und um viel mehr noch jene Qualitäten zu fordern und anzustreben, die zeitgenössische Baukunst in allen Dimensionen und Facetten zu leisten imstande ist.

Von der Unmöglichkeit, über Architektur zu schreiben

Friedrich Achleitner zum 80er

Erschienen in »Friedrich Achleitner 80«. *Hintergrund* 46/47. Hg. Architekturzentrum Wien. Red. Gabriele Kaiser (Wien 2010)

Es war 1969/70, mein fünftes Semester an der TH Wien und der Beginn meiner Arbeit in der Experimentalgruppe »Missing Link«. In einer Ausgabe der *protokolle* las ich – es war ein Primärerlebnis – einen Text von Friedrich Achleitner, und die schlüssigsten Zeilen daraus wurden sogleich als Motto zu einem Entwurfsprogramm am Wohnbauinstitut verwendet. Zitat Achleitner: »Wohnen ist das unaufhörliche Aufräumen der Wohnung, ohne mit dem Wohnen aufzuräumen.«

Erst sieben Jahre später bin ich Fritz Achleitner persönlich begegnet. Es war bei der Präsentation und Diskussion des von ihm herausgegebenen exzellenten Buches *Die Ware Landschaft* im alten Lokal der ÖGFA in Wien/Liechtensteinstraße. Adolf Krischanitz und ich hatten damals gerade unsere Zeichnungen und Projekte »Wiener Typen« in Arbeit, und am Ende der Veranstaltung, schon beim Wein, nahmen wir alle Courage zusammen und fragten diesen immens gescheiten weißhaarigen (!) Herrn, ob er für unsere geplante Broschüre ein Vorwort schreiben könnte, was er freundlich und bestimmt ablehnte.

Ein Jahr später konnten wir – im Verein mit Dietmar Steiner und Gunther Wawrik – den Fritz aber anders herumkriegen und dazu überreden, sich wieder mehr in der Architekturszene Wiens zu engagieren und im Vorstand der ÖGFA mitzuwirken.

Im Dezember 1980 lud Fritz mich etwas kryptisch telefonisch zu einem Treffen ins Café Museum. Es ginge darum, sagte er dort, dass *Die Presse* wieder eine regelmäßige, wöchentliche Architekturkritik bringen wolle, und er habe dem Chefredakteur vorgeschlagen, dass ich das machen könnte. Zuerst war ich perplex, meinte dann: ja, das traue ich mir zu, doch allein könne ich das nicht machen, weil ich mit Krischanitz mitten im Aufbau des Büros war, aber vielleicht alternierend mit Dietmar Steiner? – Alles weitere ist inzwischen schon Geschichte …

Mit Achleitner kann man als (immer) jüngerer Architekturpublizist leicht in ein ›Der Hase und der Igel-Syndrom‹ geraten. Wohin man als feurig engagierter Hase in der österreichischen Architektur der Gegenwart und jüngeren Vergangenheit auch hinspringen mochte, der Igel Achleitner war immer schon da, hatte das Wesentliche schon gesagt. Eine spezielle, sicher unbewusste Chuzpe etwa war, dass er mich einlud, bei der Verleihung des Staatspreises für Publizistik an ihn im Frühjahr 1985 die Laudatio zu halten. Ich habe mir viel Mühe gegeben, um das anständig zu schaffen, um das Besondere seiner Kritiken, seiner Bücher und Architekturtexte zu würdigen. Und dann stellte er seine Dankesrede unter die Devise: »Von der Unmöglichkeit, über Architektur zu schreiben«! – Das war eine wichtige Lehre, und ich versuchte fortan bei meiner eigenen Textarbeit, diesen Vorbehalt der Unmöglichkeit immer mitzudenken – gut. Und dann kam Achleitner prompt mit neuen Katalog- oder Buchtexten heraus, wo er selbst sich in dieser Hinsicht wieder herrlich Lügen strafte.

Das ›Phänomen Achleitner‹ irgendwie zu fassen, geht – wenn überhaupt – nur über seine Qualität als Sprachkünstler, Sprachforscher, Sprachskeptiker. Der Bogen ist klar gespannt – schon das eingangs erwähnte Zitat zum Wohnen war und ist deshalb so gut und unschlagbar, weil es die Sache rein aus den spracheigenen Bedeutungs-, Spiel-, Witz- und Widerspruchsmöglichkeiten vorführt und relativiert. Und so geht der Bogen von den frühen literarischen Arbeiten über das riesige Œuvre der Architekturtexte folgerichtig und scheinbar mühelos zum Spätwerk seiner Textminiaturen aus den letzten zehn Jahren – von *Einschlafgeschichten*, über *Wiener Linien* und *und oder oder und* bis zu *der springende punkt*.

Es ist wunderbar mitzuerleben, wie sich ein Architekt, ein Schriftsteller, ein Architekturfachschriftsteller im Alter neuerlich verjüngt, sich von der letztlich prekären Fach- und Objektverhaftung löst zu dieser Freiheit, Lockerheit und lakonischen Präzision und De-Konstruktion der nun aus dem urbanen Alltag und aus der Sprachwirklichkeit aller Schichten und Fraktionen herausdestillierten Text-Kleinodien.

Von der Unmöglichkeit, die Architektur zu beschreiben, von der Gefahr, dass bei der immer genaueren, profunderen Beschreibung der Baukunst deren genuine Wirklichkeit dem Autor wie dem Leser und Benutzer selbst immer weiter verschwindet und entschwindet, davor kann man sich eben doch retten: in diesen unendlich vertrackten, endlos ergiebigen Kosmos der Wort-, Sprach- und Gedankenwirklichkeit. Nur dort ist die ›Heimat‹ all jener unerschöpflichen Absurditäten, Paradoxien, Spannungen, Missverständnisse und kreativen Irrtümer, aus denen sich das Leben und sein Ausdruck durch Planen und Bauen im Komplexesten wie im ganz Trivialen (das Triviale ist das Allerkomplexeste) zusammensetzen.

Herzliche Gratulation, lieber Fritz, zum 80er! Herzlichen Dank für alles – und die allerbesten Wünsche für die Zukunft!

Architekt sein? In Österreich?

Die Krise ist keine akute, sie ist eine permanente – warum das Verhältnis von Politik, Macht und Architektur in Österreich besonders viel Zündstoff enthält.

Erschienen in *Die Presse / Spectrum*, 11. November 1995

Nicht nur die Avantgardisten beschwören das ›Ende der Architektur‹. In Zeiten kultureller Desillusionierung gehen jetzt sowohl die großen Bauherren als auch die politischen Entscheidungsträger auf Nummer sicher: Spektakuläre Projekte werden nur mehr einer Handvoll bekannter Star-Entwerfer anvertraut, deren Image bereits rundum abgesichert erscheint, die also einen probaten Markennamen garantieren. Um alles übrige herrscht – so die Kassandrarufe bei einschlägigen Symposien in Frankfurt, Berlin, London oder Graz – ein immer härter werdender Konkurrenzkampf, der nur die großen Architekturbüros begünstigt; junge Architekten hätten immer weniger Chancen, zumal auch das in den 80er Jahren sehr offene Wettbewerbswesen zuletzt restriktiver gehandhabt wurde. Architektur – über die noch nie soviel im akademischen Kreis wie in der breiten Öffentlichkeit diskutiert wurde wie heute – also wieder einmal unters Joch wirtschaftlicher politischer Macht gezwungen? Dazu im Folgenden einige Szenen, die solche Befunde bestätigen, aber auch eindeutig in Frage stellen.

Erste Szene.

Man erinnere sich an den Wiener Hofburgbrand vor drei Jahren. Dieses Ereignis wurde in den Medien maßlos aufgebauscht – ein Stück österreichischer Identität sei da verlorengegangen, so einige Meldungen, ein Juwel österreichischer Baukunst sei zerstört. In Wahrheit war wohl ein barocker Dachstuhl abgebrannt, darunter aber eine bau- und kulturgeschichtlich unbedeutende Innendekoration des späten 19. Jahrhunderts vernichtet worden. Im Rahmen einer derart emotionalisierten Berichterstattung wurde damals auf höchster politischer Ebene über Nacht und aus dem Stand eine Entscheidung präjudiziert. »Die Hofburg wird wieder aufgebaut, wie sie war.«

Viele profilierte Architekten, aber auch Persönlichkeiten aus anderen Kultursparten haben diese Entscheidung kritisiert. Nach einer gewissen Verzögerung entstand eine zweite mediale Welle, eine sehr lebhafte, über die Printmedien geführte Debatte über Sinn oder Unsinn einer ›legitimen Rekonstruktion‹ respektive einer ›kulissenhaften

Geschichtsfälschung‹. Das Ganze geschah vor dem Hintergrund der Frage: ob die politischen Entscheidungsträger unserer Republik – wenn es schon um die Identität geht – imstande wären, ein selbstbewusstes Zeichen zeitgenössischer Identität zu setzen, oder ob sich hier das latent Fiktionale unseres landläufigen österreichischen Geschichtsverständnisses auch in einer höchstrangigen baulichen Fiktion – der Rekonstruktion der Redoutensäle – fortsetzen würde.

Robert Menasses Essay *Land ohne Eigenschaften* war kurz zuvor erschienen. Und vielen von uns ging damals einer der Sätze daraus nicht mehr aus dem Sinn: »Wir haben gesehen, dass das österreichische Prinzip der Realfiktionen alles in diesem Staat affiziert – das Reale wird unwirklich und das Unwirkliche real [...]. Österreich hat sich von seiner Geschichte abgeschottet und versucht dennoch, von seiner Musealität zu leben.«

Ich hatte damals – im Frühjahr 1993 – die Gelegenheit, eine von der Österreichischen Gesellschaft für Architektur veranstaltete Podiumsdiskussion zu diesem Thema zu leiten. Neben den Spitzenbeamten des Denkmalamts, der Landeskonservatorin für Wien und dem Landeskonservator für Niederösterreich, haben an dieser Diskussion einige profilierte Architekten teilgenommen – Hans Hollein, Volker Giencke, Jiři Vendl –, zwei Hochschulprofessoren für Kunstgeschichte – Peter Haiko, Karin Wilhelm – sowie der mit der Rekonstruktion beauftragte Architekt und Denkmalpflege-Professor Manfred Wehdorn.

Rund 600 Interessierte haben die lebhafte, mehrstündige Debatte im damals gerade eröffneten Architekturzentrum Wien verfolgt und mitgestaltet. Das Resümee war eigentlich überraschend: Die Denkmalpfleger wie auch die Kunsthistoriker distanzierten sich vom Prinzip der Rekonstruktion, und sogar der damit dezidiert Beauftragte räumte ein, »dass es durchaus zum Einbetten der verbliebenen Substanz in ein neues Konzept kommen könnte«. Von der Euphorie dieser Veranstaltung beflügelt, beschloss ein Teil der Podiumsdiskutanten, das Thema auf höchster politischer Ebene in einem persönlichen Gespräch vorzubringen. Der damalige Vizekanzler und Wissenschaftsminister Erhard Busek – als solcher auch der dem Denkmalamt übergeordnete Politiker – hat einen Termin zugesagt. Und Hollein, Giencke, Haiko, Chramosta und ich sind dort erschienen, mit dem Konzept in der Tasche für die zeitgenössische Neugestaltung der Redoutensäle über ein Gutachterverfahren beziehungsweise einen Architektenwettbewerb.

Busek hat uns an seinem Arbeitstisch empfangen, das Gespräch hatte gerade erst begonnen, da unterbrach der Vizekanzler mit den Worten: »Meine Herren, ich stimme in der Sache inhaltlich völlig mit Ihnen überein. Aber ich eröffne mir keine zweite Front.« Womit gemeint war, dass er neben dem heftig umstrittenen Projekt Museumsquartier – ebenfalls primär seine Ressorts betreffend – nun den politischen, medialen und persönlichen Gegnern, der *Kronen Zeitung* und ihrem Herausgeber et cetera, nicht ein weiteres Kritikfeld eröffnen könne.

Das Gespräch ging dann noch zehn bis 15 Minuten weiter – der Minister dabei ständig Akten durchblätternd und signierend –, über die Frage etwa, ob die Wiener Landeskonservatorin in der Diskussion eine konträre Haltung zu dem geäußert habe, was sie sozusagen dienstlich offiziell und schriftlich als Stellungnahme dem Minister gegenüber feststellte. Aber nach diesem entwaffnenden, überraschend offenen Bekenntnis des Ministers – Sie haben völlig recht, aber ich muss konträr dazu handeln –, nach diesem Satz war gleichsam die Luft draußen und selbst so wortgewaltige Personen wie Giencke oder Hollein konnten keinen Ansatz finden, dieses Gespräch wieder aktiv zu machen. Der Faden war gerissen, bevor er sich noch hatte entwickeln können.

Nach kaum 20 Minuten waren wir wieder draußen vor der Tür. Wir gingen die mit rotem Teppich belegten Gänge und Stiegen hinunter auf den kalten, zugigen Minoritenplatz hinaus, blieben aber – wie unter Schock – direkt vor der Toreinfahrt des Ministeriums stehen und haben dort versucht, in einer 45-minütigen Gehsteigdebatte wieder Fassung zu gewinnen und die uns eben widerfahrene Paradoxie sozusagen gesprächstherapeutisch aufzuarbeiten. Ein mehrfacher Staatspreisträger für Architektur und Mitglied des Kunstsenats, eine internationale Koryphäe, ein Hochschulprofessor und landesweit anerkannter Architekt der jüngeren Generation, ein international renommierter Kunsthistoriker, mit dem Votum einer großen öffentlichen Fachdiskussion legitimiert – sie waren mit einem dialektischen, realpolitischen Standpunkt ebenso lakonisch wie elegant abserviert worden. Was wir da hautnah erlebt hatten, war die Schizophrenie, die Verstrickung von Macht und Ohnmacht, nicht nur eines politischen Subjekts, sondern einer kulturpolitischen Situation in unserem Land schlechthin. Die Politik hatte die Macht, in dem spezifischen Fall eine Vorgangsweise zu diktieren. Sie zeigte zugleich die Ohnmacht, eine objektivierbare persönliche Überzeugung durchzusetzen gegenüber dem Über-Ich der medialen Macht beziehungsweise gegenüber dem Kalkül des realpolitischen Selbsterhaltungstriebs.

Szene zwei.

Beim Thema Politik-Macht-Architektur entsteht vielleicht der Eindruck, in der Gegenwart seien die Verhältnisse besonders schlimm: früher hätte es wenigstens noch Mächtige mit Baugesinnung gegeben – und so weiter. Ich denke, solche nostalgischen Verweise auf die Geschichte sind unzutreffend. Die gloriose Geschichte der Baukunst ist voll von ›Vergewaltigungen‹ der Architektur durch die Ansprüche potenter Auftraggeber und von Machtkämpfen rivalisierender Baukünstler um die Gunst der Potentaten, sie birgt ein riesiges Schattenarsenal nichtgebauter, aus realpolitischem Kalkül nichtgebauter Architekturen. Die Geschichte bietet in dieser Hinsicht keine heile Welt, sie bietet höchstens Trost gerade darin, dass trotz der Kontinuität unzähliger ähnlicher Bau-Leidensgeschichten immer wieder Baukunst entstanden ist.

Eine solche Kontinuität einer Bau-Leidensgeschichte habe ich vor zwei, drei Jahren am Beispiel eines Wiener Bauplatzes recherchiert. Es ist dies die Projekt- und Baugeschichte der früheren Kunstgewerbeschule, der jetzigen Hochschule für angewandte Kunst in Wien.

Die k.k. Kunstgewerbeschule, eine Gründung des Kulturliberalismus der Ringstraßenära, war von Beginn an zu klein gebaut, um ihrem Auftrag und Anspruch gerecht werden zu können. Heinrich von Ferstel – immerhin ein veritabler Baulöwe seiner Zeit – hat 20 Prozent des geplanten Bauvolumens einsparen müssen. Die vielen Versuche, diesem ›Erbübel‹ abzuhelfen, sind über all die Jahre hinweg bis zur unmittelbaren Gegenwart in ihrem Schicksal fast austauschbar. Es gab von 1899 bis 1991 mehr als 30 verschiedene bauliche Erweiterungsprojekte zum Teil hervorragender Qualität. Wir haben fünf unbekannte Entwürfe von Josef Hoffmann entdeckt, darunter einen ganz frühen und wirklich revolutionären von 1901, ferner gibt es auch ein Projekt von Heinrich Tessenow – bis herauf zu den Vorschlägen von Hans Hollein und Wilhelm Holzbauer. Das Resümee: Ob es die Probleme des zeitgenössischen Bauens in historischer Umgebung sind, ob es die Zensur der beamteten Architekten über ihre freischaffenden Kollegen betrifft, ob es um die Entscheidungsschwäche der Politik gegenüber Investitionen in die kulturelle Zukunft geht oder um die Unbeirrbarkeit der Bürokratie, deren Mühlen hier vielleicht noch langsamer mahlen als anderswo – diese kleine Jahrhundertgeschichte der Kunstgewerbeschule legt den allgemeinen Schluss nahe, dass wir hier jedenfalls an der Geschichte nichts zu lernen haben, es sei denn, dass sie sich eben irgendwie in spiralförmigen Kreisläufen bewegt – nach dem Schema der Geschichte vom Hasen und vom Igel.

Da gab es etwa den Vorfall, dass ein zweiter Entwurf von Josef Hoffmann – wäre er gebaut worden, sicher heute als ›Juwel österreichischer Baukultur‹ unter Denkmalschutz –, dass also ein durchgearbeiteter Hoffmann-Entwurf vom Hochbaudepartement des Innenministeriums vernichtend kritisiert und zurückgewiesen wird.

Und dasselbe Hochbaudepartement übernimmt dann diese Hoffmann-Pläne in Grundriss und Schnitt, ersetzt die moderne Architektursprache Hoffmanns jedoch durch eine neue Fassade: Dem Hoffmannschen Baukörper wird eine stilistische Haut verpasst, die bis ins Detail eine Kopie und Fortsetzung der historistischen Architektur des Altbaus von Ferstel darstellt. Dies wird dann als eigener ›Beamtenentwurf‹ mit ausführlichem Kostenvoranschlag ans Finanzministerium weitergeleitet... Auch der sehr schlichte und ökonomische Tessenow-Entwurf wird im Hochbaudepartement umgezeichnet, in eine klassizistische Inszenierung eingekleidet, und so geht das immer weiter...

Die an der Kunstgewerbeschule lehrenden Architekten und die jeweiligen Rektoren formulieren Plan um Plan, Eingabe um Eingabe; nach mehr als 60 Jahren wird dann unter unglaublichen Krämpfen und Kompromissen das gebaut, was jetzt als ›Neubau‹ dort an der Wienfluss-Promenade steht.

Wenn man sich diese Geschichte im Detail anschaut, die in einer Phase tragisch kulminierte, die heute als eine Blütezeit der Erneuerung der Baukunst in Wien gilt – 1900 bis 1912 –, muten uns die rezenten Beispiele von Schul- und Hochschulbauten in den Bundesländern und in Wien ja fast wie die Rückkehr in ein verlorenes Paradies an.

Szene drei.
Ich behaupte, dass wichtige Aspekte der österreichischen Gegenwartsarchitektur entscheidend mitbegründet sind durch eine glückhafte Verbindung des Engagements ganz weniger Personen in entsprechend abgesicherten politischen Machtverhältnissen. Beispiel Steiermark – und das Faible des als Landesfürst agierenden Josef Krainer für modernes Bauen.

Unter Krainers Initiative wurden die ersten strukturverändernden Impulse ab 1975 eingeleitet. Dort konnten beispielsweise die Richtlinien für den Wohnungsbau so revidiert werden, dass die Förderung aus öffentlichen Mitteln ab einer Projektgröße von 50 Wohneinheiten an die Durchführung eines baukünstlerischen Wettbewerbs gebunden ist. Parallel dazu wurden ab 1978 von der steirischen Landesbaudirektion keine ›Amtsplanungen‹ im Hochbau mehr durchgeführt. Stattdessen entschied man sich, die Palette der öffentlichen Bauaufgaben – vom Krankenhaus- und Hochschulbau bis zu kleinsten Umbauten in bestehenden Amtsräumen – über sorgfältig ausgeschriebene Wettbewerbe oder über Direktaufträge an ausgewählte Architekten abzuwickeln.

Das phänomenale Aufblühen der ›Grazer Schule‹ weit über den üblichen Sektor privater Auftraggeber und sporadisch an Baukunst interessierter Wirtschaftsbosse hinaus wäre ohne diese in Österreich einmaligen Strukturbedingungen, ohne die kulturpolitische Stützung ›von oben‹ nicht möglich gewesen. Das Pendel schwingt jetzt allerdings zurück: Seit politische Mehrheiten knapper wurden, seit einzelne Bauexperimente schieflaufen und in den Landgemeinden sich – auch populistisch geschürter – Unmut über die Architektur-Beglückung äußert, geht die hohe Politik auf Distanz, wird das Bauklima frostiger.

Beispiel Salzburg. War der Impuls in der Steiermark als ›Reform von oben‹ aus dem Zentrum der politischen Macht abgesichert, so entstand das womöglich noch radikalere ›Salzburg-Projekt‹ als überraschender Coup einer Protestbewegung. Mit dem Wahlerfolg der »Bürgerliste« übernahm dort 1982 Johannes Voggenhuber das Amt des Planungsstadtrats. Dank der in seiner Funktion vereinigten Kompetenzen der Baubehörde, der Architekturbegutachtung und der Raumordnung konnte er eine tiefgreifende Architekturreform starten. Die politischen Gegner hatten diese Kompetenzbündelung dem Newcomer sichtlich als Stolperstein, als Danaergeschenk zugedacht. Voggenhuber verstand es aber, dies in ein Trojanisches Pferd umzuwandeln. Mit Hilfe des 1983 gegründeten »Gestaltungsbeirats« konnte Voggenhuber eine Reihe von beachtlichen Projekten durchziehen und etliche bekannte in- und ausländische Architekten in diese Vorhaben einbeziehen ... eine Situation, die hier ein völliges Novum darstellte.

Architektur und Urbanistik wurden in Salzburg über Nacht zum Gegenstand intensivster, zum Teil sehr hart und populistisch, zum Teil hochqualifiziert geführter öffentlicher Auseinandersetzungen. Das Prinzip des Gestaltungsbeirats wurde in der Folge von einigen anderen Landesstädten modifiziert übernommen oder aktualisiert, unter anderem in Wien, Bregenz, Linz und Krems. Voggenhubers tief in wirtschaftliche, politische und kulturelle Missstände eindringendes Engagement wurde bei den nächsten Wahlen nicht honoriert. Doch sein Impuls hat am Ort die bis heute wirkende Wiederbelebung der Architekturdiskussion bewirkt, hat einige wichtige realisierte Bauten hinterlassen und überregional spürbare Anregungen ausgelöst.

Letzte Szene, allgemeine Szene.
Ich formuliere eine Hypothese – zur Diskussion –, warum das generalisierte Verhältnis Politik-Macht-Architektur in Österreich eine spezifische Brisanz besitzt: Wenn die Architekten im Namen der Baukunst hier vorwiegend die kulturelle Verpflichtung der sogenannten öffentlichen Hand einmahnen, so wenden sie sich an einen von Natur aus unzuverlässigen, strukturell überforderten Bündnispartner. In einer zunehmend von Images und Moden geprägten Politik zählt das in der breiten Öffentlichkeit wirksame, schnelle Resultat mehr als die langsam entwickelte Strukturreform und Aufbauarbeit. Architektur ist kein schnelles Medium, sie braucht Zeit und langen Atem. Deshalb der jetzt so aktuelle Trend zur reinen Ankündigungspolitik, wo das Engagement eines Berufsstandes dazu missbraucht wird, medial wirksame, doch wenig durchdachte Prestige-Wettbewerbe abzuhalten, die in schleichenden Hinhalte-Prozessen versanden. Beispiel Musemsquartier, Beispiel Trigon-Museum Graz, Beispiel Expo Wien.

Dem könnte man entgegenhalten, dass ja in Wien jahrzehntelang eine ungefährdete politische Mehrheit gegeben war und dass dennoch nur sehr zögerlich auf Reformvorschläge in kommunalen Bausektoren reagiert wurde. Die Ignoranz der politischen Ebene paarte sich da sichtlich mit der Beharrungs- und Verselbständigungskraft einer historisch gewachsenen, offenbar allmächtigen Bürokratie.

Von außen gesehen relativiert sich freilich wieder solche Kritik – und die Wiener Wohnbauleistungen und Infrastrukturbauten stehen international, trotz aller Mängel, doch außerordentlich gut da.

Im Vergleich zu Paris, London oder Barcelona ist für Wien – und darauf will ich hinaus – die Tatsache spezifisch, dass hier eine viel kleinere Schicht liberaler Großbürger, ein viel kleinerer, verschwindender Sektor freien unternehmerischen Kapitals nur eine sehr kurze historische Phase zur Verfügung hatte, um der Moderne Raum geben zu können. In Wien gab es weder vor noch gar nach der Zäsur des Ersten Weltkriegs eine relevante Zahl von Industriellen, freien Mäzenen und Wirtschaftstreibenden, die sich in avancierten Großbauten hätten manifestieren können. Diese Strukturschwäche – die fehlende Mitte zwischen dem großen, staatlich-politisierten Bauwillen und dem kleinen, privaten Bauengagement – gilt hier bis in die jüngere Gegenwart. Und, grob gesagt, für das ganze Land.

Die Kehrseite dieser Verhältnisse: Wenn die Architektenschaft im Sinne ihrer Entfaltung nicht erst seit gestern die staatliche Deregulierung fordert, den Abbau behördlicher Bevormundung – so kommt der mangelnde Erfolg nicht zuletzt aus einer quasi immanenten Qualität des Genres. Architekten sind Individualisten, sind primär auf die Verwirklichung ihrer Kreativität hin orientiert. Wenn sie ihrem künstlerischen Anspruch und Auftrag entsprechen wollen, *müssen* sie Individualisten sein, und die vielen Versuche zu kurzen, solidarischen Anläufen dieser Individualität gegen die Strukturen der Baugesetze, Normen, Förderungsrichtlinien, Vergabemodalitäten zerschellen in ihrer Kurzatmigkeit an der Trägheit, an der organisatorischen Komplexität und Beharrungskraft von bürokratischen, institutionellen, wirtschaftlichen Verhältnissen.

Architektur – die Magd der Macht? Die Frage ist so aktuell wie historisch. Die Krise ist keine besonders akute, sie ist eine absolut permanente. Kein Grund zur Panik, kein Grund zur Euphorie. Die Geschichte lehrt nur eines: Baukunst entsteht trotzdem. Baukultur kann nicht verordnet werden, sie muss in Vielfalt wachsen können dürfen.

Architekturkritik quo vadis?

Peter Reischer im Gespräch mit Otto Kapfinger. Im Rahmen der ZV-Reihe *Sprechen über Architektur* als Folder des Fachmagazins *Architektur* publiziert. Frühjahr 2013

PR: *Warum haben Sie sich ab 1982/83 von der Architektur, vom Planen und Bauen weg zum Schreiben bewegt, zur Architekturkritik, zur Publizistik?*

OK: Mein Naturell ist eher ein reflexives und analytisches, kontemplatives. Ich bin kein Konstrukteur. Ich war im Zeichnen und Darstellen wirklich gut, und im Analysieren. Aber nicht im Entwerfen. Bei fast allen Missing-Link-Arbeiten habe ich ab 1970 die Texte geschrieben. Ich habe sehr viel gelesen und es hat mich fasziniert, wie in der Literatur, in der soziologischen und psychologischen Forschung über Städte, über Räume geschrieben worden ist, und wir hatten schon seit den frühen 1970er Jahren den Drang, das in den Architekturdiskurs einzubringen.

PR: *Sie haben zehn Jahre lang zum Teil wöchentlich in einer großen Tageszeitung Architekturkritiken publiziert. Was heißt in dem Zusammenhang ›kritisch‹? Ist Kritik immer nur Negatives?*

OK: Κρίνειν (krínein) kommt aus dem Griechischen und heißt ›unterscheiden‹. Das ist nichts Negatives, es ist zumeist eben falsch bzw. einseitig konnotiert. Ende der 70er, Anfang der 80er Jahre waren in Wien schwierige Zeiten. Man musste sich einfach melden und Stellung beziehen. Damals ist zum Beispiel der Wiener Finanzstadtrat Mayr mit seinen Ideen einfach über die Planungsabteilungen hinweggegangen. Ich könnte etliche Beispiele aufzählen. Zu schreiben und vor allem unter den einschlägigen Publizisten solidarische Stoßkräfte aufzubauen, das war eine Art der ›kritischen Einsatzmöglichkeit‹, um gewissen Dingen entgegenzusteuern. Ende 1980 wurde von der Tageszeitung *Die Presse* an Fritz Achleitner der Wunsch herangetragen, wieder wöchentlich Architekturkritik zu bringen. Es gab damals nur sporadische Architekturrezensionen im *Kurier*, in der *Presse*, in der *Arbeiterzeitung* und im Wochenmagazin *profil*. Achleitner hat mich dann in einem Gespräch im Café Museum gefragt, ob ich das machen möchte. Ich habe zugesagt und Dietmar Steiner dazu geholt, so haben wir dann abwechselnd geschrieben. Man wollte gerade die U-Bahntrasse nach Süden verlängern und dabei die große Otto-Wagner-Brücke über das Wiental abreißen. Wieder kam ›der Zund‹ dafür von Klaus Steiner, aus dem Magistrat selbst: »Ihr müsst da dringend was machen!« Mein erster Artikel war in der *Presse* auf der Kulturseite mit riesigem Foto: »Wie Otto Wagner durchgestrichen wird«. Das hat wie eine ›Bombe‹ eingeschlagen. In den nächsten Tagen haben alle anderen Wiener Tageszeitungen das Thema ebenfalls aufgegriffen …

PR: *Sie haben zehn Jahre lang jede Woche – oder jede zweite Woche – in der Presse geschrieben. Ist das nicht ein gewisser Stress, jede zweite Woche etwas zu finden, über das man schreiben kann?*

OK: Ja, das war schon sehr anspruchsvoll. Ein Artikel hat immer drei, vier Tage Vorbereitung benötigt. Steiner und ich haben ja nicht nur in Wien, sondern in allen Bundesländern Themen gesucht, auch über Anlässe in Deutschland berichtet, überhaupt international gearbeitet. Wir sind immer zu den Projekten, über die wir geschrieben haben, hingefahren: Frankfurt, Paris, Stuttgart, Basel usw. 1981 bis 1984 habe ich das mit Steiner gemeinsam gemacht, wir haben uns immer abgesprochen. Wir haben inhaltliche Stafetten gebildet, um an den aktuellen, an den dringenden Themen dranzubleiben. Dann hat Steiner aufgehört und ich habe es eineinhalb Jahre allein gemacht. Von 1986 bis 1988 habe ich dann mit Georg Schöllhammer – wir kannten uns von der ÖGFA – abwechselnd geschrieben. 1988 ist *Der Standard* gegründet worden und Schöllhammer ist dorthin gegangen. Sein Nachfolger, um mit mir im *Spectrum* zu schreiben, war Walter Zschokke. Als ich aus privaten Gründen 1990 aufhörte, habe ich Liesbeth Waechter-Böhm als Nachfolgerin vorgeschlagen. Sie hatte damals fast keine Möglichkeiten, 1994 wurde sie dann Chefredakteurin von *Architektur aktuell*.

PR: *Was ist ein guter Architekturkritiker? Wie kann man ihn definieren?*

OK: Jemand der nachvollziehbare Argumente liefert, um das Richtige, das Angemessene, das Vorwärtsweisende vom weniger Richtigen, vom Unangemessen, vom Retardierenden zu unterscheiden – *krínein* heißt: Kriterien liefern, definieren, publizieren.

PR: *Argumente für oder gegen …?*

OK: Nein, nicht vordergründig ›für‹ oder ›gegen‹, sondern Argumente bringen, um zu erkennen, was es ist und warum es so ist. Also nicht nur hinschauen und sagen: gefällt mir oder gefällt mir nicht. Das ist bloß Meinung. Kritik will, soll unterscheiden lernen, Kriterien bilden und Sachverhalte, Prinzipien und Informationen, die hinter den Sachen liegen, ans Licht bringen. Warum ist dieses Projekt, warum diese Architektur so? Es gibt ein Sprichwort: »Man sieht nur das, was man weiß.« Es geht darum, Vorurteile aufzulösen, auszudifferenzieren. Das gilt genauso für das gelungene Projekt: Ich muss dessen Qualität objektivierbar auf den

Punkt bringen können, warum das speziell bei vergleichbaren Anlässen und generell für die Baukultur modellhaft, vorbildlich ist. Mein Ziel war es immer, einen Standpunkt tiefenscharf zu begründen. Ich habe über viele Jahre hinweg die Erfahrung gemacht, dass das sehr zäh ist. Man muss fast immer wieder beim kleinen Einmaleins anfangen. Und hierzulande nimmt man überdies meist an, dass hinter der Kritik eigentlich irgendein anderes Motiv steckt. Ich wurde mehrmals mit Bestechungsversuchen konfrontiert. Sehr oft wurde von Angesprochenen, von Entscheidungsträgern gar nicht auf das Argument eingegangen, sondern es wurde gefragt: »Was wollen Sie eigentlich? Wer steht denn hinter Ihnen?« Ein Bürgermeister fragte einmal: »Haben Sie keine Frau? Brauchen Sie einen guten Job?« Für mich ist es ein zentraler Ansatz, bei Texten über gebaute Phänomene das grundlegende Konzept und den Kontext zu erklären: Woher ist das gekommen, was sind die ursprünglichen Ideen. Das Gebäude ist immer das Resultat einer Grundkonzeption. Und das gibt schon einen zentralen impliziten Maßstab, an dem ich dann das Gebaute, das Resultat messen kann.

PR: *Ist das die Frage, ob der Architekt seine Vision verwirklicht hat?*

OK: Das ist eines der Momente, die zu begründen, zu vermitteln sind. Es geht eben nicht um das aus der Hüfte geschossene ästhetische Urteil, bei dem man in Beschreibungsmetaphern schwelgt.

PR: *Kann man sagen, dass man in der Architekturkritik das Fundament der Sehweise für den Betrachter klar und verständlich machen muss?*

OK: Ja!

PR: *Das heißt, es gibt in der Architekturkritik immer verschiedenste Zugänge? Der eine kann positiv und der andere negativ über dieselbe Architektur schreiben?*

OK: Das ist möglich. Aber meistens geht es dabei eher um Meinungen, subjektive Zugänge. Was es geben kann, ist eine Betrachtung von verschiedenen Parametern oder Maßstäben aus. Aber dann möchte ich auch die jeweilige Argumentationskette offengelegt und nachvollziehbar gemacht haben.

PR: *Gibt es eine objektive Architekturkritik?*

OK: Es gibt Bauaufgaben, bei denen eine gewisse Vergleichbarkeit eher gegeben ist. Zum Beispiel der Soziale Wohnbau, da ist eine Obergrenze festgelegt, die Baukosten, fast alle Parameter. Da kann man leichter sagen, unter den budgetären Rahmenbedingungen hat einer das und der andere das gemacht. In anderen Aufgaben ist das eher ›Äpfel mit Birnen‹ vergleichen. ›Objektiv‹ heißt für mich, dass meine Aussage, die ich auf den Tisch lege, nachvollziehbar ist. Ich muss in meiner Reflexion, auch in meiner Agitation rational und nachvollziehbar sein.

PR: *Das heißt, Sie müssen Ihren Gedankengang klarlegen?*

OK: Es geht nicht um ein Urteil, sondern um das Begründen, das Offenlegen von Qualitäten, von Widersprüchen, von Kausalitäten. Es geht um das Einleiten, das Anbieten eines Lernprozesses, um Verständnisarbeit – aber natürlich in bestimmten Fällen auch um scharfe Polemik, damit das überhaupt wahrgenommen wird, damit sich überhaupt was bewegt.

PR: *Ich denke so – du kannst auch anders denken?*

OK: Vorausgesetzt, dass es Denken ist und nicht bloß Meinen. Meine Vorbilder waren unter anderem Friedrich Achleitner und auch Hermann Czech. Czech hat in seinen kritischen Texten nie ästhetische Urteile gefällt, sondern immer die Idee, den Gedanken – oder eben den Denkfehler – hinter dem Ergebnis gesucht. So kommt man sehr schnell auf allgemeine Problematiken. Ob das schön oder hässlich ist, ist dann fast egal. Da kommen dann politische, gesellschaftliche und soziale Faktoren zum Tragen, an die Oberfläche. Und plötzlich steht das in einem Zusammenhang. Das zu leisten, ist ein hoher Anspruch, braucht viel Arbeit, es ist ein mühsames Feld.

PR: *Vor allem, wenn man jede Woche eine Seite abliefern muss?*

OK: Ja, aber das war schon okay, damals. Allerdings ist die Bezahlung seit 15 Jahren gleich geblieben, wie ich jetzt von den KollegInnen höre, und auch darum geht das heute nicht mehr.

PR: *Was sagen Sie zu dem Relativismus, der heute herrscht. Wieso schreibt Alexandra Föderl-Schmid über die Architektur des Musiktheaters Linz und Elfriede Jelinek eine Kritik über den Keramiker Kurt Ohnsorg?*

OK: Das ist eingebettet in die allgemeine politische Entwicklung, in unseren postmodernen Status von Gesellschaft und Kultur. Das wäre jetzt ein riesiges, eigenes Thema. Im Prinzip ist es sehr gut, wenn es nicht mehr die eine einzige ›Wahrheit‹ gibt, aber es wäre dann auch zu verlangen, dass in aller Diversität die Aussagen jeweils pointierte Qualität haben – im angesprochenen Sinn.

PR: *Was kann man als Publizist, als Architekturkritiker tun, um etwas zu verändern?*

OK: Wenn sich ArchitektInnen in ihrer Haltung zu einem planerischen Problem nicht einig sind, sagt der Auftraggeber, der Geldgeber garantiert: »Dann passiert eben das, was ich will!« Das heißt, es geht darum, eine Solidarität zu bilden, Netzwerke zu organisieren. Es ist nicht immer das Richtige, mit Kritik oder einer Initiative gleich in die Zeitung zu gehen, denn in der Regel landet es dann in den Schubladen der populistischen Grabenkämpfe, geht es in unseren Medien nicht mehr um die Sache, sondern um was anderes. Deshalb muss man manchmal andere Wege gehen – wie ich es in den letzten Jahren speziell in Wien versucht habe. Das geht zusammen mit unabhängigen Fachinstitutionen, mit Netzwerkbildung in der Zivilgesellschaft. Sonst bewegt sich nichts. Die Zivilgesellschaft – z. B. als BürgerInneninitiative – braucht meist die sachliche Stützung (oder auch ›Korrektur‹), die zusätzliche Autorisierung durch fachliche Verbände und Organisationen. Das muss einfach probiert, gewagt, gepflegt werden. So ist das zum Beispiel jetzt bei den Wiener Steinhofgründen oder beim Projekt Intercont-Wiener Eislaufverein gelaufen.

atmosphäre in der architektur

Erschienen in *making of.* Limitiertes Mappenwerk der Mitglieder der Vereinigung bildender KünstlerInnen Wiener Secession, secession edition (Wien 2013)

atmosphäre ist in der architektur essentiell – und seit langem überhaupt kein thema im sogenannten diskurs, in der ›theorie‹ (zuletzt war es das bei miroslav šik und der »analogen architektur« in der schweiz der 1980er jahre, danach etwas allgemeiner noch in den essays von gernot böhme). bevor wir nachdenken darüber, wie wir welche atmosphäre kreieren, müssen wir erst wieder lernen, atmosphäre wahrzunehmen, zu empfinden, zu differenzieren – und da helfen die gängigen architekturfloskeln und -theorien sehr wenig. besser: bei den malerinnen, den schriftstellerinnen nachschauen und wieder einmal ›sehen‹ lernen, ›wahrnehmen‹ lernen, differenzieren lernen, beschreiben lernen. anleitungen dazu etwa bei:

paul cezanne – atmosphäre, licht, form | ludwig wittgenstein – seine reflexionen *über farbe / on colour* | josef albers – die unendliche relativität der farbe, ihrer stimmungen im wechsel des umfelds: »nicht malen lernen bei albers, sehen lernen« – war sein unterrichtsmotto | edward hopper – extremer schöpfer von atmosphäre, in räumen mit menschen | giorgio de chirico – die metaphysik der stimmung auf dem stadtplatz | marcel proust – beschreibe mir das aroma von … | rainer maria rilke – in seiner mittleren periode, *die aufzeichnungen des malte laurids brigge* | david hockney – *a bigger splash*, seine bilder zum grand canyon, über raum und farbe | bruno taut – über farbe, über proportion

in der musik waren es wagner und vor allem claude debussy, welche den inhalt des musikalischen vom erzählerischen zum atmosphärischen verlagerten

in der literatur dann james joyce: sein *ulysses* ist die konstruktion der alltagsatmosphäre eines menschen, einer stadt – eines langen tages des wanderns durch und des lebens in allen realen und imaginären räumen von dublin. es gibt eigentlich gar keine handlung mehr, sondern vor allem die nachkonstruktion der individuellen wirklichkeit des bewusstseins der empfindungen, eindrücke, überlegungen, reflexionen, reaktionen, projektionen, regressionen, erinnerungen zwischen innen- und außenwelt: wie nehmen wir welt wahr, indem wir uns selbst wahrnehmen?

der *ulysses* ist eine konstruierte dramaturgie über dem stadtplan von dublin, diesem seinerseits überlagert ist der plan der fahrten des odysseus durch konkrete und mythische orte des mittelmeers, dem wiederum überlagert ist eine durchforschung des menschlichen körpers in allen bereichen von kopf und haut bis zu den inneren organen und den ausscheidungen; die ist ihrerseits wieder gestimmt mit einer dramaturgie der farben zu den einzelnen kapiteln, regionen, tageszeiten; diese wiederum ist abgetönt mit verschiedenen klangfarben von sprachregionen, dialekten, tonarten der sprachräume in einer stadt, in einem individuum, in der kultur – eine partitur also von all den schichten der kreuz und quer verknüpften konstruktion von bewusster / unbewusster menschlicher existenz / wirklichkeit.

man könnte vielleicht den *ulysses* mit der *pattern language* von christopher alexander querschneiden und prüfen, inwieweit die verschiedenen elemente und muster zur herstellung von urbaner oder wohnlicher oder architektonisch-sozialer atmosphäre bei alexander mit den beobachtungen / konstrukten von joyce auf leopold blooms gängen durch dublin übereinstimmen oder einander widersprechen.

zur atmosphäre weiters: es ist tatsache, dass unsere wahrnehmung von räumen, situationen, städten durch bilder, film, fotografie, lektüre vorgeprägt ist. deshalb auch folgende recherche-themen:

manipulation von licht, schatten, perspektive, farben, glanz, zeit in der malerei von johannes vermeer (es gibt u. a. ein ganzes buch über vermeer und die camera obscura)

manipulation von licht, schatten, vordergrund, zeit, hell-dunkel, transparenz in der fotografie von julius shulman von den häusern richard neutras (siehe u. a. die analyse von edward r. ford im buch: *karl schwanzer. drei bauten*)

umgang mit standpunkt, nähe, ton (akustik), ausschnitt, bewegung von personen in räumen, durch räume in filmen von agnes varda (u. a. *cleo – mittwoch zwischen 5 und 7* – oder in *les glaneurs et la glaneuse*)

das haus als bühne, als instrument des voyeurismus bei le corbusier – und bei loos (analyse von beatriz colomina in *privacy and publicity* sowie ihre studie über die fetischhafte schändung des hauses der eileen gray durch le corbusier)

stimmungskomponenten von individuellen / sozialen situationen in haus und garten und landschaftspassagen in romanen von virgina woolf
die literarische stadtschilderung von james joyce im *ulysses* und der einfluss der kinematografischen ästhetik der frühen stummfilme auf die urbane wirklichkeits- und stimmungsschilderung bei joyce
orhan pamuks reflexionen über istanbul
amos oz' reflexionen über haifa und tel aviv (wunderbare hausschilderungen und gesellschaftsschilderungen in haus/garten/stadträumen)
oberlicht als faktor der atmosphäre im raum – vom pantheon, den türkischen bädern, über john soane, bradbury, tadao ando, hugo häring bis gunnar asplund
alfred hitchcock – wie kippt das banale atmosphärisch ins spannende, ins dämonische, obsessive (siehe dazu das buch von truffaut: *mr. hitchcock: wie haben sie das gemacht?*)
walter benjamin: wohnung und haus als etui des bürgers und zugleich als panoramatische simulation von weltaneignung (*passagenwerk*)
licht, schatten, wasser, luft, farbe, ton in der architektur von luis barragán
atmosphäre im wandel und abtausch von dur und moll – bei mozart, bei schubert (letzte sonaten für klavier, lieder) usw. usw. usw.
und was haben die bühnenbildnerinnen zu bieten? geht es bei ihnen doch darum, mit ihren mitteln das setting, den raum für ganz spezifische, hochpotente inhalte aufzustellen, anzureißen.

die architektur ist nicht das, was sie ›ist‹, sondern eigentlich erst das, was sie ›evoziert‹ – die atmosphäre, die sie als instrument für licht, luft, farbe, klang, bewegung, befindlichkeit … erzeugen kann. so wie das klavier oder die violine an sich perfekte formen sind, doch diese leben erst, realisieren sich erst mit dem, was das instrument im gebrauch an atmosphären erzeugt …
das klavier ist eigentlich nicht die sichtbare, greifbare ›form‹, sondern die ›palette‹, die ›möglichkeitsform der atmosphären‹, der musikalischen schattierungen, stimmungen, die es erzeugen kann.
das klavier, das wir nur ›sehen‹, ist fast gar nichts, eigentlich tot – es ist vielmehr das, was wir dann in aller pracht und unendlichen varianz davon hören können. so ist auch die architektur, die wir primär sehen, eigentlich noch gar nichts, sie lebt erst in dem, was wir in der zeit von ihr angeboten bekommen – an stimmungen des lichts, der farbwechsel, der klangfolgen, der taktilen momente, der bewegungsordnenden raumsequenzen, der innen-außen-dualitäten usw.

atmosphäre ist das, was entsteht beim übergang ›vom architektonischen gegenstand zum architektonischen zustand‹ – das ist jenes wirklichkeitskonstrukt, das unsere wahrnehmung in der zeit im umgang mit jenen effekten herstellt, welche der architektonische gegenstand (das klavier) in seiner aktivität als modulator von licht, luft, farbe, schatten, klang, temperatur, bewegungschoreografie, blickchoreografie, handlungspotentialen entfaltet.

der paradigmenwechsel der moderne (und der in ihr inbegriffenen postmoderne) war / ist über alle formalen oder formalistischen paradigmen hinweg: die radikale verlagerung des bewusstseins, des engagements – ›vom künstlerischen gegenstand auf den künstlerischen zustand‹!

wenn jemand diese dinge verstanden hat, wird er / sie auch eine andere, eine wohl ›bessere‹ architektur machen.

Foto: Renate Kordon

ANHANG

ANG

Otto Kapfinger

1949 geboren in St. Pölten, Niederösterreich, als fünftes und jüngstes Kind von Maria (geb. Zeber) und Josef Kapfinger (Malermeister und Schildermaler), aufgewachsen in Herzogenburg

1960–67 Gymnasium in Wien / Kalksburg

1967–72 Architekturstudium an der Technischen Universität Wien

1970 Mitbegründer der Experimentalgruppe MISSING LINK, mit Angela Hareiter und Adolf Krischanitz. Gemeinsame transdisziplinäre Arbeit an Projekten, Objekten, Filmen; Ausstellungen und Vorträge im In- und Ausland bis 1974. u. a.: Architectural Association London 1972; Museum des 20. Jahrhunderts Wien 1973; Galerie Palazzoli Milano 1973

1974–84 Projekte, Ausstellungen und Bauten in Kooperation mit Adolf Krischanitz, u. a.: *Asyleum* beim *Supersommer,* Wien 1976; *Wiener Studien*, Museum des 20. Jahrhunderts Wien 1978; Austrian Institute New York 1979

1978–92 Vorstandsmitglied der Österreichischen Gesellschaft für Architektur ÖGFA, einige Jahre auch deren Vorsitzender

1979 Mitbegründer der Zeitschrift *UM BAU*, Redaktionsmitglied bis 1990

1980–84 Vorstandsmitglied der Wiener Secession – Vereinigung bildender Künstler

1980–81 Konzeption der Ausstellungs- und Vortragstour durch zehn US-Universitäten bzw. Architekturinstitutionen: *A New Wave of Austrian Architecture* in Kooperation mit dem New Yorker Institute for Architecture and Urban Studies, mit Adolf Krischanitz

1981–90 Kritiken und Essays über Architektur, Städtebau und Design für die Wiener Tageszeitung *Die Presse* – rund 360 Texte zu sämtlichen Aspekten des zeitgenössischen nationalen und internationalen Bauens

1984–90 Lehrbeauftragter am Institut für Möbelbau und Raumgestaltung an der Meisterklasse Johannes Spalt, Hochschule für angewandte Kunst, Wien; Erarbeitung des ersten Konzepts für ein »Österreichisches Architekturmuseum«, in Kooperation mit Johannes Spalt

1984–90 Konzeptionelle Betreuung und Durchführung der von der Bausparkasse Wüstenrot gestifteten Großen Österreichischen Wohnbaupreise im Auftrag der ÖGFA

1985 Konzeption und Organisation des internationalen Symposions *Josef Frank 1885–1967*, Hochschule für angewandte Kunst, Wien, im Auftrag der ÖGFA; Gestaltung der Ausstellung *Josef Frank – Siedlungen und Siedlungsprojekte in der Wiener Werkbundsiedlung*, mit Johannes Spalt

1987 Konzeption und Organisation des internationalen Symposions *Museumskonzepte der achtziger Jahre*, Kongresszentrum Hofburg, Wien, im Auftrag der ÖGFA und des Bundesministeriums für Wissenschaft und Forschung

1989 Heirat mit Renate Kordon, Künstlerin und Trickfilmerin. Kurator der Ausstellung *Haus Wittgenstein – Geschichte und Spuren vor Ort*, Haus Wittgenstein, Wien, mit Bernhard Leitner, im Auftrag der Wiener Secession

1990 Geburt der Tochter Mira

1991–92 Kurator des Bundesministeriums für Unterricht und Kunst für den österreichischen Beitrag *Transit 18* auf der *18. Triennale di Milano*, gestaltet von Eichinger oder Knechtl

1992 Kurator der Ausstellung Möbel für sich – ausgewählte Stücke österreichischer Architektinnen/Architekten bei Centroform, Wien, mit Georg Schöllhammer

1993 Konsulent von Clemens Schedler in der Konzeption der Buchreihe *archiv kunst architektur – werkdokumente*, herausgegeben vom Kunsthaus Bregenz KUB, im Auftrag von Edelbert Köb, anhand des Bandes *Roland Gnaiger Schule in Warth*, mit einem Fotoessay von Margherita Spiluttini

1993–94 Kurator der Ausstellung *Visionäre und Vertriebene – Österreichische Spuren in der amerikanischen Architektur der Moderne*, Kunsthalle Wien, mit Matthias Boeckl und Adolph Stiller

1994–95 Kurator der Ausstellung *Architektur im 20. Jahrhundert – Österreich*, Deutsches Architekturmuseum Frankfurt / Main und Architektur Zentrum Wien, mit Wilfried Wang, Dietmar Steiner und Adolph Stiller; in adaptierten Fassungen auch gezeigt in Sevilla und zur Eröffnung der Shed-Halle in St. Pölten

1994–95 Wissenschaftliche Gesamtleitung der CD-Rom *Visionaries in Exile – A Cultural Journey from Austria to America*, mit Matthias Boeckl, produziert und gestaltet vom Team Science Wonder Productions

1995–96 Konzeption und Organisation der US-Ausstellungstour der CD-Rom *Visionaries in Exile* mit Katarina Noever und Kurt Zweifel, organisiert durch das Austrian Institute New York, gestaltet durch das Architekturzentrum Wien

1996–2002 Mitglied des Gestaltungsbeirats der Stadt Krems

1996 Würdigungspreis für Architektur des Landes Niederösterreich. Konzeption der Buchreihe über die *Architektur seit 1980* in Österreichs Bundesländern anhand des ersten Bandes über Vorarlberg, mit Reinhard Gassner und Edelbert Köb im Auftrag des KUB

1997 Preis der Stadt Wien für Publizistik

1997–2001 Mitglied (stellvertr. Vorsitzender) des Gestaltungsbeirats der Stadt Salzburg

1997/98 Gastprofessor an der Kunsthochschule Linz, interimistischer Leiter des Instituts für Umraumgestaltung

1998–99 Kurator der Ausstellung *Architektur Szene Österreich. Bauten – Kritik – Vermittlung*, mit Walter Zschokke und Bettina Schlorhaufer, im Auftrag der Kunstsektion des Bundeskanzleramts, präsentiert im Wiener Ringturm, mit Katalog und CD-Rom (weitere Stationen u. a. in Italien, Tschechische Republik)

1999–2000 Wissenschaftlicher Mitarbeiter am Architekturzentrum Wien AzW

2000 Kurator der Ausstellung *Achleitners Österreich – Das Archiv der Architektur des 20. Jahrhunderts*, AzW (übernommen vom Vorarlberger Architektur Institut vai und der Fachhochschule Dornbirn)

2000–03 Kurator der Wanderausstellungs- und Buchreihe *Emerging Architecture 1/2/3 – Austrian Offices* im Auftrag vom AzW. Entwicklung des Ausstellungssystems mit Olli Aigner, der Buchreihe mit Gabriele Lenz, der Filmreihe mit dem Team ZONE (Stationen mit Vorträgen und Symposien in Kopenhagen, Frankfurt, Budapest, Straßburg, Manchester, Glasgow, Oslo)

2002 Kurator der Ausstellung *Transmodernity. Austrian Architects* zur Eröffnung des Austrian Cultural Forum New York, im Auftrag des AzW, mit Dietmar Steiner und dem Team Gangart

2003 Kurator der Wanderausstellung *Une provocation constructive – Architecture et devéloppement durable au Vorarlberg*, im Auftrag von Institut français d'architecture und vai, mit Marie-Hélène Contal, Reinhard Gassner und Adolph Stiller (nach dem Start in Paris in rund 30 Städten Frankreichs gezeigt; bis 2009 weitere Stationen in Deutschland, Irland, Spanien, Norwegen, Österreich; insgesamt 45 Orte)

2005 Würdigungspreis des Landes Kärnten für Verdienste um die Architektur

2008 Kurator der Ausstellung *architekturTRANSFER*, Kärntens Haus der Architektur, Klagenfurt, mit Dietmar Müller, Karoline Seywald und SHAREarchitects

2010 Kurator der Ausstellung *Form & Energy – Architektur in_aus Österreich*, Architektur im Ringturm XXI, mit Adolph Stiller, Wanderausstellung im Auftrag des Bundesministeriums für Europa, Integration und Äußeres, Stationen u. a. in Marokko, Italien, Slowenien, China

2010/11 Konzept und Redaktion der Ausstellungs- und Buchreihe *Bauherrenpreis der Zentralvereinigung der ArchitektInnen Österreichs*, im Auftrag der ZV und von Architektur im Ringturm, mit Adolph Stiller und A/H Haller.

Mitglied zahlreicher Jurien – der Landesbaupreise für Salzburg und Kärnten, der Holzbaupreise für Vorarlberg und Kärnten, der Bauherrenpreise der Zentralvereinigung der ArchitektInnen Österreichs, des Bauherrenpreises der Bank für Tirol und Vorarlberg, des Österreichischen Staatspreises für Architektur und Nachhaltigkeit; Ehrenmitglied des Vorarlberger Architektur Instituts; Konsulent der Fachzeitschrift *Werk, Bauen & Wohnen* sowie von *Zuschnitt*, Fachmagazin von proHolz Austria. Vorträge in allen Bundesländern Österreichs sowie in 24 Staaten Europas und Nordamerikas.

Bibliografie

Buchpublikationen

Missing Link. Arbeitsbericht 1970–1972 [Broschüre im Eigenverlag] (Wien 1972). Mit Adolf Krischanitz, Angela Hareiter [Missing Link]

Wiener Studien / Missing Link. Hg. Museum des 20. Jahrhunderts [Ausst.Kat.] (Wien 1977). Mit Adolf Krischanitz

Haus Wittgenstein. Eine Dokumentation. Hg. Kulturabteilung der Botschaft der Volksrepublik Bulgarien (Wien 1984)

Die Wiener Werkbundsiedlung. Dokumentation einer Erneuerung (Wien 1984). Mit Adolf Krischanitz

Die Wiener Secession. Das Haus: Entstehung, Geschichte, Erneuerung (Wien / Köln / Graz 1986). Mit Adolf Krischanitz

Josef Frank 1885–1967. Stoffe, Tapeten, Teppiche. Hg. Hochschule für angewandte Kunst in Wien [Ausst.Kat.] (Wien 1986). Mit Johannes Spalt

Konzept für ein Österreichisches Architekturmuseum [Eigenverlag des Instituts für Möbelbau und Raumgestaltung an der Hochschule für angewandte Kunst] (Wien 1986). Mit Johannes Spalt

Dichte Packung. Architektur aus Wien. Hg. Hochschule für angewandte Kunst in Wien (Salzburg / Wien 1989). Mit Franz E. Kneissl

Möbel für sich. Ausgewählte Stücke österreichischer Architektinnen [Ausst.Kat.] Centroform im unterGRUND (Wien 1992)

Roland Gnaiger – Schule Warth. Hg. Kunsthaus Bregenz, aka Werkdokumente 2 (Stuttgart 1993)

Abgelehnt: Nicht ausgeführt. Die Bau- und Projektgeschichte der Hochschule für angewandte Kunst in Wien 1873–1993. Hg. »STUBENRING 3«. Verein Freunde der Hochschule für angewandte Kunst in Wien (Wien 1994). Mit Matthias Boeckl

Riegler Riewe – Arbeiten seit 1987. Hg. Österreichische Gesellschaft für Architektur (Wien 1994) [D|E]

Adolf Krischanitz, Helmut Federle – Neue Welt Schule. Hg. Kunsthaus Bregenz, aka Werkdokumente 6 (Stuttgart 1994) [D|E]

Robert Örley. Hg. Architekturzentrum Wien. Portraits österreichischer Architekten, Bd. 3 [Ausst.Kat.] (Wien / New York 1996). Mit Peter Nigst

St. Pölten neu. Das Bild einer Landeshauptstadt (Wien / New York 1997). Mit Michaela Steiner [D|E]

Secession. Permanenz einer Idee. Hg. Vereinigung bildender Künstler Wiener Secession. (Ostfildern-Ruit 1997). Mit Eleonora Louis | Des Kunsttempels Traumlandsherkunft: 86–105

Baukunst in Vorarlberg seit 1980. Ein Führer zu 260 ausgewählten Bauten. Hg. Kunsthaus Bregenz, Vorarlberger Architekturinstitut (Stuttgart 1998, 2003[3])

New Austrian Architecture / Architektur Szene Österreich. Bauten. Kritik. Vermittlung. Architektur im Ringturm IV [Ausst.Kat.] (Salzburg 1999). Mit Walter Zschokke. [CD-Rom von Althaler+Oblasser, Wien 1999] [D|E]

ausgesprochen. Reden zur Architektur. Hg. Architekturzentrum Wien (Salzburg 1999)

Wratzfeld / Kopf: Kindergarten Koblach. Hg. Kunsthaus Bregenz. aka Werkdokumente 15 (Stuttgart 1999) [D|E]

Architecture in Austria. A Survey of the 20th Century. Hg. Architekturzentrum Wien (Barcelona / Basel 1999). Mit Dietmar Steiner, Adolph Stiller | From Viennese Singularity to Austrian Diversity: 15–25 [E]

Emerging Architecture 1 / Kommende Architektur 1. 10 Austrian Offices [Bulant & Wailzer, Peter Ebner, Geiswinkler & Geiswinkler, Kaufmann 96 GmbH, Rainer Köberl, lichtblau.wagner, Marte.Marte, Pichler & Traupmann, Riepl Riepl, Splitterwerk]. Hg. Architekturzentrum Wien (Wien / New York 2000) [D|E]

Martin Rauch: Rammed Earth | Lehm und Architektur (Basel / Berlin / Boston 2001) [D|E]

Holz auf der Überholspur. Fakten, Perspektiven, prämierte Bauten in Österreich. Hg. proHolz Austria, Der Standard. RONDO Spezial (Wien 2002). Mit Reinhard Gassner

Transmodernity. Austrian Architects [Henke Schreieck, Jabornegg & Pálffy, Riegler Riewe]. Hg. Architekturzentrum Wien. Austrian Cultural Forum New York [Ausst.Kat.] (Salzburg 2002). Mit Dietmar M. Steiner | Transforming Modernity – Structuring the Void: 94–105 [E]

Emerging Architecture 2 / Kommende Architektur 2. 10 More Austrians [cukrowicz. nachbaur, fasch & fuchs., Maria Flöckner und Hermann Schnöll, Hans Gangoly, gerner°gerner plus, Erich Gutmorgeth, HOLODECK.at, MARTERERMOOSMANN, Gerhard Mitterberger, Wolfgang Tschapeller]. Hg. Architekturzentrum Wien (Wien / New York 2002) [D | E]

Bauen in Tirol seit 1980. Ein Führer zu 260 sehenswerten Bauten. Hg. Architekturforum Tirol (Salzburg 2002)

Emerging Architecture 3 / Kommende Architektur 3. Beyond Architainment [AllesWirdGut, Feyferlik / Fritzer, Holz Box Tirol, one room huber / meinhart, pool, PPAG, RATAPLAN, riccione, franz sam, weichlbauer / ortis]. Hg. Architekturzentrum Wien (Wien / New York 2003) [D | E]

Konstruktive Provokation / Une Provocation Constructive / Constructive Provocation. Hg. Vorarlberger Architekturinstitut, Institut français d'architecture [Ausst.Kat.] (Salzburg 2003) [separate Ausgaben D | E | F]

Krems. Stadt im Aufbruch. Hg. Stadtbauamt Krems, Der Standard. RONDO Spezial (Wien 2003). Mit Walter Zschokke, Gabriele Lenz

Klaus Kada. Hg. Architekturzentrum Wien. Portraits österreichischer Architekten, Bd. 4 (Wien / New York 2004) [D | E]

Neue Architektur in Burgenland und Westungarn [Új építészet Burgenlandban és Nyugat-Magyarországon. Nova arhitektura u Gradišću i zapadnoj Mađarskoj]. Hg. Architektur Raum Burgenland (Salzburg 2004) [D | U | K]

Neue Architektur in Kärnten. [Nova arhitektura na Koroškem. Nuova architettura in Carinzia] Hg. Kärntens Haus der Architektur (Salzburg 2006) [D | SI | I]

Rieß Wood3 – modulare Holzbausysteme (Wien / New York 2007). Mit Ulrich Wieler [D | E]

Heinz Tesar – Johann Obermoser: Das BTV Stadtforum. Die Architektur der Zentrale der Bank für Tirol und Vorarlberg Innsbruck (Wien / New York 2007). Mit Walter Bohatsch [D | E]

Innsbruck. Stadtgeschichten. Stadtplanung Baukultur Lebensqualität. Hg. Stadt Innsbruck (Innsbruck 2008). Mit Gretl Köfler, Arno Ritter, Nikolaus Schletterer [D | E]

Hermann Kaufmann WOOD WORKS. Ökorationale Baukunst – architecture durable (Wien / New York 2009) [D | E | F]

Architekturland Vorarlberg. Why to come. Hg. vai und Vorarlberg Tourismus GmbH (Dornbirn 2009). Mit Marina Hämmerle, Reinhard Gassner [D | E]

Baukunst in Salzburg seit 1980. Ein Führer zu 600 sehenswerten Beispielen in Stadt und Land. Hg. Initiative Architektur (Salzburg 2010). Mit Roman Höllbacher, Norbert Mayr

Form & Energy: Architektur in / aus Österreich. Architektur im Ringturm XXI [Ausst.Kat.] (Salzburg 2010). Mit Adolph Stiller [D | E]

Martin Rauch, Roger Boltshauser. Haus Rauch (Basel 2010). Mit Axel Simon [D | E]

Schlögl & Süss Architekten (Wien / New York 2011)

Generalat Halleiner Schwestern Franziskanerinnen (Hallein 2013). Mit Heinz Tesar

Beiträge in Ausstellungskatalogen und Büchern [Auswahl]

Treffen auf dem Feld. In: *Trausdorf, Untere Hauptstraße 18. Muhr, Köb, Missing Link* (Wien 1972): 31–35. Mit Adolf Krischanitz, Angela Hareiter [Missing Link]

Gürtel – Gumpendorfer Straße. Feinbild einer Wiener Straße. In: Hg. Museum des 20. Jahrhunderts [Beilage zum Katalog *Die Straße. Form des Zusammenlebens*] (Wien 1973)

[Vorwort]. In: *Edelbert Köb. Werkverzeichnis der Plastiken in Gips und Stuck 1970–1972* (Wien 1973): 7–10

Via trivialis – Aspekte zur Straße. In: *Lentz Anthologie, Sammlung II* (Wollerau 1974): 129–145. Mit Adolf Krischanitz, Angela Hareiter [Missing Link]

Gegensätzliches zur Lage. In: Hg. Österreichische Gesellschaft für Architektur. *Konfrontationen. Projekte, Konzepte und Realisierungen junger Architekten* [Ausst. Kat.] (Wien 1974): 32–33 [Missing Link]

Die Pavillons der Wiener Stadtbahn von Otto Wagner. Eine Studie von Missing Link. In: Hg. Museum des 20. Jahrhunderts. *Abbruch Station Karlsplatz. Toni Michelmayr. Fotoserie einer Zerstörung. Auswahl aus einer Serie von 192 Fotos* [Ausst.Kat.] (Wien 1978). Mit Adolf Krischanitz

New York – Einige Bauten und Aktuelles. Hg. ÖGFA. *UM BAU* 1 (Wien, Dezember 1979): 55–71. Mit Adolf Krischanitz

Comments in Architecture. In: Hg. Institute for Architecture and Urban Studies. *A New Wave of Austrian Architecture*, Catalogue 13 (New York 1980): 34–36. Mit Adolf Krischanitz [E]

Bilder ohne Worte. In: *Renate Kordon. 30 Federzeichnungen 1976–79* (Wien 1980)

Skizzen am Rande einer Vortragsreise durch zehn amerikanische Großstädte. Hg. ÖGFA. *UM BAU* 2 (Wien, Juli 1980): 57–71

Die Vergänglichkeit der Gegenwart – Protokoll zur Architektur-Biennale Venedig. Hg. ÖGFA. *UM BAU* 3 (Wien, Dezember 1980): 59–69. Mit Dietmar Steiner

Versuche über Baukunst. In: *Versuche zur Baukunst*. NöArt Galerie im Wiener Künstlerhaus [Ausst.Kat.] (Wien 1982): 7–8. Mit Dietmar Steiner

Editorial. Hg. ÖGFA. *UM BAU* 6/7 (Wien, Juli 1983): 3–4

Die städtebauliche Entwicklung Wiens. In: Hg. Magistrat der Stadt Wien. *Architektur in Wien. 300 sehenswerte Bauten* (Wien 1984): 29–36 [Engl. Fassung Wien 1990]

o.T. In: *Mensch und Raum. Internationales Architektursymposium 1984*. Hg. Union international des architectes / Institut für Raumgestaltung (Wien 1984): 22–23

Schöne Kollisionen. Versuch über die Semantik in der Architektur von Hans Hollein am Beispiel Mönchengladbach. Hg. ÖGFA. *UM BAU* 8 (Wien, Dezember 1984): 5–16. Mit Adolf Krischanitz

Positionen einer liberalen Moderne – Die Wiener Werkbundsiedlung 1932. In: Astrid Gmeiner, Gottfried Pirhofer. *Der Österreichische Werkbund. Alternativen zur klassischen Moderne in Architektur, Raum- und Produktgestaltung* (Salzburg / Wien 1985): 155–178

Josef Hoffmann – Erneuerer, Ästhet, Verdränger. In: Hg. Jochen Jung. *Österreichische Porträts. Leben und Werk bedeutender Persönlichkeiten von Maria Theresia bis Ingeborg Bachmann* (Salzburg / Wien 1985): 120–133

Siedlungen – Historisches, Gegenwärtiges, Allgemeines. In: Hg. Magistrat der Stadt Wien. *Wiener Wohnbau Wirklichkeiten* (Wien 1985): 154–158

Editorial. Hg. ÖGFA. *UM BAU* 9 (Wien, Dezember 1985): 3

Zum Geleit – Josef Frank [sowie auch Vorwort]. Hg. ÖGFA. *UM BAU* 10 (Wien, August 1986): 3–5

Josef Frank – Siedlungen und Siedlungsprojekte 1919–32. Hg. ÖGFA. *UM BAU* 10 (Wien 1986): 39–58

Is it beautiful? Is it modern? In: *Hermann Czech. Options in Architecture*. 9H Gallery [Ausst.Kat.] (London 1987): 1–3 [E]

Krischanitz für Maderna. In: Hg. Maderna Werkstätten, Lichtdesign Wien. *Lichtquellen* [Ausst.Kat.] (Wien 1987): 2

Stadtplanung und Städtebau [Editorial]. Hg. ÖGFA. *UM BAU* 11 (Wien, Dezember 1987): 3–4

Der schwarze Hohlspiegel. Der Volksgarten als heterotoper Ort. In: Hg. Martin Fritz, Martin Kaltner. *Querfeld – I*. Volksgarten [Ausst.Kat.] (Wien 1988): 23–25

Kein Haus der Moderne – Entstehung und Geschichte des Palais Stonborough. In: Hg. Wiener Secession. *Wittgenstein. Biographie – Philosophie – Praxis* (Wien 1989): 214–237

Stempel. In: Hg. Wiener Secession. *Josef Trattner. Skulpturen 1988–89* [Ausst.Kat.] (Wien 1989)

Laudatio zur Verleihung des Österreichischen Staatspreises für Kulturpublizistik an Friedrich Achleitner [Ausst.Kat.] Galerie in der Staatsoper. In: Hg. Hochschule für angewandte Kunst. *Friedrich Achleitner* (Wien, März 1989): 17–24

Johannes Spalt – als Bürochef und Meisterklassenleiter … In: Hg. Aneta Bulant-Kamenova. *Johannes Spalt zum 70. Geburtstag am 29. September 1990* [Festschrift] (Wien 1990)

Maßstäbe eines Architekturkritikers. In: *Jahrbuch 4, Bayerische Akademie der Schönen Künste* (München 1990): 167–174

Großhöflein, zwischen Straßen und Feldern. In: *Gotthard Muhr. Übermalungen*. Wiener Secession [Ausst.Kat.] (Wien 1990)

Jenseits von Fall und Zufall. In: *Kurt Ryslavy*. Hanak-Museum [Ausst.Kat.] (Langenzersdorf 1990)

Michael Hofstätter, Wolfgang Pauzenberger [Vorwort]. Hg. Österreichische Gesellschaft für Architektur. *Pauhof. UM BAU*-Sonderdruck [Ausst.Kat.] (Wien 1990)

Großstadtarchitektur. Modernität nach der Postmoderne – Leitbilder für eine Gründerzeit in Wien? In: Hg. Hannes Swoboda. *Wien – Identität und Stadtgestalt* (Wien 1990): 196–204

Vom Interieur zum Städtebau – Architektur am Stubenring 1918–1990. In: *Kunst: Anspruch und Gegenstand. Von der Kunstgewerbeschule zur Hochschule für angewandte Kunst in Wien 1918–1991* (Salzburg / Wien 1991): 97–179. Mit Matthias Boeckl

Großer Österreichischer Wohnbaupreis 1990. Hg. ÖGFA. *UM BAU* 13 (Wien, November 1991): 76–78

Transit XVIII – Austrian Examples from Science, Art und Architecture. Life between Artifact und Nature. In: *Design an Environmental Challenge*. Katalog der 18. Triennale di Milano (Mailand 1992): 450–456 [D|I]

Österreich – Josef Frank, Hans Hollein, Wilhelm Holzbauer, Ernst Plischke, Roland Rainer, Margarete Schütte-Lihotzky, Johannes Spalt, Lois Welzenbacher. In: Hg. Pevsner / Honour / Fleming. *Lexikon der Weltarchitektur* (München 1992³)

Terra Incognita – Das Nordbahnhofareal im Rahmen der Wiener Stadtstruktur. In: Hg. Stadtplanung Wien. *Wiener Architektur-seminar* (Berlin 1992): 147–169 [D|E]

»Jahrhundertprojekte« und Miniaturen. Notizen zur Wiener Architektur der 80er Jahre. In: Hg. Otfried Scholz, Hochschule der Künste Berlin. *Ästhetische Erziehung in Österreich* (Berlin 1992): 64–69 [auch in: *Wien Wirklich. Der Stadtführer* (Wien 1992): 78–83]

Deklarierter Anti-Bürokrat. In: Hg. Wolfgang Förster. *August Fröhlich. Unermüdlich unbequem* (Wien 1992): 27–34

Lichtspiel Spielfeld. In: *Renate Kordon. Lichtspiel Spielfeld* [Ausst.Kat.] (Wien / Graz 1992): 11–12

Mit den Augen hören – Über die neue Figur, ein Gespräch mit Werner Würtinger. In: *Werner Würtinger*. Wiener Secession [Ausst.Kat] (Wien 1992)

Vorarlberger Baukünstler der Gegenwart. In: *Einfach bauen* [Ausst.Kat.] (Bregenz 1993)

Glanz des Ornats – Glamour der Verpackung. In: Hg. *Hans Kollhoff. Über Tektonik in der Baukunst* (Braunschweig / Wiesbaden 1993)

Dazwischen. Ein Gespräch mit Adolf Krischanitz von Otto Kapfinger. In: *Adolf Krischanitz* (Zürich / München / London 1994): 12–19

Vom Munde der Seele. Zu den neuen Bildern von Christian Macketanz in: *Christian Macketanz*. Galerie Hilger [Ausst.Kat.] (Wien 1994): 3–5

[Vorwort]. In: Hg. Österreichische Gesellschaft für Architektur. *Leopold Redl. Stadt im Durchschnitt*. Kulturstudien. Bibliothek der Kulturgeschichte, Sonderband 8 (Wien / Köln / Weimar 1994): 9–10

Visionäre & Vertriebene. Österreichische Spuren in der modernen amerikanischen Architektur: 19–42. Mit Matthias Boeckl | Neutra und Schindler. Zwei Europäer in Kalifornien: 117–138. Mit Adolph Stiller | Victor Gruen und Rudi Baumfeld. Traumkarriere einer Partnerschaft: 255–280 | Der Wettbewerb um eine Synagoge in Wien-Hietzing. Ein zerstörter Bau von Arthur Grünberger – ein verschollenes Projekt von Richard Neutra: 249ff. Mit Ruth Hanisch. In: Hg. Matthias Boeckl. *Visionäre & Vertriebene. Österreichische Spuren in der modernen amerikanischen Architektur.* Kunsthalle Wien [Ausst.Kat.] (Berlin 1995)

Visionäre im Exil. Österreichische Spuren in der modernen amerikanischen Architektur. CD-Rom (Wien 1995). Mit Science Wonder Productions [D|E]

Das Ende der Bohème. Österreichische Architekturszene seit 1975. In: Hg. Anette Becker, Dietmar Steiner, Wilfried Wang. *Architektur im 20. Jahrhundert: Österreich.* Deutsches Architekturmuseum Frankfurt [Ausst.Kat.] (München / New York 1995): 50–59

Beispiele, keine Hitparade. Österreich. In: Hg. Architekturzentrum Wien. *Neues Bauen Heute: Europäische Architektur der neunziger Jahre* (Basel / Berlin / Boston 1995): 104–127

Pionier einer undogmatischen Moderne. In: Mikael Bergquist, Olof Michélsen. *Josef Frank. Architektur* (Basel / Berlin / Boston 1995): 10–23. Mit Maria Welzig [separate Ausgaben D|E]

Wiener Architektur in der Mitte der Neunziger Jahre. In: *Wien, Architektur.* [Der Stand der Dinge] (Wien 1995): 4–11. Mit August Sarnitz [separate Ausgaben D|E]

Baukunst – nur noch ein Film? In: Hg. Roland Ritter & Bernd Knaller-Vlay. *Overload* (Graz 1996): 90–92

Extase der Substanzlosigkeit. Barock in progress – ein monologischer Dialog. In: *Josef Trattner. Barock in Progress* [Ausst.Kat.] (Eckhartsau 1995/96): 9–11, 41–42 [D|E]

[Auszug aus einem Beitrag in *Möbel für sich*]. In: Hg. Aneta Bulant-Kamenova, Dany Denzel. *Anna-Lülja Praun. Möbel, Einrichtungen, Bauten.* Wittgensteinhaus [Ausst.Kat.] (Wien 1996² [1986])

Zur Architektur von Elsa Prochazka. In: Hg. Kristin Feireiss, Hans-Jürgen Commerell. *Wiener Orte: 19 Arbeiten von Elsa Prochazka.* Galerie AEDES [Ausst.Kat.] (Berlin 1996): 4–5

Global denken, lokal handeln. In: Hg. Architekturraum Burgenland u. a. *Architekturparallelen Burgenland. Alpe Adria* (Wien 1996): 1–3 [D|KR|U]

Wenn die Stadt zum Bildschirm wird. In: Hg. Stadtplanung Wien. *Wien, Stadtlichter.* [Der Stand der Dinge] (Wien 1997): 4–5

Lust auf Freiheit; Einsicht in die Notwendigkeit. In: Hg. Walter Zschokke, ORTE Architekturnetzwerk Niederösterreich. *Architektur in Niederösterreich 1986–1997* (Basel / Boston / Berlin 1997): 12–17 [D|E]

Vom Flair des Gediegenen. Cafés und Läden von Otto Prutscher. In: Hg. Hochschule für angewandte Kunst in Wien. *Otto Prutscher 1880–1949. Architektur, Interieur. Design.* Heiligenkreuzerhof [Ausst.Kat.] (Wien 1997): 130–136

Abbild oder Urbild. In: Hg. Thomas Gruber, Hermann Schnöll. *Architektur ist überall – die ganze Stadt* (Salzburg 1997)

Das Secessionsgebäude. In: Hg. Verein der Wiener Secession. *Secession* (Wien 1997): 29–33

Bau-Kunst in Backstein. In: Per Kirkeby. *Backsteinkultur und Architektur* (Köln 1997): 20–27

On the Architecture of Georg W. Reinberg. In: *Georg W. Reinberg. Architecture.* [Ecology and architecture, vol. 1] (Florenz 1998) [E]

Space-Text as Context. In: Hg. Architectural Association. *Beyond the Minimal: ARTEC / Krischanitz / Pauhof / Riegler Riewe.* AA Gallery [Ausst.Kat.] (London 1999) [E]

Die Pionierin des sozialen Bauens. Margarete Schütte-Lihotzky und ihr Werk: 95–96; Humane Wohnkultur auf kleinstem Raum. Die Wiener Werkbundsiedlung: 107–108; Neue Architektur in Österreich. Die regionalen Rahmenbedingungen: 260–263; Landeshauptstadt St. Pölten. Regierungsviertel und Kulturbezirk: 293–294, in: Hg. Barbara Denscher. *Kunst & Kultur in Österreich. Das 20. Jahrhundert* (Wien/München 1999)

Vom Körperraum zum Raumkörper. Zum Bau für die Sammlung Essl von Heinz Tesar. In: *Heinz Tesar. Vorform Sammlung Essl* (Wien 1999): 27–33

Wiener Läden. In: *Johannes Spalt. Portale & Geschäfte. Historische Wiener Geschäftsanlagen* (Wien / Köln / Weimar 1999): 8–14

In context: An introduction to the architecture of Baumschlager & Eberle. In: Baumschlager & Eberle. *2G: Revista internacional de arquitectura = International Architecture Review* n. 11 (Barcelona 1999): 4–13 [E|SP]

Interview mit B. P. In: *Boris Podrecca. Poetik der Unterschiede.* Historisches Museum der Stadt Wien für Praha, Bratislava, Trieste [Ausst.Kat.] (Wien 1999) [D|E]

Aktuelle Arbeiten von Susanne Kompast. In: Hg. Magistrat der Stadt Wien (MA 19). *Susanne Kompast. Spurensuche. Kunst am & Bau Region 20. Wiener Gemeindebezirk* (Wien 1999)

Kalligrafien des Zivilisationsprozesses. In: *Lucinda Devlin, Andreas Gursky, Candida Höfer. Räume.* Kunsthaus Bregenz [Ausst.Kat.] (Köln 1999): 6–11 [D|E]

Im Auge des Taifuns. In: Hg. Österreichische Gesellschaft für Architektur, Universität für angewandte Kunst Wien. *Johannes Spalt. Festschrift.* Heiligenkreuzerhof [Ausst.Kat.] (Wien 1999): 6–18

Der Architekt muss die Bereitschaft haben, ein Risiko einzugehen [Gespräch]: 20–27 | Das bist du als Haus: Ein architektonisches Selbstporträt auf oktogonalem Grundriss: 166–168. In: Hg. Christian Kühn. *Anton Schweighofer: Der stille Radikale* (Wien / New York 2000)

Vom Regelwerk zum Spiel. In: *Gunther Wawrik. Architektur zwischen Bricolage und Instrument* (Salzburg 2000): 7–9

Die Service-Bank als Schatzhaus-Pavillon. In: *Frei & Ehrensperger. Bank für Tirol & Vorarlberg, Filiale Götzis* (Zürich / Wien 2000): 41–44

Das schwierige Ganze – ganz leicht. In: Hg. Kunsthaus Bregenz. *Swiss Re Rüschlikon / Centre for Global Dialogue.* aka Werkdokumente 20 (Stuttgart 2001) [D|E]

Perfektion im Alltag. In: *BTV Bregenz* (Bregenz o.J.): 16–17

[Projekttexte]. In: Hg. Magistrat der Stadt Krems. *Krems – Stadt im Aufbruch.* Stadt. Plan.Krems 10 (Krems 2001)

Gerhard Garstenauer. Konstrukteur und Visionär. Realist und Romantiker. In: Hg. Architekturzentrum Wien. *Gerhard Garstenauer. Interventionen* (Salzburg 2002): 123–129

Heidulf Gerngross. In: Hg. Dietmar Steiner. *Integrazione. Denn Wahnsinn braucht Methode. Jan Turnovský, Heidulf Gerngross, Rainer Köberl, Nelo Auer.* La Biennale di Venezia 2002. Österreich [Ausst.Kat.]. (Salzburg 2002): 72–73 [D|E]

Im Kontext – neue Möbel, neues Design aus Vorarlberg. In: Hg. Roland Gnaiger, Adolph Stiller. *Möbel für alle / Everyone's Furniture* [Ausst.Kat.] Architektur im Ringturm IX (Salzburg 2002) [D|E]

Exkurs zu den Entwürfen für kolossale Monumente. In: Hg. Ingrid Adamer. *Albert Bechtold 1885–1965.* Schriften des Vorarlberger Landesmuseums Reihe B, Bd. 3 (Wien / Köln / Weimar 2002)

E-Mails an Riegler Riewe und Ernst Hubeli. In: *Riegler Riewe. Definite Indefinite* [Red. Gabriele Kaiser] (Wien / New York 2002): 34, 60, 90, 108, 158 [D|E]
Labor Wien 1920–27. In: Hg. Plischke-Komitee [Red. Gabriele Kaiser]. *Ernst Anton Plischke. Architekt und Lehrer* (Salzburg 2003): 16–25
Wie wirklich ist die Wirklichkeit. Ein Gespräch mit Daniele Marques, verfasst von Otto Kapfinger. In: Hg. gta / ETH Zürich. *Daniele Marques* (Zürich 2003): 6–12
Salzburg ist anders – ganz anders, oder doch nicht. In: Hg. Initiative Architektur Salzburg. *Salzburg besser bauen. Architekturreform. Die letzten 10 Jahre* [Ausst.Kat.] (Salzburg 2003): 7–15
Des Kunsttempels Traumlandsherkunft. In: Hg. Wiener Secession. *Secession. Die Architektur* (Wien 2003): 35–60 [D|E]
Struktur und Gestalt. Rheintal versus Inntal: Neue Architektur im alpinen Raum. In: Hg. Liesbeth Waechter-Böhm. *Austria West. Tirol Vorarlberg. Neue Architektur* [Ausst.Kat.] (Basel / Berlin / Boston 2003). [Nachdruck in: Hg. aut. architektur und tirol. *Reprint. Ein Lesebuch zu Architektur und Tirol*, Innsbruck 2005: 354–364]
AllesWirdGut. In: *Gegen den Strom. 9. Internationale Architekturausstellung La Biennale di Venezia 2004 Austria* [Ausst. Kat.] (Wien / New York 2004): 61 [D|E]
Ingenieurbaukunst – in Österreich ein unbekanntes Wesen? In: *Wolfdietrich Ziesel. Traumbrücken* (Wien / New York 2004): 210–213 [D|E]
Die Grammatik des Konstruktiven – in der Poetik der Raumkunst. In: Hg. Österreichische Gesellschaft für Architektur. *Hans Puchhammer. Bauen kann Architektur sein* (Salzburg 2004): 11–14
Typus in Verwandlung. Neuer Industriebau in Wels von Roland Ertl [Auszug aus *Die Presse* vom 6. Juli 1987]. In: *Roland Ertl – Architektur 1960–2004* (Salzburg 2004): 65
[Vorwort]. In: Herbert Ablinger, Cecilia Bechteler-Najjar. *Ablinger, Vedral & Partner* (Salzburg 2004) [D|E]
Intimately Unfamiliar. On the Construction of the School in Csorna by 3h office for architecture. In: Hg. Katalin Csillag, Zsolt Gunther. *Building in the Province /Hungary.* Épület 2 (Györ 2004): 46–54 [E|U]
Tanz der Module. In: Hg. Leonie Manhardt. *Karl Schwanzer: Drei Bauten.* Fotografiert von Sigrid Neubert (Wien / New York 2005): 27ff
Moderne Baukunst im alpinen Raum. In: Hg. Egon Pinzer. *Tirol. Ein Bundesland im Überblick.* Bd. 2 (Innsbruck / Bozen 2005): 918–925
Perspektivwechsel angesagt. Einleitung. In: *Jahrbuch. Architektur. HDA Graz 04/05* (Graz 2005): 6
Transformationen des Alltags. In: Hg. Gaëlle Lauriot-Prévost, Albert Ferrét. *MPreis by Dominique Perrault. Photographs by Jordi Bernadó* (Barcelona 2006) [D|E]
Josef Hoffmann. Versuch eines Portraits. In: *Walter Zednicek. Josef Hoffmann und die Wiener Werkstätte* (Wien 2006): 5–12 [D|E|I|F]
Versuch über Aspekte in der Architektur von Hans Gangoly. In: Hg. aut. architektur und tirol. *Hans Gangoly. Konversationen* (Salzburg 2006): 39–47 [D|E]
Architekturpolitik in Österreich. Historische Entwicklung – Stand der Dinge. In: Hg. ARGE Baukulturreport. *Österreichischer Baukulturreport 2006. Baukultur. Empfehlungen.* Bd. 3 (Wien 2006). Mit Arno Ritter
Komplexe Einfachheit. In: Hg. TU Wien, Institut für Architektur und Entwerfen, Abteilung Wohnbau und Entwerfen: Peter Fattinger. *Orange Farm Township Project 2006* (Wien 2006)
Gebaute Kunst aus Backstein. Zu den Arbeiten von Per Kirkeby. In: *BRICK '06. Die besten europäischen Ziegelarchitekturen* (München 2006): 174–179
[Textsplitter]. In: Hg. Adolph Stiller. *Boris Podrecca: Architektur / Architecture.* [Ausst.Kat] Architektur im Ringturm XVI (Salzburg 2007) [D|E]
Plädoyer, zum Geleit. In: *Norbert Mayr. Stadtbühne und Talschluss. Baukultur in Stadt und Land Salzburg* (Salzburg / Wien 2006): 7–10
Hausgewordene Philosophie [Haus Wittgenstein]. In: Hg. Architekturzentrum Wien. *Margherita Spiluttini – Räumlich / Spacious.* Fotohof Edition, Bd. 85 (Salzburg 2007): 32–33 [D|E]
Der rote Rand. In: Hg. Fotohof Salzburg. *Elfriede Mejchar. Fotografien von den Rändern weg.* Fotohof Edition, Bd. 112 (Salzburg 2008): 26–29
Wo bitte geht's zum Paradies? Ein Essay für Marte.Marte. In: Hg. Stefan Marte, Bernhard Marte. *Marte.Marte Architects* (Wien / New York 2008): 30–43 [D|E]
Bühne am See, Forum der Region. In: *Dietrich|Untertrifaller Architekten. Rural urbanism. Topografie und kultureller Kontext als Entwurfsparameter* [Ausst. Kat.] Aedes Galerie (Berlin 2008) [D|E]
Renaissance eines Arkadenhofes. In: Hg. Veronica Cupioli. *Uniqahaus Uffici direzionali a Klagenfurt. Barbara Frediani-Gasser, Gianluca Frediani* (Firenze 2008): 5–9 [I|D]

Architektur im Widerstand. Aktionen für Qualität im Bauen, in Stadterneuerung und Landschaftsplanung: 60–73 | Architektur und Kunst. Biografische Verflechtungen, personelle Konstellationen: 74–81. In: Hg. Silvie Aigner. Emanzipation und Konfrontation, Band II, *Architektur aus Kärnten seit 1945 und Kunst im öffentlichen Raum heute* (Wien/New York 2009) [D|SI|I]

Gute Architektur ist nicht zu sehen. In: Hg. Heinz Wirz. *Frei & Ehrensperger* (Luzern 2009)

Abseits des Hochglanzblicks. In: Hg. Markus Bogensberger, Gabu Heindl, Ellen Bareis, Ernst Hubeli, Haus der Architektur Graz. *position alltag. architecture in the context of everyday life* (Graz 2009): 116ff [D|E]

farben formen wirklichkeit. Oskar Putz im Gespräch, erzählt von Otto Kapfinger. In: Hg. Christine Janicek. *Oskar Putz. Bilder und Farbkonzepte* (Wien 2009): 27–34

In Ketten tanzen. In: Hg. Johann Christoph Bürkle. *Mustersiedlung in Hadersdorf. Neues Wohnen in Wien* [Krischanitz, Märkli, Kollhoff, Steidle, Meili, Peter, Diener, Tesar, Dudler, Czech, Detzlhofer] (Sulgen 2009): 16–23 [D|E]

Transforming modernity – structuring the void. Das Beispiel Österreich: Antworten zur Stilproblematik des 20. Jahrhunderts. In: Hg. Luise King, Stiftung Städelschule für Baukunst. *Architektur & Theorie: Produktion und Reflexion* (Hamburg 2009): 240–261

Innere Welten. Eine Revision von *Städtebau* und *Ortsbezug*. In: Hg. Nikolaus Hellmayr. *Markus Pernthaler 902010* (Graz 2009): 4–9 [D|E]

Kippungen. Otto Kapfinger und Adolf Krischanitz im Gespräch. In: Hg. Uta Graff, Universität der Künste Berlin, Stadterneuerung. *Adolf Krischanitz | Architektur ist der Unterschied zwischen Architektur / Architecture is the Difference between Architecture* (Ostfildern 2010): 106–129 [D|E]

Johannes Spalt: Westöstliche Raumkunst. In: Hg. Architekturzentrum Wien [Red. Monika Platzer]. *Johannes Spalt. Wahlverwandtschaften / Elective Affinities* (Salzburg 2010): 140–171 [D|E]

Sinngeber der Baukunst. Johannes Spalt 1920–2010. Hg. ÖGFA. *UM BAU 25* [Architektur im Ausverkauf. Auf dem Weg zu einer Ökonomie des Überflusses] (Salzburg 2010): 12–15

Hohlspiegel von Bürgerlichkeit. Etuis der Privatheit? Bemerkungen zu neuen Vorarlberger Architektenwohnungen. In: Rita Bertolini. *Innenleben Vorarlberg* (Bregenz 2010): 104–107

Die Poesie der Architektur [Vorwort zur 2. Auflage]. In: *Franziska Ullmann. Basics. Architektur und Dynamik* (Wien/New York 2010) [separate Ausgaben D|E]

Industrial Architecture born from intelligent Handicraft. In: *Hermann Kaufmann. Spirit of Nature Wood Architecture Award 2010* (Helsinki 2010): 10–13. [Nachdruck einiger Projekttexte aus Wood Works] [E]

Sinnspannung kontra Bilderhimmel. Essay zur temporären Installation von Meina Schellander in der Wiener Jesuitenkirche. In: *Meina Schellander. Konnexionen* (Wien 2010): 63–66

Walter Zschokke 1948–2009. Wissenschafter, Kritiker, Praktiker. In: Hg. Eva Guttmann, Gabriele Kaiser, Franziska Leeb, ORTE Architekturnetzwerk Niederösterreich. Band 3. *Architektur in Niederösterreich 2002–2010*. (Wien/New York 2011): 11–13 [D|E]

Vorwort. In: Hg. Bauhaus-Universität Weimar, Professur Entwerfen und Baukonstruktion Michael Loudon: Florian Kirfel, Daniel Reisch. In: *Sichtbeton im Detail. Vier Bauten von Miller & Maranta* (Luzern 2009): 8–9

Über Ethos, Eros und Erosion – Notizen zur Ausstellung auf Basis des Eröffnungsvortrags vom 22. September 2010. In: Hg. HDA Graz [Red. Eva Guttmann]. *HDA Reader 2010* (Wien 2011): 34–39

von der form des erotischen zur psychologie des eros. In: *Klaus Stephan. Malerei* (Weitra 2011): 139–149

Anspruch und Ausgang. Zur Projekt- und Baugeschichte der Internationalen Werkbundsiedlung Wien 1932. In: Hg. Wien Museum. *Werkbundsiedlung Wien 1932: Ein Manifest des Neuen Wohnens* (Salzburg 2012): 36–63

Raumkraft der Struktur: Porosität des Monolithischen. Vorläufige Gedanken zur Architektur von Roger Boltshauser. In: *Roger Boltshauser: Transformator.* Mit Bildern von Philipp Schaerer. Architektur Galerie Berlin [Ausst.Kat.] (Berlin 2012)

Laudatio für Franz Riepl zum 80. Geburtstag im Steinernen Saal, Landhaus Linz, 15. September 2012. In: *Franz Riepl. Architekt einer anderen Moderne.* HDA Graz [Ausst.Kat.] (Graz 2012): 8–13

Wohnen in der Rabenfluh. In: *Frei & Ehrensperger. Alters- und Betreuungszentrum Rabenfluh* (Zürich 2012): 34–37

Atlantis revisited. In: Hg. aut. architektur und tirol. *Martin und Werner Feiersinger. Italomodern. Architektur in Oberitalien 1946–1976* [Ausst.Kat.] (Wien/New York 2012): I–XXXII

Juryprotokoll und Projekttexte. In: Hg. Zentralvereinigung der ArchitektInnen Österreichs. *Bauherrenpreis '11*. [Ausst. Kat.] Architektur im Ringturm XXVII (Salzburg/Wien 2012): 11

Interfaces. Helmut Tezaks fotografische Lektüre von Werkgruppe-Bauten. In: Hg. Eva Guttmann, Gabriele Kaiser, HDA Graz. *Werkgruppe Graz 1959–1989. Architecture at the Turn of Late Modernism* (Zürich 2013): 268–275 [D|E]

Theophil Hansens Architektur im Rahmen der Wiener Ringstraße. In: Hg. Adolph Stiller. *Theophil Hansen*. [Ausst.Kat.] Architektur im Ringturm XXXII (Salzburg/Wien 2013): 9ff [D|E]

Handwerk und Kunst der Architekturkritik. In: Hg. Franziska Leeb, Gabriele Lenz, Claudia Mazanek, ORTE und ZV Österreich. *Walter Zschokke. Texte* (Zürich 2013): 8–17

Spielfeld: 32 | Entfesselung des Labyrinths: 46 | Metamorphosen: 136–137 | Bilder ohne Worte: 166–168 | Raumflug der Arabesken: 226. In: Hg. Edition Angewandte. *Renate Kordon. Lebenslinien/Lifelines* (Wien 2013) [D|E]

Bodenständig und weltoffen [Vorwort]. In: Hg. Norbert Mayr. *LP Architektur. Bauten und Projekte 2008–2014* (Wien 2013): 16–19

Atmosphäre in der Architektur. In: *Making of.* Secession Edition [Mappenwerk der Mitglieder der Vereinigung bildender KünstlerInnen Wiener Secession. Limit. Auflage] (Wien 2013)

Ausgangslage – Situation – Analyse. In: Hg. Magistrat der Stadt Wien, MA 21 – Stadtteilplanung und Flächennutzung. *Städtebauliche Entwicklung Hotel Intercontinental Wien/Wiener Eislaufverein. Dokumentation und Ergebnis des kooperativen ExpertInnenverfahrens* (Wien 2013): 19–36. Mit Hans Puchhammer

Kassetten, nicht Gerüste. Zur Architektur von Cukrowicz.Nachbaur. In: *Cukrowicz. Nachbaur Architekten* (Zürich 2014) [D|E]

Verschiedene Quellen des Gemeinsamen. Florian Riegler und Roger Riewe im Gespräch mit Otto Kapfinger. In: Hg. Eva Guttmann. *Riegler Riewe. 10 Years 20 Projects* (Zürich 2014) [D|E]

Dialoge mit Adolf Krischanitz. In: *Adolf Krischanitz. Architect* (Ostfildern 2014) [D|E]

Werkbund, Loos und Hoffmann. Neue Aspekte. In: Matthias Boeckl, Christian Witt-Dörring (Hg.). *Wege der Moderne. Josef Hoffmann, Adolf Loos und die Folgen* (Wien 2014) [D|E]

Beiträge in Periodika, Tageszeitungen und Fachmagazinen [Auswahl]*

Experimentelle Architektur. *Architektur aktuell* 41 (Wien 1974): 36–39. Mit Adolf Krischanitz, Angela Hareiter [Missing Link]

Tipologie Viennesi, Studio delle »Fortezze Rosse«/ An Essay on Vienna's »Red Fortresses«. *Domus* 578 (Mailand 01/1978): 17–19. Mit Adolf Krischanitz

New York – Einige Bauten und Aktuelles. Hg. ÖGFA. *UM BAU* 1 (Wien, Dezember 1979): 55–71. Mit Adolf Krischanitz

Wie Otto Wagner »durchgestrichen« wird. U6-Planung bedroht Wienzeile-Brücke. *Die Presse* (20. Februar 1981)

Wiener Stadtbahn: Pavillons und Brücken. *Form + Zweck*, Heft 3 (Berlin 1981): 44ff [Nachdruck in: *Das Schicksal der Dinge. Beiträge zur Designgeschichte* (Dresden 1989): 56–62]

Vom historischen Fundstück zur subjektiven Formfindung. Andrea Palladio – alte Kultfigur der Architekten, neuerdings wieder mißverstanden. *Die Presse* (17. April 1981)

Der schöpferische Skeptiker. Zur Ausstellung »Josef Frank 1885–1967«. *Die Presse* (2. Mai 1981): 5

Gedanken, die keine Hände sind. Heinz Frank zeigt Objekte und Zeichnungen. *Die Presse* (26. Juni 1981)

Utopie und Abbild. Über einen Versuch neuer Geschäftsarchitektur in Wien. *Die Presse* (4. September 1981)

Die weiß-grüne Torte. Wandlungen eines Typs – Das neue Funkhaus in Graz von Gustav Peichl. *Die Presse* (25. September 1981)

Wiener Läden der 50er Jahre. *Die Presse* (1. Oktober 1981)

Mit menschlichem Maßstab. Ausstellung »Bruno Taut 1880–1938« im Zwanz'gerhaus. *Die Presse* (24. Oktober 1981)

Der rote Rand. Oberes Wienfeld, photographiert von Elfriede Mejchar. *Camera Austria* 6 (Graz 1981): 26–31

Wiener Läden. Vom Rahmen zur Skulptur und wieder zurück – Aspekte der Abgrenzung und der Mitteilung am Beispiel kleiner Geschäftslokale. *Werk, Bauen und Wohnen* 1/2 (Zürich 1982): 8–13

Ornament und Gebrechen. Der »Stil des Vergessens« am Beispiel eines neuen Portals am Graben. *Die Presse* (5. Februar 1982)

Vom Lichtspielpalast zum Supermarkt. Wiener Kinos. *Die Presse* (19. Februar 1982)

Kulturbauten mit und ohne Baukultur. Werden an dem Londoner »Barbican« die richtigen Lehren für den Wiener Messepalast gezogen? *Die Presse* (13./14. März 1982)

Architekturwettbewerbe – Hoffnung oder Alibi. Beispiel Steyr: Schon lange ist entschieden, daß der Wehrgraben verschwinden muß. *Die Presse* (27./28. März 1982)
Hommage an das Alltägliche. Dargestellt am Beispiel eines Hauses von Hermann Czech in Schwechat. *Die Presse* (10./11./12. April 1982)
Frank, Loos und gegenwärtige Wirkungen. *Archithese* 3 (Niederteufen 1982): 11–14
Das große Wort Baukunst. Sechs Architekten und viele Unterschiede – eine Ausstellung in der Wiener NÖ-Art Galerie. *Die Presse* (22. Mai 1982)
Die Rückkehr der Türme. New York baut wieder klassische Wolkenkratzer. *Die Presse* (19./20. Juni 1982)
Der Chicago-Mythos. Louis Sullivan als mißverstandener Prophet des architektonischen Funktionalismus. *Die Presse* (26./27. Juni 1982)
Loos total. Ein Jahrhundertwerk über den Architekten. *Die Presse* (3./4. Juli 1982)
Den Kulissen eine gläserne Brücke. Wettbewerbsentscheidung Opernzubau Graz. *Die Presse* (17. September 1982)
Wiedergeburt mit Hindernissen. Das Berliner »Universum«-Kino von Erich Mendelsohn und seine Rekonstruktion als »Schaubühne«. *Die Presse* (6./7. November 1982)
Wohnen am Stiegenhaus. Ein ungewöhnliches Miethaus in Berlin/Kreuzberg von Anton Schweighofer. *Die Presse* (27./28. November 1982)
Vom Neobarock zur Neuen Sachlichkeit. Gedächtnisausstellung Siegfried Theiss – Hans Jaksch an der Technischen Universität. *Die Presse* (4./5. Dezember 1982)
Das Alte und das Neue in der Türkei. Die Architektur von Sedad H. Eldem als Beispiel einer gelungenen Synthese. *Die Presse* (22./23. Januar 1983)
Los vom »Emmentaler«? Neue Trends im Wiener Wohnbau. *Die Presse* (19./20. Februar 1983)
Der Historismus von gestern. Ausstellung in der Hermesvilla: Heinrich von Ferstels Bauten und Projekte für Wien. *Die Presse* (2./3./4. April 1983)
Die Wiener Stille-Post-Moderne. Neue Trends, alte Vorbilder – eine Kettenreaktion von Mißverständnissen. *Die Presse* (16./17. April 1983)
Ästhetischer Luftkörper. Zur Richard Neutra-Ausstellung im Museum des 20. Jahrhunderts. *Die Presse* (30. April/1. Mai 1983)
Wohnen in der Großstadt. Berlin-Wien-Ausstellung. *Die Presse* (5. Juni 1983)
Reform ohne Widerhaken? Nachgedanken zu den Architekturtagen Berlin-Wien über das Wohnen in der Großstadt. *Die Presse* (11./12. Juni 1983)
Kreuz, Kreis, Quadrat und Bastgeflecht. Der Kosmos des Baukunst des F. L. Wright – dargestellt und reflektiert von O. A. Graf. *Die Presse* (9./10. Juli 1983)
Ein Haus der Architektur. Das Pariser »Institut français d'architecture«: Modellfall und Hintergrund. *Die Presse* (20./21. August 1983)
Störer der Unordnung. Vor fünfzig Jahren starb Adolf Loos. *Die Presse* (23. August 1983)
Denkmalschutz in letzter Minute. Das Arbeiterheim Favoriten könnte vor dem Abbruch gerettet werden. *Die Presse* (27/28. August 1983)
Sprechende Architektur. Zur Verleihung des Großen Österreichischen Staatspreises an Hans Hollein. *Die Presse* (22./23. Oktober 1983)
Kulturkritik statt Kunstgeschichte. Zur Neuauflage der Otto-Wagner-Monographie im Residenz Verlag. *Die Presse* (5./6. November 1983)
Josef Hoffmanns Kurhaus verkommt. Triste Gegenwart und ungewisse Zukunft. *Die Presse* (26./27. November 1983)
Ein Kampf der Künste. Die neue Pfarrkirche »Zum göttlichen Erlöser« in Wien-Brigittenau. *Die Presse* (31. Dezember 1983)
Ringstraße der Bürokratie. Bundesbauten beim Landstraße Knoten: Städtebauliches Bollwerk – architektonisches Vakuum. *Die Presse* (7./8. Januar 1984)
Otto-Wagner-Brücke bleibt. Neue Varianten für Station Längenfeldgasse. *Die Presse* (21. Februar 1984)
Ein lächelnder Expressionismus. Achille Castiglioni präsentiert sein Design-Œuvre im Museum für angewandte Kunst. *Die Presse* (24./25. März 1984)
Von oben nach unten gebaut. Das neue »Juridicum« am Schottentor – eine gläserne Arche der Rechtswissenschaft. *Die Presse* (21./22. April 1984)
Ein Neoklassiker der »weißen Architektur«. Zur Verleihung des Pritzker-Preises an den Amerikaner Richard Meier. *Die Presse* (15. Mai 1984)
Ein Kuhstall als Kunstwerk. Zur Ausstellung »Hugo Häring in seiner Zeit – Bauen in unserer Zeit«. *Die Presse* (7./8. Juli 1984)
Revision der Moderne. Eine Bilanz der »Postmoderne« als Eröffnungsausstellung des Deutschen Architekturmuseums. *Die Presse* (21./22. Juli 1984)

* In Tageszeitungen sowie in Fachperiodika erschienen bislang an die 600 Beiträge, rund die Hälfte davon zwischen 1981 bis 1990 in *Die Presse / Spectrum*. Zu den internationalen Medien gehören *archithese, Werk, Bauen + Wohnen* (CH), *Arch+, Baumeister, Bauwelt, Leonardo* (D), *l'architecture d'aujourd'hui* (F), *Architectural Review* (GB), *Oris* (HR), *Casabella, Domus* (I), *de Architect* (NL), *a & u, Kenchiku Bunka, Space Design* (JP), *Architecture & Design, ume* (AUS) u.v.a.m. In Österreich sind es *Architektur aktuell, Architektur & Bauforum, Zuschnitt*, um nur die wichtigsten zu nennen. Hier wird eine kleine Auswahl davon gelistet. Eine vollständige Publikationsliste findet sich auf der Website Otto Kapfinger.

Restaurierung der Moderne. Von Stuttgart bis Venedig: Baumonumente der Zwischenkriegszeit werden saniert. *Die Presse* (28./29. Juli 1984)
Kostbar, poetisch, analytisch. Die Carlo Scarpa-Ausstellung in Venedig. *Die Presse* (15./16. September 1984)
Ein Pseudo-Wien als Disneyland. Das Vier-Milliardenprojekt: Stilmaskerade am Nordbahnhof. *Die Presse* (17./18. November 1984)
Zerstören als Arbeitsbeschaffung. Die Erzverladeanlage in Eisenerz soll abgerissen werden. *Die Presse* (22. November 1984)
Baukultur – das unbekannte Wesen. Modewort und Zauberformel: Anmerkungen zur Wiederentdeckung eines Begriffs. *Die Presse* (24./25. November 1984)
Schöne Kollisionen. Versuch über die Semantik in der Architektur von Hans Hollein am Beispiel Mönchengladbach. Hg. ÖGFA. *UMBAU* 8 (Wien, Dezember 1984): 5–16. Mit Adolf Krischanitz
Neue Wartehäuschen beim Parlament. *Die Presse* (2. Januar 1985)
Im Beton ist es asketisch still. Tadao Ando: Architekturentwürfe im Haus Wittgenstein. *Die Presse* (19./20. Januar 1985)
Architektur und Literatur. Friedrich Achleitner in der Galerie in der Staatsoper. *Die Presse* (13. März 1985)
Ein Stadtteil wird kaputtsaniert. Fiktion und Realität am Beispiel Wien-Gumpendorf (1. Teil). *Die Presse* (23./24. März 1985)
Hiermanseder House, Salzburg, Austria, 1981–1982. *Architecture and Urbanism* 4 [175] (Japan 1985): 118–121. Mit Adolf Krischanitz
Weißes Haus am Main. Das neue Frankfurter Museum für Kunsthandwerk von Richard Meier. *Die Presse* (27./28. April 1985)
Ideenkonkurrenz für den Gürtel. Verschiedene Lösungsvorschläge für ein zentrales Problem der Wiener Stadtplanung. *Die Presse* (11./12. Mai 1985)
Pragmatik: Ein Bekenntnis. Architektur von Wilhelm Holzbauer – Ein Buch, eine Bilanz, eine Selbstdarstellung. *Die Presse* (22./23. Juni 1985)
Architekturpreis für Hermann Czech. *Die Presse* (25. Juni 1985)
Platonischer Streit. *Die Presse* (26. Juni 1985)
Manier und Methodik. Zaha Hadid und Alison Smithson: Zwei Generationen der Architektur. *Die Presse* (29./30. Juni 1985)
Farbe, Material und Bekleidung. Zur Aktualität der Ideen von Gottfried Semper in der gegenwärtigen Postmoderne. *Die Presse* (21./22. September 1985)
Solitäre Spitzen, verschlampter Standard. Österreichische Architektur seit 1945. *Die Presse* (26. September 1985)
Prinzip Babylon. Die Bilder der dritten Architektur-Biennale in Venedig. *Die Presse* (5./6. Oktober 1985)
Eine neue Brücke für den Stadtpark. Das Projekt von Hermann Czech siegte in einem Gutachterverfahren. *Die Presse* (14. Oktober 1985)
Ein Freiraum wird verwertet. Der Hans-Gasser-Platz in Villach: Modellfall spekulativer Stadtplanung. *Die Presse* (25./26. Oktober 1985)
Einsames Genie – Kollektive Avantgarde. Ausstellungen über Frank Lloyd Wright und die Brünner Moderne. *Die Presse* (7. Februar 1986)
Zwei Welten der Baukunst. Zum 100. Geburtstag von Mies van der Rohe und Clemens Holzmeister. *Die Presse* (27. März 1986)
Die Gedankenspur an den Dingen. Design in Österreich – Heinz Frank; zwei Design-Ausstellungen weisen in verschiedene Richtungen. *Die Presse* (11. April 1986)
Pritzker-Preis für Gottfried Böhm. Räumliches Reagieren auf den Ort als Entwurfsprinzip. *Die Presse* (9. Mai 1986)
Paradiesgärten aus Stoff. Zur Ausstellung »Josef Frank – Stoffe, Tapeten, Teppiche«. *Die Presse* (12. Mai 1986)
Sokrates unter den Technokraten. Zum 85. Geburtstag des Konstrukteurs und Philosophen Konrad Wachsmann. *Die Presse* (16. Mai 1986)
Momente der Hoffnung. Zum Tod des Stadtplaners Wilhelm Kainrath. *Die Presse* (17. Mai 1986)
Sechs Jahrzehnte am Bau. Ein Werk zwischen Schulen und Generationen; der Wiener Architekt Erich Boltenstern feiert seinen 90. Geburtstag. *Die Presse* (20. Juni 1986)
Die Trägheit der Bauwelt. Friedrich Achleitners »optimistische« Bilanz der sechziger Jahre. *Die Presse* (27. Juni 1986)
Visionen der Moderne. »Prinzip Konstruktion« als Thema einer Architekturschau in Frankfurt. *Die Presse* (11. Juli 1986)
Josef Frank – Siedlungen und Siedlungsprojekte 1919–32. Hg. ÖGFA. *UMBAU* 10 (Wien 1986): 39–58
Dem Leben Form geben. Möbel und Einrichtungen der Architektin Anna-Lülja Praun in der Galerie Würthle. *Die Presse* (3. Oktober 1986)
Klagemauer für Salonkritik. Zur Ausstellung »Wiener Bauplätze« im Museum für angewandte Kunst. *Die Presse* (4./5. Oktober 1986)

Jahrhundertwerk im Schnellverfahren. »Chancen für den Donauraum« – Zur Diskussion um den städtebaulichen Wettbewerb. *Die Presse* (17. Oktober 1986)
Kulturpark des 21, Jahrhunderts. Paris-La Vilette: Ein Stadtteil für Wissenschaft und Technik, Musik und Theater. *Die Presse* (5. Dezember 1986)
Licht aus vergoldeten Tüten. Gustav Peichls Siegerprojekt für die Kunst- und Ausstellungshalle in Bonn. *Die Presse* (12. Dezember 1986)
Salzburg setzt ‚Grundsteine'. *Bauwelt* 47, Jg. 77, 12. Dez. (Berlin 1986): 1786–1789
Wohnen mit Kindern. Ein Wohnbau in Wien-Jedlesee von Ottokar Uhl. *Die Presse* (9. Januar 1987)
Bermudadreick der Stadtplanung. Zwischenbilanz der Gürtel-Planungen, nur teure Sandkastenspiele? *Die Presse* (16. Januar 1987)
Architektin aus sozialer Berufung. Margarete Schütte-Lihotzky feiert ihren 90. Geburtstag. *Die Presse* (23. Januar 1987)
Die Kunst in pompösen Kulissen begraben. Der Umbau des Gare d'Orsay zum Museum des 19. Jahrhunderts. *Die Presse* (30. Januar 1987)
Maler bauen Häuser. Brauer, Hundertwasser etc. *Die Presse* (31. Januar 1987)
Konflikte ohne Lösungen. Architektonischer Manierismus in städtebaulicher Zwangslage – Hans Holleins Haus am Stephansplatz. *Die Presse* (14./15. März 1987)
Demaskierung eines Verfahrens. Wettbewerbsergebnis »Chancen für den Donauraum«. *Die Presse* (21./22. März 1987)
Treibhaus für kluge Apparate. Renzo Pianos IBM-Pavillon am Wiener Rathausplatz. *Die Presse* (28./29. März 1987)
La Pianta Centrale e le sue Variazioni: Due Progetti Residenziali di Anton Schweighofer [Weinberggasse]. *Casabella* 540, Jg. 51 (Mailand 1987): 38–41
Rokoko der Grazer Schule. Wohnbauten von Szyszkowitz/Kowalski. *Die Presse* (30./31. Mai 1987)
Typus in Verwandlung. Neuer Industriebau in Wels von Roland Ertl. *Die Presse* (6./7. Juni 1987)
Städtisch am Steilhang. Architekten mahnen zur Wohnbaureform in Tirol. *Die Presse* (4./5. Juli 1987) [Nachdruck in: Hg. aut. architektur und tirol. *Reprint. Ein Lesebuch zu Architektur und Tirol*, Innsbruck 2005: 266–268]
Inferno und Paradies der Baukunst. Antoní Gaudi und Barcelona – Zwei Ausstellungen im Künstlerhaus. *Die Presse* (4. September 1987)
Freiraum trotz Verdichtung. Wohnbau von Timo Penttilä in Wien-Mariahilf. *Die Presse* (5./6. September 1987)
Moderner als die Moderne. Zum 100. Geburtstag von Rudolf M. Schindler. *Die Presse* (12./13. September 1987)
Feuergeist, Poet, Buhmann. Le Corbusier zum 100. Geburtstag. *Die Presse* (10./11. Oktober 1987)
Aufruf zum Baustopp I. Ingenieurkammer gegen Czernin-Bauten. *Die Presse* (22. Oktober 1987)
Skizzen für die Kurstadt. Politik mit Architektur: Das Badener Modell. *Die Presse* (24./25. Oktober 1987)
Aufruf zum Baustopp II. Neuerlich heftige Kritik an Czernin-Planung. *Die Presse* (30. Oktober 1987)
112 Gabeln und zwei Stäbchen. Sparta/Sybaris – Bernard Rudofsky zieht Bilanz. *Die Presse* (7./8. November 1987)
Dann leg' ich Sie um. Herbstliches Baukabarett in 8 Szenen. *Die Presse* (5./6. Dezember 1987)
Überleben durch Umbau. Wien und Graz: Preisgekrönte Wohnbaubeispiele. *Die Presse* (2./3. Januar 1988)
Das Ensemble der Primavesi-Villa ist gefährdet. *Die Presse* (15. März 1988)
Kathedrale der Schwerindustrie. Iwan Leonidows Projekt für den Roten Platz. *Die Presse* (19./20. März 1988)
Avantgardist in allen Medien. Friedrich Kiesler-Ausstellung im Museum des 20. Jahrhunderts. *Die Presse* (30. April/1. Mai 1988)
Technik, vom Pathos befreit. Was kommt nach den Dampfer-Motiven? *Die Presse* (7./8. Mai 1988)
Kabinettstück der Bautechnik. Das »Institut du Monde Arabe« in Paris. *Die Presse* (4./5. Juni 1988)
Dokument ländlicher Baukultur. Stübing – mehr als eine museale Idylle. *Die Presse* (4./5. Juni 1988)
Festplatz der Zukunft? Geburt einer Hauptstadt – Ausstellung in St. Pölten. *Die Presse* (25./26. Juni 1988)
Leidenschaft für Einfachheit. Ehrungen für Ernst Plischke zum 85. Geburtstag. *Die Presse* (25./26. Juni 1988)
Wenn die Stadt zum Bildschirm wird. Lichter der Großstadt. *Die Presse* (25. August 1988)
Stein des Anstoßes. Hrdlicka-Mahnmal – Albertinaplatz. *Der Falter* 32 (Wien 1988)

Rückfall auf die grüne Wiese. EXPO 95; vages Thema, falscher Standort. *Die Presse* (3./4. September 1988)

Utopie und Abbild: Coop Himmelblau und die Ästhetik des von der Lenksäule durchbrochenen Brustkorbs. *Arch+* 95 (Aachen 1988): 49–52

Einebnung der Landschaft. Stadtraum: ein Opfer von Geschwindigkeit. *Die Presse* (8./9. Oktober 1988)

Neue Härte. Architektur und Design nach der Postmoderne. *Die Presse* (5./6. November 1988)

Gefrorene Organik. Günther Domenigs Steinhaus im Museum für angewandte Kunst. *Die Presse* (12./13. November 1988)

Zweimal Bauhaus in Wien. Ausstellung Franz Singer / Friedl Dicker. *Die Presse* (12. Dezember 1988)

Haut aus Stein. Ein Neubau am Innsbrucker Landhausplatz. *Die Presse* (17./18. Dezember 1988)

Shop Architecture in Twentieth-Century Vienna. *Space Design* 280 (Japan 11/1988): 13–17

Utopia & Image: Coop Himmelblau and the Aesthetic of the Chest Spiked by the Steering Column. *Architectural Review* 1102, Jg. 184 (London 1988): 46–50

Echt und Unecht. Luigi Blaus Dorotheum in Wien-Währing. *Bauforum* 131 (Wien 1989): 45–48 [Nachdruck in: Hg. Matthias Boeckl. *Architekt Luigi Blau. Häuser, Interieurs, Stadtmöbel. Beiträge zu einer Baukultur 1967–2002*. Wien/New York 2002: 98]

Signal aus Rotterdam. Holland erhält ein neues Architekturmuseum. *Die Presse* (18./19. Februar 1989)

Dunkelgraue Riesen, Zeugen des Infernos. Flaktürme Wien. *Die Presse* (11. März 1989)

Urbanität nach der Postmoderne. Städtekonkurrenz, Fachbeiräte, Stadtkultur. *Die Presse* (1./2. April 1989)

Die Masken fallen. Architektur im Sold der Stadtpolitik. *Die Presse* (22./24. April 1989)

Ist das Möbel noch zu retten? Salonmanierismus und Spanplatten-Barock. *Die Presse* (17./18. Juni 1989)

Städtebau in Barcelona. Projekte rund um die Olympischen Spiele. *Die Presse* (1./2. Juli 1989)

Broschen für die Stadt. Über die Konjunktur symbolischer Planung. *Die Presse* (15./16. Juli 1989)

Kabinettstück in Stahlbeton. Wittgensteins Stiegenhaus. *Die Presse* (29./30. Juli 1989)

Klaus Kada. *l'architecture d'aujourd'hui* 264 (Paris 1989): 153–157

Universum der Bücher. Alexandrias Bibliothek soll neu erstehen. *Die Presse* (4./5. November 1989)

Versteinerter Musikantenstadl. Aus dem Tiroler Architektenalltag. *Die Presse* (18./19. November 1989)

Ein Fest für Adolf Loos in Wien. Drei Ausstellungen über Leben und Werk des Architekten. *Die Presse* (2./3. Dezember 1989)

Träume der Moderne, Schäume der Postmoderne. Aufbruch in eine neu Gründerzeit: Wird Wien wieder Großstadt? *Die Presse* (2./3. Mai 1990)

Semplice e Perfetto. Il Lehrbauhof a Salisburgo di Michael Alder. *Casabella* 54 (Mailand 06/1990): 26–28

Konzeptionelle Dichte. Lehrbauhof – Bauhütte Salzburg [Michael Alder]. *Werk, Bauen + Wohnen* 5, Bd. 77 (Zürich 1990): 4–8

Standardsituation. Ein Kommentar für PRINZGAU/podgorschek zum Projekt Amtshaus Mödling. *lo(o)sgelöst*, Nr. 0 (Wien 1992): 74–76

Monarchistische Bonbonniere – was nun? [Rekonstruktion von Wiener Ballsälen]. *Architektur & Bauforum* 156 (Wien 1993): 48–49

Die Zukunft der Welt wohnt nicht in Palästen. Aus der Laudatio zur Vergabe der Landesbaupreise in Kärnten 1993. *Die Brücke. Kärntner Kulturzeitschrift* 4 (Klagenfurt 1993): 18–21

Transit 18. Österreichische Beispiele aus Wissenschaft, Kunst und Architektur. Hg. ÖGFA. *UMBAU* 14 (Wien, Dezember 1993): 67–76

Hart und klar artikuliert: Urbane Bauten von Adolf Krischanitz. *Architektur & Bauforum* 162 (Wien 1994): 44–55

Schule in Warth [Roland Gnaiger]. *Baumeister* 2 (München 1994): 30–33

Geschäfts- und Bürohäuser von Adolf Krischanitz. *Leonardo* 1 (Augsburg 1994): 14–19

Von der Erde in den Himmel. Das Traumhaus des Architekten von Anton Schweighofer in St. Andrä. *Morgen* 95 (Klosterneuburg 1994): 22–25

Architekturtheorie – ein Paradoxon. *Architektur aktuell* 179 (Wien, Mai 1995): 66–73

Leit- und Bruchlinien: Österreichische Architektur im 20. Jahrhundert. *Deutsche Bauzeitung* 12 (Leinfelden/Echterdingen 1996): 38–41

Relieving the 20th Century. *Austria Kultur* 3, Bd. 6 (New York 1996): 4–5

Expositiecentrum Hüttenberg door Günther Domenig: De Kracht en Schoonheid van Afstandelijkheid. *De Architect.* Dossier 1 (Den Haag 1996): 28–33

Klaus Kada: Sala Per Concerti, St. Pölten = Concert Hall, St. Pölten Austria. *Domus* 793 (Mailand 05/1997): 32–39

Markus Gohm: A New Garage with Garden House for an Apartment House, Feldkirch, Vorarlberg, Austria 1996–1997. *A + U: Architecture and Urbanism* 5 (Japan 1998): 76–81

Entre le rocher et la ville: des logements pour Étudiants à Salzbourg. *l'architecture d'aujourd'hui* 322 (Paris 05/1999): 16–17

Moderne Architektur in Österreich nach 1918: Terra Incognita? *Architektur aktuell* 3 (Wien 1999)

Raadhuisplein in St. Pölten door Boris Podrecca: Overdrijving Ingezet Als Middel Tot Bewustwording. *De Architect.* Dossier 10 (Den Haag 1999): 24–31

Elsa Prochazka: Digitalna Opna – Pregradnija središta Coca Cole Beverages, Beč, Austrija, 1999 = Digital Membrane – the Conversion of the Coca Cola Beverages Centre, Vienna, Austria, 1999. *Oris* 6 (Zagreb 2000): 68–75.

Extrem konstruktiv [Volker Giencke]. *Werk, Bauen + Wohnen* 9, Jg. 88 (Zürich 2001): 4

Peter Ebner and Gunter Eckerstorfer: Student Hostel, Glockengasse, Salzburg, Austria. *Ume* 14 (Australia 2002): 30–39

Habiter la terre = Living in Earth. *l'architecture d'aujourd'hui* 346 (Paris 05/2003): 102–107

Foyer pour Mineurs, Salzbourg-Taxham, Autriche: Maria Flöckner et Hermann Schnöll Architectes = Hostel for Young People, Salzburg-Taxham, Austria. *l'architecture d'aujourd'hui* 347 (Paris 07/2003): 84–87

Holz Box Tirol: Bivak Za Urbane Nomade: Minibox, Innsbruck, Austrija, 1998 = Bivouac for Urban Nomads: Minibox, Innsbruck Austria, 1998. *Oris* 19 (Zagreb 2003): 22–25

Section N. Hg. Architekturzentrum Wien. *Hintergrund* 29 (Wien 2005): 11–12

Angedocktes Stadtspital: Erweiterung des Allgemeinen Öffentlichen Krankenhauses der Stadt Dornbirn. *Bauwelt* 29, 29. Juli (Berlin 2005): 26–29

Vom Material in der Architektur. Adolf Krischanitz, András Pálffy, Gerhard Steixner, Bettina Götz und Richard Manahl im Gespräch mit Otto Kapfinger. Hg. proHolz Austria. *Zuschnitt* 23 (Wien 2006)

Global versus lokal. Peter Nigst im Gespräch mit Otto Kapfinger zur Situation von Architekturlehre und Baukultur in der Region. *ausdruck 01* [Fachhochschule Technikum Kärnten] (Spittal 2006): 3–6

Gebaute Partitur der Stadt-Natur: BTV-Stadtforum Innsbruck von Heinz Tesar. *Werk, Bauen + Wohnen* 1–2, Bd. 94 (Zürich 2007): 14–21

Agent der Lebenskunst: Lessons from Bernard Rudofsky – Eine Wanderausstellung, Ein neues Buch [Ausstellungsbericht]. *Werk, Bauen + Wohnen* 7–8, Bd. 94 (Zürich 2007): 64–65

Was brauchen wir wirklich? Was haben wir nur gezüchtet? Hubert Riess im Gespräch mit Otto Kapfinger über die Wohnanlage »Grünanlage« in Graz [Interview]. *Werk, Bauen + Wohnen* 12, Bd. 95 (Zürich 2008): 28–35

Im Reich der Sinne. Ganzheitliche Baukunst als Transformation der Landschaft. *BAUern STOff* (Linz 2008)

Was ist Wesen, was ist Schein? Nachdenkhilfen zur »Natürlichkeit«. Hg. proHolz Austria. *Zuschnitt* 32 (Wien 2008): 6–7

Vor Ort – gute Lage, etymologische Mikrostudie. Hg. Architekturzentrum Wien [Redaktion Gabriele Kaiser/Sonja Pisarik]. *Hintergrund* 39 (Wien 2008): 74–76

Architecture in Austria since 1985. *Architecture & Design* 27, April (Australien 2010): 34–36, 38

Füllhorn für Potemkin'sche Dörfer. Architekturpolitik im Dienste verschwenderischer Selbstdarsteller? *Der Standard* (4. September 2010)

arbeitsgruppe 4. 1950–1970. Eine grosse Retrospektive im Az W. *Werk, Bauen + Wohnen* 5 (Zürich 2010)

Sensibler Querdenker. »Igirien« und mehr: Zum Tod von Franz Eberhard Kneissl. *Die Presse* (8. Oktober 2011)

Am Angelpunkt der Raumkunst. Rudolf Prohazka 1947–2011. Ein Nachruf. *Die Presse* (11. November 2011)

Monastery as the Garden of Eden. Heinz Tesars Centre of the Franciscan Sisters from Hallein, Oberalm, Austria. *Oris* 88 (Zagreb 2014)

Register

Folgende Fördergeber und Sponsoren ermöglichten durch ihre großzügige Unterstützung die inhaltliche und materielle Umsetzung dieser Publikation:

BUNDESKANZLERAMT ÖSTERREICH
KUNST

KULTUR NIEDERÖSTERREICH

Kunst im öffentlichen Raum Niederösterreich

WIEN KULTUR
Wissenschafts- und Forschungsförderung der Stadt Wien, MA 7

Vorarlberg unser Land

GRAZ KULTUR

pro:Holz
Austria

MPREIS

Weiters möchten wir uns besonders bei Heinz Tesar, Reinhard Gassner und bei den Fotografinnen und Fotografen für die wohlwollende und großzügige Unterstützung bedanken.

HERAUSGEBERINNEN
Eva Guttmann, Gabriele Kaiser, Claudia Mazanek für diachron

LEKTORAT
Claudia Mazanek

BUCHGESTALTUNG
Peter Duniecki

UMSCHLAG
nach einem Konzept von Peter Duniecki und Reinhard Gassner
unter Verwendung einer Zeichnung von Otto Kapfinger:
Asyleum, 1976

SCHRIFTEN
Myriad Pro, Utopia

PAPIER
Umschlag – Fedrigoni MATERICA, Terra Rossa, 1,8 vol. 250 g/m²
Kern – Salzer EOS blauweiß, 1,5 vol. 90 g/m²

DRUCK
Druckerei Theiss, St. Stefan

diachron
Verein zur Verbreitung und Vertiefung
des Wissens über Architektur
Zahnstraße 34, A-8055 Graz
www.diachron.at

PARK BOOKS
Niederdorfstrasse 54, CH-8001 Zürich
www.park-books.com

Gedruckt auf FSC-zertifiziertem Papier und nach den Richtlinien des österreichischen Umweltzeichens produziert.

Printed in Austria
ISBN 978-3-906027-58-6